Anhui Wangluo Zuojia Dang'an

安徽网络作家档案

时代出版传媒股份有限公司
安徽文艺出版社

周志雄　许潇菲◎主编

周志雄，男，1973年生，湖北黄冈人，安徽大学教授，博士生导师，安徽大学网络文学研究中心主任，安徽省二级教授，安徽省皖江学者特聘教授，安徽省学术和技术带头人，享受国务院政府特殊津贴专家，国家社科基金重大项目首席专家。中国作家协会网络文学委员会委员，中国文艺理论学会网络文学研究分会副会长。主持国家社科基金项目三项。成果获省部级优秀成果一、二等奖，"啄木鸟杯"中国文艺评论年度优秀作品奖等奖励。出版著作十余部。在《文学评论》《人民日报》《光明日报》《中国现代文学研究丛刊》等报刊发表论文二百余篇，主编《网络文学教程》《文学评论写作实用教程》等教材。

许潇菲，女，安徽六安人，安徽大学中国现当代文学专业博士研究生，研究方向为网络文学，中国文艺理论学会网络文学研究分会会员。在《文艺评论》《文艺报》《社会科学报》《青春》《名作欣赏》等报刊发表学术论文十余篇。

Anhui Wangluo Zuojia Dang'an

本书系国家社科基金重大项目
"中国网络文学评价体系建构"（项目编号18ZDA283）阶段性成果

安徽
网络作家档案

周志雄　许潇菲◎主编

时代出版传媒股份有限公司
安徽文艺出版社

图书在版编目（ＣＩＰ）数据

安徽网络作家档案/周志雄,许潇菲主编.--合肥：安徽文艺出版社,2024.11
  ISBN 978-7-5396-8027-9

Ⅰ．①安… Ⅱ．①周… ②许… Ⅲ．①作家－事迹－安徽－现代 Ⅳ．①K825.6

中国国家版本馆 CIP 数据核字(2024)第 044082 号

出 版 人：姚 巍
责任编辑：李 芳　　宋晓津　　　　装帧设计：张诚鑫

出版发行：安徽文艺出版社　　www.awpub.com
地　　址：合肥市翡翠路 1118 号　邮政编码：230071
营 销 部：(0551)63533889
印　　制：安徽联众印刷有限公司　(0551)65661327

开本：787×1092　1/16　印张：18.5　字数：349 千字
版次：2024 年 11 月第 1 版
印次：2024 年 11 月第 1 次印刷
定价：78.00 元

（如发现印装质量问题，影响阅读，请与出版社联系调换）
版权所有，侵权必究

序

将安徽网络作家视为一个群体，主要是对一个地域的网络文学现状进行扫描。在全球互联的网络文学时代，尤其是在以幻想题材与想象性故事为主的网络文学中，文学的地域文化色彩不是在增强，而是在淡化。这里所说的安徽网络作家群是安徽籍的网络作家，这些作家有的因求学、工作已经离开了安徽。谈论安徽网络文学，不可避免地涉及安徽网络文学的地域文化特点，但因地域特色的淡化，其实也是在谈论中国的网络文学，安徽网络文学所呈现出的创作特点与趋势其实也是中国网络文学的特点与趋势。

网络文学的主流是商业文学网站上发表的网络类型小说，是直面读者的大众文学。网络小说有较强的商品属性，地域网络作家群的出现与地域经济的发展水平有直接关系。国内网络作家群体比较强的是北京、上海、江苏、浙江、广东、四川、山东、湖南等地，这与经济发达的程度大体相当。与安徽在全国的经济地位相类似，安徽网络作家在全国处于中上等水平。

截至2023年，安徽网络作家协会的会员有326位，全国有400余位网络作家入选中国作家协会会员，安徽网络作家有17位：青子、秦明、七品、桂媛、鹅是老五、宅猪、周林、老鹰吃小鸡、江南、童童、夜北、囧囧有妖、徐公子胜治、雨魔、争斤论两花花帽、伯乐、旖旎萌妃。阅文集团是国内最大的网络文学商业平台，旗下有起点中文网、QQ阅读、创世中文网、云起书院、起点女生网、红袖添香、起点读书、红袖读书、起点国际等知名文学网站。阅文集团根据网络作家的影响力和各项数据授予优秀网络作家白金作家、大神作家等称号，囧囧有妖是云起书院白金作家，断刃天涯、夜北、宅猪、老鹰吃小鸡是起点中文网白金作家，青子、莫默、七品、黑夜与孤城、百里龙虾、猪宝宝萌萌哒是阅文集团大神作家。

安徽网络作家在各类网络文学评奖中总体表现是可圈可点的。江南入选第八届、第十届中国作家富豪榜首富，《龙族》荣获湖北省"五个一工程"奖，并于2017年入选"向全国青少年推荐的百种优秀出版物"。

鹅是老五进入2013年、2014年中国网络作家富豪榜前20名,2015年福布斯中国原创文学风云榜第2名,2017年2月在第二届网文之王评选中位列百强大神,2018年5月在第三届橙瓜网络文学奖评选中位列百强大神。

囧囧有妖入选2023中国网络小说影响力榜海外传播榜,入选第四届橙瓜网络文学奖网络文学20年十佳言情大神,2021年12月获第四届茅盾新人奖·网络文学奖提名。《许你万丈光芒好》英文版在起点国际上的成绩一路领跑,稳居海外月票榜和人气榜冠军,获2017中国原创文学风云榜女生作品No.5,2018中国原创文学风云榜超级IP国际传播作品奖,2020首届上海国际网络文学周最受欢迎海外翻译作品奖。

童童的《大茶商》进入中国网络小说影响力排行榜,《不爱我,别伤我》荣获2018掌阅年度盛典最具商业价值奖,《一不小心恋上你》荣获2018翻阅最具改编价值IP奖,《月球之子》荣获中国小说学会2022年度好小说奖,《冬有暖阳夏有糖》入选中国网络文学影响力榜(2021年度)海外传播榜单。2023年获中国作协网络文学海外传播突出贡献荣誉表彰。童童的《冬有暖阳夏有糖》等多部作品被翻译成英语、法语、意大利语、西班牙语、葡萄牙语、阿拉伯语等诸多语种。

老鹰吃小鸡的小说《全球高武》进入中国网络小说排行榜,入选2021年中国网络文学影响力榜:新人新作榜,获第四届橙瓜网络文学奖年度十大最具成长力大神。争斤论两花花帽的《我的1979》进入中国网络小说排行榜。

宅猪的作品《牧神记》获阅文集团2017年超级IP盛典年度最具改编潜力作品奖,当选第三届华语原创小说评选最受欢迎网络原创小说男性作品,获得全国网络文学重点园地工作联席会议2018年度重点扶持,入选2017年中国网络小说年榜。2018年5月,宅猪在第三届橙瓜网络文学奖评选中位列百强大神,《牧神记》荣获年度百强作品奖。2019年9月17日,在第四届橙瓜网络文学奖评选中,《牧神记》荣获最具潜力十大动漫IP奖,第四届橙瓜网络文学奖百强作品。《临渊行》入选中国作协2020年网络文学重点扶持作品,中国网络文学影响力榜(2021年度)网络小说榜。

徐公子胜治的《惊门》入选2015年第一、二季度中国网络小说排行榜精品榜。2017年2月,在第二届网文之王评选中位列百强大神。2018年5月,在第三届橙瓜网络文学奖评选中,作品《方外:消失的八门》荣获年度百强作品奖。

断刃天涯在2018年5月第三届橙瓜网络文学奖评选中位列百强大神,2019年1月入选第四届橙瓜网络文学奖十佳历史大神;夜北为年度最受QQ书迷喜爱作家奖获得者,《绝世神医》入选2016年度福布斯·中国原创文学风云榜颁奖盛典女生作品Top10,2017年获速途评选年度最具影响力的网络作家女频Top50。

青子入选"速途网"2017年中国网络文学作家影响力排行榜,2018年5月,在第三届橙瓜网络文学奖评选中位列百强大神。步千帆2018年5月获选第三届橙瓜网络文学奖百强大神。周林的小说《逃出生天》荣获第二届爱奇艺文学奖。2021年纵横文学年终盘点,沙漠被评为年度荣誉作家。沐衣衣《前妻离婚无效》获2015年华语言情小说大赛季军并最佳手机小说奖。

伯乐创作的现实主义题材小说《爷爷的小田庄》入选2021年阜阳市重点文艺精品项目,并于2023年4月荣获安徽省第十六届精神文明建设"五个一工程"荣誉激励奖,长篇小说《飞翔在茨淮新河》入选2023年中国作家协会网络文学重点作品扶持项目。存叶创作的《遇见长江》荣获七猫现实主义题材征文大赛优秀作品奖,并入围青海"昆仑英雄"网络文学奖精卫奖。

"法医秦明"系列小说改编的电视剧风靡全国。2015年11月2日,秦明的《第十一根手指》获第一届网络文学双年奖优秀奖;2016年1月29日,秦明获当年年度影响力作家;2016年11月,秦明成为CCTV2016年度法治人物,并获得"年度最具网络影响力的法治人物"称号;2016年11月,秦明所著的《逝者证言——跟着法医去探案》获第四届中国科普作家协会优秀科普作品奖。

安徽是中国新文化运动的发源地,陈独秀、胡适高举民主、科学的旗帜开中国现代文学风气之先。安徽人敢为天下先,勇于创新。这种积极拥抱外来文化,勇于开拓创新的精神也体现在网络文学的创作中。2001年,安徽宣城籍青年江南(杨治)在美国留学期间,怀着对金庸小说的热爱,以大胆的构思在清韵书院BBS上写作《此间的少年》,这部后来引发与金庸打官司的作品在网上走红,激发了江南的文学创作潜力。2005年回国后,江南与今何在等人一起致力于九州幻想系列的写作,要打造一个以中国文化地图为原型的幻想故事世界构架,这为后来江南创作中西交融,具有世界文化视野的《龙族》打下了基础。《龙族》陆续出版单行本,火遍大江南北,创下了单本销售200万册的纪录。2020年,由祖龙娱乐打造的、由《龙族》改编的网游《龙族幻想》先后拿下了欧美市场,进入欧美8国App Store游戏下载榜Top10,出海东南亚、日本,摘取了泰国、新加坡游戏下载榜冠军,在海外收获36万的点赞量。《龙族》的成功是小说先成功,然后是IP游戏版在海外市场的成功,其根基在于小说自身中西合璧的文化视野、雄奇瑰丽的文化想象。《龙族》的故事概括起来就是中国少年路明非成为勇者,然后屠掉恶龙。小说展现了开阔的世界想象,将世界各国神话与历史串联起来,虚构了一个瑰丽奇幻的幻想世界,具有中国网络小说常见的成长主题,兼收日漫、游戏、魔法等元素,具有鲜明的世界性。著名漫画家夏达留言说她喜欢这个故事的原因就是她个人偏爱这种带着古老神话宗教气息的美感。神秘的以屠龙为己任的卡塞尔学院向主角敞开了大门,现实中的衰仔是潜力无限的S级血统,他勇于担当,拯救了世界,故事让大多数青春期的少男少女热血沸腾。有人说《龙族》是中国的《哈利·波特》,成为一代青少年读者奇幻小说的启蒙读物,是他们青春的记忆。

安徽网络作家积极关注现实变革,有强烈的现实关怀,在现实题材的创作上成绩卓著。六六的小说基本都是"问题小说",有非常强的现实感,非常接地气。小说表现的话题如两性关系问题、婆媳关系问题、城乡文化差异问题、房价问题、贪腐问题、大学生就业问题、女性生存问题、医患矛盾问题、食品安全问题、环境污染问题等等。由六六的小说改编的《双面胶》《蜗居》《心术》《安家》等影视剧每一部都是爆款,引发的话题被社会广泛讨论。争斤论两花花帽的小说《我的1979》以网络爽文的方式生动地描述了改革开放以来社会所发生的现实变革,以宏阔的视野将历史大事件与人们的生活变化联系起来,小说有很强的现实感,细节很有历史感,贯穿小说的是一种努力拼搏,撸起袖子加油干的时代精神,小说有正气,接地气,有情趣。

立足现实,拥抱时代,表现时代发展的风潮,书写一代青年人的精神面貌,安徽网络作家的作品在海外引起了重大反响。2023年3月1日,中国作协网络文学中心在长沙发布第八届中国网络文学影响力榜,安徽芜湖网络作家囧囧有妖的《许你万丈光芒好》和六安网络作家童童的《冬有暖阳夏有糖》入围海外影响力榜。

囧囧有妖和童童创作的是网络"女频文",她们的作品表现了中国当下女性独立自强的精神状态,以轻快、活泼的文风写出了当代女性有趣的精神生活。这不仅对国内读者,也对海外读者产生了强烈的吸引力。《许你万丈光芒好》从类型上属于"霸总文",豪门爱情故事,灰姑娘的真实身份原来是白天鹅,阴差阳错的"被设计"成就了美好的姻缘,故事表层有读者熟悉的巧合与设计套路,但女主角从来不是被动地等待王子来吻醒的灰姑娘,而是散发着惊人能量的独立自强的女性,有着与霸总相配的才华、颜值和情商,尽管历经磨难,但从来没有放弃自己的信念,表达了男女主角携手并肩、共同成长、共同进步的感情观。《冬有暖阳夏有糖》是"甜宠文",女主角是警花,颜值与能力俱佳,不想结婚,被妈妈逼着假结婚,与男主建立合同假婚姻,假戏成真。年轻人"恐婚""被逼婚""合同婚姻""假婚同居"等情节有很强的时代感。小说注重细节描写,一点点垫高感情,诙谐的语言,笑料频出的故事很有趣,很好看,将甜宠、成长、悲伤、治愈多重主题熔为一炉,塑造了当代热爱生活、业务能力强、有担当的优秀女警察形象,展现了中国当代年轻人积极、乐观的精神面貌。

囧囧有妖和童童所表达的爱情生活趣味,以及两性关系中女性以自己的才华和智慧实现两性平等的社会现实,是中国社会发展变革进步的体现,是近代以来女性解放运动的成果,是具有人类进步意义的,自然能引起国内外读者的强烈共鸣。中国网络文学在海外的传播,由日、韩及东南亚文化圈,及至美国,甚至欧洲,能引发世界人民的关注,根本在于中国文学的开放性、包容性,一方面是对中国文化的传承,另一方面是对世界文化的兼容吸收及大胆创新。

在徽文化的历史长河中,古代的庄子所代表的道家文化在中国思想史上留下了光辉的一笔。安徽网络作家积极拥抱中国优秀传统文化,作品具有丰富的传统文化意蕴。网络小说是面向读者的大众文化读物,玄幻、仙侠、灵异类网络小说描述了民间妖、鬼、人共存的灵异世界,修炼道术终为除妖除鬼,神与物游、画妖画鬼最终指向世道人心,追求公平正义,除恶扬善。徐公子胜治的"鬼、神、人、山、地、天、惊"系列小说——《鬼股》《神游》《人欲》《灵山》《地师》《天枢》《惊门》有鲜明的道家文化色彩,炼丹、修行、法术、阴阳贯穿其中,糅合历史、神话与民俗知识,诗词古韵,仙风道骨,古色古香,写尽世间百态和人间烟火气,蕴含了世事洞明的人情练达。

青子是悬疑灵异类代表作家,凶杀案、妖怪、捉鬼、道士、法术、巫蛊、轮回转世、阴阳八卦、五行风水,是青子小说常见的关键词。描述妖鬼与人共存的灵异世界,博采国外惊悚小说与中国巫鬼小说、武侠小说的各种元素,讲述惊悚刺激的灵异事件,描写人物深层心理,表达对人性的思考与对人心世道的当代认知,既有中国巫鬼小说的流风余韵,也有西方悬疑惊悚小说的紧张与深度。

网络小说中,有一类被称为"硬核文"的"行业文",在安徽网络作家群中,秦明和九滴水是其中的典型代表。他们都是职业法医,都以法医为题材,都很注重对专业技术的呈现,秦明的小说重在法医解剖,九滴水则是从痕迹检验切入。秦明曾在作品的自序中概括自己的小说特点:"一、以个案为基础,加入穿插全书的主线;二、以真实案例为蓝本,以普及知识为目的,不矫情、不造作、不玄乎;三、绝不违背科学的精神。"九滴水的小说《尸案调查科》系列小说涉及了痕迹学、法医学、刑事照相以及视频分析等多学科的专业知识。

他们的小说为传统侦探小说注入了新的活力,产生了广泛的社会影响。

中国网络小说之所以能获得众多读者的青睐,成为世界级的文学现象,是因为网络小说有中国读者所喜闻乐见的故事模式,有与当代主流文化相契合的价值观,有开放的对外来文化的吸收借鉴与融合。网络小说既是对传统类型小说的传承,也有立足时代的创新发展。安徽网络作家脚踏实地,紧贴时代脉搏,表现时代现实,兼容并蓄,中西合璧,积极创新,展现了中国网络作家开拓进取的精神风貌。

目　录

江南 / 001

六六 / 027

青子 / 043

囧囧有妖 / 057

徐公子胜治 / 068

断刃天涯 / 081

宅猪 / 088

鹅是老五 / 099

老鹰吃小鸡 / 113

夜北 / 119

童童 / 133

争斤论两花花帽 / 139

伯乐 / 146

钱琨 / 153

步千帆 / 172

周林 / 180

秦明 / 191

九滴水／201

乌小白／212

沙漠／222

猪宝宝萌萌哒／232

桂媛／244

莫默／255

秦舞／263

沐衣衣／276

后记／284

江　南

【作家档案】

江南,男,原名杨治,1977年生,安徽省舒城县人,本科毕业于北京大学化学系,博士留学于美国圣路易斯华盛顿大学,中国当代幻想小说作家,第八届、第十届中国作家富豪榜首富,北京九州天辰信息咨询有限公司总经理。

2000年,江南写作同人小说《此间的少年》,在网络走红,该小说入围2008年网络文学十年盘点"十佳优秀作品"。2005年,江南回国创业,加入九州团队,打算构筑一个东方式的幻想世界,由此创作出在当时引起轰动的幻想作品《九州·缥缈录》,构建了以中国历史和神话为原型的架空世界。2009年,出版小说《上海堡垒》,同年10月,在《漫客·小说绘》连载青春幻想小说《龙族》,后陆续出版单行本,火遍大江南北。《龙族》系列在中国创下了单本销售200万册的纪录。2014年,开始创作幻想小说《天之炽》,同年,出版随笔集《龙与少年游》。2015年,《九州·缥缈录》系列小说由人民文学出版社再版。2020年10月,《龙族》由人民文学出版社再版。

《龙族》荣获湖北省精神文明建设"五个一工程"奖,并于2017年入选"向全国青少年推荐的百种优秀出版物"。

【主要作品创作年表】

《此间的少年》,清韵书院,2000;华文出版社,2010

《九州》系列,新世界出版社,2005;人民文学出版社,2015

《龙族》系列,《漫客·小说绘》,2009

《龙族Ⅰ:火之晨曦》,长江出版社,2010

《龙族Ⅱ:悼亡者之瞳》,长江出版社,2011

《龙族Ⅲ:黑月之潮(上)》,长江出版社,2012

《龙族Ⅲ:黑月之潮(中)》,长江出版社,2013

《龙族Ⅲ:黑月之潮(下)》,长江出版社,2013

《龙族Ⅳ:奥丁之渊》,长江出版社,2015

《龙族Ⅴ:悼亡者的归来》,QQ阅读,2018

《龙族》系列,人民文学出版社,2020

【作品评价】

1.《此间的少年》

故事梗概:

《此间的少年》是以金庸小说人物为基础的同人小说,小说中的人物角色无一例外出自金庸先生的武侠小说。但作为一部同人小说,《此间的少年》所讲述的并不是刀光剑影与江湖恩怨,而是当代大学生都很熟悉的大学生活。小说以宋代嘉祐年间为时间背景,故事发生在以北大为模板的汴京大学,小说以郭靖、杨康、黄蓉等人作为新生进入汴京大学开场,随后乔峰、令狐冲、穆念慈、康敏等金庸系列小说中的人物也陆续出现在汴京大学的校园中。在金庸的小说里,他们都是混迹于江湖的名人。不过在大学里,他们和当代的年轻人没有什么不同。他们早上要跑圈儿,初进校门的时候要扫舞盲,有睡不完的懒觉,要经历四、六级考试,偶尔也来一场篮球比赛,又或者站在远处默默注视自己心爱的姑娘……在大学里,他们不再是啸聚山林的江湖儿女:杨康是聪明又懒散的大学生,幸得老爸完颜洪烈庇护,在生物系混得风生水起;来自内蒙古土里土气的郭靖因勤劳能干,在化学系也受人喜爱;性格粗犷的乔峰在国政系是学生会长,并且很会打球;富家大小姐黄蓉是物理系八大系花之首……

新生开学第一天,来自草原的内蒙古汉子郭靖就偶遇了校园里的著名美女黄蓉,聪明漂亮的黄蓉是标准的富家大小姐。二人本无交集,后来因为一场自行车事故(这辆自行车是化学系的老师丘处机淘汰下来的),郭靖主动照顾受伤的黄蓉,并且照顾得无微不至。随着郭靖不断地帮助黄蓉打饭、打水,送她上自习,以及室友们的推波助澜,黄蓉对憨厚老实的郭靖动了心,汴京大学历史上最不般配的一场恋爱发生了,这出乎很多人的意料。老大哥乔峰在国政系算传奇一般的人物,和上一届精明能干的学生会会长同时也是学姐的康敏之间也露出一种暧昧的关系,但是乔峰最后没有和康敏走到一起,毕业之际也只能在脑海里回忆那个喜欢穿黑衣服的女孩。杨康和穆念慈从中学起就是同学,念慈对杨康的单恋多年无果,最后选择的人却是彭连虎。

作品评论：

读《此间的少年》，印象最深的还是郭靖和黄蓉这一对，读到郭靖和黄蓉相处的桥段时，我经常会忍不住捧腹大笑。虽然小说讲述的是大学校园里发生的故事，借用金庸小说中的人名及人物性格，但与金庸的武侠小说架构完全不同。郭靖还是那个来自草原的勤劳老实的男孩，黄蓉也还是聪明漂亮、古灵精怪的白富美，黄蓉依旧偏偏对这个有点憨憨的男孩青眼有加，他们是大家看来最不可能的一对。因为自行车事故，郭靖主动承担起照顾黄蓉的任务，帮她打饭、打水，送她上自习……这与我们想象中大学校园里的爱情的萌芽十分相似。果不其然，孤傲的黄蓉竟然真的对郭靖日久生情，还会送郭靖樱桃小丸子、蓝精灵头像的小笔袋，全套的修甲工具……一个高大威猛的汉子就这样被黄蓉的精致少女心"荼毒"。"在令狐冲看来，欧阳克这么做是正常的，而郭靖这么做无异于一个蒙古骑兵骑着一只米老鼠。"这是郭靖的室友对郭靖的看法。这个比喻真的有点清奇，让人笑到腿抽筋。对自行车事故的描写中，作者对骑着自行车的郭靖的比喻自然不是"白马王子"，而是"这时候，郭靖如同一个黑驴王子一样风驰电掣地正式闯入了黄蓉的生活"。"黑驴王子"大概是作者自创的词语吧，有种黑色幽默的感觉。

郭靖和黄蓉这一对人物给我们带来了很多欢乐，因为从他们的相处中我们看到了爱情美好的样子。但是在现实生活中，这样原生家庭背景悬殊的情侣还是很难见到的，很少有富家女会看上一个穷且土气的"郭靖"，即使他勤劳老实。小说和现实是有差距的，现实中想干却干不了的事情可以借助一支笔在小说中实现，比如让贫穷小子和富家女谈恋爱结婚。然而回到现实，我们不得不接受它的不美好，接受它与想象中美好生活的巨大落差，"黑驴王子"是不一定和"白雪公主"共度一生的。从虚幻的美好中回来，更多的是现实的伤感。这部小说中，甘做杨康陪衬的穆念慈没有和杨康走到一起，乔峰也因为康敏的提前毕业而错过了康敏。四年相聚，终有一散，吃完散伙饭，唱完离别歌，喝下最后一杯酒，每个人各怀心事地走向自己选择的地方。最后一个离开的人也许会站在窗边，看窗外绿树成荫，听布谷声声，看抱着书本的女生从楼下经过，最后只能感叹一声"当年明月在，曾照彩云归"。喜欢过的女孩、一起打过球的兄弟彼时不知在世界的哪一个角落。回忆的时候也许是脸上挂着笑、眼里流着泪，就像正在看小说的我，心中五味杂陈。

读江南的原著，从那些形形色色的学生和各种各样的故事中我们似乎能看到在大学校园里的自己，同时也能感受到阅读的快感。《此间的少年》在2010年被改编成影视作品，由黄清河、孙欣等人主演，给荧幕前的观众带来了不少欢乐，豆瓣评分也有7.5分。

《此间的少年》语言平实幽默，结构比较简单，没有多线并行，写康敏和乔峰的故事的时候就放下了郭靖和黄蓉的故事,一个个故事最终像珍珠一样被串联到一根线上,并没有给人混乱的感觉。《此间的少年》是江南对金庸武侠小说的非演绎性再创作,虽然小说中人名和金庸武侠小说中的相同,人物性格也相似,但所写的是彻头彻尾的新故事。《此间的少年》可以被归为同人小说,是有趣的创新。得益于网络的发展,互联网上涌现出很多这类作品,比如《红楼梦》就衍生出很多同人文。金庸告江南《此间的少年》侵权一案引发我们对著作权的思考,演绎性的同人文沿袭原著故事人物设定,侵犯了原著作者权益,这个雷最好不要踩。(张宇)

2.《龙族Ⅰ:火之晨曦》

故事梗概:

路明非是一个普通的中国高中生,寄宿在叔叔婶婶家,不被疼爱,他唯一不普通的地方可能就是他的父母是神龙见首不见尾的教授,进行神秘的考古发掘工作。直到他要考大学那年,因为他的父母缘故,卡塞尔学院给他寄来了一封录取通知书,与通知书一起到来的还有热情的卡塞尔学院的教授古德里安和"小魔女"诺诺。

古德里安教授和诺诺想尽办法招揽路明非进卡塞尔学院,其间诺诺不仅结识了路明非,还认识了路明非暗恋的女孩陈雯雯。路明非在去卡塞尔学院就读和留在中国两个选项中纠结不已,他计划在陈雯雯组织的文学社看电影活动中向陈雯雯告白,如果成功了就留在中国。但他失败了,他不仅连向陈雯雯表白的机会都没有,还被迫成为别人向陈雯雯表白的仪式里的工具人。就在他最难堪的时候,诺诺出现,把他包装成高端人士,替他挽回面子,没有退路的路明非决定加入卡塞尔学院。

在独自前往卡塞尔学院报到的路上,路明非结识了读了八年都没能毕业的师兄芬格尔,也得知了这个学校以培养屠龙勇士为任务,学校里的人员都是龙族混血。他还在似是幻境似是真实的境况中见到了一个自称"路鸣泽"的神秘小男孩。他刚一入校就阴差阳错成了"自由一日"活动的获胜者,受到了全校学生的关注。在随后的言灵测试中,古德里安教授发现路明非对黑王言灵毫无反应,他和好友曼施坦因教授私下里推测路明非可能是以前从未出现过的白王后裔。

在入学考试中拿到了卡塞尔学院有史以来最高分的路明非再度成为焦点。新生联谊会主席极力劝说路明非去领导新生联谊会,以抗衡学院两大社团狮心会和学生会,而狮心会领袖楚子航和学生会领袖恺撒先后向他抛出橄榄枝,路明非却不想做领袖。另一边,在三峡进行探测的卡塞尔学院的执行部的人员找到了火与青铜之王诺顿的城市,两名探险队员找到了重要物件,却快要被困死在突然"活"过来的水下城市里。为了拯救这两位队员,学院方面召集了包括路明非在内的二十几位血统纯度高的学生,试图破解城市地图。路明非第一次使用了路鸣泽给他的"作弊码",成功破解地图,这令他再一次成为众人关注的焦点。然而由于龙王的侍卫被惊醒,那两位队员还是没能逃脱一死,龙侍甚至追杀了整支探险队。最终执行小队杀死龙侍,带出了龙王诺顿的骨殖瓶,却也付出几乎全军覆没的代价。

校长把骨殖瓶带到学校,这使得一股神秘势力为夺回骨殖瓶而潜入校园,进攻卡塞尔,学院 AI 诺玛判定这是一次龙族进攻。在学生与老师们都忙着对抗突如其来的入侵者时,诺诺却让不敢参与战斗的路明非开车载她到山顶。路明非第二次使用了路鸣泽给他的"作弊码"为诺诺庆祝生日,另一边神秘势力 13 号入侵了学校的中央控制室,并准备进入冰窖。

英灵殿与教堂中,恺撒和酒德麻衣、楚子航和三无少女进行激烈的战斗。13 号进入冰窖,见到了龙王骨殖瓶,他制造了混乱,另一个神秘人趁机释放出了骨殖瓶中的东西。那里面的东西不是诺顿,而是另一个龙王康斯坦丁,他追着 13 号离去。校长给路明非贤者之石做的子弹,让他击杀康斯坦丁,虽然路明非留了康斯坦丁一命,只击伤了他,但校长命令所有人对 13 号开枪,康斯坦丁为了保护 13 号而死。13 号逃离校园,在路上觉醒,原来他就是龙王诺顿,而康斯坦丁是他的弟弟。

入侵事件结束后,路明非选择加入学生会。恺撒把他编入"青铜"计划,预备去中国屠龙。路明非和诺诺下潜到诺顿的宫殿去放置鱼雷,但不知是谁切断了他们的通信索并开启了青铜城的自毁程序。逃生中路明非再次使用路鸣泽给他的"作弊码",与此同时,守在水面上的其他人遭到了龙王的攻击。诺顿与龙侍融合。酒德麻衣再次出现,接到了不能让路明非死的命令。

恺撒等人拼死一搏,用鱼雷命中了龙王,但己方也损失惨重。而路明非那边,就在他们快要逃走的时候,诺诺遭到龙王攻击,濒死。路明非再次陷入路鸣泽的幻境中,和路鸣泽达成交易,获得了可以杀死诺顿和复活诺诺的力量。两人约定每次路鸣泽达成路明非的愿望的时候,路明非四分之一的生命归他,四个愿望达成时,路鸣泽就会取走路明非的生命。路明非救了诺诺,杀死了诺顿,两人回到船上,获救。

回到学院后,校长把路明非母亲写给他的信交给他,并约定对这次任务的细节保密。路鸣泽给路明非寄去可与他联系的手机,路明非继续过着平静的校园生活。

作品评论:

在中国当代畅销小说作家中,江南的文笔应当可以归入"优秀"的一类。《龙族Ⅰ:火之晨曦》(以下简称《龙族Ⅰ》)尽管是江南早期的作品,但成绩依然可观。第一部中主角与几位重要配角先后出场,且都被塑造成了足够有辨识度的形象。如路明非悲观但仍会热血沸腾,芬格尔状似一个说话不靠谱的颓废"废柴",其实却很厉害,并有着沉重的过往。即便是像昂热校长、几位教授,还有酒德麻衣等人这样戏份不多的配角,江南也都能用寥寥数语立起一个给人留下鲜明印象的形象,这种能力对作家来说是弥足珍贵的。

《龙族Ⅰ》的情节跌宕起伏,环环相扣,抑扬顿挫而又细致的安排总能在恰当的时机抓住读者的心——或者应该说从一开始就牢牢吸引读者的注意。这部小说最初是在《漫客·小说绘》上连载,面向的读者群是青少年,《龙族Ⅰ》精彩的情节足以让青少年们欲罢不能,为之着迷。《龙族Ⅰ》不是一本单独的作品,它是一个系列的开头,江南用这本书揭开了龙族世界的神秘一角,成功引起了读者对这个世界的兴趣,这不仅为《龙族Ⅰ》带来了成功,也为整个系列的成功奠定了坚实基础。

江南的描写注重画面感,且不时有令人眼前一亮之感。如酒德麻衣与恺撒对决的时候,江南是这样描写酒德麻衣的:"麻衣扬起眉,她忽然亮了,璀璨如冷厉的刀光,令人悚然不敢靠近。"只"璀璨如冷厉的刀光"一句便令人眼前一亮,仿佛看到一个张扬到发光的女孩,整个场景也骤然生动起来。

江南文风偏华丽,细腻的描写比比皆是,试举一例以窥一斑。江南描写酒德麻衣播放的音乐:"音乐仍旧继续,提琴部和管乐部的配合中,精灵们高唱着泪花飞溅,萤火虫四散飞舞,胡弓的声音破围而出,无奈的情绪如堆积在云顶的高山,孤独的孩子提着无法指引来路的灯。"通感、比喻、联想等手法串成一脉,音乐带给人的感觉借由这些画面被传递出来,使读者能够感受到江南想要传达的情绪。这是非常有画面感且打动人心的一段描写,江南确乎有较高的文学水准和细腻的情感体察能力。华丽瑰幻的画面能够打动读者,使其沉浸到壮丽神秘的龙族世界中去,也能使读者更好地理解角色在做什么,但有时候江南只是描写而已,比如说这段描写,即使摘掉也不会影响情节的推进,而且它对塑造人物形象的作用也不大,看起来只是江南自己喜欢这首歌,借机向读者推广而已,俗称"夹带私货"是也。

对话流畅自然,人物丰满且区分度高,情节跌宕起伏,描写华丽细腻,读来生动可观,这些无疑都是《龙族Ⅰ》成为一本成功的畅销书的原因。不过最重要的是他构建了一个瑰丽奇幻的幻想世界,这是一个龙真实存在的世界,人类的神话和宗教是为了掩盖龙活跃在世上的史前时代,有一支秘党如今化身为卡塞尔学院继续培养屠龙的勇士,在这个人类占据主导的时代,一次次暗中击退苏醒的龙族。江南将各国神话与历史串联起来,与龙挂上钩,而与现实同步的时间里,来自世界各地的人前赴后继地踏上屠龙之路。他所创造的这个似真似幻的世界吸引着为现实生活操劳的人们,足以引发人们对这样一个虚构世界的向往。这样一个与现实相似但更为热血更为奇丽的世界足以深深地吸引青少年乃至成人读者,令其对《龙族》这个系列产生黏性。《龙族Ⅰ》的成功不仅是《龙族Ⅰ》的成功,某种程度上也是《龙族》这一个系列的成功。

《龙族》系列无疑是成功的现象级畅销小说,尽管《龙族》的成功已随着时代的变化而不可复制,但它仍可供参考,作家们可以从中揣摩一下如何创作畅销书。

一个重要因素是确定读者群并投其所好。《龙族Ⅰ》能够成为一部现象级畅销作品有一个很重要的原因,小说从一开始就已经确定了自己所面向的读者群体并主动迎合读者。小说在《漫客·小说绘》上连载,这是一份主要面向初中、高中学生群体的小说杂志。这个年纪的学生正处于"中二期",一些看起来很厉害很高冷还热血的话很容易激起他们的情绪。"所谓弃族的命运,就是要穿越荒原,再次竖起战旗,返回故乡。死不可怕,只是一场长眠。在我可以吞噬这个世界之前,与其孤独跋涉,不如安然沉睡。我们仍会醒来。"这是小说中龙王诺顿说的一段话,在文中多次出现,完全合乎少男少女的口味,可以想象一个正值青春期,阅读量和阅历都有限的青少年读到这段话将会何等热血沸腾。

令读者有代入感也是非常重要的一点。既然读者想从中获得快感体验,那就要让读者能够随着主角一起逆袭,把主角的悲伤和失败当作自己的悲伤和失败,把主角的成功和喜悦当作自己的成功和喜悦,在阅读过程中获得情感宣泄。江南在这点上做得非常好,大部分读者都能对主角路明非有代入感,或者至少在不同程度上与他产生情感共鸣,这得益于江南对青少年心理细致的体察和描写。我们可从文章节选中看一看江南是如何做到这点的:

> 其实路明非一个人的时候不逛商场也不打台球。他在网吧里坐得发腻之后,就回家了,进了楼却不进屋,从通往楼顶的铁栅栏里钻过去,坐在嗡嗡响的空调机边,眺望这个城市,直到太阳西下。
>
> 路明非觉得自家爸妈是男女超人,也许只有某一天他们坐的飞机失事了,他们才会忽然出现在他面前,托着飞机平安落地。若不是那样,他们始终在为世界忙碌,而不是为了他路明非。超人爸妈当然可以用来吹嘘,可事实上跟不存在也没什么区别,路明非都快记不得爸妈的长相了,只有偶尔看小时候的全家福,才能勉强回忆起那一男一女,还有他家那栋外面爬满爬山虎的老楼。

这两段基本就是白描,讲述的是路明非平常的生活,还有他对自己父母的想象与感情,但很能打动人,特别是能打动青少年们。这世上大部分人只是普通人,试问谁心底里没有一份不为人理解的孤独呢?孤独不论多与少,每一个人,尤其每一个青少年,都幻想过独自在天台发呆直到夕阳西下的场景,甚至真的曾经这么做过。这已经能让青少年产生共鸣了,而下一段则加深了这种共鸣。路明非想象自己的父母是超人,心里很想念父母,他是缺失父爱和母爱的。平凡的人生终究无聊,消磨着我们的激情,试问谁还没幻想过自己的父母其实有个隐藏的拉风身份,一朝揭露能让自己平淡如水的人生天翻地覆,从此走上人生巅峰?渴望父母的关怀也是每个孩子的共通处,而大多数中国式父母,即使不是天天见不到人影,也都在给予孩子关爱上有所缺失,这几乎是每个青少年心底隐秘的图景,被江南揭露了出来。江南以其自身细致敏感的体察,通过小说主人公路明非这一角色,成功唤起了大多数读者的共鸣。当许多读者能对小说主人公(或某个重要角色)产生共鸣,甚至把自己代入时,这部小说作为一本畅销书来说,已经成功了一半。等到了小说靠近结尾的部分,读者代入的主人公在绝境中大喊"可我就是这么一个东西,这么被她捞出来了,费了这么大力气捞出来的总不能是个废物吧?我已经当废物太久了!凡我做的事,做错的都是我笨,做好的都是因为我走狗屎运,凡我在乎的人,要么不理我,要么是把我当猴耍,倒是有个二百五弟弟跟你一个名字,非常理解我,对我说夕阳你是个好女孩!这是他妈的什么人生"时,相信很多读者会被激起深深的共鸣,一同吐出一口郁气,喷发出内心的不甘与渴望。

　　作为一本畅销书,必须满足读者的某种需求,路明非颓丧的一面让读者有代入感,那么作者还得给他安排拉风的一面,让已然代入的读者感到爽。首先,作者给主角安排了一个成为人上人的机会,神秘的以屠龙为己任的卡塞尔学院向主角敞开了大门,并告诉他,他是潜力无限的S级血统,他可以拯救世界,命运的转折点就在这里,这能让大多数青春期的少男少女热血沸腾。而且主角在跌入低谷的时候被一个漂亮强势的女孩拯救,给足了他面子,这恐怕也是不少平凡的少年幻想过的美梦。后来的学院之旅,屠龙险境基本都是这种套路:首先主角要平凡,要和普通少年差不多,能让读者产生共鸣;其次他又要有少年们都会喜欢的、都梦想过拥有的过人之处,能让人眼前一亮,令已经代入了主角的读者觉得自己很拉风,从中获得精神满足;最后他要陷入险境,令读者足够紧张,觉得自己也陷入了深深的危险之中,又要绝处逢生,在绝境中做出令人热血沸腾的选择,这个选择救了他和他心爱的人的命,使他得到奖赏。这一亘古不变的套路总能让读者从中得到满足。

　　读者为什么会爱这本书?归根结底是因为读者可以在书中品尝到自己想要的滋味,体验想过的人生,去拥抱平凡生活的转变,去迎接一个热血浪漫变幻莫测的冒险之旅。这恐怕也是大部分畅销书成功的原因(尽管针对受众不同,也可能不是冒险之旅,而是爱情之旅或者其他的旅程,但大体模式如此)。

自古深情留不住,唯有套路得人心。但套路也需写得好才能卖得好。《龙族》很有套路,但套路好,套路够感人,套路之中也有深情,会畅销真是一点也不奇怪。

该书是中国小说中较冷门的奇幻类型,而且既不是西幻,也不是狭义上的玄幻,《龙族Ⅰ》继承了九州的中国奇幻路子又略有不同,为中国奇幻小说这个类型增色不少。

江南的文笔非常好,描写的功力逐本长进。江南的缺陷在结构上,单独一本拿出来看还好,若是将该系列的几本放在一起作为一个整体来看,则显得结构混乱。他对长篇小说的走向把握一般,难以回收伏笔,写到《龙族Ⅴ》还有一些坑没有填上,实在令人遗憾。(赵心慧)

3.《龙族Ⅱ:悼亡者之瞳》

故事梗概:

《龙族Ⅱ:悼亡者之瞳》是一个关于屠龙者的故事,这也是一个关于少年成长的传奇。

暴雨天开着迈巴赫来接十五岁的楚子航放学的父亲为避免堵车开上了某条高架路,遭到北欧神话主神奥丁及死侍们的围追堵截。平日里窝囊的男人拔刀掩护刚刚觉醒血统的楚子航撤离高架路,从此音讯全无。

路明非在生日那天收到了同学聚会的邀请,同时接收到了来自卡塞尔学院的任务。而特立独行的楚子航却独自承担了全部任务,并且圆满完成。二人立即飞往芝加哥,开始了新的学期。

在芝加哥,他们邂逅了漂亮的师妹夏弥。同时,昂热校长来到此地,带领路明非以亿元天价拍下了"七宗罪"。而当他们在六旗游乐园开始庆祝时,一个意外发生了——过山车面临离奇崩塌,楚子航不得不冒险使用"爆血"技能将事故化解。而因为血统的不稳定,他也面临着校董会的审判,就在审判结束后,猎人网站却传来了令人震惊的消息——大地与山之龙王在北京苏醒。

全世界的混血精英纷纷飞往北京,而酒德麻衣团队也在北京布下了"杀龙之局":魔兽世界副本、英雄级路明非账号、全方位监控。楚子航、路明非、芬格尔组队前往,到达北京。赵孟华误入尼伯龙根,陈雯雯去网吧找路明非求助,她走后路明非看到恺撒向诺诺求婚的视频。酒德麻衣暗中帮助楚子航找到了尼伯龙根的地铁入口,后者与夏弥合作,重伤大地与山之王芬里厄。夏弥现出耶梦加得的真身,亮出利爪重创楚子航。她要吞噬自己的哥哥芬里厄,成为死神海拉。耶梦加得变成夏弥的样子，说自己一直在模仿人类生活并观察楚子航，想要趁拥抱杀死楚子航却被他用折刀反杀。

濒死之际，芬里厄吞噬夏弥（耶梦加得）成为死神海拉并释放灭世言灵"湿婆业舞"，无数镰鼬逃出裂缝包围婚庆大厦，恺撒、帕西和诺诺陷入苦战。登上列车逃跑的路明非发现诺诺的短信后下定决心回去支援楚子航，后者已经奄奄一息。路明非决定用四分之一的生命交换路鸣泽的帮助，使用"七宗罪"击杀芬里厄。尼伯龙根濒临崩溃。肯德基先生替楚、路二人招来逃生的地铁列车，路明非使用"作弊咒语"将楚子航复活。

尘埃落定，楚子航拿着夏弥留给他的钥匙找到她家，沉默地感受这个女孩留下的气息，他临睡前需要回忆的片段又多了几个。伴随着大地与山之王的讨伐结束，肯德基先生与汉高会面，而弗洛斯特也同帕西表明，诺诺（陈墨瞳）本就是家族为恺撒选定的新娘。

作品评论：

"爱唱歌的女孩被埋在花下了，连带着她的野心、残暴和谜一样的往事。"

如果要让我用一句话来概括《龙族Ⅱ》的情节，那我会毫不犹豫地选择这个句子。整个《龙族》系列的男主角无疑是路明非，女主角肯定是诺诺，但是贯穿《龙族Ⅱ》的男主角更像是楚子航，女主角更像是夏弥，毕竟她的身份都已经隐藏进了书名里——"悼亡者之瞳"。作者江南已经将《龙族Ⅴ·悼亡者的归来》在网上连载完毕，深夜窝在被子里追更新的我看到夏弥的身影再次出现时不由得感慨万分。想当年《龙族Ⅱ》被我兴冲冲地买回家时，我正在念初二，尚且无法很透彻地理解复杂的人物性格，因此在读完整本书之后发现自己最喜欢的女性角色居然是反派，而且还和自己最喜欢的男性角色厮杀，很是惆怅、纠结了几天。我喜欢过很多小说人物，但是少有人物能够让我在读完整本书之后还弄不清他真实的性格，甚至不能确认他是否真的存在。被作者江南认为是他最满意的角色的夏弥做到了，她的出场方式我没记住，但是下面这个片段一直停留在我的脑海里：

真是一个棒极了的早晨，阳光透过屋顶的天窗照在夏弥身上，纤细柔软的女孩以芭蕾般曼妙的动作单腿而立，伸手去帮他们偷两杯可乐。路明非看着她抬起在阳光中的长腿，每一根线条都青春而流畅，每一寸肌肤都温润如玉，他第一次明白了古人所谓"骨肉停匀"的意思。看着这一幕就只是欣赏一种美，既不蠢蠢欲动也不心痒难忍，只希望可乐杯子大一些让她多接一会儿，又恨不得立刻掏出手机把这一刻存下来。

有人在知乎上提问,江南是通过一些什么小说技法拥有那么强的情绪渲染能力与调动能力的呢?网友"高赞"总结得很好,共分三点:细节与节奏、回忆与时空广度、热血煽情的句式和比喻。后面两点我们之后再说,这里先说第一点。江南被公认为是精于描写细节的作家,他能把一粒尘埃写成一整个宇宙。这段话的内容无非就是夏弥帮两人偷接可乐,江南却把这个短暂过程的每一个美好的细节都放大给你看,并且借由旁观者路明非的视角来衬托出这女孩纯粹的美丽。整段乃至上下文的节奏都被这些细节拉得顺畅悠远,观感很舒服,正如路明非所说,"看着这一幕就只是欣赏一种美"。

同在知乎这个问题下的网友"阿牧的观察镜"在回答中指出,江南的描写手法特别具有镜头感。如果说上述段落是个慢镜头的话,那么下面这段描写的镜头感和节奏感都无疑要明快、强烈得多:

男人的手腕上青筋怒跳。他反手握刀,直刺左侧车门。长刀洞穿铸铝车门,嵌在里面,半截刀身暴露于外。男人猛踩刹车,速度表指数急降,车轮在地面上滑动,接近失控的边缘。脓腥的血在风中拉出十几米长的黑色飘带,又立刻被暴雨洗去。那些黑影来不及减速,左侧的一群被外面的半截刀身一气斩断,甚至来不及发出哀号。简单也纯粹的杀戮,就像那些影子以时速250公里撞上锋利的刀刃。黑血泼满了左侧的全部车窗,甚至能从缝隙里渗进来。楚子航抱着头,不停地颤抖。

作为一部青春幻想类小说,《龙族》系列从不缺打斗场面,而每段打斗场面都酣畅淋漓,看得人热血沸腾。楚子航的父亲楚天骄刚登场时在儿子的记忆里只是个车技高超的司机,甚至被认为是个懦弱的人。但是当他拔出御神刀·村雨冷酷无情地屠杀死侍时,气质就发生了天翻地覆的变化。这种前后的对比给读者以视觉上的冲击,对人物形象的塑造起了很大的推动作用。在这段描写中,战斗节奏简单明快,不拖泥带水,能让人轻轻松松地"脑补"出打斗片段。

但是要说全书最精彩的打斗片段,那肯定是最后路明非用四分之一的灵魂交换来的屠龙场面。最终之战的结尾片段是这样的:

龙疯狂地哀号,一瞬间能把人毁灭数百次的痛楚如千万流刃传入他的脑内。

路明非松开"暴怒"的刀柄,踩着龙首跃空而起,如同希腊神话中那个以蜡封羽毛为羽翼飞向太阳的美少年伊卡洛斯,张开双臂,迎着黑暗中的火雨,仿佛要去拥抱并不存在的太阳,陶醉于它的光焰,全然不惧被高温烧毁了羽翼而坠落。

  他没有坠落,他被狂风托住了。巨大的骨翼张开于背后,他以翼和身组成巨大的十字,立于虚空和黑暗之中,金色的瞳孔中闪烁着愤怒、仇恨和君王之罚的冷酷。他伸手向着下方的巨龙,说出了最终审判的圣言:

  "我重临世界之日,诸逆臣皆当死去!"

  这段战斗描写用长短句结合充分地营造了节奏和韵律的同时,还运用极具力度的比喻,把路明非比喻为希腊神话中张开羽翼飞向太阳的美少年伊卡洛斯。《龙族》系列的世界观是庞大的,涉及宏大悲壮的北欧神话等体系,这也是它与其他男频小说区别开来的地方。读江南的书就会觉得他的知识储备量达到了令人惊叹的地步,会被如史诗般宏大瑰丽的世界观震撼到说不出话来。著名漫画家夏达在封底留言说她喜欢这个故事的原因就是她个人偏爱这种带着古老神话宗教气息的美感,即使这是个发生在现代的故事。而当其他男频文主角都在兢兢业业地打打杀杀时,路明非还缩在网吧打游戏,逼到无路可退的时候就燃烧自己的部分生命去守护重要的人。那些鸡汤文常说每个人都是自己人生中的主角,而路明非则蹲在厕所里吐槽自己如果是主角,那肯定是出自垃圾作者笔下,又立刻否定自己是主角的可能性,大概只能算得上是路人甲乙丙丁。如果说我们能从那些"龙傲天"式的主角打脸反派的过程中感受到宣泄般的痛快,再回头看看路明非,就会惊觉其实自己的人生没有任何改变啊,碌碌无为也是种失败,从而更加容易与后者产生共鸣。

  《龙族》系列作品还有一大特点就是对奢侈品的描写是为人物和情节发展服务的,可以简单地概括为"厉害的人物使用配得上他身份的奢侈品",而不是"用奢侈品来凸显角色的厉害"。江南自己也曾经因为书中的奢侈品出现频率过多而发微博解释"写不写豪奢的玩意儿取决于是不是需要",因此,奢侈品总是伴随着意大利贵公子恺撒出现,而同样富有却过得跟苦行僧似的楚子航就没有太多这些描写。与《龙族》系列形成鲜明对比的是郭敬明的《小时代》系列,有关这个问题,知乎问答"为什么同样出现奢侈品,《龙族》和《小时代》评价不一?"已经讨论得很到位,在此不多做赘述。而在对情节的推动作用上,无论是恺撒度假时居住的豪华宾馆还是夏弥蜗居的北京旧小区,都是一样的,在江南眼中没有贵贱之分,甚至对后者的描写更能触碰人心底柔软的地方:

  正对着门的,居然是一面巨大的落地窗,窗外巨大夕阳正在坠落。黯淡的阳光在地面上投下窗格的阴影,跟黑色的牢笼似的。金属窗框锈蚀得厉害,好几块玻璃碎了,晚风灌进来,游走在屋子的每个角落。

很难想象这种老楼里会有带落地窗的敞亮房子,这里原本大概是配电房一类的地方,电路改造后设备被移走了,空出这么一间向西的屋子。就一间,连洗手间都没有,空空的,一张摆在屋子正中央的床,蓝色罩单上落满灰尘,一个老式的五斗柜立在角落里,另一侧的角落里是一个燃气灶台和一台老式的双开门冰箱。全部家具就这些。

豆瓣上有热评说《龙族》是商业化写作的范本,将十二到二十岁之间的青少年设定为受众目标,其中又以中学生为主体。只要找准他们的口味,写作手段娴熟,再加上成熟的商业化操作,不愁书卖不出去。事实上也确实如此,我身边的同学大部分都是在中学阶段接触并阅读了这部作品。江南为了迎合这些青少年的口味,也在文中加入了大量流行的日漫和游戏元素,譬如主角路明非就是个喜欢日漫和游戏的"死宅",而夏弥也有在动漫社里 cos(角色扮演)凉宫春日的照片,连路鸣泽替路明非收拾混混的时候也用了经典游戏拳皇的梗。与此同时,作为一本以"屠龙"为主线的世界观庞大的作品,《龙族》的语言出乎意料地幽默有趣,很多时候都会让你觉得自己在读段子。毫不夸张地说,我本人当初就是抱着读段子的心态跳入这个"大坑",看日常的时候被路明非、夏弥、芬格尔以及楚子航的笑话逗得哈哈大笑,结果又被结局虐到泪水涟涟。

摘一段个人觉得全书最搞笑的段子:

楚子航一时有点摸不着头脑。这什么意思?皇帝找来大将军说,我想派你和宫中总管路公公一起去北方打蛮子。大将军自然知道路公公是作为监军来看着自己的,打仗自己来,领功人家去,但是仍然只有领旨谢恩。这是正常状态。不正常的状态是皇帝说我赐甲剑宝马给路公公,让他在前面冲杀,你在后面给他跑后勤……这是要干掉路公公吧?

换句话说,《龙族》是本既有宏大叙事,又非常接地气的作品。酒德麻衣可以在拍卖会上毫不犹豫地举着牌子面不改色地加价,也能坐在烧烤摊子里啃着大腰子和路人侃大山。这恰恰抓住了青春期小孩的心理特点,渴望平淡的生活里出现点波澜。豆瓣那篇长评的作者说,从《龙族》的人物设定就能看出,几乎所有目标年龄段的读者都能从中找出喜欢的角色。他认为江南在设计这些人物时并没有考虑他们登场的必然性,而是考虑到有哪些读者的喜好还没有被顾及。而《龙族》的整体故事背景和涉及的俊男靓女、拯救世界等元素其实经历过市场充分的检验,作者在其中埋下的一系列悬念和伏笔又不断引起读者对其的分析和争论,但这些争论除非作者主动揭晓谜底,否则又是无法确定的。

　　这位评论者也同很多读者一样,认为江南的文风等于"华丽+煽情"。这与前面那位总结江南的作品为什么具备强大的情绪渲染和调动能力的读者的看法不谋而合。

　　《龙族》的前四部并不能算是严格意义上的网络小说,它是以连载的形式刊登在半月刊杂志《漫客·小说绘》上的长篇小说。这本杂志是我心目中的白月光,摆在我书架上的书几乎都是刊登在这本杂志上的长篇小说在经过作者修改后出版的单行本,如玄色的《哑舍》系列、裟椤双树的《浮生物语》系列等。这些作者中的很大一部分都是出身于网络的小说家,换句话说,都曾经在网络上连载过小说。但是他们的作品能够被刊登在杂志上发售,文章的质量绝对得有保证。因此,《龙族》跟其他单纯在网上连载的网络小说是有区别的,文笔和质量都占优。《龙族》小说系列火爆也推动了它的同名改编漫画在周刊《知音漫客》上广受好评,而后者吸引来的新读者也源源不断地给小说输送新鲜血液。总而言之,《龙族》的商业化是非常成功的,它的火爆基于江南扎实的写作功底,又辅之以成熟的商业化运营和精准的读者定位。

　　有好奇者在知乎发起过问答:"从文学角度看四部《龙族》中第几部成就最高,质量最好?"《龙族Ⅱ》的呼声是最高的。而之后又有人提问:"为什么很多人都说《龙族Ⅱ》是龙族系列中最好的一本?"也有很多人给出了自己的理由。对前一个问题,网友"高赞"评价《龙族Ⅱ》承第一部之大局,开龙族新篇章。我完全赞同他的观点。如果说《龙族Ⅰ》是为读者们打开了新世界的大门的话,那么《龙族Ⅱ》就是带着读者走进大门内,领略不一样的风景。不单单是从小说本身的剧情而言,就连现实情况也是如此。中国的玄幻小说很多都带有本土色彩,以仙侠和武侠为题材,如《诛仙》等。而唐家三少的代表作《斗罗大陆》尽管发生在架空的世界,但主角唐三前世出身的唐门所擅长的暗器带有典型的中国武侠元素。江南的《龙族》最令人称奇的一点就是它是跟西方的魔幻小说接轨的,书中角色的国籍五花八门,龙族的形象也是西方式代表邪恶的龙。这类小说在中国的网络小说里不能说没有,但是作者匮乏的知识储备和蹩脚的文笔往往会让这类小说与现实脱节,让人很难产生真实感。从这个角度来看,《龙族》在同类型的作品中的代表意义可以说是空前的。最强力的证据就是它经常被拿出来同英国作家 J. K. 罗琳的经典魔幻系列小说《哈利·波特》进行对比,譬如知乎有问答:"《龙族》和《哈利·波特》的不同在哪里?"而我认为一篇题为《〈哈利·波特〉与〈龙族〉》的微信公众号文章的总结就很到位:两部作品都是很多人的魔幻小说启蒙,对于读者们而言是青春的记忆。

　　综上所述,作为被大部分读者认为是《龙族》系列巅峰的《龙族Ⅱ》,应当是这段记忆中最鲜亮的颜色吧。所以,有句话我还是应当遗憾地说出来:《龙族Ⅱ》被许多人认为是《龙族》系列的巅峰之作,固然是很高的赞誉,但这也代表着,《龙族》后续作品的质量被某些人认为是有所下滑的。(余慧婷)

4.《龙族Ⅲ:黑月之潮(上)》

故事梗概:

前传:《冰海王座》

西伯利亚北部有一座似乎被神遗忘的港口——黑天鹅港,仅靠每年来一次的"列宁号"补给。今年"列宁号"却迟迟未到,就在航线快要消失时,邦达列夫少校滑雪而来,与港口的负责人赫尔佐格博士见面。他带来了苏联即将解体的消息,并自称是为解体后港口的划分前来调查。当天晚上,他引爆了列宁像的大理石底座,进入一个废弃的基地,打开机械密码锁,根据地图指示,沿着一条永冻土凿开的隧道摸索。隧道长度惊人,开凿的难度很大;冻土层中还有本不属于这里的畸形的动物尸体;地图的尽头有一堵被铁水封住的门。邦达列夫打开门后进入一个巨大的空洞,脚下的冰层里封着龙的骸骨。博士在这里研究龙族的完美基因与人类的结合。邦达列夫与博士交换情报并达成协议:邦达列夫的家族将在苏联解体后继续为其提供经费用于对龙族基因的研究,成果为其家族所用。邦达列夫要求博士将研究地点通过"列宁号"转移,带走实验样本即其中四名孩子。圣诞节当晚,黑天鹅港被炸毁,邦达列夫直接射杀了博士和四名孩子。原来交易是谎言,他们的本意就是带走龙骨左眼中的龙卵。

雷娜塔从小在黑天鹅港的孤儿院长大,这里的孩子通过房间号来编号,她是第38号。深夜里她起床寻找梦里的朋友黑蛇,无意间打开了零号房间,结识了房间里的孩子——零号。零号告诉她黑蛇是自己的宠物,并表示要与雷娜塔做朋友并带她离开这里。此后,零号在幻境中一步步告诉雷娜塔离开的步骤。在圣诞节当晚,雷娜塔和零号突破重重阻碍,最终离开被毁的黑天鹅港,并踏上了前往中国的路途。

正传:《黑月之潮(上)》

日本分部向卡塞尔本部发来一段日本海域发现的疑似龙的胚胎的心跳,卡尔副所长推测这是"列宁号"沉船上的货物。校长制订SS计划,决定派恺撒、楚子航和路明非组成恺撒小组空降日本进行水下爆破。恺撒三人一到东京就受到了不同寻常的盛情接待,执行长源稚生亲自做他们的导游。恺撒三人在日本享受顶尖住宿条件、购物、美食,参观了日本黑道组织领袖的日本分部。随后,三人在本部和日本分部的联合指挥下开始了水下任务。

恺撒小组伪装成科学考察团潜入水下,他们发现了携带龙族基因的海洋,进而发现了古代龙族的水下城市。三人寻找到"列宁号"沉船中的胚胎,可胚胎的血液被这座水下城市吸收。这其实是古代混血种建造的高天原,日本分部想借助恺撒三人的力量摧毁这个神葬所。此时古城被激活,数以万计的尸守苏醒,切断本部通信的日本分部指挥他们三人引爆核动力舱。核动力舱引爆后,无数尸守已经越出水面,日本分部打算使用上杉绘梨衣的力量,牺牲恺撒小组。濒临死亡时,路明非好像看见了诺诺……

作品评论:

《龙族Ⅲ:黑月之潮(上)》总体来说延续了前面两部的风格,依然是一个充满智慧与勇气的奇幻之旅。

《龙族Ⅲ:黑月之潮(上)》整个故事大多是由几个平行又交叉的故事组合而成的,在一段时间里以不同人物为中心展开故事,这些故事交织,最终展现小说的全貌。首先前传《冰海王座》主要是由两条线进行,两条线分别以两对人物的行踪为线索:博士与邦达列夫,雷娜塔与零号。正传是卡塞尔学院本部和日本分部的平行叙述:恺撒小组的日本之行、蛇岐八家和日本猛鬼众以及卡塞尔学院内,比如施耐德教授与曼施坦因二人的平行叙述。通过这些既平行又相交的叙述就可以更完整更自然地了解故事的全貌,但这样的篇章结构过于零散,可能造成混乱。这里举一个例子,前传中博士与邦达列夫在龙穴中的对话和雷娜塔与零号的对话重叠:

她没什么能帮这个男孩的,只是看他的嘴唇有些干裂,就去水管那里接了一小捧水,隔着铁丝面罩滴在男孩的嘴唇上。水渗进去之后男孩的嘴唇略略恢复了亮色,雷娜塔心里有些高兴。

她抱起佐罗走向门口,这时背后有人说:"别急着走啊,雷娜塔。"

"他看起来不太正常。"邦达列夫说。

"我们对他实施了脑桥分裂手术。"博士说,"这种手术原本是用来治疗癫痫的,把连接左右两个半脑的……"

这里是雷娜塔与零号初次相遇时与博士、邦达列夫的对话,两组对话几乎无缝衔接、交替进行,两段对话不处于同一地点,也不一定在同一时间。这里的两组对话时空交替进行是否有其特殊含义?读者第一次阅读可能无法明白,反而产生混乱,需要再次阅读。

雷娜塔与零号夜间之行写得极为真实,前期丝毫没有提到这是一场幻境,在后文的现实中才被点出。这时读者恍然大悟,才联系到之前两个孩子自由活动的非现实性,但前文几乎没有一点透露。作为已经有一定阅读经验的读者,已经形成了自己的阅读判断或者说是第六感,在这里对剧情判断却完全无措。

《龙族》小说中提到人物楚子航仅有的爱好就是看书,从小说来看,作家江南也应该是浏览量、知识量极为丰富的。就《龙族Ⅲ:黑月之潮(上)》来说,其中就能看出他对机械、化学、人文社会科学的深入了解。

小说中的细节描写十分到位,文笔卓绝,无论是环境描写还是心理描写,都十分细致,悬念设置颇多,这也是江南小说最受人推崇的原因之一。情节的细节处依然延续了前几部的风格,学校教授和略微有些"神经质"的三人组总在一些紧张时刻开一些无伤大雅的玩笑,既使人物性格丰满,又让阅读节奏稍微放松。

《龙族》的故事设定与《哈利·波特》有一定相似之处:主人公的境遇相同,整体的世界环境相似。但是与《哈利·波特》不同的是,在后期的写作中,《龙族》在构建更大的龙族世界时,不如《哈利·波特》中的魔法世界完整、牢固,稍显逊色。《哈利·波特》主要故事是发生在霍格沃兹学校之内,以主人公哈利·波特的视角去见证整个魔法世界;而《龙族》却不局限在学校之内,或者说大部分的任务是需要前往世界各地进行的,这与我们现实生活的联系更加密切。尽管作家在细节处理上游刃有余,在外部环境的构建上却是差点意思。作家越是想尽力开创一个更大的世界观,前期设置的一些悬念就越显得难以"填上",所以有一点崩坏的迹象。一方面引起读者强烈的好奇,一方面又破坏读者阅读兴趣。

在《龙族Ⅲ:黑月之潮(上)》这本书中,个人比较喜欢前传《冰海王座》。看似与正传完全不同的故事,实则与正传息息相关。前传不仅解释了之后在正文中一些重要的设定,同时也吊足了读者的胃口,留给读者大量有关正文的遐想与猜测。正传里的细节确实出众,环境描写十分优美,人物情感把握也到位,但是在整个《龙族Ⅲ》的故事中,仅仅是一个开端,故事还是处于一个刚刚萌芽的状态,精彩之处并未开始。有些地方情节过于赘述,某些主线地方交代反而显得有些草率。(陈楠欣)

5.《龙族Ⅲ:黑月之潮(中)》

故事梗概:

《龙族Ⅲ:黑月之潮(中)》接续前一部作品剧情,讲述了卡塞尔学院专员路明非、恺撒、楚子航小队探寻日本海沟深处龙族,与龙族搏斗后的故事。被海浪冲散后,三人奇迹般生还,凭借执行部行动手册的引导相聚于被曼波收购的情色网吧并巧遇故人真。而由于日本分部叛乱,三人行踪被蛇岐八家掌握,遭到下设"赤备"团伙的围攻,三人收到来自学院的支援奋力突围,真却在过程中不幸丧生。

卡塞尔学院校长昂热受老友庞贝·加图索之求,决定只身一人前往东京会见蛇岐八家。八家之中犬山家家长,亦是昂热学生的犬山贺作为代表,同龙马弦一郎与宫本志雄一道在玉藻前俱乐部接待昂热。双方谈判局势急转直下,最终演化为互不相让的刀术对决。决斗过后,双方本已释然,局势却突然转变,在橘政宗主导的射杀中,事件最终以犬山贺尽忠守义死亡的悲剧收尾。与此同时,从情色网吧逃脱的路明非三人逃至名为"高天原"的高级俱乐部中。三人并没有消极等待来自学院的救援,而是决定主动出击,前往源氏重工探寻蛇岐八家内幕,并寻求机会炸毁"辉夜姬",以便人工智能"诺玛"重新控制日本网络,从而获得联络总部与进一步行动的机会。

尽管已有计划,执行过程中仍免不了意外发生。迫于压力,本来仅想稍作探寻的恺撒三人不得不潜入源氏重工内部并在计划逃脱的过程中分散。恺撒与楚子航结为一队,路明非自成一队。在恺撒、楚子航在基地内部壁画厅发现一地血迹以及有关沉睡于日本海沟龙族与白王黑王秘密的壁画内容时,具有皇之血统的源稚生与两人狭路相逢,突发地震导致路明非与恺撒、楚子航失散。

经过激烈交手,恺撒、楚子航勉强与源稚生战平,在上涌的死侍潮流中,三人达成暂时的合作,恺撒、楚子航最终成功突围,与源稚生分道扬镳。同时,在路鸣泽的指引下,路明非与绘梨衣相遇,两人一道突围,最终在酒德麻衣与苏恩曦的安排下乘直升机离开。

击退死侍后,源稚生与橘政宗谈论起有关龙族之事,昂热与上杉越会面,日本局势仍处于复杂态势。

作品评论:

我是通过发表在漫画刊物《漫客·小说绘》上的《龙族》漫画首次接触到这部作品的。在阅读过小说后,我认为《龙族Ⅲ:黑月之潮(中)》是一部流畅的网络文学作品。所谓"流畅",我结合网络文学的特点与本书的行文进行阐述。

按照《龙族Ⅲ:黑月之潮(中)》实体书的出版信息,这部作品文本容量为33万字,若以每日一次更新,更新字数3000字估算,需要三个半月才能完本,这其实是强度较大的工作,这便和传统文学存在区别。所以,《龙族Ⅲ:黑月之潮(中)》的流畅性首先是相对于传统文学而言的,在缺少反复修改的情况下仍然能够保证故事流畅发展。这部作品的"流畅"又在于文本本身,它具体来说包括两个方面：一是叙事基调，二是场面描写。概括来说，《龙族Ⅲ：黑月之潮（中）》包含三个大事件：恺撒小组网吧突围、昂热单刀赴会、恺撒小组直捣源氏重工。在三大事件之间还有许多零散的故事。作品的基调是成熟的，并非一直朝向高潮发展，而是在诸多高点间调以舒缓的情节；在单独的高潮之中又非一直紧凑，存在一些能够调节氛围的片段。就拿恺撒小组网吧突围来说，真小姐的出现以及主角三人与真的互动无疑让紧张的氛围得到舒缓，而到了冲突加剧的时候，所有角色又从舒缓中抽离而全部行动起来，这是一种氛围的"流畅"。再说具体描写，这一部中有许多精彩的打斗场面，比如第88页楚子航与恺撒的打斗，第152页犬山贺和昂热的刀术比拼，第263页源稚生和恺撒、楚子航的对决。在这些场景描写中，人物动作的衔接是流畅的，既可以将单个人物的单次动作抽取出一帧来观看，也可以将多个人物在同一时间各自的一帧抽出比对，还可以将多个人物多帧播放，得到的动作是连贯而不会让读者觉得产生断层的。

在叙事上，作品呈现出以人物为核心的双线甚至多线叙述。多线叙述时，各叙事线之间存在一定的时间断层，例如开篇的苏恩曦叙事线、恺撒小组叙事线、昂热叙事线、中期的蛇岐八家叙事线，四条线索本应该同时发展，作者需要在创作过程中合时宜地采取穿插或者单独叙述的手段提示读者注意属于各叙事线的人物的行动进程。一般情况下，小说中的叙事线会合时，不会突兀，以免让读者觉得陌生，但在《龙族Ⅲ：黑月之潮（中）》里缺少这样合适的文本处理。双线叙述则相对较好，例如作者描写恺撒在壁画厅时依靠言灵听到底层的放水声，这一处便将同时发生在两地的叙事线索联系到一起，之后死侍的进攻也有迹可循。人物塑造方面，给我以最大触动的是对犬山贺这一角色的刻画，对犬山贺动作的直接描写、昂热评价的侧面描写以及回忆叙事这三方面揭示出角色的动态发展以及其精神品质，使得这个角色形象立体鲜明。

在阐述我认为的不足之处之前，我想先说说《龙族Ⅲ：黑月之潮（中）》的一处创作特色，这一特色很大程度上也是《龙族》系列的特色，甚至可以说是作者江南本身的创作习惯。那就是对出现在书中的事物或者概念进行解释，比如对《侍魂2》这部游戏的说明，比如对道奇"蝰蛇"的描述。当然，这些描述也是作者为了创作广泛收集资料的体现，但需要注意的是，所有的描述出现在书中便已经明确它面向读者，这种直接的面向不服务于剧情，即在描述中未凸显出某些能够服务剧情的被描述对象的"特质"，这就造成叙事中断。本书最大的不足与这种描述造成的叙事中断密不可分。例如第33页在昂热与庞贝的对话中忽而跳转描写庞贝的博士学位，第42页在描述苏恩曦的行动中忽然转而描写黑石官邸，第234页描述白鲨捕食，其中涉及的便是"叙事有效性"和"叙事逻辑性"的问题，过度和不合时宜的插叙是冗余且会造成读者阅读负担的,以致造成文本逻辑混乱的结果。而谈及行文逻辑,书中存在可说明作者行文逻辑不足的部分,例如第228页作者再度交代高天原建筑的部分,与前文角色已经获知的信息产生冲突,第231页作者忽略故事环境做出不合理的细节刻画。(王周诚智)

6.《龙族Ⅲ:黑月之潮(下)》

故事梗概:

经过源氏重工一夜的激战,恺撒和楚子航回到"高天原",与源家次子,即猛鬼众的龙王风间琉璃相遇。解决了客人事件之后,风间琉璃主动坦白身份,并且邀请他们去看自己的演出。之后他们在胶囊宾馆与路明非会合,并得知上杉家主上杉绘梨衣被路明非拐带。另一边,"老板"命令苏恩曦和酒德麻衣邀请专业人士,为路明非和绘梨衣打造一档《东京爱情故事》。恺撒和楚子航受邀参加风间琉璃的歌舞伎,通过歌舞伎与风间琉璃讲述的故事,恺撒和楚子航逐渐了解了"蛇岐八家""猛鬼众"及日本血裔的隐秘。

源稚生得到消息后赶来,发现源稚女的归来,随后和橘政宗赶往和弟弟从小生活的"鹿鸣神社",回忆起当年亲手刺杀弟弟的往事。当年源稚生作为执行局最年轻的专员,奉命去"鹿鸣神社"调查杀人事件,没想到杀人犯竟然是自己的弟弟,源稚生忍痛做出选择:亲手杀死自己的弟弟。同时"蛇岐八家"在多摩川的钻探队发现了神的孵化场。路明非继续与绘梨衣进行《东京爱情故事》的演绎,在 Chateau Joel Robuchon 与婶婶一家相遇,并在餐厅受到王将及其暴走族的狙击,逃亡之中路明非受重伤,绘梨衣解开自己封印的言灵,击杀七十六人,救回路明非的性命。数天后,重伤恢复的路明非带着绘梨衣摆脱了所有人,开始了一天的逃亡计划,最终来到《东京爱情故事》的拍摄地点梅津寺町,两人在夕阳之下相互拥抱,路明非终于意识到绘梨衣喜欢自己,当所有人都以为路明非会乖乖带着绘梨衣返回的时候,路明非最后在站台与绘梨衣分别,同时"老板"放弃枪杀绘梨衣的计划。

橘政宗秘密与邦达列夫会面,恺撒一行人和源稚生一行人到达东京塔,经过惨烈的厮杀,王将、橘政宗、樱三人死亡。"神"在红井中苏醒,关东分部背叛却遭到零的阻挡,东京逐渐发生巨大的气候变化。苏恩曦举行巨大的派对,以此让源氏兄弟会面。谁知"猛鬼众"在王将率领下刺杀"蛇岐八家",风魔小太郎战死。东京民众在巨变中慌乱逃生,卡塞尔学院趁乱接管了整个东京的网络系统,并且决定利用加图索家族研发的"天谴"武器消灭白王。一边,昂热带领恺撒和楚子航去东京湾阻挡尸守潮;另一边,源稚生带领神官去红井与源稚女决战。在昂热一行人即将失败的时候,上杉越以自我牺牲为代价争取时间,引爆硫黄炸弹,解救东京,在红井一边,源稚生被源稚女杀害,却引出一切的幕后黑手——赫尔佐格。

路明非发现事情的端倪,赶往红井,却得知绘梨衣天生是白王的容器,赫尔佐格杀死了源稚女之后,以绘梨衣为代价,获得白王的权柄。路明非愤怒之下与路鸣泽做出交易,以四分之一生命为交换,并且利用"天谴"杀死了赫尔佐格。在最后路明非发现属于上杉绘梨衣最后的遗物——一张为他支出的大额支票。当卡塞尔学院一行人返回之时,路明非依然沉浸在回忆之中。

作品评论:

作为《龙族Ⅲ:黑月之潮》三部曲的收尾之作,第三部作品不仅延续了前两部作品所营造的氛围和暗线,同时也给出了一个让读者满意的结局。在中国网络小说的市场中,《龙族Ⅲ:黑月之潮》已经可以称得上是一部质量较为上乘的作品。

江南极好地掌控了读者需求,用传统小说的标准来看,小说可能算不上优秀,但以畅销书这一商业标准来看,《龙族Ⅲ》无疑是一本极其成熟的商业化小说作品。

《龙族》通过塑造一个看似懦弱、胆小、屌,实则拥有屠杀龙王力量的男孩路明非,来撰写他的历险路程。这种写法有几点明显的好处:一是《龙族》可以主打青少年市场,而路明非这种角色设定可以给青少年更多的代入感。例:"曾几何时你是不是也曾有过这种感觉……唯有抱紧那个人,你才能确知自己活着。"这种带有"中二"色彩的句子毫无疑问地受广大的青少年欢迎。二是采用这种方式是在江南写作的舒适圈之内,从《九州·缥缈录》到《上海堡垒》,无论是什么背景,少年的情爱总在江南的书中占据很大的篇幅,所以写《龙族》也会更加得心应手。

《龙族》几乎成为一部现象级别的书,根本原因之一在于它采用了 NETA 元素(NETA 元素作为日本动漫经常采用的事物,也就是中国常说的"哏"。国内使用 NETA 元素并获得成功的案例有电视剧《龙门镖局》,小说《无限恐怖》引领的一系列无限流小说),江南为路明非设定了两个属性:宅男和吐槽。在小说中江南会在路明非的话语中,根据不同的人物和事件,采用不同的 NETA 元素。这样一来,小说的趣味性就会大大提高,读者的接受面会更加广泛。

"距离只是一步之遥,可绘梨衣爬了很久很久,就在路明非快绷不住的时候,她张开双臂抱住他的脖子,这一刻太阳落山,铺天盖地的黑暗席卷整个世界。"这句话是路明非与绘梨衣在梅津寺町的场景,前面大段的风景描写就是为了铺垫这句话。人与景合二为一,能直观地带给读者幻想空间。江南的文笔一向细腻,善用修辞,不像现在充斥在市场上的小白文,优美的文字总能给人良好的阅读体验。

《龙族》是一本群像小说,路明非、恺撒、楚子航无一不是令人印象深刻的人物。虽然《龙族

Ⅲ》篇幅巨大，人物数量剧增，但江南依然能够保持不将人物形象平面化，例如倔强的源稚生、阴柔的源稚女、让人心疼的绘梨衣、狡诈的赫尔佐格、沉默的樱等等。这些人物在读完之后依然能够鲜活地出现在读者的脑海里，这就是人物塑造的成功。

《龙族Ⅲ》故事的发生地点是在日本，所以日本美学的四大概念（物哀、幽玄、侘寂、意气）在书中都能有所体现。

物哀是日本人崇尚的纯净之美，本居宣长在《紫文要领》中说：所谓辨清，就是懂得事物的情致。辨清了，依着它的情致感触到的东西，就是物之哀。在日本人眼中万物皆美，以心去体验，去辨识，所得到的即是物哀。《龙族》中描写上杉越牺牲的场景是这样的：

上杉越像是一块坚硬的礁石，面对狂潮岿然不动。黑日正把数百吨的海水牵引过来，再化作暴雨洒向他的身后，他双目低垂，平静得像是圣徒或者带着圆光的佛陀。

他仿佛站在天海尽头，把两柄唐样大刀插进地面，双手扶着刀柄，身体一步步化为骷髅，蛇一样的小鱼从他身体里往外钻，他的形状快速地破损，但仍屹立不倒。

这与确定物哀概念的《源氏物语》中光划公子念诵"忧心长抱恨，未觉日月行。忽尔岁华尽，我身亦将倾"时的物哀之美不谋而合。

幽玄是和中国美学相违背的，比起中国人钟爱的热烈、燃烧，日本人更喜欢暗色调的场景，而在《龙族》中幽玄与侘寂往往联系在一起。这种寂静的暗色调一直都为江南所钟爱。路明非与绘梨衣在夕阳下拥抱，源稚生在深夜的"鹿鸣神社"缅怀源稚女，路明非赢得万军之战后沉默地俯瞰东京，这种拥有留白的深意和无常的禅意的段落，不像华丽的文字拥有直击人心的力量，但慢慢咂摸出的味道才意境深远。

意气才是最能体现日本人的内心和性格的，九鬼周造撰写的《日本意气》一书写到"好色"成为美和文化，并由此产生了"色道"。"色道"的实质乃"美之道"，实质是身体美学。

《龙族Ⅲ》中有四位女孩子在屠龙战役中死去，除去绘梨衣以外，江南在描写她们的死亡场景中，无一没有意气美学的体现：

瞄准镜里的樱真是很美，虽然她原本就是个美人，但她总是梳着马尾辫，把全身上下收拾得干净利落，没有一根多余的线条。现在她的长发和风衣都在风中狂舞，有妖花怒放的感觉。她是一朵一辈子都含苞的花，最终绽放的时候却这么肆意张扬。

但他忽然意识到自己犯了错误！致命的错误！他拼了命地伸出手去，少女的肌肤在他手指上擦过，生命在指尖流逝的声音就像是风。

楼梯上响起了脚步声，雍容华贵的女孩缓步走下台阶，眼睛映着火光亮晶晶的。她穿着古雅名贵的十二单，脚下却是白色的高跟鞋，令她显得更高挑靓丽。和服把她的全身包裹得严严实实，但后领却很低，露出白皙娇嫩的后背来。她手里提着白鞘的木刀，但看起来并没有什么杀伤力，更像是这身衣服的装饰品。

这被日本人认为是一种纯粹的美丽，江南书中的意气不像《挪威的森林》和《失乐园》中那样肆意，《龙族》的意气是带有中国特色的克制和淡然，也更有韵味。

江南如何寻找读者的需要呢？其实在弗洛伊德的著作中能找到答案：性和死亡。而好莱坞在20世纪时便提出："电影需要的是女人和子弹。"这样就可以看出《龙族Ⅲ》成功的原因了。江南刻意地淡化了女主角诺诺，为路明非设置了一条全新的"爱情线"，并且激化日本血裔之间的矛盾，以此制造出读者所需要的爽点。

而路明非的历程更符合马斯洛需求层次理论，从平时的弱小到需要时的强悍，甚至是危急时刻的暴走，其实都是有逻辑可循的，这属于一次需求层次的层递，带给读者深刻的层次性的沉浸式体验。这也是大多数网络小说爽点所遵循的逻辑。（张泽雨）

7.《龙族Ⅳ：奥丁之渊》

故事梗概：

时间已是从东京执行任务一年以后，楚子航和恺撒都已经从学院毕业，楚子航加入执行部，执行任务潜入北极圈YAMAL号破冰船，他看到爱斯基摩人口中的"神之裙摆"，海水倒影中的死亡之岛，阿瓦隆，精灵守护之地。楚子航在这个尼伯龙根之中再遇奥丁，拔出蜘蛛切和童子切冲向了奥丁。

恺撒从学院毕业，在离开学院前，出乎路明非的意料，恺撒竟然推荐路明非担任新一届学生会主席。路明非接受了学院安排的尼伯龙根计划，经过一年的药物辅助和身体训练，已经成为能够独当一面的学生会主席，前往巴西里约热内卢执行逮捕迷惑心神的舞王的任务。等到路明非回到卡塞尔学院却发现，狮心会会长楚子航完全消失，不仅仅是人的消失，而且也从所有人的记忆当中消失了，而只有自己保存着关于楚子航的记忆。身边的人都以为路明非脑子出现了问题，路明非向周围的人寻求帮助，最后得到了终于从学院毕业的万年毕业生芬格尔的意见,去找拥有侧写能力的师姐诺诺。之前诺诺从学院毕业,因为恺撒未婚妻的身份,她被家族安排前往马其他共和国金色鸢尾花岛上接受贵妇训练。路明非和芬格尔偷偷潜入金色鸢尾花岛上向师姐寻求帮助。芬格尔却告知路明非失踪当晚,有人入侵冰窖偷走了康斯坦丁的骨骸,还将校长打成重伤,加图索家族弗洛斯特将龙骨运往罗马银行地下金库也遭到袭击牺牲,路明非已经成为第一嫌疑人遭到学院的通缉。路明非和芬格尔打晕诺诺并将诺诺带往楚子航的出生地,希望能在此找到楚子航存在的证据。

路明非、诺诺和芬格尔三人来到中国仕兰中学,路明非发现楚子航在仕兰中学的身份已经完全被他取代,他是万人迷,是学校所有女生的梦中情人,是受人追捧、羡慕的对象,楚子航的信息仍然完全不存在,但是最后在楚子航的母亲苏小妍身上找到了线索。遗忘的后遗症在普通人身上不明显,但在一位母亲身上得到了无限的放大,楚子航的遗忘不是那么完美,作为母亲的苏小妍心理有了很大的间隙,被人认定为精神病送进了医院。路明非做了一个梦,梦里他和诺诺进入楚子航与父亲进过的尼伯龙根,遇到骑着八足天马"斯莱布尼尔"、手持长枪"昆古尼尔"的奥丁,奥丁的长枪以一种命运之姿夺去诺诺的生命。三人前往市立图书馆查到一个叫作鹿芒的男孩十五岁的时候在一辆迈巴赫中出事的灵异事件,他就是楚子航,原来龙族的力量不仅能够改变未来,甚至能够改变已经发生的事情。同时小恶魔告诉路明非他梦境中发生的事情是真的,他们置身在一个巨大的尼伯龙根当中,只有带着诺诺逃出这座城市,欺骗死神,才能够救下诺诺。路明非因为行为的反常,再加上其他人认为楚子航只是路明非的幻想,所以被送进了精神病院。

诺诺开始在这座城市中寻找楚子航的父亲楚天骄的信息,发现楚子航的亲生父亲是学院的人,并且是 S 级混血种,他一直隐藏在这座城市,似乎是在执行学院的任务,紧接着在楚天骄的地下室冒出大水,淹没了整座地下室,想要抹去与楚子航相关的最后的信息。路明非在精神病院不停尝试通关游戏关卡"昆古尼尔之光"救下诺诺。黑太子集团邵公子来到医院里与路明非把酒夜话,大谈对诺诺的爱恋,并且从《最游记》里那个紧跟着唐三藏的傻猴子中受到启发。而诺诺听到这个故事以后变得无比悲伤,她知道路明非对自己的心意但不能给任何回应,也知道自己每一次捞起路明非是因为非帮不可,同时"长江三峡事件"慢慢在他梦境中还原出真实的面貌。陈雯雯、苏晓楠和柳淼淼来到医院救出路明非,一行人前往 FOX 酒吧喝酒,而路明非骑着一辆三轮车寻找这个尼伯龙根的出口,10 号高速公路。

路明非单刀赴会,带着在楚天骄地下室找到的村雨前去阻击奥丁,最终用自己的身体阻挡住了奥丁射出的昆古尼尔,暂时回避了诺诺必死的结局,他与路鸣泽完全融合以后与奥丁展开王与王的对决。路明非龙化的过程被诺诺和学院目击,昂热说路明非是能够终结龙族历史的工具,诺诺带着路明非亡命天涯,学院开始全球通缉路明非。

作品评论:

江南写的《龙族》系列,到目前为止出版成书的一共有四部,共六本书:《龙族Ⅰ:火之晨曦》《龙族Ⅱ:悼亡者之瞳》《龙族Ⅲ:黑月之潮(上)》《龙族Ⅲ:黑月之潮(中)》《龙族Ⅲ:黑月之潮(下)》《龙族Ⅳ:奥丁之渊》。目前第五部《龙族Ⅴ:悼亡者的归来》还在连载中。这六本书我都购买了实体书。最近出版的一本书是《龙族Ⅳ:奥丁之渊》,而当我重新翻开这本书时,看了一下出版时间,竟然是 2015 年,到目前为止过了 5 年,与这本书再次相逢隔了 5 年,江南的拖稿日子也不知什么时候才到头。

如果不出意外,这应该是《龙族》系列的倒数第二本。

《龙族Ⅳ:奥丁之渊》是作家江南创作的系列长篇魔幻小说《龙族》中的一部。我当初被这本书吸引是因为这本书在现实世界里架构出了一个虚拟的世界,就像是金庸的小说,中国没有降龙十八掌这套掌法,但是金庸所架构出的世界让我们相信降龙十八掌真的存在。人们向往一个新的世界,但是不能完全脱离旧的世界,江南构筑的世界中一切都是已知的,但也是未知的。正如金庸、古龙等前辈,以现实的笔法来描写虚构之事,受到人们的追捧。包括近几年大火的动漫《一人之下》,就是在现实世界下构建了新的世界,让人耳目一新却又心生亲切。江南写的书文笔十分地细腻,《龙族》也是这种风格,大开大合,却又细腻无比。《龙族》系列不是爽文,也不是"烧脑"的推理文,它有热血、欢笑,也有悔恨、泪水,每一处的文字都在吸引着我继续阅读下去。

《龙族Ⅳ:奥丁之渊》这本书比前几部有了新的突破。首先是角色突破,先不谈这突破的好坏,至少这部书的角色塑造带给人不一样的体验,我们能够看出主角的变化。并且这本书朝着影视化的方向发展。一部作品具有影视化的潜力,也是说明这本书容易被人所接受,容易改编但不落俗套。里面的一些描写及角色定位更符合观众的心理,从这一方面来看,这部书相较前几部还是有比较大的优势的。

但是从《龙族》整体上看,这本书其实并不算出彩,因为它并非整个系列的高潮,但是《龙族》系列整体是十分出众的。从整体发展上看,《龙族》的故事概括起来就是少年成为勇者然后屠掉恶龙,至于勇者最后会不会成为新的恶龙,这还要看第五部的表现。

当然,《龙族Ⅳ:奥丁之渊》已经十分出色,但是这本书对于读者来说仍有遗憾之处。之前的几部主要内容就是三个人搞笑打怪经历,而在这一部书中主角团分崩离析,实在是可惜。

在内容上,路明非已经卖掉他所有的性命了。那么当所有的命都卖完之后,会发生什么?

自然,肯定不会是像前三部的结尾那样,路明非继续当一个"衰仔",对外隐瞒 boss 的真正死亡原因,然后路明非可以继续他的"常态"式的生活。所谓"常态"式的生活,是除了在每部书中新增的配角,如老唐、夏弥或是日本那些怪物外,常驻主角组几乎没有属性上的变化。也就像《名侦探柯南》那样,虽然每一集都有人死,但是死去的人不影响主角组的属性。

结构上,《龙族Ⅳ》的定位是一部过渡性质的作品,事实上如果把《龙族Ⅳ》"写完",也就等同于把整个《龙族》系列"写完"。

最初看《龙族》的时候对日本的轻小说了解还比较少,但是我后来逐渐接触轻小说后,发现《龙族》与日本的轻小说有不少相似之处,日本轻小说的主角一般都是"废人",这里的"废人"指的是性格较为懦弱,不会处理日常的事情。但是"废人"并不是"废物",主角虽然不会处理日常的事情,但是在应对大事上有超常的能力,也就是主角是个拥有金手指的人。路明非就是这样一个性格懦弱,但拥有金手指的人。

前几部《龙族》人物塑造得都比较好,路明非十分出色地实现了"神眷之樱花",而且在书中作为主力的吐槽担当,书中的笑点大部分也因此而来。但是在第四部中,路明非的转变生硬,路明非的能力是如何提升的,他当上学生会会长经历了哪些困难,以及心态是如何变化的,这些在书中都未详细说明。除了路明非外,楚子航的塑造也不尽如人意,作为小说中的重要人物,楚子航的形象逐渐失去了第二部中的人间烟火气。诺诺的小魔女形象也逐渐扁平,像是从墙上强行抠下来的壁画。

而且在第四部中路明非的一个吐槽属性竟然被诺诺夺走了,连诺诺都变成了强力吐槽机就太糟了。吐槽,通常是无力改变只能发泄一下情绪的表现,真正打怪升级的时候啥用都没有。难道诺诺进了女子学院一下子就退化了?何况培养主母淑女的女子学院也不会传达这样的教育思想。

这里也是之前提到的影视化趋势所带来的影响,当下的许多网络文学作品如果具有影视化的潜力,这里所说的影视化包含商业化成分居多,那么这部作品不一定是写得好的,而是卖得好和最容易被人们所接受的。总而言之,《龙族Ⅳ:奥丁之渊》也许有着朝着影视化发展的趋势,虽有着诸多不足,但仍然不失为一部佳作,在《龙族》系列中的分量也不容小觑。《龙族》就像是中国版的《哈利·波特》,就像是现代化的《天龙八部》,《龙族》并不能代表网络文学的发展潮流,但是它是网络文学发展下的产物。最后,作为读者,我也希望能够在未来看到《龙族》系列改编的影视作品,看到《龙族》所构筑出的新的世界。(刘兵)

六 六

【作家档案】

六六,原名张辛,1974年生,安徽省合肥市人,作家、编剧。主要作品有小说《王贵与安娜》《双面胶》《蜗居》《心术》,改编电视剧《双面胶》《罪域》《蜗居》《心术》《安家》。

1995年,六六从安徽大学国际贸易系毕业,之后几年一直从事外贸工作。1999年,赴新加坡定居,从事幼儿教育工作。2003年,开始以六六这个笔名在"湾区华人论坛"上发表《王贵与安娜》。2004年,出版个人第一部小说《王贵与安娜》。2007年,担任都市剧《双面胶》的编剧,她凭借该剧入围第十四届上海电视节白玉兰奖最佳编剧奖。2008年,出版散文集《偶得日记》。2009年,担任编剧的家庭剧《王贵与安娜》播出,该剧改编自她的同名小说,她凭借该剧入围第十五届上海电视节白玉兰奖最佳编剧奖。2010年,以210万元的版税收入登上第五届作家富豪榜第20位。2011年,担任医疗剧《心术》的编剧。2013年,担任家庭剧《宝贝》的编剧。2016年,担任编剧的都市励志剧《女不强大天不容》在东方卫视、安徽卫视首播。2019年,担任编剧的都市家庭剧《少年派》播出。2020年,担任都市职场剧《安家》的编剧。

【主要作品创作年表】

1. 作品出版

《王贵与安娜》(小说),湾区华人论坛,2003;上海人民出版社,2004

《双面胶》(小说),上海人民出版社,2005

《温柔啊温柔》(随笔),上海人民出版社,2006

《蜗居》(小说),长江文艺出版社,2007

《仙蒂瑞拉的主妇生涯》(随笔),中国妇女出版社,2008

《偶得日记》(随笔),长江文艺出版社,2008

《浮世绘》(小说),中国妇女出版社,2009

《妄谈与疯话》(随笔),长江文艺出版社,2010

《心术》(小说),上海人民出版社,2010

《苏小姐的婚事》(小说),长江文艺出版社,2011

《小情人》(随笔),长江文艺出版社,2012

《宝贝》(小说),长江文艺出版社,2013

《女不强大天不容》(随笔),长江文艺出版社,2013

《半句实话》(随笔),长江文艺出版社,2014

《六个脚印,走着瞧》(随笔),长江文艺出版社,2014

《女不强大天不容》(小说),长江文艺出版社,2016

《只有岁月不我欺》(随笔集),长江文艺出版社,2018

《爱不妥协》(随笔集),长江文艺出版社,2020

2. 编剧作品

首播时间	片名	导演	集数
2007	《双面胶》	滕华涛	22
2009	《王贵与安娜》	滕华涛	32
2009	《罪域》	柳国庆	38
2009	《蜗居》	滕华涛	35
2012	《心术》	杨阳	36
2013	《宝贝》	梦继	40
2016	《女不强大天不容》	余淳	41
2019	《少年派》	刘惠宁、李少飞	40
2020	《安家》	安建	53

【作品评价】

1.《王贵与安娜》

故事梗概:

安娜的祖辈曾是大地主大资本家,安娜虽然没享受过阔气的生活,但骨子里仍保留着骄傲与矜贵,根本瞧不上贫农出身的王贵。王贵在大学里教英国文学,却没什么知识分子的模样。安娜跟他谈戏剧,他欢快地唱起河南梆子;两人一块儿吃面,他甩开膀子大口吸大口咬大口吞,还弄出了很响的声音，令安娜极不自在。所以，她拒绝嫁给这个讨人厌的乡巴佬。两人的三观可以说完全不同，差异散落在生活中的每个角落，矛盾几乎是注定的。

可家人尤其是安娜母亲，却执意要促成这段姻缘。一来是安娜年纪大了，不好一直拖下去；二来是王贵条件好，毕竟是个大学教师，配安娜这个普通工人绰绰有余。最重要的是，王贵用实际行动说服了丈母娘。他主动上门去，彬彬有礼地向安妈妈请教红烧肉的做法，而且勤快地抢着干活。比如打煤球、修门锁插销、择菜洗菜，还根据安妈妈和安娜的身高，重新系了条晾衣绳。正因如此，安妈妈评价他粗中有细，是个可托付之人。安妈妈经历过时代风浪，在婚姻中浮沉半生，择偶观倾向于实用性与舒适度，概括起来，无非三点：能力强、人品好、对媳妇好。这三点，王贵都达标了。

所以，安娜委委屈屈地被迫嫁了，一半包办一半自愿，算是某种程度上的"嫁给合适"，找个男人凑合过日子罢了，这与她想象中的结婚背道而驰。

王贵来自偏远农村，兄弟姊妹多，家庭负担重，工资几乎全部寄回老家。工作好几年，他都买不起一件像样的衣服，就连袜子都是补丁摞补丁，寒酸得很。更要命的是，贫穷在无意识中塑造了他的行为方式，成为他人生的一部分。例如，王贵不太注重个人卫生，始终学不会优雅吃饭，言语也相对粗俗，与自诩有修养的安娜格格不入。没办法，安娜只得孜孜不倦地"改造"丈夫，在磨合与争执中，他们有了孩子、当了父母，生活被各种琐碎填满。

不久婆婆进城来带孩子，与小资儿媳相处不悦。两人常因生活习惯发生矛盾，愚昧而强势的婆婆，甚至怂恿儿子打了儿媳一巴掌……穷亲戚也陆陆续续上门来，求着办这个办那个，夫妻俩花了招待费、办事费不说，还得准备些钱物让老家人带走……做丈夫的，也总是悄悄给父母寄钱。有时候被妻子发现，免不了又是一番口舌之争……

但是他们磕磕绊绊而又长长久久地一天天走到了白头，总体是幸福美满的。原因何在？首先是王贵，王贵在家务方面从不含糊，洗衣、做饭样样能干，洗尿布、带孩子不在话下，也从不因为他是顶梁柱，就生出男尊女卑的大男子主义来。在老二出生那段时间，夫妻俩陷入经济困境，日子过得捉襟见肘，安娜常向娘家求援，总觉得丢了脸面，常因此而郁郁寡欢。王贵深感愧疚，在节流之外想到了开源，于是便四处"走穴"讲课，每天下了班就往外赶，风里来雨里去，靠着一张嘴硬生生地扭转了经济状况。

王贵从不会以"老"为理由来纵容父母，也懂得平衡大家与小家之间的关系。既然做不到亲如母女，干脆就隔离开来，对妻子和母亲，都不做硬性要求。所以，他能认错、会服软，而且知错就改，安娜再也没为婆媳关系烦忧。王贵虽然算不上完美丈夫，但也确实以压倒性优势战胜许多男人了。

再看看安娜,安娜虽看似矫情,实则通透理性,不会像《金婚》里的文丽那样一根筋,把自己逼成怨妇不说,还把丈夫越推越远。哪怕王贵心猿意马,人到中年,跟年轻的英语教师搞暧昧,还被安娜抓了个正着,她的处理方法,与文丽截然不同。安娜不哭不闹,更没有四处倾诉破坏丈夫的事业和形象,而是默默收拾好情绪,然后认真跟丈夫谈判:要么离婚,要么改正错误好好过。王贵选了后者,从此洗心革面,一心一意做好丈夫和好爸爸。后来,即使在无人处,他也学会了主动避嫌。这场婚姻保卫战,安娜大获全胜。安娜深谙人性,慢慢说服了自己……

安娜对王贵,大概也慢慢生出了爱情。也有可能并不叫爱情,那是一种复杂而纷乱的情感,它诞生于漫长的相濡以沫,时常以亲情的样貌出现,但偶尔也会像爱情般甜蜜,足以让心怦然一动。

不过是不是爱情并不重要,重要的是这一生,王贵和安娜过得都不错。

作品评论:

《王贵与安娜》讲述了土里土气、一口河南口音的王贵和具有布尔乔亚风格的安娜结合碰撞出的一部土洋结合的家庭闹剧。

小说最吸引我的是六六鲜明的语言特色,小说的文字凸显出网络特色与流行文化趣味,时代感极强,或活泼轻快,或直白露骨,却又总能一语道破玄机,读来令人拍案叫绝。小说中常常采用大段的人物对话,人物性格靠对话充实,故事情节发展常靠人物对话推进,叙事风格也通过对话呈现出来。语言常常蕴含哲理性幽默,这并不仅仅是戏谑调侃,在小说人物的嬉笑中常常蕴含深刻的人生哲理,这和六六巧用比喻、讽刺等修辞手法是分不开的。比如安娜看王贵吃饭时的感悟:"婚姻是一碗牛肉面。浮在上面的寥寥几片牛肉,不过是为了使寡面下咽而已。"安娜将婚姻比喻成牛肉面,浮在面上的牛肉只是婚姻里偶尔出现的小幸福,寡面才是婚姻的实质内容,正像婚姻,大多数时候都是平淡寡味的,而那几片牛肉,能将整个婚姻装点出滋味,让婚姻得以维系下去。这时的安娜确实还没有体会到王贵的好,又因为生活习惯的差异,在婚姻里很少感受到开心。六六将婚姻这一抽象的概念通过生活化的喻体表达出来,幽默之中蕴含无奈。"没结婚的女人是燕子,自由自在。结婚的女人是鸽子,到点就回来。有了孩子的女人是鸭子,屁股后面跟一串。"这是小说结尾安娜拒绝了渥伦斯基"私奔"的邀请后,王贵对安娜说的原话,他得意地用三种动物形容了女人的三种状态:婚前自由自在,只需考虑自己,想去哪里去哪里;婚后责任越来越重,需要顾及家庭;有了孩子,满心里都是家庭,再无暇顾及自身。短短三句话,生动地概括了女人由少女到妇女的变化,而敢说这句话的男人,自然是确信妻子不可能离开家庭的。与最初的自卑心理相比，朴实的王贵此时已经是信心满满。初读时只觉风趣，再读时便在这对比中体会出在婚姻关系中女人的悲哀和男人的得意。也正是整部小说贯穿的都是这样含蓄的表达，让《王贵与安娜》充满了温情色彩，但这温情色彩或多或少包含了对王贵的讽刺，安娜看似平淡安稳人生背后的无可奈何的苦涩，隐含在人物故作轻松的嬉笑背后。

在塑造角色时，六六尤其强调人物形象对立的手法。对于从小在城市长大、走在那个时代前沿的安娜来说，读《安娜·卡列尼娜》、穿布拉吉、烫鬈发、跳芭蕾舞、看电影、喝咖啡、有洁癖，这样的生活才符合高雅生活的情调，才与她们城市小资产阶级的地位和身份相匹配。但是，她的另一半，是来自农村的贫农王贵。作为工农阶级代表的他有小资产阶级极其嫌弃的品质：不懂生活情趣、不讲个人卫生、性情粗鄙不羁。可就是这般"美女与野兽"的组合一旦相遇，就发生了奇妙的化学反应。小资文化所要求的一切生活格调都必须建立在一定坚实的经济基础之上，当文丽和安娜各自结婚组建起自己的家庭之后，生活的重压和困境逐渐将她们心中安逸的乌托邦精神压倒。安娜的生活渐渐丧失了梦想中的浪漫与梦幻，而是被现实的柴米油盐、生儿育女所占据。安娜低下了傲慢的头颅，撒娇式娇羞地哄王贵去改变这个男人与生俱来的一些习惯。作为工农阶级的王贵在安娜的"改造"下，逐渐摆脱了一些与生俱来的生活陋习：不刷牙、不洗脚、不脱衣服就上床、吃饭吧唧嘴等等，甚至在更正的过程中，讲究生活卫生竟然成了他的习惯。可见，成长背景和经济条件的不同造成了一对夫妻很多差异和冲突，但这种差异能在双方的理解和磨合中实现和谐的中和消释。

与很多以玄幻、修仙等虚构故事为主的传统网络小说不同的是，《王贵与安娜》的独特之处是将叙事转向普通大众，记录了许许多多平凡人的日常琐事：弄堂里燃起的灶火、锅碗瓢盆的敲打声、公共使用的水房和厕所、喧嚣吵闹的工厂车间、热情好客的邻居……这一个个充满年代感的场景、物件，用时代化的物象构建了属于那个时代人们的集体记忆。

在网络文学作品中，语言往往是吸引读者的第一要素。《王贵与安娜》的语言就有明显的特征：语言口语化、语法运用杂烩化、直入主题、语言幽默、富于创新，常把方言与现代汉语组合到一起，新的形式给读者的阅读增加了趣味。

当然，这部小说也并非尽善尽美，《王贵与安娜》在情节上有刻意营造冲突之嫌，如安娜母亲强制安娜嫁给王贵，安娜与婆婆的矛盾最后引得婆婆上演上吊的闹剧，安娜偏在恢复高考的时候怀上了二胎。众多戏剧性的巧合重叠在一起，冲淡了小说本身的真实性。但是，这些缺点只能算是瑕不掩瑜，整体来说，这部讲述百姓生活、引起大众精神共鸣的特色鲜明的文学作品

还是非常值得阅读的。（彭伟）

2.《蜗居》

故事梗概：

海萍与苏淳双双毕业于上海的名牌大学,在这座城市立业成家,而他们千挑万选的安身立命之所只是一个租来的 10 平方米左右老式住房后加的阁楼,卫生间和厨房都是跟邻里共用的。苏淳不禁在斗室中开始畅想拥有一套属于自己的房子……海萍取笑苏淳异想天开,但变成房奴是海萍最大的梦想。海萍的妹妹海藻如愿以偿地考上了江州的大学,海萍兴高采烈地迎接妹妹的到来。四年转眼间就过去了,海藻面临毕业,工作却很难找。海萍说自己不想做井底之蛙,也鼓励妹妹只要努力,就一定能在这个城市有立足之地。晚上,海萍说服苏淳,让妹妹来同住,直到她找到工作。本来就狭小的房间,因为海藻的到来,增添了许多不便之处。海藻恋爱后和男友小贝与人合租在三居室的一间,只等攒够首付就谈婚论嫁。海萍每日挣扎在琐碎的生活中,可海藻仍旧享受着年轻人的浪漫。周二海藻在与小贝温馨的爱巢中醒来,赖着床不想上班,却与准备上班的小贝讨论起生活的意义。虽不情愿,海藻还是要来上班,她的新工作是在一家房地产公司任职。年轻貌美的她自然免不了被老板叫出去应酬,这恰恰是海藻最讨厌的。这天,老板又通知她晚上要陪客户吃饭,海藻顿时郁闷起来。小贝在 MSN 送给她的歌扫除了她心里的阴霾。海藻不禁想到,无论有多少烦恼,只要一想小贝就全都没了,他是在世上除了父母、姐姐,对她来说最重要的人了。

一对"无米"夫妻、一对"白手"情侣,倒也其乐融融。似乎一切改变都是从海萍四处筹集首付款开始,四个人被生活推向无法掌控的轨道,又似乎都因第五个人的出现而逆转。这个人叫宋思明,市长秘书,在一次饭局上与海藻结识,她梦游般的神情,令他魂回到大学时代。

海萍失业,间接地通过宋思明的介绍做兼职,意外地打开了事业局面,苏淳也因宋思明的出面而免受牢狱之灾,海藻明白自己再也无法挽回与小贝的单纯恋情后,转而成为宋思明的情人……最终,当海萍一家自力更生入住新房,生活渐有起色时,海藻却怀着宋的儿子孤身守候,她不知道,宋思明在官场上的"大奸似忠"因一桩命案露出破绽。宋思明在看望海藻的路上被公安跟踪,在得知海藻意外流产且子宫切除后,他心灰意冷,故意造成车祸死亡。最终,海藻前往美国,海萍也开设了自己的中文培训学校,姐妹俩各自迈向新生活。

作品评论：

翻开《蜗居》这部小说,首先吸引我的是它的情节简介:在大城市为买房而打拼的海萍和苏淳夫妇,有着高学历却蜗居在一间不足 10 平方米的房子里;平凡而恩爱的情侣海藻和小贝最后却面临背叛和分手;事业成功、家庭美满的宋思明却疯狂地爱上了不起眼的海藻。究竟为什么会发生这些?带着期待和疑问我看完了这部小说。

作者六六在创作主人公的故事时,将其买房奋斗史设计得一波三折,体现了当代都市无房族买房的艰难之处,并且指出现实的残酷,可以引起读者的共鸣。"买房"这一行为贯穿于整部小说中,以买房为主线,串联起整个故事,顺畅地将之后的一系列故事带出,由此写出当代都市人群面临的各种困惑,这些困惑不仅仅来自物质压力,如房子、工作等,更来自各种情感上的焦灼与苦闷。虽说这是一部现实题材小说,体现了各种成年人的烦恼,但是作者依旧用了轻松流畅的语言来描绘,为小说制造了许多笑点,使得读者的体验更加丰富;从另一个角度来看,用一种戏谑的方式来讲述成年人的困惑与烦恼,也有一种苦中作乐的意味。

"房子"在《蜗居》中是一个线索,房子是城市压力最集中的体现,海萍面对失意的海藻仰着头淡淡地说"现在我算是在这个城市扎下根了"时,带着过来人饱经折磨的沧桑和坦然。房子其实就代表了人对这个城市的欲望,这个城市的电影院、话剧院、商场、书城……这些城市资源,如果在城市里没有一套自己的房子,就代表着你不过是城市的匆匆过客。六六将买房一族人的艰辛以文学形式展现在了大众面前,具有极强的社会现实意义。

在小说中,六六笔下的一个人物——海藻引起了读者的广泛讨论。海藻究竟单纯吗?答案是,海藻并不单纯。她并不甘心做一个普通人,骨子里是虚荣至极且软弱的巨婴。她没主见,只会跟在海萍后面,后来跟在小贝后面,这样可以不用自己迎接风雨。直到遇到有钱有权有势的宋思明,在海萍买房的催化剂下,开始一女侍二夫的生活,被小贝发现她出轨后,她认为自己并没有错。在海藻和小贝分手的当天晚上,海藻就投进了宋思明的怀抱,从此过上了衣食无忧却不敢见人的二奶生活。直到宋思明东窗事发,海藻也没有进入生活的洪流中,她已经找到了另一个"靠山"——跟着马克前往国外。

六六对海藻的刻画十分逼真,具有辨识度,也具有社会意义。社会上的"海藻"又有多少呢?六六是一位优秀的现实主义作家,但我读过作品后对宋思明喜欢上海藻甚是不解,宋思明的妻子温婉、事业有成,现实生活中宋思明真的会爱上海藻这样的姑娘吗?(陶春悦)

3.《女不强大天不容》

故事梗概:

郑雨晴是一名普通的高中女生,成绩不好不坏,样貌也比较普通。与众不同的是,她有一个很优秀的青梅竹马——吕方成,一个被学校认定的状元,为了她改学文科,为了她在高考前摔断了腿,为了她在成为状元后仍放弃了清北的名额,和她一起报考了同一所大学。除此之外,他们还有一个关系不错的同学高飞,高飞的成绩比较差,考上了和他们同一所大学的专科。

郑雨晴从新闻专业毕业后,顺利地通过家里的安排进了父亲所在的报社实习。刚踏进职场的年轻人总是充满了斗志——在暴雨夜里,她可以跟着指导老师刘素英在没渡轮的情况下乘着随时会翻的腰子盆去江心岛上采访;她也可以在怀孕时,仍勇敢地去偷偷采访地沟油的窝点,却也因为这次采访她和同事李保罗乘车从山崖摔下,李保罗摔断双腿,她更是失去了孩子;她可以在明明恐高得厉害的情况下,仍用没有保险带的消防水带从六楼跳下去,只为抓拍一张医院贩毒的照片……凭借着这些光辉的英雄事迹,郑雨晴获了很多奖项,但是这光鲜亮丽的背后是以生命安全为代价的敬业,她自己付出了无数的血和汗。

时光流逝,世界也发生着天翻地覆的变化。报社转型为国企后,郑雨晴对乌烟瘴气的报社开始心灰意冷,甚至一度想辞职回家带孩子过家庭妇女的安逸日子。然而报社的几位老总贪污被抓,因之前郑雨晴表现优秀,她突然被市委领导临时任命为报社代社长,一下子被提拔为报社里的一把手,拥有独立办公室,配备秘书、司机,而她在职场上的得意生涯才刚刚开始。

新媒体发展迅速,传统纸媒受到了严重的冲击,似乎成为"数着日子还有多少天死"的"夕阳产业",但热爱事业的郑雨晴尝试着做出改变拯救报社。一开始被催债,她为了和合作商讨要债务喝下一瓶白酒然后在医院躺了三天;她为了报社更好运转,忍气吞声提拔小人张国辉,让他不给报社添乱甚至发挥更好的作用;她还用尽办法与新媒体比拼,努力发挥出传统纸媒的优势,只为了让其不被淘汰……

然而鱼和熊掌不可兼得,她一步一步将事业越做越好,曾经的家庭妇女的身份也离她越来越远,她越来越像一个职场上的女强人。在家庭问题上,她有很多事情都不好解决。除了社长的身份外,她还有儿媳妇、妻子、母亲等多重身份。她在与下属对峙时,婆婆病了,又匆匆赶去医院;她在工作上忙得来不及顾及丈夫的情绪,两人缺乏沟通,最终竟然离了婚;她没时间陪伴女儿,甚至抽不出身去接女儿放学……在成为国企女总裁后,她每天都手忙脚乱,忙到甚至没有了自我。

最终,郑雨晴坚定了自己的内心,检举揭发了市长等多人的贪污行径。市里的领导一直很看好她,此事之后想让她走进仕途。任命已下,连曾经的社长办公室都清空了,她离官场突然间那么近。但她沉思了许久后,终于和领导说了辞职,她知道那不适合她,她选择了"商才仕魄",她又回到了前夫身边,从头追寻她想要的生活。她说,她要学会去扮演家庭中的角色,那样平淡的角色才更具挑战特色,才是她心中真正的"自我"。

作品评论:

阅读完小说,个人最大的收获是领略到了女主角郑雨晴的人格魅力,并对她产生了深深的敬意。小说的书名开门见山,"女不强大天不容",那么怎样才算"强大"呢?说到强大,不免会拘泥于表面。实际上,更重要的是内心的强大,不被困难轻易击败的信心、敢闯敢拼的决心、对待纷繁复杂的花花世界的平常心,以及遇到美好事物由内而外的一颗爱心。其实"强大"的词义很宽泛,属于你自己的,是你所追求的,被别人理解的,抑或是不被别人接受的,只要你问心无愧,尽力而为,不言放弃,笑对人生,能这样度过一生的人,便是强大。而这,正是主人公郑雨晴一直都在追求的人生。强大以能力为基,强大由心境改变,强大为成功铺垫。只有变得强大,才能在天地之间找到自己的容身之地。我想,这样的道理是通用的,无论男女,人活在世上,都应该让自己强大起来。

小说独特的地方在于,当下很多女性专注于家庭的事务而不怎么重视事业的大背景下,似乎有一些人一直以来都默认着传统观念中"男主外,女主内"的家庭分工。然而《女不强大天不容》这部小说,则一反传统印象,打破偏见,描述了一个自强不息的女强人形象,这对正视时代环境变化下女性在社会中所处地位的改变很有意义。

与同类作品相比,这部作品的优势之处在于没有婆婆妈妈的拖沓情节,没有斗"小三"的狗血言情,更多的是关注职场上的竞争。一方面,极尽所能书写真实的家长里短;另一方面又慧眼独具,结合社会热点来讲述一个家庭的故事,这是作家六六一直以来的创作风格。

作品最大的创意是贴近现实世界,反映了许多当下的社会热点问题,批判了一些社会的不正之风,这是非常难能可贵的。小说中,借用李保罗的吐槽"唉,记者也分等级和档次的。咱们这类人,虽然够不上铁肩担道义,妙手著文章,但还是怀揣新闻理想心存正义感,绝对不会乱用手中的话语权。可有的人就不行了!毫无文人风骨,见着平头百姓,鼻孔朝天,见着领导,谄媚得腰都快断了。手里的相机成了他个人利益的转换器"讽刺了一些记者乃至公职人员尸位素餐、趋炎附势、溜须拍马的丑陋嘴脸;借用 PC 污染企业的项目在江心岛进驻建厂遭到村民反对,反映环境污染企业存在经济效益与社会效益冲突的问题;借用郑雨晴因新闻稿标题具有歧义引导犯下的错误,批判当下一些不良媒体"标题党"、责任意识淡薄的行为;借用江心岛村民生产贩卖令人作呕的地沟油,揭露食品安全问题;借用吕方成妈妈被洗脑疯狂购买老年保健品的惨状,抒发对当下老年人缺乏常识和关爱的同情……应当说,整部小说处处反映着社会现实,揭露了很多黑暗面,值得思考。

整部小说看下来，每一章的故事都很连贯，结构清晰，情节跌宕起伏。作品中运用了大量的文学手法，例如多次出现古诗，不乏文学元素。在小说开头，作者用"江南可采莲，莲叶何田田"来反映腰子盆之小，凸显郑雨晴与刘素英前往江心岛采访之危险；用总编辑傅云鹏在查看郑雨晴新闻稿子的时候吟诵两句诗"小荷才露尖尖角，雏凤清于老凤声"，凸显郑雨晴作为新人却显露出了优秀的才华，等等。此外，小说中还有大量的侧面描写，例如文首有一大段关于新闻标题的描写十分新颖："《江州都市报》对这场雨的报道角度不停变化。从一开始《盛夏酷暑渴盼甘霖》到《我市普降及时雨预计雨带将徘徊两天》，再到《公交车大雨趴窝消防车神速营救》《十八只井盖被冲走三十六条马路内涝严重》，淹没、垮塌、毁损、救急、增援等字词的见报率越来越高。暴雨新闻的位置越来越提前且篇幅越来越大，标题字号已经涨到头号超粗黑。"这一连好几个新闻标题，以及新闻标题的变化，十分巧妙地侧面凸显了这场暴雨带来的影响，更是完美地贴合了报社紧随新闻报道这一设定。再比如："今天《都市报》头版上的日期印错了，要是从前发生这样的事情，热线就给读者电话打爆炸了。可今天总共不过接了十来个电话，投诉的全是话都说不清楚的老年人。"这一段描写以小见大，通过一件细微的小事反映出当下传统纸媒面临的困境，值得深思。

作为一部网络小说作品，文字是其最具网络元素和娱乐价值的地方。这部作品文字畅达，鲜有连篇累牍、词不达意之嫌，同时又诙谐幽默，一些语言词语紧跟时代的脚步，容易被大众接受，引起共鸣。例如："厕所水箱轰隆一声响，黄科长拉门走出来，喜忧参半含嗔带怨：'拉个屎都不安生！我这便秘的毛病，报社得算我工伤！好了好了，你们放心吧，这周天天增版，广告全部摆平！'"这一段言语风趣地体现了最初报社的繁荣现象。

当然，这部小说也有不足。个人认为最大的缺点是小说的主角光环太强，过分夸大人物的能力，个人英雄主义比较严重。女主为了报道新闻时常孤身一人冒着很大的生命危险，做着甚至有些鲁莽的举动。例如在暗访医院贩毒事件时，女主毅然决然地决定独自守在天台并且抓拍犯罪行径，最后从六楼的天台抓住消防带爬下去，而她没有丝毫的犹豫与顾虑，显然有一些不太现实。

另外我也和很多其他读者有同样的感受，就是小说结尾不太合理，逻辑不合乎常理，甚至可以说有一点"烂尾"。比方说，压榨了吕方成半辈子的徐文君一诉苦，二霞就对徐文君产生了同情的情节转变得很突然，缺乏说服力。再比如郑雨晴和小徐握手言和，坦然相待，也是有一种强行画上圆满结局的嫌疑。（彭伟）

4.《浮世绘》

故事梗概：

《浮世绘》是一本短篇小说集,全书总共由 12 个小故事构成,现介绍几个精彩的故事。

（1）天天浮世绘

豆苗的男友乐天为了替同事们出头揍了老板,辞了职,去了外地打工,每月指望豆苗寄钱补贴生活。豆苗又因为前任同事给自己下了绊,一不留神给公司惹了麻烦。豆苗不知道总经理给自己想好了解决办法,脑子一热就辞了职。

豆苗又回到上海父母那里找工作。为了混到一个上海户口,经过一番纠结,豆苗决定去一个度假村的赛艇俱乐部当销售公关,也就是向富人们推销俱乐部的会员卡。可度假村金玉其外,败絮其中,条件十分艰苦。豆苗去了富人小区、高级写字楼、股票交易大厅寻找客户,可是屡屡碰壁。

然而豆苗靠着月底吹嘘的工作报告在一众文化程度有限的公关小姐中脱颖而出,被调到总部上班了。豆苗在总部又发现,这里的姑娘们都或明或暗地找了个领导当靠山。豆苗打心眼里看不起这些卖身的姑娘,但又迫于靠山的威压,不得不为这些姑奶奶干杂事。

一个大风天,总裁领着一个大亨非要出海,公关部的姑娘们都知道出海的危险性,不愿意出场作陪,于是她们就把豆苗推了出去。豆苗在出海时出了事故,被海浪卷起重重地砸在了船舱里,被救护车送到了医院。公司领导只想与她撇清关系,只来探望了她一次。老板的小黑皮司机可怜她,每天来给她陪床,伺候她吃喝、大小便。豆苗慢慢地就爱上了这个小黑皮。

出院后,小黑皮和豆苗就确定了关系。可是等到豆苗身子彻底好了,她又觉得小黑皮配不上自己,于是就和小黑皮做了告别。小黑皮也知道是自己想吃天鹅肉,不切实际,那天之后就一直躲着豆苗,两人就这样断了关系。

后来豆苗当上了度假村公关副经理,领导要求豆苗学会接受富人的一夜情或一段情,豆苗不愿意出卖自己,偷偷辞了职。

最后,豆苗回到了老家,看到自己的小白脸男友,对自己说,"这才是我的生活"。

（2）苏小姐的婚事

苏小姐是"我"所在公司聘请的法律事务所的老板,三十多岁,雷厉风行,住别墅,开豪车,名牌大学博士,漂亮、优秀,是个彻头彻尾的成功女性,却一直没有结婚。苏小姐常年奔波于各种相亲场合,但是因为年纪和自己优越的身家地位,一直没有相亲成功。

这样的苏小姐,有一天却听说她恋爱了,对象是个小她八岁的 IT,学历、身价哪也比不上她。可是苏小姐很喜欢他,这个男孩子追星,苏小姐就给他跑签售会买专辑。刚认识四个月,苏小姐就请"我们"帮她出谋划策:怎样才能和他结婚?"我们"提出的建议屡屡失败,就在"我们"断定这又是一段无疾而终的感情时,苏小姐宣布她结婚了。

原来苏小姐对象想去欧洲看赛车比赛,但是签证没有通过。苏小姐就乘机跟他说:"结婚吧,俩人一起签,我有很好的签证记录,欧洲都跑遍了,一签就准。"次日他俩就去领了证。

苏小姐从法国度蜜月回来后,一直跟"我们"推销她的理论:婚姻是一项系统工程。她画了一张细分表格,把从恋爱到结婚规划得满满当当,准备严格按计划执行。

最近,"我们"正在替公司里的小霈找对象,听说有家婚姻猎头公司,收费很贵,专门为想要找优质对象的人出谋划策。正当"我们"在婚姻猎头公司为小霈填写表格的时候,"我们"看见苏小姐的对象,开着苏小姐的车,拿着猎头公司的会员卡潇洒地走进了财务部。原来他也是会员。

(3)意外

"我"去新加坡的一座豪宅里应聘家庭教师,发现豪宅的女主人是"我"昔日特别不屑的同学,她整天不求上进,只顾着打扮自己,想着嫁入豪门。"我"苦心经营学问,现在却一事无成。"我"非常羡慕她,并向她讨教嫁入豪门的方法。她教导"我":"穿着旗袍,撑一把油纸伞,等富豪开车经过时,你就急奔而过,擦车而倒,等他下车把你扶起时,你就说我没事,然后收下他的名片仓皇而逃。等过一段时间再给他打个电话,他就是你的了。"

"我"受益匪浅,回到国内,"我"火速锁定了一个对象。正当"我"倒地等他下车将"我"扶起时,他却并没有过来,而是火速走进驾驶座,用车在"我"身体上碾来碾去。

他说:"对不起,与其把你轧残废,不如轧死了,大家都省心。"

(4)寄钱风波

小裴和丈夫小刚来到新加坡,小裴上班,小刚读博。小裴的公婆总是要求夫妻俩每月寄500块回去,说是替夫妻俩存着。小裴不愿意,于是小刚就自作主张每月把自己的奖学金雷打不动地汇给父母。小裴也每月从自己的口袋里掏出500块寄给自己的父母,权当赌气。

可是这个月因为要交房租,小刚没有汇钱回去,小刚的父母破天荒地打了一个国际长途过来,问钱怎么没来。小裴很生气,觉得公婆从来没打过电话,一来电话就是要钱,命令小刚以后不准寄了。小刚为了哄老婆,只好先答应下来。

接下来,小刚哄了小裴很长一段时间,小裴终于松了口。但是,你寄我也寄,小裴每月也给自己父母寄钱。

这样下来，日子就拮据了，小裴使坏，断了家里的互联网，还不让出去吃饭。才一个月，小刚就缴械投降了。小刚在电话里跟父母诉苦，父母心疼坏了，告诉小刚以后不用再寄钱回去了，小裴听见电话里的动静，偷偷地笑了。

（5）我和太阳：不得不说的故事

"我"在游戏中打怪时遇到了玩家太阳，"我"很喜欢太阳，从此就和他一起闯荡江湖。后来太阳劝说"我"在游戏里搬到新的大陆去，因为太阳所有的朋友、行会都转走了。可是"我"舍不得在这个大陆的朋友，"我"也不愿意他因为"我"放弃已经到手的功名，"我"就放了太阳离开。

可太阳离开后，"我"茶不思饭不想，终日为自己没有和他走后悔。

（6）钻戒

"我"的一位同事有一只很大的钻戒。在一次订货会上，她不小心把钻戒遗忘在洗手间里，正好被"我"看见了。"我"一时鬼迷心窍，把钻戒扫到垃圾桶里，打算等之后将垃圾袋拎到门外，在丢进垃圾桶的前一刻捞出戒指。

"我"回到饭桌，装出一副正常的样子。没过多久，"我"便听见那个女人嚷嚷着钻戒找不到了。大家一齐拥向洗手间，"我"也跟着去了，装成围观群众的样子。订货会是公司的大事，社长不愿意报警，决定大事化小。"我"的朋友薇很替那个丢钻戒的女人打抱不平，想让在场的每个人都脱衣服搜身。一个新来的小姑娘不愿意，薇就出言挑衅，觉得这个姑娘做贼心虚。小姑娘受不住这种委屈，流眼泪了。这时那个丢钻戒的女人上前拉开正在争吵的俩人，哭着说："算了，我不要了，都怪我自己不好，太粗心了，可能是被老鼠叼走了吧。"

听了她这句话，"我"一时心软，决定放弃这次盗窃。在"我"的刻意点拨之下，这个笨女人从垃圾桶里捞出了她的戒指。

又过了好几年，"我"成了某公司公关部的主管，手上也戴了个好大的钻戒。有次订货会上，"我"一不小心也把钻戒丢在了盥洗室。等"我"发现的时候，洗手台上早已空空如也。

"我"一时兴起，想看看是不是每一个贼都会在关键时刻良心发现。"我"给足了小偷面子，请她把钻戒送回"我"的房间，可是她没有。又经过了几次斗智斗勇，"我"才发现"我"已经不是现在的小偷的对手了。

（7）饮食男女

"我"在公司作陪饭局时遇见了要投资"我们"公司的林老总。林老总儒雅、绅士，并且对"我"有意思。"我们"公司的老总也要求"我"去讨好林老总。才过了两天，林老总便约我吃了饭。第二次吃饭的晚上他就吻了"我","我们"的关系暧昧起来,像恋爱又不像,主要是"我"不想和他确定关系。

后来"我"工作出了问题,公司的欠款追不回来了。林打电话约"我"去他办公室,"我"一进门就抱着他哭,然后林就向"我"求婚。

"我"没说好,也没说不好,只是拿事业当借口推托。"我"想,只有当他真正在意"我"、尊重"我"的时候,"我"才会答应他的求婚吧。

(8) 一袋面

宋嫂的丈夫病了,每天躺在医院里,家里的欠债越来越多,宋嫂就琢磨出了一个赚钱的办法:先骑自行车从批发店买一袋25公斤的面粉,自己回家再把这一大袋面粉分装进25个小塑料袋里,每袋在2斤上下浮动,再把这25袋面粉运到附件几家小店去卖,每袋1块2,这样一次就能赚不少差价。

这次宋嫂在把25公斤的面粉从批发店运出的时候,天空下起了小雨,没过一会儿,雨越下越大,雨水已经渗进面粉袋里了。宋嫂打算进庙躲雨,却被看庙的男人赶了出来。她好不容易把车推到候车棚下,却发现面粉袋全湿了。于是宋嫂又手推着面粉袋一路小跑着往家赶,等到楼下时,因为一个失误,车翻倒过来,宋嫂的眼睛被车把砸中,马上就涌出血来,面粉袋也从中间断裂,面粉像雪花一样飞散开来。

(9) 风月

杨太太是"我们"那个大院格格不入的存在,在别的女人土布灰蓝不修边幅的时候,她穿旗袍,绾发髻,时髦好看。杨太太的丈夫去世得早,隔壁风光满面的秦社长就看上了杨太太。后来革命形势在大院里变得尖锐起来,秦社长根正苗红,年富力强,有敌对派想要从生活作风,即男女关系上扳倒他。于是在一个夜黑风高的冬夜,敌对派把杨太太和秦社长捉奸在床。

后来杨太太默默承受大家的指点,与秦社长断绝来往,甚至生下了秦社长的孩子。秦社长的原配在经历了丈夫偷情、被捉、降职、孽种出世后,依然坚守家庭。后来秦社长得了阿尔兹海默,原配也去世了,他俩还是一直没有来往。有一天,"我"在偶然间看到他俩偶遇,杨太太替秦社长系鞋带,一如当年风月。

作品评论:

在当前国内的女性作家当中,六六称得上是声名远扬。她作为编剧创作出的影视剧都是大热剧,像《王贵与安娜》《双面胶》《蜗居》,都是爆款作品。六六擅长营造冲突,再给故事写一个悲剧的结尾,这本短篇小说集也不例外,悲剧结局的数量远远大于美满结局。

这些故事很短，大部分都是戛然而止，没有开头也没有结尾。其实戛然而止也没有什么不好，它也是社会现象的浓缩，反而因为小才能够反复回味。

　　刚刚读完的时候，我是有些气愤的。我为故事中的那些女性不值，她们精明、富有个性却又甘愿委身俗气出卖自己。12个短篇中有不少是以办公室为背景的，并且办公室中的女主人公总是选择通过钱色交易换取自己想要的东西。虽然作者一直在试图把这种行为合理化，直到现在我还是觉得这样做是不恰当的。很多时候，我们也许真的同书中人物一样，迫于无奈，迫于生活，必须要出卖这个出卖那个。但是，人活在世上，总有一些东西是不能出卖的，这是原则，是自己对自己的保证。

　　读罢小说之后，我也去翻阅了相关评论，发现在评论中出现最多的字眼是"现实"。我却不这么认为，故事的情节有些过于尖刻了，里面的每一个人物都活得丑态毕露，对一些阴暗的行为和想法描述得过于露骨。我总觉得，过于现实的就不叫现实了，这只是往残酷里加残酷，把人性凸显得过于刻薄，这样的书读起来会让人觉得残忍，丧失对生活的热爱。可是现实未必会比书中描写得更残忍。我总觉得人心还是向善的，每个人心里都有一杆标尺，知道怎样做才是正确的，才是善良的。只是书里描写的都是形形色色的社会底层，像是刚毕业找到工作的女大学生，照顾绝症丈夫的妻子，看多了未免觉得有些心寒。

　　"浮世绘"这个标题也很值得探讨。它用在这里，并不是本来的日本艳情画的意思，而是指描绘人生的画卷。小说中确实描写了各式各样的人生，有谄事权贵的拜尘之人，有原本高高在上却马失前蹄的精英，也有苟延残喘、被生活压迫的底层百姓。有些人的人生如戏，悲喜交加，有些人的人生平淡如水，但是有些细微之处却值得颠来倒去地品味。从这个角度看，"浮世绘"这个题目恰如其分。

　　整本书中让我最有好感的部分还是两个较为圆满的故事——《我和太阳》和《寄钱风波》。《寄钱风波》有些刘震云的《一地鸡毛》的味道，通过描写微不足道的小事来反映现今社会的夫妻问题、婆媳问题。主人公小裴有脾气有个性，略用手段就解决了公婆嚷嚷个不停的寄钱问题，是个颇有意思的形象。《我和太阳》是很难懂的一个短篇，我来来回回看了好几遍才明白作者在写什么。她把游戏与现实交织，让人分不清到底是游戏还是现实，亦真亦幻。故事基本上都采用了倒叙的手法，先介绍故事出乎意料的结果，再把事情的经过娓娓道来，制造悬念，吸引读者，激发读者阅读兴趣，也渲染了气氛，避免了叙述的平板单调，增强文章的生动性。

　　小说刻画的女性角色主要有两种：一是在职场中浮沉，在要不要出卖自己之间反复纠结的职场女性，比如豆苗、豆、苏苏、眉眉、《钻戒》中的"我"、《意外》中的"我"、《饮食男女》中的

"我"都是这类形象;二是受到生活环境迫害的苦难女性,比如《运》中的"她"、《一袋面》中的宋嫂、《风月》中的杨太太都是这类角色。

  我觉得网络文学之所以称为网络文学,不只是它以网络为载体发表,最重要的一点是它在网络传播之中形成的一种独特的写作特征和行文方式。《浮世绘》从严格意义上并不能称为网络文学,它虽然首发于网络,却只是把网络平台作为进入传统媒体的跳板,作品中也没有作者与读者互动的痕迹,网络这一因素存在感并不是很强。这本书虽然成书于2009年,我觉得作者进行创作的时间要比2009年早得多。

  整本书最凸显网络这一要素的还是《我和太阳》这一短篇,因为它的背景是网游,就不可避免地涉及网络社交和网络语言。只不过短篇中描述的网络社交和语言用今天的眼光来看就有些落伍了,我甚至体会到了一些时代的割裂感。那种中英文夹杂着说的网络语言,让今天上网的小学生来看都会觉得有些过时。(鲍嘉琪)

青　子

【作家档案】

青子,男,80后,原名蒋凯,安徽淮南人,悬疑作家、编辑,中国作协会员,第十三届全国青联委员,安徽省网络作家协会副主席,安徽省青联委员,淮南市网络作家协会会长,淮南市党外知识分子联谊会理事。青子是80后悬疑小说的代表人物,迄今出版长篇悬疑小说十余部,参与写作文集四十余部,其中,《笔仙》《女生宿舍》等作品被改编为影视作品,亦有短篇小说散见于杂志及图书合集。其代表作《茅山捉鬼人》(《都市捉妖人》)自2015年连载,创下平均订阅量突破三万、总收藏人数近一千六百万、电子订阅量超过一亿次的佳绩,为灵异类作品全平台销售总冠军,2016、2017年度销售、月票双冠王,截至2022年10月,正版有声小说仅喜马拉雅平台的播放量便超过25亿次。青子入选速途网2017年中国网络文学作家影响力排行榜。2018年5月,在第三届橙瓜网络文学奖评选中位列百强大神。

青子出生在淮河边,长在煤城下。童年时期的他成绩优异,初中时无心继续学业,初中毕业后,便在社会上"混"了两年。在这两年中,青子为了谋生当过门童、酒店服务员,也摆摊卖过烧烤。2003年,青子重返校园,就读于淮南职业技术学院九龙岗分校。在这段校园生活中,青子重拾爱好读书的习惯,沉醉于书的海洋,并且开始试着接触网络文学,利用课余时间写作并投稿。随着一些文章被采用,其文学创作的热情也由此被激发。中专毕业后,青子被分配到淮南一煤矿做了矿工,但他并没有放弃写作,而是在工作之余开始拼命写书。2006年,青子创作的悬疑小说《笔仙》在红袖添香网站爆红,书出版后更是热销。于是,青子便辞去了煤矿上的工作,专门从事写作。2008年下半年,在短短5个月的时间里,青子连续写出三本共计50余万字的畅销小说,同年他加入北京一家出版社,成为专职签约作家,开始了他的职业创作之旅。

【主要作品创作年表】

《笔仙》,红袖添香,2006

《学园禁区》,珠海出版社,2009

《黑涩校区》,珠海出版社,2009

《诡道》,大众文艺出版社,2009

《女生宿舍:理工大学诡事录》,珠海出版社,2010

《女生宿舍Ⅱ:封门村惊奇档案》,北方文艺出版社,2011

《诡墅惊魂》,广西人民出版社,2012

《荒岛异事件》,广西人民出版社,2013

《孤岛惊魂》,天津人民出版社,2015

《都市捉妖人》(原名《茅山捉鬼人》),创世中文网,2020

【作品评价】

1.《笔仙》

故事梗概:

道士小青下山进入华夏理工大学学习,与同学在校外租了廉价房。一天,同学陈导、林子要求小青指导他们玩笔仙,黑暗于此浮出水面,奇怪的事接踵而至。

这天恰好是月圆之夜,是一年中阴气最重的时候,陈导、林子玩笔仙召唤出前些日子离奇死亡的娟子,变成厉鬼的娟子一直重复一个名字——石湖底主人。石湖底主人是谁?他为什么要杀害娟子?为什么还说要杀了整个学校的人,灭掉所有法术界的人?这一切让小青一头雾水,于是他去道具店找师兄、师姐矜雷和矜雪,矜雷、矜雪发现小青身上有邪恶的气息,叮嘱他小心。小青回宿舍后得知陈导的钱包丢在山上,于是陪他们一起上山。在山上,小青一行人遇到另一个女鬼,小青便与她斗了起来,女鬼临走前又提到了那个名字——石湖底主人。小青回家后,石湖底主人竟然又派一个男鬼前来追杀他,于是他下决心要搞清这一切。

没想到悲惨的事件又发生了。小青得到娟子的日记却仍破解不了谜团。小青又去找矜雷、矜雪,却间接地导致他们的店铺被鬼烧成断壁残垣。矜雪强忍悲伤,安慰小青不要自责,并送给他一个小箱子和护身的玉。小青愤懑地找女鬼算账,女鬼托梦讲真相,要和小青合作得到九命猫妖的丹玉。不多时,陈导被冥轿撞到,矜云师妹(恩荣)赶来用紫月苍龙剑战胜黑鬼。恩荣、小青、四毛一起召唤娟子,并破解日记打开箱子,然而箱子里的线索早已在那场大火里被烧坏。小青心灰意冷,决定再也不管这件事。

然而悲剧再次上演,学校里陈香四人玩完笔仙,陈香自杀、舍友疯癫。小青召唤陈香却什么线索也没有。女鬼又来找小青寻求合作，成林风赶到压制女鬼并说出真相：女鬼原名叶蓁蓁，三年前她与成林风的大师兄龙吟风在鹰嘴山决斗，成林风快要降伏女鬼时石湖底主人赶来支援女鬼。于是成林风与女鬼谈判，拿走她的灵附体裙带，而龙吟风则中女鬼尸毒，以此做抵押，他们三年后也就是今年的农历十月初一再战。

小青的前女友的现男友东方龙天中了猫妖的毒，小青他们救了东方后决定以此为线索找到猫妖。小青、恩荣坐东方的车去万凤山凤鸣寺拿舍利子，在女鬼的指引下解机关、破幻境、进入太宗陵，遇到长平道人，吃下他给的雪菇并运气调息，化解佛龛金印，了却长平道人心愿并拿到舍利子。回去途中他们又遇到阻碍，好不容易回到家里又得知四毛被猫妖抓走即将血祭。于是小青、恩荣、成林风大战猫妖并拿到丹玉。这时龙吟风突然现身，打败女鬼，不料女鬼又被石湖底主人救走。石湖底主人的身份渐渐浮上水面，原来他是一个吸血鬼。

师父派楚天泽给小青带来乾坤袋，小青独自上山对战女鬼，恩荣、成林风也前来支援。小青召唤青龙剑，恩荣召唤紫月剑，再加上之前长平道人给他们吃了雪菇而得到雪菇之力的加持，双剑合璧斗女鬼。然而他们没能战胜女鬼，成林风为了保护恩荣、小青，英勇牺牲，但是尸体却下落不明。于是小青和东方一起进入凤窟寻人，原来成林风没有死，而是被女鬼控制，龙吟风及时出现恢复成林风的心智，最终打败女鬼。

这是一次关乎所有法术界安危的事件，各大门派在九华山议事，五台山出大弟子昭平、普陀山出二弟子梦凝助战，长平道人将辟魔镜送给梦凝。小青和梦凝上山找女鬼差点跌入陷阱，幸好有神秘人相救。这个神秘人是谁？他为什么要救他们？小青和梦凝为了找到线索，用镜仙召唤陈香，反招来危险，危急之时小青用辟魔袋化解。小青和梦凝经过多次并肩作战也产生了些许情愫。

然而又出了死亡事件，所有死者生前都去过鹰嘴山。原来女鬼杀人以练云洛咒，这使得天气反常、季节变更。小青将梦凝托付给东方，可这时传来噩耗：冷月、昭平、矜雷在龙峡谷遇难，只剩戒色和尚活着回来。恩荣因此与小青发生矛盾，她认为小青只顾儿女情长。

小青、梦凝、恩荣、成林风、戒色、雷盟上鹰嘴山找女鬼决斗，然而女鬼已练成云洛咒。六人各自拿出法宝战女鬼。此时真相大白：自始至终都是女鬼的自导自演，她为了得到丹玉，将所有事情归咎于石湖底主人。而石湖底主人便是之前救过小青无数次的神秘人，也是小青的同学四毛。四毛说出事情缘由和打败女鬼的方法，小青和梦凝互相表白心意，梦凝舍命用血激活辟魔镜。

一切似乎重回正轨。一天，小青思念梦凝的时候，突然出现一个骷髅人要杀小青，危急关头一面阴阳镜出现打败骷髅人。一个老人从阴阳镜里走出,告诫小青要去找到真正的自己。小青苦思冥想解析阴阳镜的秘密,梦中与梦凝相会。于是小青决定,重走一遍与梦凝走过的地方。他摘下曾经与梦凝一起挂上的许愿瓶,许愿瓶里的纸条上都写了同一句话——"我在石湖底"。

矜雪生下矜雷的儿子后自尽,恩荣和成林风回来悼念她后便没了踪影。小青放弃红尘当了掌门人。事情到这里似乎结束了,又仿佛还没结束。

作品评论:

《笔仙》是悬疑小说名家青子的处女作,是网络超人气灵异小说,被评为"网络三大灵异小说系列"之一。自2006年开始在网络连载后人气高居不下,一时间在网络上掀起了一股"笔仙"热潮。小说讲述了道士小青下山上大学后一系列的诡异经历:刺激的笔仙游戏、恐怖的死亡事件、怨气极重的女鬼、惊险的打斗场面、神秘的石湖底主人、摧毁法术界的大阴谋,一个个惊险刺激的情节和多元的灵异元素交织在小说中,带领读者进入一个奇妙的"异世界"。

作者在小说开篇便写道:"浩荡乾坤,岂有鬼魅?无乃中自生之恶乎!稽古人之作者,干宝《搜神》,柳泉《聊斋》,皆以鬼喻人道,阴显阳世也……概莫能外。以铜为镜,可正衣冠,以鬼为镜,可树人伦;青某不才,所书亦然,仿前贤而彰今世,欲借妖魔之口,明示昭然之气,欲用神怪之身,颂歌勇武之志。实非妄言鬼神,确系心声。"可见作者的小说创作深受中国古代神怪小说的影响。神怪小说与历史小说、世情小说,并称为中国小说史的三大主流。神怪小说以妖魔鬼怪、魑魅魍魉为描写对象,在中国文学史上历史久远、影响广泛。从《山海经》到《搜神记》再到《封神演义》和《聊斋志异》,神怪小说以其离奇的情节、奇妙独特的鬼怪世界,吸引了众多读者。神怪小说创造了不同于现实世界的超人间"异世界",其思想观念来源于先民时期便产生的鬼怪文化,先民认为在人死后,人的灵魂会脱离肉体而存在,成为鬼魂。基于这种思想,先民对大自然中的万事万物皆存有敬畏之心,认为"万物皆有灵性",动物和植物亦可以修炼成人形,这些观点成为鬼怪小说和网络灵异玄幻小说的思想基础。

在鬼神文化中,人间之外还存在着人死后灵魂的归宿——阴间,人们认为阴间的生活与人间无异,鬼怪同样具有七情六欲,因此衍生了陪葬、烧纸钱、祭祀等活动和清明节、中元节等传统节日,可见,鬼神文化已经成为传统文化的重要组成部分。青子擅长抓住人们对鬼怪恐惧和敬畏的心理,唤醒读者深层的文化记忆,同时通过对沟通阴阳二界秘术异能的描写,深深把握住读者的猎奇心和窥探欲。作为灵异小说作家,青子从中国古代神怪小说中汲取养分,在鬼怪形象的塑造上具有鲜明的中国色彩。《山海经》云:"青丘之山,有兽焉,其状如狐而九尾,其音如婴儿,能食人,食者不蛊。"网络文学中有很多经典的九尾狐形象,比如《三生三世十里桃花》中的上神白浅便是九尾狐。《笔仙》中也有一个极具中国特色的妖怪形象"九命猫妖",小说中这样描述它:"生活在自然界的野猫确是最具灵性的动物,它们能模仿人的动作,洞察人的心思,甚至可以像鬼魂精灵一样修炼法术,而且修炼的速度快过任何动物或植物。"九尾猫妖是九尾狐传说的形象演变,是民间传说中最重要的有灵动物之一,这些中国元素在带给读者亲切感的同时,也使读者在阅读小说的过程中重新认识它们,从而更好地了解和感受中国传统文化,增强民族认同感和文化自信。

《笔仙》的故事空间根植于本土,具有浓郁的东方色彩,但同时又糅入了异域风情,成为跨文化、多民族的存在。作者在小说中虚构了一个法术界的存在——佛道两家、北边"西博派"和南边"苗族十大巫师"。道教是中国传统宗教,从汉代末期的道教典籍,如《太平经》,到明清时期大量主题为神魔斗法、得道成仙的神魔小说,道教对中国文学产生了重要影响。《笔仙》作为带有玄幻色彩的灵异小说,其植根于中国道教,传承了传统神魔小说的基本结构和内在精神。除了道教,小说中还有佛教元素。佛教是世界三大宗教之一,流传于亚洲许多国家,东汉初传入中国,对中国社会有很大影响。佛教宣扬因果报应、轮回转世,否定宿命论,认为人有命运,但是不鼓励听天由命,而是希望人掌握命运。《笔仙》中道士抓住妖魔后,会为其超度,使其能够投胎转世,这便是佛教中"轮回转世"世界观的表现。小说还安排了"寻舍利"的情节,由此写到了佛像、梵文、佛经等佛教元素。作者将中国传统的道教和舶来宗教佛教相结合,构成了小说的基本框架和价值立意。

随着经济全球化和互联网的发展,各国间思想和文化不断交流碰撞。改革开放以来,国人开始关注国外恐怖艺术,国外繁荣一时的恐怖电影开始流入国内,而这些植根于异域文化的恐怖作品,以其陌生、新颖、独特的艺术特征,牢牢地抓住了国内观众的眼球。在讲述石湖底主人的身份时,小说写道:"石湖底主人非妖非鬼,也不是任何一种异类,而是欧洲'吸血鬼家族'中的至高统治者——玫瑰吸血鬼中的一员。"吸血鬼并非中国本土的鬼怪,而是存在于东欧民间传说中的一种超自然生物。近代以来,人们开始对吸血鬼形象进行艺术加工,而现在我们对吸血鬼形象的认知大多来自西方的小说、电影和电子游戏,比如《夜访吸血鬼》《暮光之城》等等。作者在小说中加入西方经典恐怖形象——吸血鬼,运用陌生化的手法刺激读者的好奇心。为什么国内会有吸血鬼的存在?吸血鬼到底怎么对付?一个个疑问刺激着读者紧张的神经,牵引着读者继续阅读。《笔仙》中玩的笔仙游戏,便来自日本,在描写笔仙游戏请来的女鬼时,书中写道:"取而代之的是一个穿红衣服的女人,低垂着头,长发盖住整个面庞,使我一下想起《午夜凶铃》里的贞子形象。"作者学习日本恐怖电影中的惊悚画面,用文字对其加以描述,营造惊悚恐怖的氛围,使读者沉浸在恐惧的心理中。

《笔仙》中还有武侠小说的影子,顾名思义,武侠小说有两个重要元素,"武"和"侠","武"指武打动作,"侠"是侠义的价值观。《笔仙》中有很多精彩的武打场景,创造了各种奇特的武功招式。比如:"我心里飞快地默念'冰清诀',两手轻轻一拍,一道冰芒应声冲着后面恩荣的胸腹间飞过去";"但见恩荣念毕,将紫月剑朝前一挥,顿时金光闪烁,紫气飞升,慢慢地,紫气在空中竟然形成一条龙的形状,昂首阔步向黑影冲去"。小说塑造了众多有情有义的人物形象,他们把拯救法术界视为己任,成林师兄为了救戒色和尚不惜牺牲自己,主人公更是日夜为法术界殚精竭虑,誓与女鬼拼个你死我活。《笔仙》将武侠小说中的侠义精神展现得淋漓尽致。

《笔仙》根植于传统文化,将宗教、民间文化等融入其中。小说中有我们熟悉的猫妖、女鬼,也有西方的吸血鬼和日本的笔仙游戏,作者通过娴熟的文字,将东西方的恐怖元素融入一部作品中,塑造了一个个鲜明的人物形象,带我们走进一个光怪陆离的灵异世界。与蒲松龄一样,作者以鬼道喻人道,向读者传达正向的价值观,导人向善,不向宿命低头的主角小青,就是直面困难努力生活的我们。(盛洁)

2.《诡道》

故事梗概:

杰东和刘姗姗本来是一对情侣,分手后阴差阳错先后来到许由市,但双方并不知情,彼此相安无事地生活,直到一起被害人离奇死亡案,打破了这一平衡。随着扑朔迷离的案情展开,越来越多的人被牵涉其中,死亡人数的不断增加在许由市掀起不小的波澜,一场精心策划的谋杀也随之浮出水面。在这场游戏中,没有人能全身而退……

与前男友杰东分手后,刘姗姗和现男友张潇来到许由市,恩爱地生活在一起。直到张潇离奇意外惨死,打破了这看似平静的生活。警方在死亡的张潇体内发现了一种叫作利蚬的小虫,将其内脏啃食殆尽后只剩一具空壳,据说这是一种早已灭亡的小虫,为何会出现在死者体内,警方百思不得其解。然而一波未平,一波又起,这一切只是一个开始,许由市接着又发生了一起女性死亡案件,被害人于芳是安徽人,此次来到许由市陪伴好友姗姗,被发现时吊于公厕上空,没有舌头,咬舌自尽还是他杀? 重重谜团笼罩在警局上空,刑警队大队长肖楚强领导负责案件的侦破,可他却不知道悲剧即将降临,被害人于芳死后不久,肖楚强怀孕三个月的妻子苏云独自在家时收到一个神秘的盒子,在妹妹苏贝的鼓动下打开了本来应交给丈夫的包裹,盒子空空,但苏云像受了刺激一般开始行为异常,被送进医院。这段时间正在调查案件的肖楚强见妻子逐渐好转也渐渐放下心来,可就在所有人都以为相安无事时,苏云在一天夜里从医院的厕所一跃而下当场身亡,肖楚强悲痛欲绝。尸检结果发现苏云体内有一种名叫金蚕的毒虫,但虫子究竟如何进入苏云体内,苏云的死又是否和这个虫子有直接关系都不得而知,肖楚强因精神状况欠佳暂时休假在家,他下定决心找到谋害妻子的凶手⋯⋯

另一边,杰东的生活也并不平静。杰东是一家广告公司的设计师,没车没房,薪水普通,过着简单平静的生活。他最近偶尔收到的陌生邮件打乱了他的生活,邮件内容只有"七月半,鬼门开"这句莫名其妙的话。依据陆续收到的神秘邮件内容来看,杰东认为事有蹊跷,加上时常发生在自己身边的灵异事件,让杰东心神不宁,眼看着离邮件提示的日期——七月十五鬼节越来越近了,杰东不知道等待他的是怎样的命运。与此同时,肖楚强负责的连环杀人案有了重大进展,肖楚强的助手陈度通过QQ取得了犯罪嫌疑人的信任,套出了案件的真相。凶手名叫顾明,湖南湘西苗族人,是死者张潇女友刘姗姗的前男友,擅长制毒,因为接受不了女友离开自己另有新欢,下虫毒谋杀了张潇,于芳因为介绍刘姗姗与张潇认识并鼓动姗姗离开顾明也惨遭毒手,至于死者苏云,则为顾明误杀,他的目标本是刑警队长肖楚强,因为自己的行迹被肖楚强发现而不得不灭口。事已至此,案件的关键点就在顾明身上,可在这个节骨眼,顾明却意外身亡,死后同样在其躯体中找到大量虫子。

事件进展到这显得越来越扑朔迷离。很快七月十五鬼节到了,真正的幕后凶手现身,他就是居住在杰东隔壁的新邻居莫飞!原来在杰东小的时候父母便因意外去世,留下杰东和哥哥给叔父抚养,叔父家财万贯且名下有一家公司,哥哥为了夺得家产将杰东排挤走,但他为了万无一失,在杰东来到许由后便派莫飞前来谋杀他。莫飞之所以没有直接将杰东杀害,是因为怕引起警方怀疑。莫飞也是湖南湘西人,长于虫毒,杀了顾明是因为顾明要先他一步下手杀了同样身为刘姗姗前男友的杰东,打乱了他的计划。

事情至此,案件落下帷幕,所谓的恶鬼索命不过是人的阴谋。案件虽侦破了,可留在人心里的创伤永远无法弥补,因此丧命的无辜人也永远无法复生了⋯⋯

作品评论:

《诡道》是80后校园悬疑小说领军人青子的早期作品,也是其代表作品之一。首先是对小说类型的界定,我们可以说,《诡道》是一部杂糅了恐怖元素的悬疑小说,与《一只绣花鞋》《蛊之女》等恐怖小说不同,《诡道》并没有大篇幅地描写阴森、血腥的画面,并不仅仅以感官上的刺激来吸引读者,而是将恐怖元素融入悬疑故事中。《诡道》没有为了恐怖而恐怖,而是使读者在阅读过程中产生恐惧感,从而带着猎奇心进入故事,跟着作者逐步破解悬念,更深层次地感受作品蕴含的内在意义。

《诡道》融入了多种具有鲜明本土特色的民俗元素。小说一开篇就用细致的笔触描写了湘西炼毒术的整个过程,而蛊术作为一种民俗意象,始终贯穿于整个故事情节中。《本草纲目》中曾提到:"造蛊者,以百虫置皿中,俾相啖食,取其存者为蛊。故字从虫,从皿。皿,器也。""造蛊"之说由来已久,传统中医理论著作中的"巫蛊",起源于中医,用于治病救人。这项传统文化,仍在我国苗、壮等地区沿用,制作"苗蛊"成为当地特有的地方习俗。而当巫蛊之术不用于救人而用于害人时,下蛊者通过蛊物来控制人的精神意志,这就成为一种邪术。而小说题名"诡道",就是指"诡诈之术",即利用蛊虫作为杀人的手段。张潇离奇死亡后,在他腹腔中发现一种叫作利蚘的早已灭绝的毒虫;苏云死前行为诡异,死后在她躯体内发现了金蚕;顾明暴毙后,从其头颅中爬出密密麻麻的白色小虫。除去死亡本身的恐怖,作者对这些蛊虫的描写更是令人感到不寒而栗。作者准确把握读者的兴趣点和恐惧点,利用现代人对巫蛊文化既恐惧又好奇的心理,充分调用中国传统的恐怖元素,使得小说具有浓厚的民族传统意味。

我国的鬼灵文化同样具有深厚的历史渊源,原始人类时期,人类认为人由肉体和灵魂两部分组成,人死后灵魂可以脱离肉体而继续存在。由于当时生产力水平低下,人类的认知水平有限,便将无法解释的自然现象和人的生老病死归结于鬼魂作祟,由此产生了对鬼的崇敬和恐惧。为了祭拜鬼神,民间产生了多个节日,比如清明节和农历七月十五的"鬼节",这些节日与死亡息息相关,阴森、恐怖、惊悚成了它们的代名词。在《诡道》中,作者引入了"鬼节"这一民间节日,主人公杰东每隔一段时间,便会收到一封匿名邮件,邮件上只有六个字"七月半,鬼门开"。青子利用人们对鬼魂的恐惧心理,让杰东深陷灵异事件之中,既营造了恐怖的氛围,也使得故事更加迷雾重重,一系列的死亡事件究竟是鬼魂所为还是另有答案?

《诡道》中,青子擅用叙事策略增强悬疑效果。小说一开篇则以新颖的方式设下悬疑,和很多悬疑故事一样,故事始于一具尸体,随着对案件的深入调查展开故事情节,但是《诡道》一开篇便讲了一个炼毒的故事,随后的死亡事件也与毒虫密不可分。以蛊虫之术作为文章的开篇,使小说别具一格,给读者内心留下疑问,为什么要写炼毒之术?炼毒之术与后面的死亡案件有什么关系?悬疑的巧妙设置,吸引读者融入作者的叙事之中。

小说故事结构非常精妙,它在开篇就设了一个局,将大量人物以棋盘棋子模式的写法铺陈进案件之中,一方面,是复杂棘手的连环案件,另一方面,是主角的灵异遭遇。作者同时展开两段故事的叙述,构建了两条主线,随着故事的发展,两条主线由关键人物或者巧合事件勾连起来,建筑起一个迷雾重重的蛛网般相互关联的大框架,以一种戏剧化的方式相互汇聚,层层嵌套,再抽丝剥茧,一步步破解这个谜题。作者将读者的猎奇心理把握得非常到位,将恐怖气氛烘托到高点,在矛盾一触即发、答案呼之欲出时戛然而止,笔锋一转回到另一条主线,像坐过山车时在顶点猛地停住,让你始终悬着一颗心。张潇被害时身后的黑影是谁?是人是鬼?于芳究竟是怎么死的?苏云的死和诡异行为与这一系列案件是否有关?杰东收到的恐吓邮件究竟是恶鬼缠身或人为的恶作剧,还是惊天阴谋?而读者对这些未解之疑的探索欲就是不断挑动其阅读神经的羽毛,引导读者走向灵异事件背后的真相。

作者还将电影技巧运用于悬疑叙事中。与传统小说注重人物刻画、情节多采用线性叙述不同,悬疑小说结构复杂,情节曲折,因此为了营造充满悬念的紧张氛围,青子在《诡道》中采用电影的蒙太奇手法、闪回和"最后一分钟营救"等,使小说引人入胜,高潮迭起,节奏明快。比如小说在由一条主线转至另一条时,没有大量论述性文字和衔接情节,直接采用镜头转换和画面切换,如:"趁警队调查案情的工夫,我们把镜头掉转到另一个场景,认识一下这个故事的另一位主角——杰东。"故事情节就像一幅幅叠加的画面,使读者在阅读过程中,脑海中闪过一帧帧图画,形成一部情节紧凑的电影。不拖沓,不赘述,时空的直接转换让两条主线同时进行,恰到好处地控制了故事推进的节奏,发展的快慢起落牢牢吸引着读者,让读者欲罢不能。

《诡道》作为一部恐怖悬疑类的网络小说,却有对人生、人性深层次的挖掘。在这个快餐式的网络阅读时代,很多网络悬疑作家为了取悦读者,大量堆叠恐怖元素,刻意烘托紧张氛围,尽管也能收获读者的喜爱,但是只能带给读者感官上的刺激和短暂的阅读快感。而《诡道》则不同,作者为我们塑造了一系列特点鲜明的人物,不同人物对待爱情有不同态度:姗姗的反思与忏悔、顾明的执着和偏激、杰东与郑岚之间超越生死的感情,都会引发我们对爱情的思考。杰东的哥哥为了独吞遗产竟然对弟弟痛下杀手,还害死了无辜的人,作者揭开人物面具,让我们看到恶毒的人心和血淋淋的人性。

小说没有采用好人与坏人二元对立的模式,没有给人物贴标签,每个人物都是复杂、鲜明的个体。作品中两个女性,杰东的前女友刘姗姗和现女友郑岚。一个以自我为中心,一个以爱情为中心。我们无法用传统的好与坏来定义女主人公刘姗姗,她并非一个专一长情的人,她的任性自私深深伤害了深爱她的偏执的顾明,酿成了一出出惨剧,她是一切悲剧的源头。正如作者所说:"她不知道自己追求的是一种什么样的生活,是纯粹的浪漫还是别的什么……她总是在后者的身上,发现到比前者更加吸引自己的东西,也许是气质,也许是生活习惯,也许只是单纯的喜新厌旧。"作者未在文中表露出自己的态度,也没有给出一个评判的标准,他将空间留给读者,人生百态,人性复杂,经历不同,为人处世态度自会不同,什么是对?什么是错?什么是善?什么是恶?我们已经无法给出确切的答案了。作者塑造的刘姗姗这一人物具有一定的现实意义,她身上或许有很多人的影子,在物欲横流的现代都市,乱花迷人眼,还有多少人能够坚守底线,让责任感战胜新鲜感?在塑造刘姗姗的同时,作者也为我们塑造了另一耐人寻味的人物——郑岚,她为了杰东放弃稳定的工作,"洗手做羹汤",甚至为了杰东甘愿放弃自己的生命,然而有情人终未能成眷属,令人惋惜。"爱情可以让一个人变得更加聪明、更加乐观,同样地,也会让一个人偏执,甚至产生仇恨。"青子在一次采访中被问到自己的爱情观时如是说,"当你拥有爱情时,一定要珍惜,哪怕结果不好,可是你不会后悔;当失去爱情时,一定要及时放手,不要以自己一意孤行的爱,影响甚至破坏别人的生活。"我想,这就是作者想通过这些人物传递给我们的东西,如果刘姗姗对待爱情能够专一一些,如果顾明能够理智面对爱情中的得失,可能惨剧就不会发生了。作为悬疑小说,《诡道》不仅给予了我们紧张刺激的阅读感受,同时也使我们对爱情与人性有了更深层次的思考。

最后,用李西闽在《蛊之女》中的一句话总结这部小说:"生活的蛊无处不在,你一不留神就被蛊惑了,尤其在物欲横流的现代都市,危险无处不在。"爱情也罢,亲情也罢,友情也罢,焦躁的现代社会,能否守住底线保住人性善的一面对每个人都是一种考验。生活,远比小说精彩、复杂、恐怖得多。(杭紫璇)

3.《女生宿舍:理工大学诡事录》

故事梗概:

由于宿舍楼重建,许由市理工大学东校区的所有在校住宿生一律转往南校区就学,三号楼714寝室的几名女生(纪如萱、刘晓晓、邱素灵、牛芳、林颖)也不例外。而随着新室友——"神秘的搭伙者"张佳茗的加入,714寝室不知不觉地陷入了一团团迷雾之中。

自打搬到理工大南校区以来,纪如萱就对学校有一种莫名的熟悉感,714寝室也新增了几分诡异,夜晚的卫生间里居然会时不时地传来女子的哭声。其实准确地说,南校区的一些老师与同学,也对纪如萱有种"可怕"的熟悉感,例如在食堂吃饭时,就有女生把纪如萱错认为自己已故的同学。而接下来发生的事更让纪如萱错愕不已,从来没有学过双节棍的她,竟在大家的见证下流畅地耍出了"实战棍"的棍法,这让双节棍社团教练杨川也惊叹不已。纪如萱将这些奇怪的事儿都告诉了男友蒋小楼,奈何蒋小楼是个坚定的唯物主义者。

以上发生的一切,让纪如萱陷入团团迷雾之中。之后因为要帮张佳茗寻找男友的公司的样品,纪如萱与牛芳、林颖、刘晓晓一起去钟楼"探险"。她们在钟楼中发现了诅咒娃娃,随后便发生了一系列足以让整个714寝室蒙上一层迷乱而又恐怖阴影的事件。

从钟楼回来后的次日清晨,纪如萱在刘晓晓的床上发现了写有生辰八字及住处的诅咒娃娃,众人经商量后决定暂时不把这件事告诉即将参加省际大学生演讲比赛的刘晓晓。不过纸包不住火,刘晓晓在自己的包里又发现了一个诅咒娃娃。逃不过诅咒娃娃"魔爪"的刘晓晓跟室友们过完自己二十岁生日宴之后,在寝室里跳完了生命最后的火之舞——被烧伤后受不了打击的她选择了跳楼自杀。而这起火灾竟被刑警基本确定为人为纵火,即714寝室里剩下的所有人都有作案嫌疑。一波未平,一波又起,纪如萱又在牛芳的枕头下发现了一个诅咒娃娃。与上次一样,众人没有把诅咒娃娃的事告诉牛芳。牛芳跟刘晓晓一样没有逃脱"诅咒",在学校死于他杀。牛芳的死足以证明她不是纵火的凶手,即使先前两个诅咒娃娃背后的字都与她的字迹十分相似。而针对一个人的笔迹很难模仿这个问题,蒋小楼向堂姐蒋冰儿(专案组成员之一)提出了"左手写字"的推论。然而,接下来录音笔(714寝室卫生间半夜响起的女人哭声)指纹鉴定结果的浮现,蒋小楼无意间触发的关于诅咒娃娃的新发现,都将纵火的矛头指向了牛芳。警方之前的推理被彻底推翻,侦查工作也因为牛芳的死而陷入僵局。此时,纪如萱的一个发现又使得整个案件起死回生——林颖会用左手写字。案子终于水落石出,刘晓晓的烧伤与牛芳之死均为林颖所为。而这一切皆因一束康乃馨而起,林颖为了报复抢了自己奖学金名额而间接导致自己母亲去世的刘晓晓,在牛芳的帮助下制造了火灾,后来又因怕事情败露,索性杀害了牛芳。

714寝室的凶杀案告一段落,纪如萱的身世之谜也揭开了。哪有什么"前世今生"?不过是她被催眠师"删除"了记忆,忘记了曾经的姐姐张如烟(张佳茗)和男友卢浩泽。故事以昔日男友卢浩泽的自杀(为了成全纪、蒋)为结尾,纪如萱与蒋小楼有情人终成眷属。

作品评论:

青子作为网络文学的"悬疑大神",其创作的推理悬疑小说在网络小说阅读市场上掀起了层层波浪。其处女作《笔仙》自2006年开始网络连载后就广受关注,被百万读者评为"网络三大灵异小说系列"之一。2015年开始连载的《茅山捉鬼人》也创下了灵异类作品全平台销售总冠军的佳绩。而2010年出版的《女生宿舍:理工大学诡事录》(以下简称《女生宿舍》)虽然没有《笔仙》《茅山捉鬼人》等作品的影响力大,但是在阅读过程中,能够发现这部悬疑小说在叙事结构、情节内容、主题立意等方面都存在可圈可点之处。

青子将民俗元素多方面地运用于悬疑小说的创作中。我国幅员辽阔、历史悠久,在五千年的风雨变迁中沉淀了丰富的历史文化资源。随着社会发展而产生的民俗文化,更是成为国内作家文学创作过程中取之不尽,用之不竭的资源宝库。青子将信仰民俗中的"鬼灵文化"和佛教中的"轮回观念"融入小说创作中,女生宿舍厕所半夜响起的诡异哭声所营造的恐怖氛围,正是基于人们对"灵魂显现"的恐惧感。青子的另一部悬疑小说《诡道》,就多次提到"七月半,鬼开门",故事的高潮节点也发生在七月半这天,而七月半"鬼节"正是最能体现民间鬼神信仰的传统民俗节日。《女生宿舍》的主线之一是女主人公纪如萱的身世之谜,为了增强悬疑效果,作者为女主的身世披上了一层神秘面纱——佛教中的"前世今生"观念。除了信仰民俗,作者还运用了迷信习俗中的巫蛊文化。作者将湘西黑巫术中用来诅咒他人的傀儡工具——"诅咒娃娃",设置为小说的另一主线。巫蛊文化历史悠久、内容繁多、体系庞杂,具有浓厚的神秘色彩,最易激发读者的猎奇心理。青子擅于把握读者的恐怖心理,通过运用民俗元素,营造恐怖和危险的气氛,使得小说兼具灵异小说的恐惧感和悬疑小说的紧张感。

除了在传统文化中汲取养分,作者在小说创作中还运用了西方经典悬疑小说的"悬疑符号"和心理分析方法。谈论悬疑小说的创作,不得不提及西方悬疑小说鼻祖爱伦坡。爱伦坡的《厄舍府的崩塌》中"荒野别墅"的空间意象十分经典,成为极具哥特式气息的"悬疑符号",对后来的悬疑小说创作产生了深远影响。《女生宿舍》中最具惊悚色彩的空间设置要数"死亡钟楼"了,这里久无人居而且独门独栋,还流传着种种恐怖传说。破败的钟楼,狭长而逼仄的走廊,缺乏光源而一团漆黑的房间,布满灰尘的老式楼梯。整个空间环绕着阴森、黑暗、颓败的死亡气息,其氛围营造也与《厄舍府的崩塌》中的气氛十分相似。

作者还擅长运用西方的心理分析法,通过对人物心理深层次的描写,展现人物性格和打造悬疑效果。小说中多处描写"梦境":"她不知道自己为何会出现在这里,当然不仅仅是跟随他过来这么简单,例如自己是在哪里遇到的这个'怪人',是什么时候?纪如萱完全想不起来了。她现在只想看清楚这个男人的相貌,看看他到底是谁。只为他那高大瘦削的背影令她感到似曾相识,就像眼前这栋教学楼一样,甚至还要更熟悉一点,因而,她无论如何也要看他一眼。"西方心理学家弗洛伊德在《梦的解析》中提出:"梦的隐意包含了人们清醒时的活动及思想观念,这些思想观念仍然在人们心中潜意识地活动着,比如各种兴趣爱好,记忆中的片段,以及一些情景中的感受。"因此梦境是通向潜意识的捷径,能够体现一般情况下人们潜意识的心理过程和内容。女主角纪如萱的一个个未卜先知的梦境,对从未来过的新校区莫名的熟悉感,梦境中不断出现的神秘男人,成为一个又一个谜团一直困惑着女主,使她承受着巨大的心理压力,也始终吊着读者的胃口。作者运用"催眠"这一心理分析手法,解释梦境与现实间的离奇巧合,女主梦境中的场景,以及对新校区熟悉的感受,都是潜意识中的记忆片段和情景感受。小说中写道:"经过两个月的催眠治疗,你终于又好起来了,然而那些被'删除'的记忆并没有真正消失,只是被封存在内心一个看不见的角落里。"催眠无法抹去人们潜意识中的记忆痕迹,这些封存的记忆在梦境中得以再现,作者运用心理分析法解开了女主纪如萱的"身世之谜",同时给予读者灵异事件背后科学的解释。

悬疑小说题材众多,有以推理探案为题材的,如秦明的《法医秦明》、蜘蛛的《十宗罪》,有以心理悬疑和知识悬疑为题材的,如蔡骏和那多的作品,还有以古墓探险为题材的,如天下霸唱的《鬼吹灯》和南派三叔的《盗墓笔记》等。而青子的《女生宿舍》,则是以青春校园为背景,将校园生活与恐怖悬疑相结合。如果说以古墓探秘为题材的悬疑小说与现实有一定的割裂感,那么选择以校园为背景则更能吸引恐怖悬疑小说的主要读者——在校学生。小说运用大量笔触描写714寝室五个女孩子的校园生活:一起去图书馆借书、在宿舍里打打闹闹、朋友间赠送礼物、一起到教室上课等等,这些在校园中常见的生活场景,能够让读者在阅读过程中获得更加真实的感受,从而更好地"进入"故事。在语言运用方面,小说细致地描摹了阴森、昏暗的建筑和景物等来渲染恐怖氛围,但整个叙事仍以生活化、口语化的语言为主,比如小说在解释林颖杀死牛芳的原因时写道:"用一句俗套的老话来解释:牛芳知道得太多了。"发生在读者熟悉的校园中的恐怖事件,日常生活中常用的语言,对常见校园生活图景的细致描绘,都使读者不自觉地联想到自己的现实生活,从而激发读者长久的恐惧感,增强代入感。

小说采用开篇预叙的悬疑手法和多个情节主线、副线相交织的情节模式。"预叙"手法在悬疑小说中十分常见,中国自古就有算命、占卜等预知未来的形式,而这种预知未来的思维方式,也影响了众多悬疑小说家的创作。小说开局就运用预叙手法,在刚搬进新宿舍时,牛芳便开了一句最终成真的玩笑:"'不不。我们几个就是阵亡也要躺在一起,哈哈。'……这本是一句无心的玩笑话,没想到日后不久竟成为现实,此是后话。"寥寥数语就暗示了714寝室的不幸命运,而对发生在刘晓晓和牛芳身上的神秘案件的侦破,也成为小说的情节主线之一。纪如萱一来到新校区,便说:"我也不知道为什么,自打进校门之后,看到很多地方都觉得熟悉,好像曾经来过一样。"通过描写梦境和这种熟悉感,作者埋下了"前世今生"的悬念,成为小说的另一主线。张佳茗作为"前世今生"这条悬念主线的主要推动者,有效引导了读者的思路,如:"张佳茗'扑哧'一笑……用轻松的语气问道:'假如真的有轮回的话,如萱,你愿意遇到前世的情人吗?'"作为714寝室的一员,她也推动了"诅咒娃娃"这条悬念主线的发展——正是在张佳茗的请求下,纪如萱等人才进入钟楼并发现了诅咒娃娃。随着两个主要悬念设置的初步完成,作者沿着"诅咒娃娃"这条线索，使女生宿舍的故事叙述逐步走上正轨。由"诅咒娃娃"触发刘晓晓与牛芳二人之死的情节，引发读者的无限遐想。又由寝室中人物的"姐妹情深"，将一切矛头指向"诅咒娃娃"作祟，扰乱读者的猜想，给故事蒙上了一层灵异色彩。从某种角度上来说，这种灵异色彩又可以增强"前世今生"说法的可信度。两条悬念主线相辅相成，推动着故事情节层层递进，凸显了情节的曲折复杂，满足了读者的推理欲望。

为了丰富人物形象和小说内容，作者将人物的感情线通过小说的情节副线展现出来。《女生宿舍》以友情和爱情两种情感内容作为副线展开叙述，在女主角面临爱情的抉择时，作者写道："在昔日的爱人和今天的未婚夫之间选择一个，然而，不管她选择谁，都要伤害另一个人，爱与伤害，相守与永别，永远都是一块硬币的正反两面。"作者借人物的爱情故事，引发读者对爱情的思考。女主角纪如萱与现男友蒋小楼和催眠之前的男友卢浩泽之间的感情纠葛，林颖、杨川、纪如萱之间的三角恋关系，蒋小楼的肉体出轨与纪晓萱短暂的精神出轨，将主人公间的爱恨情仇作为情节副线，既推动了故事情节的发展，也使小说多了几分浪漫的气息。

林颖与刘晓晓本是同寝室朝夕相处的好姐妹，却因一束康乃馨反目成仇。林颖也因此计划了一系列的阴谋，夺去了两条鲜活的生命。在案情真相大白后，作者写道："林颖被捕的一个月后，纪如萱与邱素灵又回到了往日正常的校园生活，甚至，在对待生活方面，两人都变得比以前更加乐观和坚强了——她们接受了一次不同寻常的洗礼，懂得了如何珍惜生活，珍惜友情和爱情。"可见，作者不仅着力使故事情节离奇曲折，刺激读者的好奇心，更努力地挖掘故事背后深层次的意义，希望带给读者乐观向上的力量，引发读者对友情与爱情的思考。《女生宿舍》是一部"接地气"的悬疑小说，它深入生活，具有一定的现实性。林颖的故事从某种角度上来看，反映了社会贫富差距的问题：刘晓晓可以眼都不眨地送室友上万的名牌包，而林颖却拿不出为重病母亲买束康乃馨的几百块钱。714寝室的故事反映了友谊的珍贵与脆弱。纪如萱与卢浩泽等人的故事展现了爱情的伟大与纯洁。小说通过这些平凡人的故事反映了社会现实，展现了人性丑恶，对读者们有一定的启示与教育作用。

《女生宿舍》以校园为背景，吸收借鉴西方悬疑小说的"悬疑符号"和心理分析法，又将民俗元素融入小说，使其具有浓厚的传统文化氛围，构成了一部带有中国传统文化特色的悬疑佳作。作者对人物心理的分析，对友情、爱情的描摹，为我们呈现了一幅幅人性图景。作者深入挖掘人性，承担了文学的人文责任，这在当今浮躁的网络文学市场中显得尤为清新脱俗。（刘娜）

囧囧有妖

【作家档案】

囧囧有妖，女，原名周燕，1989年生，安徽芜湖人，中国作家协会会员，安徽省作协会员，安徽省网络作家协会理事，现签约阅文平台，为云起书院白金作家，素有"甜宠大神"之称。作品长期占据网络各大榜单前列，电子销售成绩优异，同时作品已全部签约出版、部分漫改、改编影视等。

2019年入选2019福布斯中国30岁以下精英榜；第四届橙瓜网络文学奖网络文学20年十佳言情大神。2021年12月20日，获第四届茅盾新人奖·网络文学奖提名。

代表作有《许你万丈光芒好》《总有一天你会喜欢我》《余生有你甜又暖》《月亮在怀里》《你是我年少的小欢喜》等等，单单从书名中就可以感受到甜美浪漫的言情色彩。撸猫、养花是囧囧有妖最大的爱好，她既有温柔安静的一面，又有独当一面的能力，她笑自己是"水泥做的女汉子"，粉丝们则亲切地喊她"二囧"。文如其人，她笔下的人物，也都是集天真与聪敏于一体的少男少女。

不同于大多数网络写手的"机缘巧合"，囧囧有妖走上网络文学之路是必然。从小热爱文学的她，在高三毕业的暑假就开始走上创作小说的道路，由于传统杂志的投稿流程很慢，囧囧有妖便把目光投向了刚兴起的网络文学，从红袖添香到云起书院，她在阅文平台写作至今已经有十余年。

2010年于红袖添香创作成名作《总有一天你会喜欢我》，随后创作了《你是我年少的小欢喜》《家有萌妻》，《家有萌妻》获2013华语言情小说大赛最佳影视改编奖。

《总有一天你会喜欢我》是囧囧有妖的第一部收费作品，青梅竹马的"女追男"故事让她迅速走红网络，跻身人气作者之列，她本人也将其视为自己职业生涯的起点，坦言道："写这本书的时候，是我的灵感全盛时期，虽然当时还是挺稚嫩的，但很多东西现在回过头看仍然觉得很好，如果现在让我再写一遍，我是没法写出那样的小说了。"随后几年，她始终坚持写作，除了尚未完结的作品,所有的小说都已经成功出版,销量一直居高不下。

其中《许你万丈光芒好》的影响力甚至传播至海外,其英文版在起点国际上的成绩一路领跑,长居"海外月票榜"和"人气榜"冠军,获2017中国原创文学风云榜女生作品No.5,2018中国原创文学风云榜超级IP国际传播作品奖,2020首届上海国际网络文学周最受欢迎翻译作品奖。作品已签约漫改,并在腾讯动漫开启独家连载;同时作品的电子版权销售火热,目前已售出国内影视版权,并启动了《许你万丈光芒好》的影视化项目。值得一提的是,这部作品在囧囧有妖的创作中也具有重要的转型意义,这是她由虐转甜的开始,说明这位言情小说家不满足于现状和重复的套路,努力探索新的写作方法,在克服对灵感的单一依赖之后,囧囧有妖就不再像过去那样容易陷入瓶颈,渐渐成长为一名更优秀的作家。

《恰似寒光遇骄阳》位列2018超级IP原创风云榜No.2,入选2018超级IP影视改编价值作品,入选2018网络文学女作家影响力榜,2018年阅文女生原创作品电子销售总冠军,2019年入选第四届橙瓜网络文学奖年度百强作品,2021年荣获首届"石榴杯"优秀作品奖,2023年4月被上海图书馆收藏。

《余生有你甜又暖》位列2019中国原创文学风云榜女生作品No.2,2020中国原创文学风云榜女生作品No.7,入选2019中国网络文学女作家影响力榜,2020年度最具版权价值网络文学榜,2020中国网络文学女作家影响力榜,2020年度爱情小说作品。

《月亮在怀里》入选2022年网络文学重点作品扶持项目。2022年9月17日,《月亮在怀里》荣获第二届"石榴杯"优秀作品奖。

囧囧有妖不是一位严格意义上的都市言情作家,她会时不时做一些与文字相关的工作,比如采编、文案等等,只不过仍然把重心放在创作上面。诚然,对于一个作家来说,接触社会必不可少。当需要对新书进行修稿忙碌的时候,她又会辞掉工作来专心创作,她在谈到宅家创作的日子时,表示有一次因为写作整整96天没有出过门,这一切使她甘之如饴。下一本书是什么类型,是科幻还是都市,尚无定论,但唯一可以确定的是,囧囧有妖一定会坚持下去,"写了这么多年,身边认识的很多人都不再写了,我自己也曾经停过一段时间,但从来没有放弃过,一直写到现在。写小说是我的爱好,做自己喜欢的事情真的很开心"。

【主要作品创作年表】

《总有一天你会喜欢我》,红袖添香,2010;青岛出版社,2016

《家有萌妻》(出版名为《君子在上》),青岛出版社,2013

《许你万丈光芒好》（出版名为《君子报恩》），云起书院，2016；民主与建设出版社，2017

《恰似寒光遇骄阳》，云起书院，2017；青岛出版社，2019

《你是我年少的小欢喜》（出版名为《君子难为》），红袖添香，2011；江苏凤凰文艺出版社，2019

《余生有你甜又暖》，云起书院，2019

《月亮在怀里》，云起书院，2022

【作品评价】

1.《家有萌妻》

故事梗概：

女主角宋安久是盛锦高中的高三学生，复读了两年都没考上大学，夸张的打扮和处事风格很容易使人把她和雷厉风行联系在一起。原本就不负责任的父母在离异组建各自家庭之后，更是吝啬对她施予丁点儿的爱意，更让人意想不到的是还在读书的她就已经嫁人，这个人不是别人，正是赫赫有名的EK集团二公子——傅臣商，以高三学生的身份和一个刚认识并且比自己大八岁的男人结婚，应该是宋安久做得最叛逆的事情。

不同于传统的一见钟情，傅、宋两人属于典型的先结婚后恋爱模式，何况安久对这个男人一点好感都没有，因为少女心中已经有喜欢的人了，而这位总裁也有相爱十年的恋人，所以这两位主角的磨合期显得并不是那么顺利。考上A大就是两个人最开始的矛盾所在，傅臣商强调这次考试要进年级前一百名，所以开始对她进行魔鬼训练，这让宋安久叫苦连天，以至于想到了美人计——安排万人迷艾馨色诱这位霸道总裁，结果当然是铩羽而归。可是慢慢地事情好像发生了变化。

安久的弟弟走丢，傅臣商陪着一起找，一边安慰对方情绪，一边冷静地分析事情发展状况；知道薛皓把自己老婆带到套间之后，立刻阴森森地对眼前的情敌发出警告，随后对着怀里的女孩轻轻地一吻；在外人面前大方地承认宋安久是自己唯一的妻子。除此之外，傅臣商带来的不仅仅是物质上的极大满足，在宋安久人生的重要阶段，傅臣商告诉她只有自己强大起来才是最要紧的，所以考上A大变成了彼此的共同目标，最终安久从年级倒数顺利进入了前一百名，考大学不再是天方夜谭，两个人在日复一日的交往中也慢慢地爱上对方，可是事情却朝着意料不到的方向发展。

原来这场婚姻全都是EK集团的董事长也就是傅臣商的父亲傅国商一手计划，老爷子提出,傅家三个少爷谁愿意娶宋安久并且好好照顾她就可以得到公司百分之二十的股份,并且要保证在一年内培养安久凭借真材实料进入 A 大,从小混混变成淑女。虽然是本着对安久的照顾,但是安久在得知事情真相的时候仍然接受不了,自己付出的真心竟然是一场交易产生的不该有的感情,两位主角在这里产生了真正的嫌隙,而正是因为宋安久出国离开自己,傅臣商才明白过来,自己真正爱的人究竟是谁。幸而经历一番兜兜转转,故事的最后,安久等来了真正属于自己的婚礼。

"什么是爱情?等遇到真正对的人,自然会明白。"

作品评论:

作为通俗小说的一种,都市言情小说古已有之。近代以来,以琼瑶、席绢等人为代表的言情小说宣扬爱情至上的观念,极大满足了人们的情感需求。新世纪伊始,随着社会经济及网络技术的不断发展,一批网络作家在网络上谱写出了动人的情爱故事。个中佼佼者脱颖而出,例如丁墨的软推理作品《他来了,请闭眼》、匪我思存的《东宫》《佳期如梦》等,以及因热度居高不下而被改编成电视剧的《传闻中的陈芊芊》《孤城闭》等,这些甜美浪漫又夹杂些许遗憾的爱情故事吸引了大批粉丝。囧囧有妖作为"甜宠大神",在佳作频出的言情小说领域凭借自己独特的个人风格,成为翘楚。

囧囧有妖非常擅长以小见大。《家有萌妻》里,男女主人公的每一次对话,包括每一次暗戳戳的小动作,都体现出对细节的完美刻画。男主角的"英雄救美",宋安久被薛家诬陷而百口莫辩,甚至薛夫人的巴掌快要落下来的时候,傅臣商适时出现——"最先入目的是一枚精致的袖口,然后是一只有力的手,稳稳地扼住了薛夫人的手腕"。读者读到这里既松了一口气,又感受到了甜爱氛围,小小的动作描写很能凸显出主角的人格魅力,加上作品中大量篇幅对恋爱时双方的心理描写十分细致,比如当宋安久得知事情的真相,明白所谓的婚姻不过是一纸契约的时候,她一个人失魂落魄地想:"从头到尾都是一场阴谋,那座童话里的水晶堡垒扭曲崩塌,她的整个世界天翻地覆。"这样的心理描写可见酸甜苦辣一应俱全。

宋安久、傅臣商、傅景希、苏绘梨是这部小说的主角团,他们都是背景不凡的都市男女,每个人物都有着十分鲜明的形象且各具特色:宋安久是个爹不疼娘不爱的小混混;傅臣商是集团雷厉风行的二公子;傅景希是深情男二,一直在用自己的方式偷偷爱着安久;苏绘梨作为傅臣商的前未婚妻,所承受的远比看起来要多。读完小说,每一个读者都能够在脑海中精确地浮现出相关人物的肖像画。

囧囧有妖在谈及创作方式时曾经坦言甜宠不是无脑甜,男女主人公也会经历误解和矛盾,

《家有萌妻》就是最好的例子。作者从一开始就挖了一个大坑——一场动机不纯的婚姻。男女主人公先婚后爱吊足了读者的胃口，随着情节慢慢深入，小说逻辑也慢慢地令人信服。简介里的一句"什么是爱情？等遇到真正对的人，自然会明白"，充分体现了小说爱情至上的观念，与《匆匆那年》《杉杉来吃》等情爱小说十分类似，小说竭力描绘真正的世俗的爱情——误解与真爱并行。

除此之外，囧囧有妖也是驾驭文字的好手，她的文字既不像严肃文学作品那样逼仄深奥，也抛弃了网络小说的浮躁，具有一种质朴清新的美。更加难得的是，她的语言轻松却不失分寸，能够根据作品内容与情境来选择不同风格的词句。例如在小说开篇写到宋安久在学校闯祸被记大过时，选择了连串的反问句来表达女主人公内心的失落与纠结，令读者仿佛感同身受她的痛苦："这个世界上，有她不自暴自弃的理由吗？有那么一个人，让她想要变得美好，变成他喜欢的样子吗？再努力又有什么意义？"而在小说高潮部分，囧囧有妖的遣词造句更是有了进步，修辞的运用大大拔高了网络小说文字所带来的美感。"她终于不再是对待陌生人一般清清淡淡的态度，傅臣商的眸子柔和了许多，似乎安心了些，腾出一只手摸了摸她的后脑勺，安抚炸毛的猫儿一般，然后松了手放她离开。"她把女孩儿比作猫，写出了其可爱的一面，又将二人之间的爱意展露无遗。

类型化写作的最大局限在于隔断了文学与现实的依存性关联，使网络文学面临自我重复、猎奇猎艳、凌空蹈虚的潜在危机，所以现实生活是作家安身立命的根本条件。在都市言情网络小说中，"霸道总裁爱上我"的故事比比皆是，但如果只是空中楼阁，未免会让作品沦为一种单纯的妄想狂欢。囧囧有妖是85后年轻女作家，她有着敏锐的生活感知力，足够了解包括自己在内的年轻女孩们的普遍想法。在小说中，我们可以看到即使是家境富裕的主角们，也必须经历和普通人一样的校园生活，这些都是作者从现实生活中获得的灵感，由此完成了理论与实践的结合，达到出奇制胜的效果。

《家有萌妻》仍然存在一些小说的通病：人物脸谱化以及玛丽苏痕迹过重。网络文学仍然需要崇高审美且有厚度、格局的作品出现。这是我们对言情小说的期待，也是对囧囧有妖的期许。（王硕）

2.《许你万丈光芒好》

故事梗概：

女主角宁夕本应该是帝都宁家的大小姐，军政世家庄家的表小姐，但因为某些原因在乡下出生，和一个与她同天出生的女婴抱错了，然后宁夕在乡下唐家生活了十八年，另一个女孩（宁雪落）则代替她的身份，当了十八年的宁家大小姐。

　　宁夕在乡下救了帝都苏家大少爷苏衍，两人相爱，度过了一段美好的时光。后来宁夕身份澄清，宁家把她接了回去，却没有公布她的真实身份，对外只说是宁家养女。比起从小培养起来的宁雪落，宁夕的亲生父母看不上宁夕。回到宁家的宁夕被宁雪落多次陷害，使得宁夕不仅被父母越发嫌恶，还被下药和陌生男人（男主陆霆骁）发生关系怀了孩子。宁夕本以为孩子是男友苏衍的，却在怀孕八个月的时候被宁雪落"无意"透露了真相，原来男友早已背叛自己，孩子也是生父不明。随后，她遭遇车祸早产，医院告知她孩子是死婴。但事实并非如此，孩子是被有心人偷走送到了陆霆骁身边。宁夕的父母认为宁夕行为不检点，丢尽了宁家的脸，把她送到了国外。在国外的时候，宁夕一边上学吸收各种知识，一边跑剧组磨炼演技。她在最潦倒不堪的时候，被云深所救，化名唐夕，进入一个地下组织，成为小师妹，枪法一绝，有"千面鬼手"之称……

　　几年后，宁夕回国，决定追求内心梦想，进击娱乐圈，却处处遭到宁雪落的打压。机缘巧合之下，宁夕在酒吧救了小宝，认识了陆霆骁。陆霆骁对宁夕一见钟情，小宝对宁夕也一眼认定，便开始了陆霆骁带着助攻小宝以及弟弟陆景礼追求宁夕的漫长征途。陆霆骁以小宝依赖宁夕为由，接宁夕回家，暗中对宁夕的帮助也做得神不知鬼不觉。宁夕很早就察觉到陆霆骁的喜欢，自己也喜欢上了陆霆骁，本因家族、身份、自由等想远离他，却在经历了洛城枪击以及被云深永远带走的恐惧之后，告白陆霆骁，两人正式在一起。凭借男女通杀的神颜以及炉火纯青的演技，宁夕在娱乐圈风生水起，获得各种奖项，成为超一线明星，陆霆骁为了能多陪宁夕，更是易容成柯明宇作为演员和宁夕一起拍戏。其间她虽然遭遇宁雪落的多次陷害，但所幸一一化险为夷。

　　因为家族仇恨，宁夕和小宝被劫持，宁夕为救小宝身受重伤变成植物人，在等待宁夕醒来的第三个月，陆霆骁自行办了结婚证，给宁夕戴上了婚戒。因救小宝身受重伤，让陆家父母彻底接受宁夕；因植物人期间陆霆骁不离不弃，始终不渝，宁夕外祖庄家也接受了陆霆骁……一年多后宁夕醒来，发现娱乐圈已经改朝换代，新星韩梓萱代替了她的地位，而她却被称为"过气女星"。本欲功成身退、解甲归田，但韩梓萱恶意抹黑宁夕和江牧野，激起了宁夕的怒火，宁夕最终决定重回娱乐圈。通过不懈努力和陆霆骁的支持，宁夕人气更胜以往，出演好莱坞大片女一号，揭穿了韩梓萱的真面目。随后宁夕再次怀孕，此时她也得知小宝是她和陆霆骁的亲生儿子，遂向媒体公布婚讯，两人举行了盛大婚礼……

作品评论：

第一次看这部小说的时候是高三暑假，"入坑"两年了，一直想为这本书写点什么，却又无从下笔……

总的来说，小说比较出彩的地方有两个方面，第一个是人物形象，第二个是故事情节。

第一次看这部小说的时候，我沉溺在故事情节中无法自拔，对宁夕、陆霆骁的喜爱是肤浅的，只是觉得他们很好很好，并没有想过自己为什么那么喜欢。第二次去翻这本书，我开始分析人物形象，发现这可能是这部小说最大的亮点。

宁夕，全美第一的南加大电影学院毕业、实力演技派、交际人脉广泛、洒脱随性，可以说十全十美，很难让人不喜欢她。但是她的经历让我们心疼。一开始，她包装自己，最脆弱的一面也只在爱人面前显露，甚至动真心谈个恋爱也没有自信。经过苏衍带来的伤痛，她不再轻易交付真心，直到遇到陆霆骁。

陆霆骁，亚洲经济命脉的掌控者，雷厉风行、说一不二、气场强大，令人却步，却在看到宁夕后一腔温柔化作春水。一次次的心照不宣，一次次的及时救场，在他心里宁夕的分量举足轻重。一改往日周密去只身犯险，一改往日沉着面对宁夕患得患失。宁夕重伤几乎离去的时候，他抱着那一线希望从未放弃，日复一日地等着她，在漫无边际的黑暗中期盼着那渺茫的不知何时降临的光亮。他唯一一次的失声痛哭停在了女孩的床前，他去喧嚣吵闹的酒吧证明自己尚在人间，好在宁夕没有离开，他终是等到了。

许你万丈光芒好，宁夕遇见了陆霆骁，遇见了她此生的挚爱。对宁夕而言，陆霆骁是她灰暗生命中的阳光，带她走出黑暗的深渊，让她对这个世界再一次赋予希望，让她有勇气万丈光芒地站在世人面前。而对陆霆骁而言，宁夕的出现让他真正地活成了人，一个带有烟火气息的人。面对宁夕，他会害怕她的离开，会担心他对她造成伤害，会患得患失。一个谪仙般的人物，因为宁夕的出现，成了一个爱妻子的平凡人。知乎上有一个问题：最好的爱情是什么？有两个回答被顶上了热门。回答一：不会因为爱得卑微而心生疲意，也不会因为爱得放荡而滋生轻蔑，他与我棋逢对手，见招拆招，他看穿我的轮廓，亲吻我的奋勇，然后原谅我的无耻，和那些无法启齿的卑贱。回答二：如果前方有一条我曾跌得面目全非的路，而你执意要去，我不会拉住你说不要去，而是给你准备最耐穿的鞋子，备好雨伞，告诉你第二个路口地很滑，第五条街上有小偷，路边的切糕不要买，告诉你，回来家里有饭，我想最好的爱应该是，我是爱你的，而你是自由的。大概这就是宁夕与陆霆骁吧。

除了感慨陆霆骁的深情，我也感慨云深。他是陆霆骁同父异母的弟弟，是海域令人闻风丧胆的撒旦，是势力令人忌惮的白发男子。可在宁夕的婚礼上，他盛装出席，却只为错过，只为看着心爱的女孩幸福地嫁给其他人。这个从来不懂爱为何物的男人，最终因为一个女孩而明白。云深的爱，没有任何目的，只是跟随着心的方向。文中没有详细写到四年里唐夕（宁夕）与云深之间的故事，可以性命相交的伙伴，必然也是生命中十分重要的人。他是活在地狱里的主宰，为复仇而生；他离开地狱试图与阳光争辉，为宁夕而活。可最后，他放弃了，一声大嫂，他全部都放下了。我时常想，某一天，他一定会回来，顶着嚣张的白发，对宁夕的孩子说："啧，这小丫头，可比那家伙招人喜欢多了。"

狂傲不羁的金毛，江牧野，曾经的他放荡不羁，却从未想过，会栽在一个女子手里，而这一栽，便是一生。尽管后来知道宁夕是骗他的，他也已经甘之如饴。没有说出口的那份喜欢，也终究变成了岁月沉淀下来的无法取代的亲情。

还有陆景礼、小宝、宁天心、苏衍、宁雪落……所有的人物都住在我的脑海中。即使我无法替他们找到一张足够配得上他们的脸，但他们的一颦一笑，都让我深深沉醉。

按设定来说，这本书就是"豪门恩怨（+天才宝宝设定）+娱乐圈+职场风云+微玄幻武力"。按标签来说，"现代言情+总裁+豪门世家+宠文"。按剧情来说，"未婚先孕+各种虐渣+千难万苦+完美结局"。是以，说《许你万丈光芒好》是传统玛丽苏、总裁文经典毫不夸张。要说题材新奇、情节曲折，我认为它称不上，除却几个经典场面，大部分都是固有老套的，而且基本看开头就能猜中结尾，但是就是忍不住一直看下去。

开头不算新颖，描述了女主被白莲花姐妹抢了男朋友以及未婚先孕并生下一个孩子继而出国，后面剧情直接转到五年后讲述男主女主的种种交往以及与孩子的可爱互动。看小说前部分会让人感觉有点别扭、尴尬，看到小说后期才感觉到小说内容的丰富性，甚至能感受到小说良好的节奏感。小说中的几个经典名场面也令我记忆颇深。

其一是宁夕救小宝。小宝遭人劫持，宁夕紧跟而上，两人同时被绑架。为救小宝，宁夕先是通过演戏骗得守卫进来查看，然后夺过枪杀掉守卫，抱着小宝飞速逃离。可惜外面早已布下了天罗地网，等待他们的是子弹和炸药。逃跑过程中，宁夕多处受伤，却仍抱着小宝跑得飞快。最后，炸弹爆炸，宁夕的身体被厚重的墙壁砸在地上，全身被鲜血染透，可她仍保持弓着脊背的姿势，护着怀中的孩子，为其挡去了所有的伤害……有人质疑被子弹打到手脚之后，根本不可能抱着孩子飞奔。但是，宁夕不是一个简单的女孩，她也是唐夕，是"千面鬼手"唐夕，是接受过魔鬼训练的唐夕。更何况，女本柔弱，为母则刚，或许这一情节过于夸大，但我愿意相信它是一个奇迹。

宁夕复出是我最喜欢的一个场面。植物人宁夕醒来之后，发现娱乐圈早已改朝换代，于是她准备功成身退。可是，韩梓萱对她和她的好友江牧野肆意侮辱，宁夕极其护短，她决定复出。在《天下》的发布会上，宁夕首次现身，她的粉丝情绪激动，更有好事者蓄意挑拨宁夕消失一年是抛弃粉丝、不尊重粉丝的行为。宁夕不知道该如何解释，也不想公开她重伤变成植物人的事情，于是她提出给粉丝唱一首歌。"感谢你给我的光荣，我要对你深深地鞠躬，因为付出的努力有人能懂……"是的，她唱的是《光荣》。一曲终了，她和粉丝都泪流满面，现场粉丝更是齐声高喊"夕饭无处不在，夕哥无可替代""初心不忘，陪你光芒万丈""无宁夕，不天下"。这一段让从不追星的我似乎理解了偶像对个人的影响力，我马上去搜了《光荣》这首歌，直到现在，这首歌的评论区还有很多"夕饭"的言论，给了我一种宁夕唱《光荣》这件事是真实发生过的感觉。

小说结尾，宁夕和陆霆骁举行了盛大的婚礼。婚礼上，众人欢腾，可是教堂的角落，一头白发、一身西装、一束玫瑰，是云深。"原谅捧花的我盛装出席却只为献礼，目送洁白纱裙路过我对他说我愿意。"他状似无意地将所有收藏的宝贝送给她做新婚礼物，如同一个守着宝藏的巨龙，此时将自己所有的最好全部送出，这是多少人的意难平？

这部小说并不是十全十美，有人说女主人设太夸张，360度无死角的厉害，有人认为剧情狗血，全文套路，也有人说文笔粗糙，过度生硬。可是，一千个人眼里有一千个林黛玉，有色眼镜也好，粉丝滤镜也罢，我坚持认为瑕不掩瑜，本就是虐渣的爽文，语言轻松幽默是小说的加分项。我也相信《许你万丈光芒好》是囧囧有妖的巅峰之作，这当然不是说她后面的作品《恰似寒光遇骄阳》《余生有你甜又暖》不好，只是我更喜欢这部罢了。

曾经想要拉许多人"入坑"，但他们看到篇幅后，总会婉拒。或许之前会失落，但是现在《许你万丈光芒好》走向国际，在海外人气榜上居高不下，它慢慢地被更多人知道，我发自内心地开心，就好像是自己看着它慢慢长大的，又感觉自己像小说中宁夕的粉丝一样，陪了她一路，慢慢从女 N 变成影后……（张静）

3.《恰似寒光遇骄阳》

故事梗概：

被司夜寒囚禁的叶绾绾在和司夜寒离婚之后被人杀害，但是叶绾绾意外重生到几年前的自己身上，为避免重蹈被囚禁的命运，叶绾绾选择和司夜寒好好相处。叶绾绾的父亲因为被威胁而替弟弟顶罪后被逐出公司寄人篱下，绾绾因为渣男而和家里决裂，重生后为挽救家庭关系、夺回家族事业女扮男装进入娱乐圈打拼。她与江嫣然等诸位好友一起合作，步步攀升，最终成立了诸神时代公司,也收回了家族企业。

与此同时,在绾绾的努力下,她与司夜寒的关系大大改善,在日常的相处中绾绾发现自己逐渐喜欢上了司夜寒,但是司夜寒因为一次意外昏迷,身体过度劳累损耗极大而性命堪忧,绾绾一心一意照顾司夜寒,帮助他恢复身体。但是,司夜寒母亲以绾绾性命作要挟,威胁司夜寒回到独立州。司夜寒为了绾绾的性命回到了独立州,而绾绾因为司夜寒的消失一直四处寻找他,并探听到有关独立州的一些消息,于是踏上了独立州寻找司夜寒。

独立州是独立于世界的一个封闭地区,有十二个州,四大家族,由十二州组成的仲裁会管辖。独立州旁系和嫡系的战争由来已久。事实上,绾绾的真正身份是独立州四大家族聂家二女聂无忧,在独立州的一次战争中,受外公即武道联盟公会会长的命令去探听敌方组织阿修罗的情报,意外与司夜寒,也就是阿修罗的首领相遇,二人均未表明身份,装作两个小喽啰。在相处中,二人逐渐心意相通,悄悄在一起后生下一子聂堂萧。在一次与外公的争执中,无忧意外伤了外公,受有心之人蒙蔽,无忧以为自己杀了外公,精神受到巨大打击,出现精神错乱和自杀的倾向。为了保住无忧性命,司夜寒只能请人催眠删掉了无忧的记忆,并把绾绾的记忆灌输给无忧,而真正的绾绾早在一次国外的暴乱中身亡。

绾绾到达独立州后,意外被无畏盟的人认出与自己的盟主长相别无二致(无忧就是无畏盟的盟主),但此时,绾绾的记忆尚未恢复。为了无畏盟的存亡,绾绾受人之托假扮成无畏盟盟主。在与"老朋友"的相处中,绾绾的记忆也在一点点恢复,巧合之下,被无忧的未婚夫纪皇认出。在纪皇的努力下,绾绾记起自己的真正身份是聂无忧,但是还有大部分记忆没有恢复,所以选择进入有自己众多回忆的赤炎佣兵学院来恢复记忆。最后,无忧回忆起了自己全部的记忆,同时也意外粉碎了独立州嫡系和旁系的阴谋,最后和司夜寒重新补办婚礼,一家人幸福地生活在一起。

作品评论:

《恰似寒光遇骄阳》是囧囧有妖公开发表的第五部作品,我们能明显感受到作者无论是在人物塑造还是情节把握乃至主题意蕴的开掘上,都有了很大的提升。

囧囧有妖擅长制造引人入胜的剧情,《恰似寒光遇骄阳》是一部融合了重生元素的小说。关于重生文,百度词条给出的解释是:描写主人公保存记忆回到若干年前重过一遍自己的人生的小说。在这篇小说里,叶绾绾并不是俗套地穿越回古代,试图用自己的现代知识去求得生存,甚至是改变历史,也并非如玄幻重生那样在一个不存在的空间里横冲直撞,而是选择了都市这一熟悉的生存空间,所要做的也只是在保全自己的同时也收获爱情。小说第一章开门见山，写叶绾绾死而复生回到了七年前，刹那间，巨大的恐惧和绝望几乎让她窒息，她不禁发出了绝望的呼号："上一世失去了亲人、爱人，失去了尊严，失去了自由，失去了一切，难道还要重新经历一遍？"第一章到这里戛然而止，然而强烈的好奇心一定会驱使读者继续"追更"。为什么叶绾绾这么恐惧？重生之后到底会发生什么事情？原先的命运会改变吗？这些都是作者埋下的伏笔，由此可见囧囧有妖讲故事的能力确实是网络小说家中的佼佼者。

鲜明的人物形象也是一部好小说不可或缺的关键因素，而主角又是所有人物中最为浓墨重彩之处。叶绾绾不仅有着所有玛丽苏女主的共同特点，还具有另类的调皮与机智，当她意识到自己确实是重生之后，为了大局，她并没有立刻拆穿恶毒女二沈梦琪的阴谋，而是在心里盘算为了叶家复仇大计需要暂时忍气吞声，表现出了机智与勇敢，而这样一种聪慧是很多"傻白甜"所不具备的品质，读者们不再为了傻乎乎的女一号捏一把冷汗，可谓是名副其实的"爽文"。值得一提的是，叶绾绾的可爱也丝毫不逊色，不仅拥有窈窕的身形，及腰的长发，五官也是精致得不像话，连语言都透露出十八岁小女儿家的可爱，比如她对着林缺翻了白眼然后大声吼道："林缺！我以前一百五十斤怎么了！我胖怎么了！吃你家大米啦？"所以百度贴吧还专门有叶绾绾的粉丝，常年更新她的动态，可见囧囧有妖塑造人物的功力。

从小说的故事来看，这是一个重生之后借助先知先觉的优势将自己人生进行改写并获得美满爱情的故事，同时又开辟了独立州这一个支流，将政治阴谋、嫡系矛盾与情爱叙事融合在一起，达到了意想不到的效果。人人都以为叶绾绾不过是个普通的女孩，没想到实际上她是独立州四大家族之一聂家的二女儿，这些因素使得整部小说呈现出更加多元化的特点。

正如一些读者所评论的那样，作者在情节的过渡上还是有些问题，场景的转换过于迅速，衔接不是很恰当，从国内直接转到独立州，国内的一些情节线索还没有完成。再者，书中关于配角和女主的分量太多，其实已经不能单纯地看作是一部言情小说，这也是一部大女主小说，当然，这也是囧囧有妖写作的一贯作风，男主更倾向于幕后的 boss（老板）类型。（李金婷）

徐公子胜治

【作家档案】

徐公子胜治,男,本名徐胜治,1974年生,安徽宣城人,全职网络作家,起点中文网白金作家,徐公子胜治工作室创始人。

第一届辽宁网络文学"金桅杆"奖获得者。2017年2月,第二届网文之王评选中位列百强大神。作品《惊门》入选2015年第一、二季度中国网络小说排行榜精品榜。2018年5月,作品《方外:消失的八门》在第三届橙瓜网络文学奖评选中荣获年度百强作品奖。

主要作品有《太上章》、"天地人神鬼灵惊"七部曲(《鬼股》《神游》《人欲》《灵山》《地师》《天枢》《惊门》)。

1999年,徐胜治成为中国第一代证券分析师,并迅速崭露头角,在金融证券领域大放异彩。他为《证券周刊》《财经》等媒体撰写专栏,在中央电视台财经频道、湖南卫视上点评分析股市走向,在各大证券营业厅内给广大股民出谋划策。直到2004年的全流通论战,他的算法遭到了强烈的反对,甚至被批评"不懂经济学"。他突然全盘否定了自己之前的一切成就。也是在这一年,徐胜治成为徐公子,开始在网上连载他的第一部小说《鬼股》。

2006年,徐公子胜治签约起点中文网,《神游》在起点中文网横空出世。在接下来的几年时间里,按照"神人鬼灵"的顺序,他又接连抛出了《人欲》《灵山》两部佳作,霎时间,"徐公子胜治"声名鹊起,以其独树一帜的风格与新奇宏伟的架构迅速在男频网文中站稳了脚跟。2010年,徐胜治终于下定决心,毅然决然地放弃自己首席分析师的身份,创办了徐公子胜治工作室,一心一意地投入网文创作中。

在2010年起点中文网的作家沙龙上,盛大董事长兼CEO陈天桥说:"我其实更希望以一个读者代表的身份站在这里,这里有我最喜欢的作家,像徐公子胜治的《神游》如果再改改,甚至可以称得上是中国的《哈利·波特》。"徐公子胜治的小说无疑有一种超凡脱俗的别样气质,文笔流畅,笔力劲道,叙事精巧,架构宏伟,磅礴而不失细腻,雄浑而不差柔情,不仅有玄幻仙侠的神秘莫测，也有传统武侠的快意江湖。天地万物、六爻八卦、奇门遁甲，这些人们始终心向往之却又捉摸不透的玄学理念，都在小说中被一一剖析，逐步碾碎，在徐公子胜治的脑海深处不断回旋，最终完满地呈现于笔尖。可以说他的小说能够培养一批真正的国学爱好者。

【主要作品创作年表】

《鬼股》，起点中文网，2004；上海印书馆出版社，2010

《神游》，起点中文网，2006；中国华侨出版社，2012

《人欲》，起点中文网，2007

《灵山》，起点中文网，2008

《地师》，起点中文网，2010；太白文艺出版社，2010、2013

《天枢》，起点中文网，2011

《惊门》，起点中文网，2012；四川文艺出版社，2014

《太上章》，起点中文网，2014

《方外：消失的八门》，起点中文网，2018

《欢想世界》，起点中文网，2020

【作品评价】

1.《神游》

故事梗概：

1989年，芜城中学一个名叫石野的农村高中生捡到一面镜子，并发现镜中的教室里还有一个人，随后班级中有修为的风君子（真正的主角）和尚云飞发现了他的奇怪举动，给他打开了修真的大门，风君子也成为石野事实上的师父。

经过风君子的介绍，教室里的另一个"人"其实是无辜遇难的柳校长一家的女儿柳依依，为了帮助柳依依由元神变为正常人，风君子提出要让她接受人的朝拜，把她封为山神。按照神仙界的理论，封神只能由玉皇大帝来，但风君子找不到玉皇大帝，于是大呼"玉皇大帝封得，我为什么封不得？"的风君子利用修仙之能在昭亭山制造异象，让柳依依的元神居于山神像体内接受香火，在途中遇到真正的山神绿萝并与之相爱。

在修炼过程中，石野碰到一只神犬咻咻，也注意到了在校门口开面馆的韩紫英，还和神奇的算命先生张先生认识了。咻咻常常给石野带来朱果，石野也喜欢吃朱果炼成的丹药。石野与韩紫英逐渐熟悉后产生了感情,但由于他同时隐隐喜欢着班主任柳老师,所以感觉很矛盾。石野还逐渐发现张先生不仅会算命,有修为,还是芜城市的首富。

匹夫无罪,怀璧其罪,因为石野手里的朱果、宝镜和神兽,修真界中的很多人起了贪念,石野不得不在韩紫英和风君子的帮助下与他们争斗,在共同行动中他发现了韩紫英也不是人。风君子同时向韩紫英、柳依依和咻咻传授了化形之法,石野也因为自己在抗洪中使用了神通而被国家机关看中,接受了训练和编制。在训练中,石野救下了为一个女人叛出师门的七叶。

谁承想,七叶所喜欢的那个女人是韩紫英,而韩紫英已经倾心于石野,反而因当年挨过七叶一鞭而不满。七叶因爱生恨,成为石野和风君子最大的敌人,双方发生了多次摩擦。七叶在数次修真界集体活动中出人头地,甚至还自创了一个门派,视修真界规则如无物。为了阻止七叶,风君子与对方在昭亭山约战,尽管自身实力不如,但有昭亭山山神的帮助,风君子借来天地之威打败七叶,并强行将七叶送入轮回,七叶转世为驴。修真界中一部分人千年前被限制于昆仑山不得离开,有几十个高手离开昆仑山想重回人间,但拒绝接受人世间修真界不影响普通人的规则,在观战时被风君子引来的天雷所杀。

面对昆仑山各派其他人重出江湖的压力,风君子将石野扶上修真界盟主的位置,而自身则遇到了瓶颈,暂时舍弃修真记忆前往人间经历普通人的生活。昆仑山重回人间的激进派设下圈套,控制了风君子,而石野则带领人间各修行门派前往营救,经过一番大战,风君子终于得救,昆仑山众人不得不接受修真界的规则换取下山的权利。十年后,石野开宗立派,威震江湖,时不时去看成为证券分析师的风君子,风君子却仍然没有结束这场人间修行。

作品评论:

网络文学与传统文学相比,一个重要的区别就是"文以载道"价值的流失,强商业性的属性使大部分网文作品牺牲其思想性,而其文学性则被单薄化为"爽"的直接诉求。然而,由于网络文学在数量上的庞大,还是出现了一些思想性强的作品,《神游》就是其中一部非典型网文作品。

总体来看,《神游》部分接受了男频玄幻小说的打怪升级套路,但是其内核与爽文则相去甚远。这本书哲学成分的含量极高,可以说,我从来没有见过一部哲学成分占比如此高的小说。

(1)《神游》的哲学思想表达

首先,作者在原文中大量引用《道德经》《庄子》和一些佛经的原文,并不惜用相当夸张的篇幅来阐释一些概念的含义,这种写作方法与网络文学快消品的性质背道而驰。以第37章为例,作者在本章开头引用了《道德经》中的一段话,随后在情节中穿插了对"道""走火入魔""灵丹"这些抽象概念的阐释,这些哲学思想的表达占全章内容三分之一以上,破坏了本章情节的连贯。

其次,在全书中,作者穿插了很多支线情节,这些支线情节基本上不服务于主线情节的推进,而是在说明一些哲学道理。以第164、165章为例,两章只是讲了真修真者(石野和风君子)面对假修仙大师时采取的行动,除了在书末提到大师被抓外,全书再没有地方提到这件事,这一类的小故事显然仅仅是为了说明道理,这种支线内容拖慢了主线故事的推进。

最后,全书主线故事推动的逻辑是按照作者的哲学思想设计的。当年迫害柳校长一家致死的汤局长最终被柳校长的女儿惩罚,年纪轻轻就修为深不可测的风君子在修行渡劫时,不得不封印自己所有的修行记忆十几年,靠自己的徒弟石野的保护才能活下来。这种故事设计的方式使全书剧情充满了和谐感,作为传统文学中常用的方法,浸润价值观于故事发展之中可以减少读者的抵触,有效提升作品的文学价值。

(2)《神游》的哲学思想内容

玄幻修真穿越这一类小说故事的底层逻辑就是唯心主义的,自然其哲学观点也不可能是纯粹唯物主义的,《神游》的哲学思想内容更是如此,比如其宿命论的观点。作者对儒、释、道三教都有不少了解,但两个主角都是道家的人,故事的哲学思想主轴也是道家思想。

作者显然不满足于对哲学思想采取拿来主义,书中以原典为基础,针对修真界得出了一些新奇的观点。比如按照大部分玄幻小说的看法,修真活动本身是人与自然和谐统一的行动,所谓天人合一正是修行的最高境界。但是,作者在本书中提出一个观点:修真本质上是在逆天而行,《道德经》有云"天地不仁,以万物为刍狗"。人应该有生老病死,长生不老也好,天人合一也好,上天并没有给人这样的道路,既然天不想和人合,那么修炼时境界突破会遭受天劫就十分合理了。

(3)《神游》的哲学思想对文学性的影响

在对《神游》的评价中,"硬玄幻"这个词多次出现,"硬玄幻"实际上来自"硬科幻"。所谓"硬科幻",是以追求未来科学的细节或准确为特性的科幻作品,与之相应,"硬玄幻"也就是指玄幻内容细节多、逻辑性强的玄幻作品。作者在自序中说:"这部《神游》你可以不把它当作小说看,而把它当作一部丹书来读也可以。"其硬核程度可以想象。"硬科幻"的硬核来自作者对未来科学的预测,这以作者对人类已知科学知识的掌握为基础,而"硬玄幻"来自作者对幻想世界修炼的预测,这以作者对佛道哲学知识的掌握为基础。真实性是文学作品水平的重要评判标准,一些在玄幻小说中追求细节的读者因此青睐《神游》,这无疑得益于书中的哲学思想。

然而,"硬玄幻"与"硬科幻"有一个巨大的区别,"硬科幻"中的科学内容未来很有可能真的实现,但"硬玄幻"的玄幻内容在大部分人眼中是不可能存在的。思想与社会主流背离的困境显现,很多读者就会问:明明这些内容都是天方夜谭,把它们弄得逻辑严丝合缝又能如何?反而浪费了大段篇幅。事实上,这些对玄幻细节不感冒的人才占了读者的多数,甚至有些人反感比较生硬的价值观输出,认为这样牺牲了文学性。

在我看来,网络重要的属性之一就是多元化,高含量的哲学思想对于大部分人来说可能不算加分点,但只要有小众圈子认可高含量哲学思想的文学价值,那么它就有存在的意义。(戎星宇)

2.《地师》

故事梗概:

游方凭借出色的内家功夫、过人的谋略以及谨慎的话语设计杀了狂狐等一众盗墓贼。他在解决掉这些人之后,从他们手中拿到一块玉箴、一柄剑和一个仿造的青花瓷,不料这一切被一代地师刘黎看在眼里。刘黎看中了游方的天赋,想收游方为徒。游方虽年幼时学习过江湖风门规矩以及内家功夫,却把这类本领当作虚妄之言,不想当刘黎的徒弟。游方在连续两次逃离刘黎失败的情况下,认可了刘黎的本领,成为刘黎的徒弟,向刘黎坦白了自己的身世:游方为化名,游成方才是本名。游方因为母亲病逝,自己与年轻漂亮的后妈发生了矛盾,所以离家出走。在北京时,游方贩卖碟片,赚了一笔小钱。在卖碟片时,女警谢小仙以为他卖的是不良碟片,将其拘捕,却发现这是场误会。攒了人生第一桶金之后,游方去北京大学蹭课,结识了具有强烈爱国情怀的吴屏东教授。两人在文物保护领域都有独到的理解,成为忘年之交。然而,吴屏东教授身患绝症,所以他在生命的最后之际引诱出了一伙盗墓贼,打击了文物贩卖团伙。吴屏东教授也暴露了自己,被狂狐杀害。游方一路打探教授的消息,找出了狂狐,并杀了他。

从墓中挖出来的剑名为秦渔,是寻峦派上一任掌门的佩剑,具有强烈的阴气。因此,刘黎给了游方两个锦囊,教游方如何养剑,锻炼灵觉,提升修为。游方于是在玉谭渊、紫竹院养剑,在人气众多的地方淬炼灵觉。在养剑完成之后的那个黎明,游方没有回家,而是来到国家图书馆查阅古籍,尝试理解玉箴上的篆文,不料,却被另一个灵觉入门者胡旭元盯上,在交谈中胡旭元引诱游方前往八大处。巧合的是,刘黎偷拿了游方的罗盘,并约他三天后在八大处见面。三天后,游方游览了一天的八大处,寻遍了所有灵气浓厚的地方,却没有发现师父的踪迹。他下山后,上了黑车,走入了胡旭元提前布置好的引煞阵。在千钧一发之际,游方提起秦渔,冲上山腰,近身肉搏,直接刺死了胡旭元。与此同时,在山的另一头,刘黎也与胡旭元的师父向左狐决战,游方跑向两人,伺机而动,刘黎凭借着罗盘艰难打败了向左狐,游方趁机补上一刀,将向左狐杀了。在事情结束之后吃饭时,刘黎告诉游方:向左狐虽为一代门主,却背地里干着不可见人的勾当,杀他是地师之责。同时,他也给游方布置了三个出师任务:收集三两阴界土、养成秦渔的灵性、整顿寻峦派。为了躲避松鹤谷向家的追查,游方便收拾东西,前往人气最旺的广州。

在广州举办的元青花整理活动也引起了游方的注意,游方决定对其调查一番,尝试找出幕后黑手。机缘巧合下,他结识了牛然淼,占了齐箬雪的便宜,并为整合寻峦派做好铺垫。接着,游方以梅兰德之名助周洪道长清理门户,治理产业园风水,有了初步的名气。后来姐夫打来电话,让他去考古现场收集阴界土。在保护文物过程中,他手刃企图抢夺文物的九星派长老。在护送完文物后,他被松鹤谷第一高手——向影华带回松鹤谷审问。游方不仅清白无罪,还凭借自己的实力让梅兰德名号响彻江湖五大门,也与向影华结下缘分。

随后,境界大升的游方,在向影华的陪同下返回广州。不料,他却被无冲派掌门唐朝和盯上。所幸,游方联合寻峦派两位长老引蛇出洞,设计灭之。刘黎也在暗中保护着游方,趁机出手解决了麻烦,这也让刘黎之名重新出现在江湖。灵觉已达到神识境界的游方也趁着与寻峦派两位长老密切合作之际,讨论出了整合寻峦派的计划。在等待寻峦派大会之际,他也给自己放了四十天的假,与齐箬雪在白云山庄幽会。每天夜里,不论刮风下雨,他都坚持练剑。在寻峦派大会上,他将寻峦玉箴给了掌门,他也成了寻峦派的供奉长老。

在休假期间,游方答应谢小仙有空要为他的妹妹谢小丁治疗病症。完成整合寻峦派的任务以后,他便动身前往渝城。在渝城,吴屏东的前妻薛奇男带来了吴老给游方的遗物。他结识了吴屏东教授的孙女吴玉翀。他与吴玉翀跟着薛奇男游历了几个地方,给吴玉翀留下了良好的印象。在唐朝和死亡之后,身处海外的无冲派又派门中高手安佐杰前来暗杀梅兰德。游方在与吴玉翀游历之际,见有人故意高价卖灵性短剑给他,便对此人心怀疑虑。

游方在返回渝城之际,跟踪卖剑的人,却发现那个人已经被暗杀了。在一路调查之后,他配合警方战胜了安佐杰,摧毁了一支系的无冲派。在送薛奇男登机的时候,他又发现了大批海捞瓷在市场上流动。于是,他前往海南,结识了南海龙女,找出了无冲派在消砂派的奸细。接下来,游方以梅兰德之名接连摆平了九星派、形法派。

刘黎见游方功力以及名望已经达到一代地师的境界,便于璇玑峰上传功。无冲派二掌门唐尚和企图于此诛杀刘黎,不料,地师传功之时,所有心怀不正的人都被废除了功力。在功力被废的情况下,这些人被游方杀掉。但唐尚和也留下了后手,他命无冲派的传人吴玉翀暗中接近梅兰德。由于先前与游方共游时，吴玉翀给游方留下了深刻的印象，吴玉翀顺利地接近了他，并且在唐尚和失去消息后，凭借着自己强大的幻法，将梅兰德带入无冲派的发源之地，让游方传功于她。于是，她功力被废。游方答应她，让她过普通人的生活，而他继续当她的游方哥哥，放她一命。游方也趁机在安佐杰那里安插了线人。

游方一路追杀到敦煌，杀掉安佐杰。游方手持天机尺，完成了地师的传承。几年后，冬至之日，游方拜访吴羽翀，请她用无冲化煞之法治疗他人，并给她带来了无冲派首任掌门的法器，喊她快去包饺子。

作品评论：

《地师》情节紧凑、内容丰富、人格鲜明，向读者展现了一代地师成长的历程。

小说开篇对环境的描写极其细腻，引人入胜，并适时引出了本书要点——奇针八法："一曰搪针，针摆不定。断此地深藏怪异，居则祸患。二曰浮针，针头上挑。断此地阴神迎门，须加敬谨。三曰沉针，针头下沉。断此地阴气郁结，居则不适。四曰转针，针转不止。断此地衔怨未休，居则伤人。五曰投针，浮沉不定。断此地埋有阴宅，恐惹是非。六曰逆针，斜飞不顺。断此地多处忤逆，人财两败。七曰侧针，针避中线。断此地神坛古刹，常人难受。八曰正针，归中平顺。断此地并无异兆，酌情勘用。"这一番描写叫人大呼过瘾！对不懂风水的小白来说，真是眼前一亮。风水之道，何等神秘，从此书之中能窥见一二，虽是以管窥豹，却也满足了读者的好奇心。

"借天梯""锤岗""江湖惊门术"等一系列江湖术语讲尽了江湖中的行为准则。游方凭借着对江湖高超的理解，在江湖中如鱼得水。若将本书中的江湖手法熟练用于现实生活，想必定能在处理人际关系上大获成功。一沙一世界，一叶一菩提，生活又何尝不是处处江湖？所以说，本书对读者是具有启迪性的。那些枯燥的大道理，用江湖术语讲出来，竟是有趣异常，在阅读小说中，获取人生智慧，何乐而不为呢？江湖的小手段可以帮我们处理人际关系，大手段就能改变一个事物的走向了。比如，书中提到的"盘内滚珠"，从江湖的角度解释了文物价格越拍越高的原因。《地师》对日常生活的指导是有着极大的作用的！

除此之外，本书对人物的塑造也是登峰造极的。书中每个与主角有暧昧关系的女性都是极美的女神，却又各有特点。谢小仙有种正气的美，齐箬雪有种冷艳的美，屠苏有种纯洁的美，肖瑜有种贵族的美，向影华有种脱俗的美，吴玉翀有种妖娆的美！游方这个名字即揭示了人物个性——游历四方，他也确实做到了，遍历渝城、四川、燕京、广州等名川雅迹。游方身上带着正气，他是正义的使者。讽刺的是，他有些时候却不得不用见不得人的手段行使正义。安佐杰被当成炮灰使,却不甘于当炮灰,心中有着将军梦,活成了最后的 boss。刘黎,一代地师,百余岁高龄,身体依然硬朗,却苦于找不到传人……作者将这一个个人物惟妙惟肖地展现在读者面前,可以让读者产生身临其境的感觉。

作者对情节的安排属于网文的正常水平,一波未平,一波又起。大情节中包含着小伏笔,这处的小伏笔就为下一个情节的展开做好了铺垫。作者在安排配角的时候,注重与书友的互动,比如书中谢小丁这个人物是这本书的一位粉丝的名字。作者本人徐公子也以周梦庄的名字在书中出现。这些点睛之笔,也是本书成功不可或缺的一部分。

从阅读量、人物、情节、内容来看,本书是成功之作。不过,本书仍有一些小瑕疵,比如,地师传承仪式会使心怀不正的人修为尽废。从内容上看,前文没有任何铺垫,这里直接跳出这个情节,有些突兀。书中描写的地师传承仪式比较隐秘,所以不为人知。从逻辑上来看,地师这么有名的人物,传承了这么多代,每次传承都需人护法,反派又怎么会不了解仪式?这大概是作者为了结束文章强行安插的一个点吧!后半段落入了主角打怪升级的俗套,这也是常见的小问题。(王硕)

3.《太上章》

故事梗概:

在三皇五帝时期,太昊、神农、轩辕、少昊、高阳五位天帝辟帝乡神土于天,尧、舜、禹三位人皇开中华世系于地。太昊天帝的后世从很远的地方进入巴原,建立了巴国,渐渐地就出现了很多原始部落。虎娃是被路族的族长若山捡回来的,虎头虎脑的,很招人喜欢。虎娃从小就会做一个梦,梦中常有一个曼妙的女子和一片花海,山神理清水知道后异常惊讶。一日,虎娃在玩乐时吞吃了一节无色莲之藕,境界顺势提升。

上古青帝伏羲于无边玄妙方广世界立天帝的灵台世界,神土中的地仙也无法继续修炼,可随天帝享永生,但是天帝也就被困住了,他永远只能维持这个神土世界,一旦离开,这个世界中的地仙就全部灰飞烟灭。人间尧帝时,道祖虎娃出现,他找到了大道的途径,修至金仙极致,可容纳其他天帝的灵台世界,青帝欲证金仙,踏上另一条道路,先要抛弃自己的帝乡,于是帮助道祖炼成一批九转紫金丹,帮助各帝乡神土中的地仙重塑形体,各天帝得以解脱。青帝殒身重入轮回,九天玄女也不知去向,不知多少年后天地间一缕清风化身为清风仙童,仙童生而为仙,曾拜访修行中的阿蒙(上帝),与之交流修行。后清风于昆仑仙境为镇元子开辟药园,照看天地灵根,并得证金仙,其后明月从天地灵根中化身,后也得证金仙。唐初,清风与镇元子约定期满,受万寿山弟子误解,于是与明月打出昆仑仙境,来到芜州向一代神君梅振衣取得敬亭山为道场,山中茶树精绿雪得清风与观音的仙缘修炼成灵,武则天封她为山神。在唐初各种神仙各种登场之后,清风决定与之较量一番,于是某天他路过上古青帝遗址时,忽然重现上古青帝的形容,得证大罗金仙,当然,过程非常玄妙。之后玉皇大天尊玄穹高上帝(上古仓颉,他是金仙极致,造化了凌霄仙界,各金仙帝乡神土接引地仙升天,帝乡神土的果位却不能容纳其他依附凌霄造化灵台而成天庭)修炼到尽头,想学道祖太上证入可见不可见的境界,于是在南天门外封天台上与神君梅振衣相斗,并借此机缘受斩成功证入三生万物之境(比道祖、佛祖差一点,跟上帝一个境界)。梅振衣斩了玉帝,持信物玉皇簪号令天庭,以从青帝那传下来的人皇印召集诸天,将在无边玄妙方广世界里面的仙人都牵扯进来了。

梅神君召集诸天想要登台定天条,青帝主动揽过职责,登上封天台,开口说出三条天条,诸天并无异议。这个时候观音提出:"天条第一条:不可妄拟己心为天心。青帝登台颁天条之举就已经触犯了第一条。"于是天条颁行之后,青帝当即于封天台断缘自斩。所有成就神识记忆全部灰飞烟灭。由此梅振衣等人都憎恶观音,观音道场护法黑熊精(清风的兄弟)也离开了普陀道场,观音的人间化身关小妹无法圆满,只能一直留在人间,从唐朝卖水果一直卖到2008年。明月隐居于浮生谷九天玄女宫,宫中弟子或飞升或去世,1200年后,仅有明月一人了。此时明月心境现于形容已经是女子了,是为天月大师,九天玄女宫为人间仙宫,此时称忘情宫(或许清风也走在太上忘情的道路上)。青帝自斩之前说1200年后会有一个人出现,于是1987年,风君子出世了。

风君子生而为仙,年少的时候误入浮生谷一月习遍诸法,自身却无法力,可借世间一切神通。芜城梅家后人石野偶然捡到青冥镜,得风君子教导,后安定两昆仑,成为新一代神君。其间风君子与七叶(好像是天堂中的天使长梅丹佐被清风和吕洞宾、钟离权、韦驮天四人斩杀后转生)于敬亭山斗法,波及面很广,很多人因此丧命。风君子借黑如意中两条龙的法力削去七叶福报,喝破天人五衰,捆上诛仙锁,打入轮回世世为驴,并封闭了自己有关修行的神识记忆,以一个普通人的身份,继续生活做自己的证券分析师和算命先生去了。

作品评论:

徐公子在创作了"天地人鬼神灵惊"七部曲之后,又展开了对道祖太上的演绎,还是那一套修行体系,还是一样淡而隽永的味道,描述了中国文明和修仙者起源。在本书之中,故事背景是从华夏文明7000年前开始的,以架空的上古巴原作为华夏先民道家文化轴心发源地,将巫祝的祛魅与理性的俗化作为文明演化的主要线索,使得"修之于身,其德乃真"的修真主旨获得了个体与社会的二元统一意义。

《太上章》是一部体系宏大的东方史诗级的小说,从上古蛮荒时代起笔,走的是男频网文的升级历练的套路,但又不流于俗套,吸收着传统道家思想的精髓,书写他的创世记般的传奇。而这仅仅是他所有创想中的冰山一角,另有《鬼股》《神游》《人欲》《灵山》《地师》《天枢》《惊门》七部作品与之共同构成了一个完整的玄幻世界体系。

无可置疑的是,徐公子胜治(以下简称"徐公子")的文笔是一流的,不仅在网文领域,甚至对比传统作家都毫不逊色。他的叙述相当精巧,阅读体验顺滑,笔力充沛,词句磅礴而不失细腻,能将所有细节尽数收进。这是一种细密绵长的大度的铺垫。因为这部小说的篇幅实在是太长了,前期的背景铺垫就显得尤为重要。他不会像普通的爽流升级文一样从一开始就简单突兀地把设定和人物抛出来,而是在将气氛渲染到一定程度之后,再将人物慢慢引出,非常流畅自然。他的文字相当具有画面感,可以快速地吸引读者的注意力,能够跟着他的叙述视角慢慢地接受这个故事,不显山不露水,把一切都隐藏在画面之中。

《太上章》被一些读者称为"活的《道德经》",因为其中涉及了大量的道教思想,非常深刻,如果对老庄哲学和中国神话体系不是非常了解的话,读起来还是有一点吃力的。徐公子的知识面非常广,对道教的理解也非常深刻,但是他过于强烈地要把这些东西放进小说中,就很难平衡小说本身的故事性和说理性。这样一来,《太上章》的这一特点也会成为一种限制,并且也不是这本书所独有的问题。这样的问题,在晋江的轻科幻小说《残次品》中也有过不小的争论。《残次品》中的男主角是一个非常理想主义的年轻校长,他致力于化解一切矛盾,不断向他人灌输美好世界的理念,这就跟虎娃总要在长篇大论后才开战一样,导致情绪的不连贯,似是缺了一口气般不畅快。过于庞大的信息量和复杂的神话体系会让整本小说显得过于平静,或是过于工整,没有办法快速阅读,也使读者感受不到舒爽刺激的阅读体验,还要反复去斟酌词句的意思,记忆各种各样的信息点,因此使得这部小说不似一些简单易懂的大热文章般能够火速传播。一方面是文笔细腻的鸿篇巨制;一方面又是人物不够出彩的平淡,导致读者既不能快速阅读,又不想花时间仔细品味,中途弃文的应该也不在少数。从作者自己的发言来看,他还是很期待阅读量的。不过整体来看,《太上章》确实没有引起大规模的反响,在主流平台讨论评价的人数都不算多。

从我自身的阅读体验来说,这并不是一部我会耐着性子去看的网文。其实我从开始接触网络文学以来,看的男频小说都很少,要在短时间内看完这篇长达四百万字的仙侠玄幻小说基本是不可能的事情,只好尽量去读。但我又非常明白徐公子的心态,因为我有时也会想要去尝试这样的创造。构建自己的世界是一件非常令人兴奋的事情,而背后所需要的付出和储备是非常大的,能够控制住这样的世界无疑是一件了不起的事情。就像我曾经也在课堂上讨论过:"为什么中国的网络文学没有诞生出一部像《哈利·波特》和漫威系列一样的大世界观制作呢?"其实这样的构思肯定是不止一个的,只是说要如何在娱乐性、传播性、独特性中找到一个平衡点,真的是一件很难的事情。我觉得可能网文作家确实应该深入思考一下这个事情,故事的设定是很好的,人物活动却被框死在其中了,失去了更多的可能,只将焦点聚集在主角一个人身上,群像大戏却很少有,这是很多网文的通病。如果不打破这种"依靠升级推动剧情发展"的故事套路,网络文学可能就不会有进一步的突破。同样的,在女频小说里,也要摆脱掉"一切为了谈恋爱"的魔咒,要从多样化的视角去尝试写作。(张秀英)

4.《方外:消失的八门》

故事梗概:

世界上的未知远远超出我们的已知,一个人怎样才能看见他人察觉不到的世界?这世上真的存在未知的神秘之地吗?它们又会显现出怎样的离奇景象?如果有,怎样才能找到?怎样才能进入?这对于我们的世界又意味着什么?这些问题,《方外:消失的八门》都能告诉我们答案。

故事的主人公名叫丁齐,是一位大学老师,自身有着广博的学识,尤其在心理学上卓有建树。他的导师刘丰是一位高人,在主角前进的路上一直为他指点迷津。虽然一直生活的这个世界看起来风平浪静,然而却不是想象中的那个样子,水面下暗流汹涌,世界之后是由另一种截然不同的世界观支撑起来的世界,主角从表世界步步深入,在前进过程中不断地打怪升级,一点一点地揭开世界的真相,还原出它本来的样貌。虽然主角是有机会称霸世界,一统江湖的,但是他并没有那么大的野心,反而是一个有着良好道德素质和丰富的精神世界的人,他由于各种机缘巧合,一步步得到了无数狠角色求之不得的高位,手上执掌生杀大权,凌驾于世界之上。说是机缘巧合,其实他的心理学知识和他的导师指引也起了不小的作用,毕竟是主角,如果没有这些天生的光环助力,他也成不了主角,一个现代社会初出茅庐的小伙子怎么可能斗得过修炼了几千年,早已心智如妖的高手?既然是身为主角,必然少不了美女相伴,跟各种其他男频小说一样,主角身边也不乏各种美女、追求者,不过这时候主角的传统艺能就能派上用场了,放在现实社会中可能被女权喷成"渣男"之类的,但是放在剧情中那就叫风流倜傥、罗曼蒂克。总之,女人、金钱、权力等这些现实社会中梦寐以求的东西放在小说里就是标配,是不可或缺的，这部小说完美地贯彻了这几个要素，并且充分利用了男频小说常用的升级打怪、探险泡妞的套路，用充实的剧情和丰富的情节打造了一部都市悬疑探险类的小说，它把传统神话和各种宗教故事与现代社会巧妙地融合在一起，并且构成了妙不可言的联系，真可谓推陈出新、革故鼎新，实在是一部不错的小说。

作品评论：

我认为我的阅读体验是相当不错的，毕竟在网文浩如烟海的长篇小说中能找到这么短小精悍的网文，我已经非常满足了，想当年我看过的《完美世界》《盗墓笔记》《校花的贴身高手》……哪一个不是好几千章的？这几百万字的三百六十章小说简直是网文界的一股清流，着实感动到我了。当然，套路还是那个套路，网文都这样，换汤不换药，但是就算还是那个套路，这么浓缩的篇幅读起来竟然也很连贯，这就让我感觉很不错。

总的来说，本书没什么吸引我的地方，或者说大部分我愿意看的网文都吸引我，但这个吸引只是浅层的吸引，不算深层的吸引，还不如去看科幻小说，起码看起来有理有据使人信服，让人感觉未来可期，这种东西纯粹是消磨时间看个热闹，还真说不上吸引。不过小说中扮猪吃老虎的剧情倒是让人感觉很爽，谁不喜欢小人物逆天的剧情呢？

读这样的网文谈不上有什么收获，一样的套路，一样的流程，剧情不过都是走走过场，很多读者都是奔着看个热闹，就是为了看他前面挖的坑后面是怎么填上的，我也了解了各种挖坑和填坑的套路。

虽然网文中基本用不上什么高大上的文学手法，但是基本的显而易见的可以增进读者理解的手法还是有很多的，毕竟文学手法这种东西基本只适合有一定文学素养的读者，一般文学素养低的看起来反而云里雾里，徒增理解难度。说到这篇网文，无非就是对话，满篇的对话，除了对话还有白描，毕竟推动剧情对话是刚需，可以给人很深的代入感，引人入胜，而且对话很巧妙很灵活，用来挖坑和填坑都是不错的选择。从结构上来说，很多故弄玄虚，俗称"挖坑"，然后在不知道什么地方突然闪现，让人有一种恍然大悟的感觉，不由得心生"妙啊，妙啊"的感叹。人物刻画基本上都是有关剧情的重要角色，男性角色突出地位、修为，女性角色突出姿色、性情，这是所有网文的基本操作，没什么太多值得关注的，其余不重要的角色一笔带过，突出角色的作用，明里暗里就说他是个跑龙套的，一般读者也不会太过追究，这就是人物刻画的技巧啊。并且，女角色基本上都跟主角感情特殊，男角色不是反派就是助力，老套路了。由于时间仓促，阅读基本上是一目十行，读起来没有太过关注细节，总体的印象上感觉细节处理得还不错。

人们都说这是个娱乐至死的时代，我并不这么认为，娱乐的初衷毕竟是为了让人们在越发快节奏、高压力的生活中能排解自己,从而创造更多动力,网文也逃不了这个定律,既然看网文,就别想着体会文化熏陶了,哪里看着爽看着顺眼就看哪里,毕竟这才是网文诞生的初心,不忘初心,方得始终。

网文本身就代表着一种网络文化,每一本网文里面又包含着其他维度的网络文化元素。《方外:消失的八门》里面的仙侠、修炼、都市、传说、探秘等等,都是不同网络文化的体现,甚至包括主角人设,一个成功人士有各种主角光环,这也算是网络文化的一种。想想非网络文化下,哪有这些东西大量繁殖的土壤呢?

依我来看,作品把传统的传说故事和人物通过各种手段联系起来,形成一个贯通现代社会各种学科、通向另一个世界的钥匙,并且还是建立在原本世界之上的,这一点在我看来就比较有创意。另外,作品抓住了现代社会的枯燥本质,给人构造出了一个可以满足人们探索欲望和猎奇欲望的地方,这也很有创意。

作者是个中年人,而且曾有过文书相关的工作经验,那么他可能有一定的文学素养,已有的文学影响有线上的和线下的。从线下的来说,作者近半百的生涯中可能曾经接触过线下的文学作品,那他写作的过程中一定会潜移默化地用上这些技巧来为自己的作品润色;相比之下,线上文学的影响才是真的润物细无声,在网络上写作,必然受到读者的影响,肯定也要参考其他作品来借鉴。这么来说,这部作品写的是网文的剧情和套路,字里行间想要展示给我们的却是作者的人生体验和心灵境界,这就是此篇之妙处。

一千个读者眼里有一千个哈姆雷特,一千个作者笔下就是在相似的套路中也有一千个境界,这些是读者能感觉到的。就我来说,作者此篇拘泥于凡尘俗世,却又有一种超脱的情结,给人和其他类似作品不同的体验,让人回味无穷。(李文迪)

断刃天涯

【作家档案】

断刃天涯,男,原名杨英明,安徽宣城人,起点中文网签约白金作家,2005年凭借一部《特工之回到清朝》一举迈入起点中文网人气作者行列。2018年5月,在第三届橙瓜网络文学奖评选中位列百强大神。2019年1月,入选第四届橙瓜网络文学奖十佳历史大神。

主要作品有《宦海风月》《变天》《星际猎手》《玩物人生》《民国枭雄》《潜龙》《帝国崛起》等。

断刃天涯能够凭借自己的努力在网络文学领域逐渐地站稳脚跟,创作出诸多兼具文学性和趣味性且深受读者喜爱和支持的作品,这与他自己学生时期(20世纪80年代初期)在从事教师职业的姑父家阅读其数百本私人藏书的经历不无关系。先是中国经典的四大名著,再是各类中国古典小说,如《隋唐演义》《杨家将》《说岳全传》等,以及苏联的小说,如《青年近卫军》《静静的顿河》等,武侠小说也是无差别全部"通杀"。

【主要作品创作年表】

《特工之回到清朝》,起点中文网,2005

《横行》,起点中文网,2006

《星际猎手》,起点中文网,2008

《宦海风月》,起点中文网,2010

《民国枭雄》,起点中文网,2012

《帝国崛起》,起点中文网,2014

《重生之搏浪大时代》,起点中文网,2019

【作品评价】

1.《帝国崛起》

故事梗概：

因无医师证而从事快递工作的主角陈燮，在一次偶然的机会下，成为时空旅行者，可以在明朝末期和现代来回穿越。在系统（吴琪）的指导下，陈燮通过在现代出售明朝的草药、古董、玉石、字画等物品来获取财富，并且购买和办工厂生产现代常用品，运回明朝登州地界行医经商。同时在张家的辅助下逐步创办了联合商号，通过兴农业、办制造业、办学堂、开医院等措施来发家致富，改善登州的社会面貌。

为了防止登州走向历史上被进犯的清军屠戮的悲惨结局，陈燮通过购买现代的军用物资来创建和装备自己的近代军队。然而明朝后期战乱频发、社会动荡，登州被要求派兵勤王，陈燮只得率领自己的登州团练军队出战，凭借出色的军备实力成功击退了敌军。在战场上屡建奇功的陈燮引起了崇祯皇帝的注意，陈燮配合表忠心的方式获取了皇帝的赏识和信任，得以加官晋爵。

自此，陈燮一边在战场上以无可匹敌的近代军队装备实力毫无悬念地击败了建奴叛军流贼，保住领土和收复失地，另一边借助联合商号的势力，渗透进大明的经济体系，扩充和强化自己的军队。击溃建奴军队，全面清扫流贼，稳定大明局势，陈燮的介入彻底地改变了原历史上清军入关、明朝覆灭的结局，但是想要从根本上改变大明严重的体制问题是极其困难的。陈燮便通过军功和强大的经济实力以及皇帝的信任在朝堂上获得了一定的话语权，给崇祯皇帝灌输思想，意欲促使大明进行政治改革，以暴力手段奠定了大明蒸汽工业的基础，为工业化时代的到来铺路，并通过改革财政制度、发展漕运、完善律法、迎娶公主、开海、收商税等行为不断地在政治、经济、军事领域站稳脚跟。

陈燮凭借制度优势和自己培养出的新式统治阶级，一面巩固了自己的地盘，一面又与荷兰、奥斯曼土耳其帝国等进行较量，对外发展海外联盟的力量，灭藩属国，改革政权，不断地向着中亚、非洲、欧洲、美洲等地域的世界版图扩张，发展海外殖民，彻底改变了世界局势，使大明成为独一无二的霸主。原本在系统的影响下，陈燮的身体异于常人地强壮，所以最终实际年龄近九十才选择了离职。陈燮乘着邮轮在世界领域重游，消失在海上突然出现的时间黑洞中，回到了因为他在大明一系列翻天覆地的动作而被改变了历史的时间轴中，在系统（吴琪）的辅助下再次开启现代大明国的崛起游戏。

作品评论：

起点中文网签约白金作家断刃天涯的历史穿越小说《帝国崛起》，是一部内容量较大、故事情节丰富且节奏紧凑的网络文学作品。纵览全书，不乏趣味性，有值得读者玩味一二的地方。这是一部典型的"返穿流"小说，即指在两个世界（例如古代与现代、异世界与现世界等等）往返穿越的一种写法。小说主角陈燮在偶然的机遇下获得了时空穿越资格后，利用明朝和现代都市之间的时空差异，以"一枚玻璃镜，现代低成本，古代卖天价；一幅字画，古代易得，现代赚得盆满钵满"这种方式获取利益，发展势力。因此，整部作品前期的主要内容都集中在陈燮如何利用这种优势在明朝登莱地界改天换地，这一踏踏实实，偶尔开点小挂的发迹过程，在我看来也是主要的吸引点。

小说的语言整体没有什么华彩之词，属于平淡朴实的风格，只是错别字和病句频出，大概在网络文学作品中，这一问题已经见怪不怪了，对全书阅读影响甚微。首几章较为戏谑的文字中，主角陈燮，一个集作者万千笔墨和光环于一身的平平无奇的无证医师闪亮登场，携手傲娇美女系统，重启开挂人生，这是爽点的开始，最后成为全篇魅力点的终结。主角陈燮，孤儿出身，在城市打拼，粗糙的个性里带着点为生活精打细算的自律，时而耍点儿不正经，普通却又带哏，众多具有趣味性的网络文化元素都是围绕着这一时期的他而设置的，为这一角色的形象增色不少。小说的核心任务是塑造人物，作为作品中鲜活的有生命力的人物，必然是在经历的事件中，以发展的形态面向读者，这一过程是一个逐渐累积的动态模式，最后找寻到一个刺激点。然而在《帝国崛起》中，作者似乎过分注重故事情节的发展，对主要人物的性格变化或隐或显的描摹不够充分，导致陈燮这一人物在我个人的眼中，前期性格和后期模样的不同存在明显的割裂感，直到全篇结局，回到新历史发展而来的现代的陈燮才突然重新找回了一点开篇时的影子。

种马情节也许为男性读者带来了一时的新鲜感和刺激感，但大概也成为这部小说的一大败笔。在后期的叙事中，作者太过于沉迷放大主角的光环和个人力量，强调陈燮在明末力挽狂澜之功劳，所有的故事情节安排最终都被归结于陈燮背后有着现代世界的先进资源和系统对其肉体力量的强化。古与今、旧与新碰撞出的火花，并没有被很好地凸显出来，也许旧时代千百年积累出的顽疾在新的社会模式和力量面前，仍然会呈现暂时性的相持不下的状态，死而不僵，然而作者使其在主角所运用的现代的装备和超前的思想观念前顿时败下阵来，显得有些操之过急。尤其是占有极大篇幅的明末时期，在对登州营抵抗建奴、流贼等的战争描写中，一切敌人的进犯和反抗，在新式军队的枪炮面前都显得不自量力和螳臂当车。在军事装备的较量中，人的力量在一定程度上是被削弱的，在敌方的身上则更加明显，反抗者的一切武力动作，在主角团跟前犹如小孩子过家家一般，主角是掌控全场的、不可一世的。也许作者是想要突出在战争中，红方凭借先进的军事装备是拥有绝对的军事话语权的，但是基本忽视了人和战略战术的作用，军事力量的获胜也会被纳入主角光环的操纵之中，战争显得太过理想化，下笔用力过猛。

至于书中诸多女子和陈燮之间关系的刻画，大抵不是作者想要描写的重点，所以文字表现出来的内容，非但没有起到丰满人物的作用，反倒让人觉得有对女性和性的不尊重之感。而作者也直接写出来主角陈燮对利益关系的绝对重视和对情感纽带的不信任，这让我产生了对人物思想变化的阅读期待，然而这一期待在作品后期并没有得到满足，反倒让人不禁对书中描写的两性关系和主角在扩展世界版图时的诸多行为，甚至对作者本身是否存在迎合男性读者低级趣味以及男权思想产生疑问。尽管作者从前期就一直在提示有关主角黑化的字眼，但是后期的刻画并没有达到前期提示的预期效果。

总的来说，这部作品本身对情节的安排是满的，从主角由登州发迹到为了改变张家历史结局开始练兵，到后期被要求出兵勤王，到在战场上常胜，受到天子的重视，涉足政治，到引领崭新的强大的大明走向世界霸主地位，等等，从经济到军事再到政治的成就，无疑为主角点满了金手指技能，帝国的崛起书写的是这个人物厚厚的一本不败传奇。然而这部小说存在的诸多人物塑造缺陷和情节设定中的漏洞不可忽视，缺乏出彩之处。但是考虑到网络文学作品发展之迅速，而该作品的完成已经是在几年前，且女性读者和男性读者本身存在阅读兴趣差异，所以从我个人的角度出发，只能说《帝国崛起》对男生来说爽感十足，但对女性读者吸引力一般。（杨必芽）

2.《宦海风月》

故事梗概：

故事主人公孟觉晓本是21世纪一个普通的图书管理员，没车没房没钱，典型的"三无"人员。他在扶老太太过马路的时候遭遇车祸，自以为难逃一死，未承想突然穿越到古代一个落魄书生身上。书生家原是个小康之家，祖辈皆是农民，父亲早逝，母亲独自拉扯他长大。颇有见地的母亲送书生前去读书，书生考过一次童生试，县试都没过，他颇受打击，直接从乡里搬到县城，打算好好用功读书，争取有所收获。未承想书生在县城里被朋友勾搭着去了青楼，看上了一个清倌人，将本就不多的钱全砸了进去，不仅没有半分进展，还思念成疾，乃至一病不起。孟觉晓就离奇地穿越而来了。

在认清局势后,孟觉晓决定走科举道路。休养几天后,他回到了县学上课,偶遇来到地方县学视察的学政,被问及为何读书时,他借用了张载的话"为天地立心,为生民立命,为往圣继绝学,为万世开太平",学政因此对他青眼有加。

在与书生原好友张光明、曹毅喝酒的时候,酒的寡淡无味让他想到了白酒,他将白酒制作技艺告诉张光明,这无疑是一个生财之道。后薛映浩与孟觉晓起冲突,曹毅和张光明冲上来想为他担责任,孟觉晓大为感动,三人结拜为义兄弟。后来孟觉晓从官,张光明从商,曹毅从军,三人相互扶持。

孟觉晓根据前世所读儒学以及几千年来文豪大家的各种观点见解,连中三元,去往江南参加乡试,再中解元。稍作休整之后,他前往金陵参加会试,途遇范仲淹,并与几个志同道合的朋友结成了立志社。会试、殿试结束,孟觉晓均位列榜首,人称"六元公"。

德裕皇帝外放孟觉晓到河间府,河间府本是一个利益大旋涡,德裕皇帝的本意是想让孟觉晓前去捣乱生事,搅动局势,进而撬动北地贸易这个巨大的利益阶层。未承想孟觉晓将一切都处理得很好:不仅威慑贪官、镇压地头蛇,还妥善安置了流民,顺便将城墙和道路都修缮了一番。辽兵万人扰边劫掠,孟觉晓率领自己操练的五千士兵对阵,大获全胜,夺回被劫两城,生擒辽国南院大王次子耶律俊。辽人败退后,孟觉晓主张主动进攻,亲自带兵出战,直取涿州。孟觉晓更是创建股份制公司,在官路上设置路卡收费,所得银财用于疏浚运河。皇帝对孟觉晓很是欣赏,但也带了一丝防备。

河间府事平,孟觉晓进京述职。皇帝准其两个月的假,假期尾声的时候,他接到皇上口谕,被任命为西北经略使,官至三品封疆大吏。孟觉晓率领大军,夺回被党项人占领的延安城,随后制定一系列政策,休养生息,得到了西北百姓的爱戴。

德裕皇帝重病缠身,不久于人世,意欲立年仅岁余的小皇子为帝,齐王、楚王不满,天下暗流涌动。德裕皇帝驾崩后,留下遗诏,立小皇子为帝。楚王以雷霆手段造反,随后称帝。孟觉晓率领一万骑兵,准备前往长安勤王……

(小说停止连载,情节未完)

作品评论:

《宦海风月》是一部架空历史类的官场小说,是我接触的第一部官场小说,总的来说,比起一般的言情小说,这部作品还是较为出彩的。

首先便是小说的写实性。阅读过程中,我逐渐了解了那时候的政治运作方式,对当时的科举制度也有了一个初步的理解。虽是架空历史,但现实往往来源于生活,想来与古代王朝大体上也是相似的。作者以娓娓而谈的文笔和行云流水般的故事,写出寒门书生空怀壮志、无职无权的苦。一个小小的九品芝麻官权力也是极大的。孟觉晓还是个普通书生的时候,县令在他面前一副高高在上的姿态,村民嘲笑不屑,就连舅家也执意退亲,只因员外家势大。孟觉晓刚刚通过县试,成为准秀才,舅家就后悔不迭,觍着脸来,欲重修于好。等到孟觉晓中举之后,家里可谓是门庭若市,提亲的人都快把门槛踏破了,这不禁让我想到《范进中举》。"学而优则仕",一点都不夸张。空怀壮志、无职无权固然清苦,时来运转、名利双收却也不是那么容易的。孟觉晓虽被称作"六元公",但他的每一"元"都来之不易,不乏有人从中作梗——有的是因为内心嫉妒,有的是因为官官相护,有的是因为自身利益受到损害。高中状元后,"春风得意马蹄疾,一日看尽长安花"的理想局面并没有出现,他马上就被外放到河间府,虽是个五品官,但这个利益的大旋涡岂是这么好安身的?孟觉晓清楚地知道,在皇帝看来,并非自己的才能胜任这一职位,而是自己状元郎的身份尚有一用,自己只是个搅乱局势以获取更大利益的工具。对于孟觉晓而言,这实在不是一个好差事,更别提其中还有他的恩师在推波助澜。至此,孟觉晓也认识到:即使自己是状元,也还是难逃棋子的命运,一切都只能靠自己。作品在真切地展示他的人生旅程的同时,也把困扰他的人生难题一一解开了。

《宦海风月》这本书中有很多颠覆性的想法,把人类生活中许多隐晦的东西一一挑明。一般的官场文学主要是描述官场中的尔虞我诈、钩心斗角,这本书却是在描写古代知识分子的心灵演变史——不仅仅是孟觉晓的,还有周致玄的,还有蒙先生的。他们三个可以说是官场心理的一个微小版影像。孟觉晓,最初科举入仕求的是让母亲过上好的生活,在他的官场晋升之路上,这一初心始终未曾改变。只是后面推行新政,频频受到权臣打压,他开始渴望权力,位极人臣、手握实权的心理慢慢坚定。在这个过程中,可以说他的野心在慢慢扩大,所求的也越来越多,但这并不是一个不好的现象,历史上很多的著名政治家都是如此。周致玄,可以说是孟觉晓的启蒙之师,最开始,他是以"先天下之忧而忧,后天下之乐而乐"为自身目标的,所以他才会对孟觉晓的那句"为天地立心,为生民立命,为往圣继绝学,为万世开太平"感触极大。不同的是,周致玄在权力、地位的上升过程中渐渐迷失了初心,他先是鼓动皇帝外放孟觉晓,继而在皇子继位的问题上,选择了对自己有利的齐王,甚至暗地派人送信给孟觉晓,希望获得他的支持。在这个时候,他与蒙先生的政治立场已经产生了分歧,蒙先生是坚定地忠诚于皇帝(当然,不是说这种忠诚一定是对的),心向百姓。蒙先生的刚直不屈没有换来好结果,最后被投入狱。周致玄的心理变化应该是士人中最常见的一种,蒙先生的坚定难能可贵,可结果不尽如人意。

这部小说也不是全无缺点的。正所谓自古真情留不住，唯有"套路"得人心。历史穿越小说仔细划分，可以分为男频和女频。设定主角为男生更加偏向于高官厚禄、后宫佳丽、热血战斗这些元素，女频更偏向于宫斗心计。在这些穿越小说中，最常见的套路就是在现代社会的主角混得十分不如意，要么意外伤残，要么生活、工作碌碌无为，大致符合宅男或宅女的定义，然后被一个"狗血"的意外带去了穿越之后的世界。穿越到被架空的古代后，多半会附身在一个刚死去的人身上，以这个人的身份继续生活。一般是一个普通的家庭，然后完全靠自己的奋斗走上人生巅峰，而且多半就是这种结尾。这种穿越"爽"文虽然读来过瘾，但最让人"吐槽"的一个点就是穿越后主角的智商仿佛翻倍了一样。原本是一个在现实世界一事无成，甚至是足不出户的宅男宅女，到了异世界之后，仿佛打开了头脑的智慧开关，在异世界如鱼得水……显然，《宦海风月》的大体情节走向与之类似，虽说无可厚非，但终究少了新意与趣味。

　　作者的文笔我觉得是不错的，语言看起来很流畅，有些错别字（可能是网络版本的原因），但不妨碍阅读。我以前看不少言情文，都是看了一会儿就看不下去了，因为人物语言很差，不同身份的人说话语气完全一样。《宦海风月》善于通过服饰、动作等细节刻画不同人的形象，为后文人物行为做铺垫。全文也没有什么为虐而虐的俗套情节。总之，《宦海风月》内容有深度，真假相融，作者历史功底深厚，情节设定严谨，语言运用自如，虽然难免套路，但瑕不掩瑜，不失为一部不错的官场小说。（张静）

宅　猪

【作家档案】

宅猪，男，1983年出生，原名冯长远，安徽省宿州市萧县人，毕业于安徽大学社会学专业，中国作家协会会员，江苏省作家协会会员，江苏省网络作家协会理事，阅文集团签约白金作家。2008年开始进行网文创作，著有《重生西游》《水浒仙途》《野蛮王座》《独步天下》《帝尊》《人道至尊》《牧神记》《临渊行》等作品。

其作品《牧神记》获得阅文集团2017年超级IP盛典年度最具改编潜力作品奖，在第三届华语原创小说评选中被评为最受欢迎网络原创小说男性作品，获得全国网络文学重点园地工作联席会议2018年度重点扶持，上榜2017年中国网络小说年榜。2018年5月，宅猪在第三届橙瓜网络文学奖评选中位列百强大神，《牧神记》荣获年度百强作品奖。2019年9月17日，在第四届橙瓜网络文学奖评选中，《牧神记》荣获最具潜力十大动漫IP奖，被评为第四届橙瓜网络文学奖百强作品。《临渊行》入选中国作协2020年网络文学重点扶持作品，中国网络文学影响力榜（2021年度）网络小说榜。

宅猪的母亲是农村妇女，父亲在建筑公司上班，奔波生计，一个月只能回家一两趟。他们从不认为在网络上写小说是个靠谱的工作，所以一直反对孩子进行网络写作，没想到宅猪却靠网络写作赚了钱，还让家里的小日子过得越来越好。

当年，宅猪喜欢窝在家里泡在网上，所以取了笔名"宅猪"。宅猪的网文创作在最初并不顺利，写了几本试笔之作都不成功，直到他写了《重生西游》。这是一个从《西游记》衍生出的新世界，人物对话受《西游记》影响颇深，往往能让读者会心一笑，极大地调动读者的情绪，使之产生代入感。

《重生西游》小有成就，宅猪在完本之后便试着写《水浒仙途》，但是这本书没有得到读者的认可，一度稿费不足以谋生计，这种状态持续了两年多。宅猪意识到虽然自己的行文幽默感十足，但幽默感有时会弱化文章的故事性，反而影响故事的观感。在多次碰壁之后，他在挫折中成长,开始慢慢收敛,文笔渐渐成熟。在类型上,宅猪也尝试过很多种写法,也曾写过都市类和科幻类作品,但宅猪发现自己更擅长架构富有想象力的情节,更适合创作仙侠玄幻类作品,直到《独步天下》才慢慢确立属于自己的风格,再经过《帝尊》的创作,经过各类技巧磨合,磨炼到《人道至尊》完本,才算是真正走出了一条自己的创作道路。

正如宅猪本人所说:"从《人道至尊》到《牧神记》,是又一次新的尝试,写作十年,宅猪想说,宅猪一直在努力,一直求突破!宅猪愿意自己的每一本新书,都是自己的一次突破、一次巅峰!"我们也期待着宅猪的每一次突破为我们带来惊喜。

宅猪的小说想象飞扬,读来使人热血澎湃,经常在紧张刺激的剧情中穿插幽默风趣的桥段,小说张弛有度,悬念频起,引人入胜。他的文字简洁轻快,以紧锣密鼓的对话为主,必要的场景、心理描写却又明丽动人,具有极强的画面感。宅猪擅长在作品中营造悲痛沉郁的氛围,长于描绘宏大壮观的场面,善于构建跌宕起伏的情节。宅猪才华横溢,厚积薄发,是一个不可多得的网络作家。

【主要作品创作年表】

《重生西游》,起点中文网,2008

《水浒仙途》,起点中文网,2008

《野蛮王座》,起点中文网,2011

《独步天下》,起点中文网,2011

《帝尊》,起点中文网,2013

《人道至尊》,起点中文网,2015

《牧神记》,起点中文网,2017

《临渊行》,起点中文网,2019

《择日飞升》,起点中文网,2022,连载中

【作品评价】

1.《重生西游》

故事梗概:

天蓬元帅因醉酒后调戏嫦娥被贬下界,不巧落在猪圈里。

朱罡烈,现代男子。一日,他与朋友离开网吧之后,被卡车撞上,穿越了……

朱罡烈此番是和猪八戒投错了胎，挤进一个身体里。为避免猪八戒醒来灭掉自己，也为了避开猪八戒的取经命运，朱罡烈决定逃往流沙河，投靠沙和尚。

逃亡途中，朱罡烈偷走陆压道人的经书和宝物。陆压大怒，询问土地之后，认定是猪刚鬣所为，便使用钉头七箭书"拜"死猪刚鬣，元凶朱罡烈因此不再受天蓬元帅的元神威胁。

朱罡烈见到沙悟净，并为其解围，使计除去悟净所受刑罚，两人结为八拜之交，且收服了流沙河水族势力，建立水月洞天。朱罡烈自称朱八老祖，沙悟净自称金吾老祖。

朱罡烈来到地仙界三百五十多年后，天机彻底涣散，历史轨迹逆转。圣人只觉天机晦涩不堪，唯恐天地大劫又将到来。天地大劫是修道者躲避天灾，负能量过多而引发的劫难，劫难到来，所有生灵都将化为齑粉，整个宇宙重归混沌。上一次天地大劫乃六位圣人用封神之策强行化解，修道者死伤过半，至今没有恢复元气。每次天地大劫，都会有一应劫之人。此番天机混乱，应是朱罡烈的意外到来引起，圣人误将其当作应劫之人。朱罡烈为在异世有所倚靠，拜通天教祖为师。通天教祖赐朱罡烈先天真灵鼎，嘱托朱罡烈趁西游之机，助从前在封神一战中被佛教俘虏的截教弟子开启真灵，重返山门，应对封神之事。

为应对天地大劫，太上老君提出"三界之内，圣人之下，只余一子"，其他修道士皆去往与地仙界对应的魔界，主持封神封魔榜，掌控魔界。只因两界灵魔之气相生相克，故两个宇宙可以相辅相成，一劳永逸地解决天地大劫。百万修道士在太上老君的太极图传送下，来到新生宇宙，各自寻找机缘。为得到证道机会，在朱罡烈的游说下，地仙界各家修士联手斩杀鸿钧老祖。一番际遇之下，朱罡烈得到封魔榜和打魔鞭。多宝道人为封魔榜选择的主人，即此界应劫之人，朱罡烈用计将其丢到地仙界，将封魔榜据为己有。

封魔榜上周天法器出世，自行择主，朱罡烈等人以订立天帝之位为由，发起战事。地仙界和魔界各方势力齐聚无稽崖，万仙会师，打响定局之战。封神一战，各教皆有折损，最后各方休战。为削弱朱罡烈势力，众人拥立其为天帝，分其权，消其势，建立天庭。朱罡烈为太昊无上大天尊，曦禾与嫦娥为东宫、西宫圣母，封神名单公布。

太昊上帝为求平安证道，压制境界，待逊位于昊天上帝后，选在原始天尊证道之时，去往九天彩云间证道。九天彩云间各方混战，致宇宙缩小，轻灵之气下落，重浊之气上升。为免天地重归混沌，在玄都圣人的提议下，万年之内，诸圣不再出手，也无人证道混元。朱罡烈立太玄门，成太玄圣人，开辟自己的天地，庇佑门下众人，其余诸圣皆如此。

七百多年后，封神榜上星斗群神厄运已满，脱离封神榜所控，回归自由之身。群神脱榜，天庭众神空缺，众人再议封神，三界之内，圣人之下，真仙以上，只余一子，凡是榜上有名之人，皆争一线生机,待榜上群神归位,剩下的仙人才算逃过一劫。

封神一战,以伐天为由,太玄圣人分宝,由鲲鹏妖师布局镇守三十三层天。伐天一战,太玄圣人布下重重计谋,将盘龙盘凤元神化身丢到地仙界,又坏了菩提、青莲二人的性命,直接遭到天罚。所幸太玄圣人吸收帝释天王佛的魂魄,完善了鸿钧的灵魂,斩出三尊化身:一为鸿钧,合了天道;一为盘古,怀抱天道;一为通天,完成昔时对老师通天教主的承诺。天下重归和平。

作品评论:

《重生西游》是作家宅猪在起点中文网上连载的一部仙侠类小说,主要讲述了穿越到西游世界里的猪妖的奇特之旅。小说以《西游记》和《封神榜》为基础,宅猪以别样的角度、细腻的笔触为我们描绘了另一种世界,刻画了各色人物,尽管是十几年前的网络小说,如今读来依旧韵味无穷。

首先,作者刻画的人物性格鲜明,极富立体感。主角朱罡烈不再是我们在《西游记》中见到的那个憨憨的"老猪",也不再是那个常被人欺负的"八戒"了,他手拿天蓬元帅的"剧本",却走出了属于朱罡烈的另一条路。他狡猾、精于算计,一张嘴就坑蒙拐骗,一出手就总想着夺人宝物,"雁过拔毛,就算是铁公鸡从俺老朱面前飞过,也要吸他一口血,不然便是吃亏了"。他在初建水月洞天之时,宴请妖王,将自己练的神针说成金箍棒,吹得天花乱坠,拿着神针换来不少宝贝,还顺手端掉几个妖王势力;他心狠,魔界鸿钧道人传他道法,与他结缘,但是在了解到鸿钧成圣,自己便无可能证道之时,立刻着手准备与人联手除掉鸿钧;他也重情,抢来的法宝多数送了兄弟,诸多算计中也不乏为朋友、家人筹划。朱八的狡猾"恶名"在诸教中传扬,可是与其打过交道的人却又皆知他的"信"与"诺"。朱罡烈的性格转化,从前期的跳脱到后期的沉稳,真实且鲜活,很难让人不喜欢。在配角塑造上,给人一种新奇之感,一定程度上打破了我们对一些人物的一贯印象。比如,向来以"救苦救难"形象出现的观音菩萨在《重生西游》里被塑造为一个阿谀奉承、不择手段、心狠手辣的小人,而"凶神恶煞"的牛魔王等妖怪反倒显得忠义。

仙侠类小说的作者往往会营造激烈的场面、瞬息万变的局势,给读者带来心灵上的震撼。这种场面的营造也不能缺少人物角色的参与,对在场之人的心理刻画也给读者带来更深层次的体会,但如果处理不好,便会成为败笔。《重生西游》中最为震撼的当数万仙大会和数次封神之战。以万仙大会为例,朱罡烈为减少西游劫难次数,与精卫搬来十万大山围堵灵山,将天下群妖集聚于此,借口组织万仙大会,选出一名妖族领袖,并许诺万仙大会过后,必然将十万大山归还。首先,天下群妖欲争雄,各教中人都想插一手,参与其中的人数不可谓不庞大。再者,大战之前的妖帝举荐,在场之人各怀鬼胎,三言两语的心理描写便将各方势力之间的纠葛和牵制刻画得清清楚楚,如青牛咒大王保举黄龙老妖:"这头老牛却也聪明,知道自己在人间待不长时间,索性把名额让与黄龙真人,还能博得他好感。""那青牛心道:俺还没见过有人能从那猪头嘴里抠出好处,这妖族大帝之位,你想都别想!"最后便是对战斗的描写,如"蛟魔王等人连忙劝酒,那大圣喝了许多酒,渐渐将心事放下,又自说笑起来,酒宴上觥筹交错,诸位老魔都吃了酒后醉醺醺,将这几日烦心事都抛之脑后。'孙悟空'见众人都有七八分醉意,嘴角露出一抹冷笑,突然一跃而起,抄着金箍棒,一棒落在朱罡烈的脑门上,叫道:'好妖孽,让你十万大山堵灵山,让你不尊佛祖,让你阻挡金蝉子西天取经!'棍落如雨,一句话工夫,金箍棒已然在朱罡烈头顶来回走了数百下。牛魔王等人正说到开心处,哪里料到如此剧变?都惊呆了,连忙向朱罡烈看去,只见那头猪也是微微冷笑,既不躲,也不闪,任由悟空的金箍棒落在脑门上。但见他全身金光闪闪,早已将九转玄功疯狂运转,那金箍棒落上去,直打得火花四溅,当当作响。悟空见了,变了脸色,举起棒子冲着大殿上方一捣,捅了个大窟窿,驾起一道祥云,从窟窿中蹿出去。"此段是灵山猴王哈奴曼假扮孙悟空,偷袭朱罡烈,战争的发生猝不及防,"悟空"态度的突然反转,局势的瞬间变化,无一不牵动着读者的心。

  小说语言精练、幽默,情节环环相扣,主线与支线安排妥当,以《西游记》和《封神榜》为基础,在讲述朱罡烈的奇幻修道之旅时,也将各教之间的恩怨一一道来,整部小说内容充实有趣。

  小说以主角之口,阐述了作者对"道"的看法。"人教之道,乃不可道之道,无声无色无形无名,说不出,道不明,既无教义也无道法,乃最精微之道。""阐教,乃是可意会不可言传之道,不能付诸文字、语言流传。悟到了,便得道了;悟不到,便是粪土一堆。""截者,夺也,有为之道,诚然不差。小弟却还要加个'补'字,既夺取造化之道,也补足造化之道。我教之道,乃可意会可言传可付诸文字之道,比人阐两教道义稍逊。不过却是欣欣向荣,精勇猛进,在进取上要高出他们一筹。"同时,"阴阳之道"也贯穿于小说之中。天地大劫的由来便是因为圣人证道,夺天地灵气,负灵气超过限度,致使宇宙崩溃。而地仙界圣人寻求的解决天地大劫的方法,也是利用阴阳相生,魔界正如地仙界的镜像宇宙,只要两个宇宙的灵魔之气达到平衡,便可一劳永逸地解决天地大劫。结局中提到:"如果我们的神通和视线足够大的话,便可以脱离这个阴阳宇宙,来到更加浩瀚的空间,这时你会发现,原来阴阳宇宙组成了一个太极,阴阳宇宙孕生出盘古孪生子,维持着彼此的平衡,渐渐生长壮大。而在这一个阴阳宇宙之外,更有无数个阴阳宇宙,无数个孪生子,怀抱着宇宙呼呼大睡,在那圣人的梦境中逐渐成长。"这也正是阴阳相合思想的体现。(孙情情)

2.《野蛮王座》

故事梗概：

故事要从第一章开始讲起，张德彪作为蛮锤二世，机缘巧合之下获得了来自另一个神秘世界的武功秘籍。本就出身不凡的他为了完成理想使命，从出生地一路向上攀爬，披荆斩棘，广交师友，终于在第二十三章离开了代表故乡的那片森林，踏上了更远更难的道路。

出了故乡在外拜师求学，必然会经历种种艰难险阻，主角在第二章一开始就遇到了对手，但这并不是唯一的对手。主角知道，自己要想登上最强王座，完成带领族人踏上顶峰的使命，必须越过重重艰难险阻，不畏艰险，迎难而上，所以他并没有被眼前的困难所击倒，而是选择在众人的另类眼光中苦练法术，增强自身斗气。但这仅凭借自身天赋显然是很难达成的，所幸有来自另一个世界的先进知识和秘籍，这便是作者给主角开的金手指。有了这个，他再也不用担心因为自己的问题而失败了，只需要专心修炼，击倒一个又一个拦路者就能成功。在本章末尾，主角已经成为当地的著名强者，但仍上不了台面，在高手云集的世界里，在夹缝中求生存。但机缘巧合之下，泰哥阴差阳错地成为主角的小跟班，有了这位强力的助手相伴，主角在前进的道路上少了许多寂寞和无聊，多了许多轻松和愉悦。在人前泰哥是个强力自大的对手，在主角这里却成了温顺的宠物。

故事发展到第三章，整个世界体系已经基本透明清晰地呈现在读者眼前，美女如云的世界里，主角不仅开了后宫，还收了小弟，自己的势力也逐渐壮大，为以后的发展奠定了坚实的基础。剧情到了第四章，很显然，后面的剧情对比前面便显得十分草率，从这里开始就不再分章节了，而是直接接着上一章一直写下去，从圣地的探索到龙族领域的交谈，从长老们的会议再到地狱空间的搏斗，一直到最后逐鹿神王，登顶所谓的野蛮王座。主角的每一次剧情推动都离不开自身逐渐提升的斗气值，虽然这个名词似曾相识，但在这里完全没有违和感，可以说是非常贴切了。

主角的斗气值在一次又一次的羁绊和斗争中不断提升，这也归功于他所有的金手指，这是作者赋予主角的特权。正是因为有这样的主角光环，他才会有各种魔幻操作，才会登临王座，这部小说才会看起来像一本网络小说。如果不这样的话，反而太真实，让人没有欲望继续看他"脑洞"有多大了。

作品评论：

《野蛮王座》是宅猪的代表作，这也是他打响成名一炮的里程碑式作品，在此之前的作品尚显青涩，并不出众。这部作品成为宅猪网络文学生涯的转折点，其后的作品进步极大，宅猪也因此一跃成为起点白金作家,后创作出《独步天下》《帝尊》《人道至尊》《牧神记》《临渊行》等众多在网文界脍炙人口的名作。

2018年5月,在第三届橙瓜网络文学奖评选中,宅猪被一致推选为"百强大神",其巅峰作《牧神记》荣获年度百强作品大奖。在众多奖项涌来之时,宅猪没有迷失自我,依然保持最初的创作风格,不忘初心,《野蛮王座》之后的作品中,依然可以看到《野蛮王座》的影子。可以说,《野蛮王座》这本书奠定了宅猪日后创作的总体风格。

不幸的是,《野蛮王座》在连载期间也曾断更过,并因此痛失了不少热切追读者。不过万幸的是,在一段时间的杳无音讯之后,在一众狂热铁杆粉丝的热切期待下,宅猪终于重归"战场",最终将本书完结,也算是完成了众多粉丝的心愿。

《野蛮王座》分为四卷,共二百九十九章,一百多万字。这个体量在众多动辄几百万甚至上千万字的网络小说中可谓短小精悍,读者读起来也不会过于乏力。每章篇幅在三千字至八千字之间,长短适中,情节精妙,环环相扣,读者读来欲罢不能。

全书的剧情几乎可以用一句话来概括:"如果讲不出道理,那就用拳头打出一个道理!"看似相当简短的一句话,其实蕴含着整本书的中心旋律,讲述了主角张德彪通过自身修炼成长,在前进的道路上击败一个又一个敌人,结交一个又一个恩缘,并逐渐走向世界巅峰,完成自己的梦想,实现自己价值的故事。

2011年,此类网络小说仍处于"开荒年"的时代背景之下,许多现在已经广为人知的套路那时尚未出现,小说的故事情节和行文结构不免有些单调浅显,但这并不是完全没有价值的,许多"小白"正是在这种背景下才真正愿意去读这本书。即使以现在的眼光和标准看来剧情显得简单老套,但不可否认的是,宅猪著书时所使用的语言和语气对于受众们来说非常浅显易懂,且十分幽默,完全没有故作高深的感觉,读者很容易领略要义,抓住主旨。

主角杀伐果断、心性坚定,虽在利益面前时有动摇,但本性仍让他在大多数时候选择正面硬刚,带领一个种族崛起,立意崇高、热血非凡,这一过程中所展现出的英雄气概让人折服且动容。作品中不仅有很多轻松幽默的点,也有很多热血激情的点,行文张弛有度,让读者颇为舒服。

但不可否认的是,这部作品也不乏缺点。作为早期作品,这难以避免,比如金手指和转世的概念,放在现在很是老套、无聊,但十几年前就显得新颖、有趣。还有就是后期力量对比过于夸张,能力体系直接爆炸,一路过去,传说、半神、神明一直到神王,实在飙得过于离谱,导致虽然读起来相当爽,但还是略感单薄。这部作品总体来说,还是要用其原文来表达才最合适最贴

切:"自古至今,说不通,有时候拳头才是硬道理。强者世界!王座只有一个!"(李文迪)

3.《帝尊》
故事梗概:

江南,字子川,出身于玄明元界中土的一个书香世家,自幼饱读诗书。因天神交战,家族被毁,江南与妹妹江琳在逃亡途中走散,之后一路来到建武国,迫于生计不得不自卖于齐王府为奴。无意间江南买下一只重伤的白狐,那白狐自称江雪,是一个实力惊人的妖神,因遭人算计从神坛跌落,它借江南阳气修复神魂,传授江南魔狱玄胎经,引导他走上修炼之路。江南后来拜入玄天圣宗的"耻辱"洛花音门下,后受掌教席应情所托成为掌教。席应情被太皇老祖当作自己成神的磨刀石,而席应情为保圣宗的基业百年来苦修寻找击败太皇老祖的方法。他在将掌教之位传给江南之后与太皇老祖决战,最终不敌,肉身灰飞烟灭,后来被江南复活,成为江南的一大助力。而席应情的牺牲也为江南的成长争取了时间,三十年后一统元界。他请战天魔尊和黄衫少年用无数神金打造了一枚星核,放入镇天星域,并将元界众生迁到此处,希望可以躲避光武纪劫。在安排好一切后,江南孤身来到中天世界,追随江雪的脚步。江南天资极高,过望仙台修成伪仙体,带出光武转世身,得到诸天万界五千万年以来最杰出的八位神帝的认同。他拒绝彼岸女帝收徒的仙缘,走出八重天宫证神位的道路,开创第九天宫——玄天上宫。后来他与媞轩薇成婚结为道侣。江南在锦秀天拍卖江雪证帝之宝权天印碎片时同江雪重遇。后来江南参加地狱夺仙符一战,战功卓越,拜入九补天神人之一——壶天老祖门下,修成元始大道。在江雪证帝之时江南得到罗天机缘,被封为东极神庭的左天丞。在保卫玄明元界的战斗中江南的肉身被打碎,他借此修成先天道体,鸿蒙之身,释放玄都古仙。后来他修成地狱诸天九十九条皇道,在帝尊传法地得不空道人传道。在江雪和九位大帝飞仙而去后,鸿蒙开天,重新开辟玄明元界,为万道增添大道,天道补全最后一道天道,之后江南证帝。后来江南冲击皇道极境,将天道罗伞所演化出的历代强者一一打败,开辟元始神轮、道台、神府、天宫、天庭,开辟出自己的体系,彻底跳出魔狱玄胎经的范畴,掌握了天道罗伞,成就皇道极境。而后江南重新规划世界,创立了二十八诸天,将三界彻底与大罗天融合在一起,铸就了无限辉煌的神朝。江南与媞轩薇孕育的孩子圣天子钧出生,诸神黄昏劫爆发,江南吞并其他五个宇宙,建立三十三天。江南长子哲与次子钧创立新的仙道取代神道。在扫灭一切大敌后,江南进入仙界,建立了玄州和玄天仙域。后来江南成为仙界守护者,至仙界寂灭劫时,他与五位天尊掀起无量杀劫,寂灭劫结束时他证道为元始大天尊,后开辟新宇宙。

作品评论：

《帝尊》这部作品是宅猪在创作上升期所创作的作品，虽有了新的突破，但也稍显不足。

小说故事背景宏大。从《帝尊》开始，宅猪的作品算是进入了一个新的阶段，写纪元更迭既激情热血又悲壮沉郁，包括后来所写的《牧神记》，其背景也是纪元更迭。《帝尊》这部作品的故事格局是一步步搭建起来的，从神朝到仙界，从神道到仙道，每一次主角的进步都将整个故事格局进一步完善，不会过于天马行空，让作者难以把控。故事背景的宏大，给人大气磅礴的感觉。如果小说描写的世界足够大，那么所发生的事件也会增多，作者在创作时也相对更容易一些，不至于无事可写。

《帝尊》是宅猪的一部优秀的作品，作者在创作时有新的突破，但是同时也因创新而产生了新的问题。

小说人物性格单一，不突出。整部作品的角色比较丰富，有老有少，有道德君子，也有无耻小人，有人贪婪嫉妒，有人无欲无求。这里所说的人物性格单一，是指每个人物在描写时注重单一性格，并且经常有重复性格特征的人出现，让人难以区分。江南在神朝时期遇到的敌人和在仙界时期遇到的敌人除了法力修为上的差别，其实性格上差别不大，都是贪婪，想要江南身上的宝物，都过于自大，最后被江南打得魂飞魄散。《帝尊》故事格局大，小说篇幅长，人物众多，也难免导致人物重复，人物重复也会使故事情节陷入单调，对读者来说，阅读观感不是很好。宅猪的后期作品《牧神记》算是在这方面有了突破，人物众多，但是各具特征，阅读之后，我们还能记住里面的人物。

小说部分情节略显尴尬，虽然能够增加笑点，但是总觉得有些突兀，还有一些情节，比如前面打生打死，如生死仇敌，后面谈天说地，如君子之交。人物推动故事情节的发展，人物的性格也是人物行动的原因。《帝尊》中有很多人物行动看起来似乎突兀，可能在作者眼中这些行动才是人物性格所向。

小说部分细节刻画不足。《帝尊》这部作品文字功底稍显不足，在一些细节描写上稍有缺陷，外貌描写单一，人物对话显得有些幼稚。《帝尊》这部作品是讲小人物崛起的故事，主角江南因给家人报仇才走上修炼之路，但是对主角心路历程的描写相较整部作品而言实在太少，难以看到角色是怎样调整心理，又是如何进行心理转换的。对话和行动是塑造人物的重要手段，人物从前期到后期肯定发生了变化，但是这个变化在对话和行动上的表现并不特别突出，总有种轮回的感觉。

整部作品的理念导向并不突出。玄幻类的作品一般都有着"我命由我不由天""与天抗争"的创作理念,《帝尊》这部作品亦是如此,特别是在践行这一理念时角色的行动。《牧神记》后期是为了保护世界而行动,那《帝尊》后期又是为了什么而行动呢?支撑主角江南一步一步走过来的是什么?是家破人亡的仇恨,还是追逐江雪的爱慕,又或者是保护弱者的强者之心?虽然角色的部分行动能够体现正确的价值观,但是更多时候支撑角色行动的并不是美好的期盼,反而有恶的成分在里面。

除了以上几点之外,《帝尊》中一些对大道的领悟也显得突兀,特别是知行合一,总觉得这在玄幻修真小说中是不应出现的,"天人合一"还能说得过去,"知行合一"总显得与作品不符。

《帝尊》是宅猪进行创新的一部作品,虽然这部作品的创新有许多弊病,但也为后来宅猪创作更好的作品奠定了基础,这才是这部作品最大的价值。(刘兵)

4.《人道至尊》

故事梗概:

自盘古开天,三皇治世,五帝定伦,世界之间,人为天地灵长……此时正值三皇中的人皇末期,五帝未定,人族也不是天地灵长。这是莽苍荒蛮的时代,妖神、邪神、天神,诸神林立,妖魔、邪魔、天魔,群魔乱舞,万族并存,野蛮生长,统治天下,而人皇已老,人族弱小,被当成祭牲和食粮……这不是洪荒,而是狂野奔放的蛮荒!

道尊时代大约十万年之后,祖星、人族式微,但也有惊艳才绝之辈。剑门,便是一代先辈抛头颅洒热血保留下来的一片人族势力范围,名为东荒。主人公钟岳,在一次意外中跑出山门寻找草药,由于魔神冤魂的怨气,躲到了一个山洞里遇到了薪火,从此便走上了崛起之路。然后他带着人皇传承人轩辕,为了保人族在祖星昌盛,以自己的寿命封印了天下的神族血脉。此后钟岳跑出祖星,到了3600道界——罪界,方才知道他们原本那个世界成为废界,然后假扮阴差,在罪界生死簿上留下名字,从这里开始了新的征途。慢慢地他稍微有点名气了,然后被3600道界至上的紫薇星域发现他是半血伏羲,于是命人去杀他,随后又被许多牵挂伏羲种族的人救去了神龙雷泽祖庭,遇见下一代人皇。随后钟岳通过了伏羲的考验,蜕变出了两个身体,其中一个起名为古岳,是过去的自己,和下一代人皇去了紫薇星域。钟岳机缘巧合之下建立了自己的势力,古岳也在3600道界建立了势力。后来先天神君当上了天帝,钟岳和先天神君分庭相抗。两百年后,他研究出了如何成就先天神,镇压了整个时代,消灭了所有隐患。他的强大遭到了道界的猜忌,要消灭他。钟岳交代了所有的事,只身前往道界,生死不知。

作品评论：

这部小说事实上还是有很多令人惊叹的地方的。主人公钟岳带领人族起于毫末的崛起之路并不平坦，主人公奋发向上的品质无疑会吸引很多读者，而主人公的一些处世方法，比如以民族为重、以大局为重，同样也符合当下人们的主流价值观，给人的体验就像是在见证一位贫苦少年的成功之路。

宅猪在《人道至尊》这本书中尤其钟情于挖坑，随着地图的不断转换，读者能够看到布局场面的宏大。薪火出现之后，主人公钟岳就开始了强势崛起，钟岳鲜明的人物性格也在小说中得到了展现。情节的设定合理，节奏感十足，在畅快淋漓的打斗之中，主人公为民族奔波于各方道界，也给人耳目一新的感觉。这一路上，一步步地升级，随着地图的切换，无论是剧情的衔接，还是画面的衔接，都是十分合理的。

从内容上来说，小说的打斗画面清晰，境界划分一目了然，并没有夸张的越级战斗，读者很容易抓住故事的主线。小说行文流畅，内容张弛有度，男主的修炼之路可谓一步一个脚印走出来的，给读者一种朴实、踏实之感。从精神上来说，主人公这种大义也符合当下谋求民族崛起的时代趋势。

小说的娱乐价值在于"打怪升级"的模式符合人们阅读层级递进的思维习惯，其中的网络文化元素与大多数玄幻小说一样不受时空限制，励志且热血，任凭作者想象力自由发挥。但同时受中国传统神话故事的影响，小说有一定的玄学基础，以形而上的观念思维为主导，进行超自然的力量演绎。

大部分读者对《人道至尊》还是相对欣赏的，但也有部分读者对作者给主人公钟岳设定的结局和其中各种"开挂"表示不满。作品和大部分玄幻小说的不同之处在于，主人公是为了人族崛起，而不是打怪升级，去追求所谓巅峰境界。

一个人为种族付出了一辈子，到头来却发现自己是种族复兴的最大障碍，这是一种精神，也是一种悲哀。对于这样的一个先民，我们内心更多的是钦佩，人不可避免地有私心，有七情六欲，不可能不考虑自己，但在关键时刻站出来做出正确选择还是可敬的，在种族存亡的关键时刻，还是要有如主人公一样的人站出来为民族发声。（陶中豪）

鹅是老五

【作家档案】

鹅是老五，男，本名白全明，1974年生，安徽宣城人，中国作家协会会员，起点中文网白金作家，获得"起点大神之光"称号。2013年、2014年位居中国网络作家富豪榜前20名。2015年，成为福布斯中国原创文学风云榜第二名。2017年2月，在第二届网文之王评选中位列百强大神。2018年5月，在第三届橙瓜网络文学奖评选中位列百强大神。代表作品有《星舞九神》《纨绔疯子》《最强弃少》《造化之门》《不朽凡人》《天下第九》等。他被粉丝称作"五哥"，外号"更新狂人"，每天三至五章，最高纪录一天爆发十七章。

鹅是老五受父亲的影响，自小就对古代侠客的故事着迷，金庸是他最喜爱的作家。上初中之后，他就开始尝试自己写小说，得到了一些同学的支持。"后来上大学的时候，还有中学同学给我写信，说想起以前看我小说的情景，希望我以后成为作家。"虽然大学时选择了电子专业，毕业后从事电子专业的相关工作，但他始终没有放弃阅读和写作的爱好。

2000年，鹅是老五利用闲暇时间开始上网看小说，因为对某些情节不甚满意，萌生了在网上创作小说的想法。2001年，他开始创作自己的第一部网络小说《仙路尘恋传》。但新手难免碰壁，小说反响不佳，只能匆匆搁笔。直到2011年，他正式以"鹅是老五"的笔名创作自己真正意义上的第一部小说《纨绔疯子》，最终《纨绔疯子》夺得起点中文网新人榜第一名的好成绩，鹅是老五正式成为起点中文网的签约作家。此后他一边工作，一边写作，在2012年底创作出代表作《最强弃少》，一举拿下"起点中文网双冠王"的称号。但工作与写作有时无法同时兼顾，所以最后他还是选择了写作，正式成为一名专职作家。

"我不知道女生的想法，但是男人心里总是有一个仙侠梦的。有时候就会想，自己如果能飞起来，一伸手江河倒流，多开心啊，所以我才会想把这些念头写到小说里去。"鹅是老五如是说。积累了广泛深厚的传统文化知识以及对中国古代传奇和志怪小说的多年阅读经验，为他仙侠作品的创作奠定了基础。

在鹅是老五看来,网文小说哪怕情节再离奇,感情也一定要真挚自然,不可一味追求戏剧性而夸张感情,这样才能让读者对人物产生共鸣,进而沉浸在小说的世界中。这也是他在阅读金庸、鲁迅、路遥作品的过程中所体悟到的。"我不喜欢为了吸引人眼球故意把感情写得很夸张的小说,那种书不会引起人心中的共鸣,我看过后不会再看一遍。我觉得情感才是故事的灵魂。能让读者看到伤心的地方流泪,看到激动的地方心潮澎湃,这才是好小说。"

同时,鹅是老五认为一部好的作品首先需要弘扬正确的价值观,好的作者应该对每一位读者的价值观负责,因此他的作品很注意弘扬正义感。他认为,小说情节可以是虚构的,但是虚构的情节所体现的作者观点却是有现实意义的。

对于网文作品,鹅是老五有着自己的理解:"看待网文作品,要从中吸取优点、亮点、闪光点,而不是带着挑毛病的眼光去寻找缺点。只有这样才能让自己进步,也只有这样,才能使自己更快地成为一名合格的作者。"而对网文圈的作者,他认为:"其实我非常不喜欢的是文人相轻这种想法,对方写得好,我们应该去支持去鼓励,对方写得不好,你愿意的话,可以说一下你的经验。当别人成功的时候,我们去为别人鼓鼓掌,聆听一下别人的喜悦。当自己成功的时候,我们享受一下别人的鼓掌,感受一下自己的喜悦。"

【主要作品创作年表】

《纨绔疯子》,起点中文网,2011

《星舞九神》,起点中文网,2011

《三生道诀》(原名《最强弃少》),起点中文网,2011

《造化之门》,起点中文网,2014

《不朽凡人》,起点中文网,2016

《天下第九》,起点中文网,2018

《弃宇宙》,起点中文网,2021

【作品评价】

1.《纨绔疯子》

故事梗概:

林云被朋友暗算而死,意外从天鸿大陆重生到了地球,成为林家有名的纨绔子弟。但他仍然保留了以前的记忆,因此掌握了远超地球水平的科学知识和全新的修炼技巧。为了找机会回到天鸿大陆,回到未婚妻的身边,他决定通过修炼功法将实力提升到九星。这在天鸿大陆也几乎是不可能的事情,因为从未有人修炼到九星,这似乎是只在理论中存在的等级。然而林云却相信自己可以做到,因为在机缘巧合之下,他获得了一本特殊的魂力修行秘籍,刚好能助他登上九星。

刚来到地球的林云不过是一个被送进精神病院的疯子,还有一个与他关系生疏的妻子。但他在修星的过程中和妻子寒雨惜结下了深厚情谊,而且他的智慧与实力也吸引了许多优秀的女性。

林云在地球上干的第一件大事就是设计并制造有改善皮肤和提升气质功效的新款内衣,而且由于内衣制作的原材料——云蚕棉的提取和加工都需要天鸿大陆的机器,而这种机器只有林云可以设计,所以这种内衣可以说是无法仿制的。

他很快就赚到了第一桶金,为他的商业帝国打下了基础。林云的内衣制作虽然属于商业机密,但还是被其他几个家族和掌握海外军事力量的组织看中了。他们靠手机窃听和强抢硬夺的方式抢走了内衣的设计图。后来林云凭着远超地球人的实力抢回了图纸,并且针对其他几个家族的手机窃听技术研发了在天鸿大陆才有的云电话技术,以此垄断了全球的通信行业,并建立了自己的商业帝国。

在公司初具规模的时候,林云已经拥有足够的资金和实力来寻找可以帮助自己修炼的特殊物品——灵石。地球上其实也存在一些不出世的修士,他们都是先秦练气士的传承者,所以也有人在寻找可以帮助真武世家练功的灵石。林云就这样在云贵山脉和亚马孙雨林一边修星,一边寻找,真就找到了几块灵石。

后来林云的修星已经大有成就。他在地球上找到了古代的传送阵,并意外去了其他几个修真星球。他在那些异界中大展身手,奇遇不断,实力迅速提升。等到林云从其他星球回来后,他的修星功法已经大成。然而就在这时,地球却又被外星人入侵了,最后林云凭借实力打败了外星修炼者。

后来林云的修星达到了巅峰,甚至可以跨星球移动。他回到了自己的母星,找到了未婚妻,还和地球上的妻子在月球上举办了婚礼。

作品评论:

本书无疑是一本比较传统的类型爽文,但与许多千篇一律的爽文不同的是,整部小说是以感情戏为重点的,主角在与众多女性角色纠缠的同时也在发展自己的事业,流畅度非常高。不过书名《纨绔疯子》似乎与内容并没有什么太大的关系。毕竟主角既算不上纨绔,也不是疯子,可能是"外来户"的原因，总是显得与现实社会格格不入。

本书的剧情不算特别新颖，文笔也谈不上多好，甚至角色设计也没有摆脱当时流行的几种模式，但它在剧情结构与对节奏的把握上确实不错。其中的感情桥段虽然狗血，但也不失细腻，很是抓人眼球。而且小说中的女性角色对剧情发展也起到了关键性的推动作用，给读者们留下了一些印象深刻的记忆点。总的来说，这是一本娱乐性不错的都市异能题材的穿越小说。

这部小说的优点在于：

第一，打破了当时网络小说千篇一律的穿越模式。当时大多数穿越小说都是从地球穿越到异界，而本书却是反穿越——从异界穿越到地球，这一点着实吸引眼球，创意十足。

第二，主要人物的内心描写以及人物的情感变化比较自然连贯。与众多男频爽文不同，本书的感情戏十分突出，不同女性角色的出现，并与男主产生的情感纠葛，作者都牢牢把握住角色的内心，既不突兀也不生硬。而且男女主人公之间的相处和交往过程也显得比较温馨，有一种细水长流的味道。比如寒雨惜因为误会将男主林云送给她的项链丢掉了，误会解除后她歇斯底里地在垃圾堆里翻项链的一段描写。这时寒雨惜和林云已经有比较深的感情了，但寒雨惜自卑而多疑的性格使她无法完全信任男主，从而导致了这场误会。最后寒雨惜翻垃圾堆时的心理描写十分真实，后悔自责、伤心无助，种种情感交织，让那场应时而下的暴雨也染上一分忧伤。也正是这次误会使得两人真正成为彼此信任的爱人。还有林云和寒雨惜的三年之约也很有韵味。

第三，小说的伏笔与铺垫合情合理。无论是场景的更替还是新人物的出现都比较有规律，情节连贯，这样既不会让人觉得摸不着头脑，又始终有着自己的节奏，读者读起来就很舒服。就像男主的本家——林家后来希望招揽林云，放弃追究他打伤家族子弟的事情。这不是机缘巧合，也不是神来之笔，而是从很早以前就埋下伏笔。比如之前就知道林家是利益至上、亲情淡薄的家族，他们之所以放弃林云，是因为他是个"疯子"，没有价值。而被打伤的那位却能给家族带来收益，所以他们要追究林云的过失。但后来林家掌权人又看到了林云的价值，再加上家族现在"青黄不接"，正需要这样的人才，所以才决定招揽林云，而不是打压他。这样一个个伏笔穿插在剧情之中，使得小说剧情流畅，起承转合间没有半点生硬之处。

第四，小说中惊险刺激的打斗场面描写得很有画面感。可看出作者借鉴了金庸先生的手法，使得小说场景呈现出电影画面般的质感。但在写碾压级的战斗时，动作描写却有些不尽如人意。每当这时，记得最清楚的就是林云"飞起一脚"，剩下的就是战斗结束了。这样的描写缺乏画面感，也谈不上什么热血，实在让人提不起兴致。就像金庸与古龙在描写武功时的不同一样。古龙笔下的决斗往往都是一招定胜负,但就是这一招却十分有创意。金庸在写郭靖学纵云梯的时候,就是左脚踩右脚,右脚踩左脚,反复几下就上天了。这种描写就很普通、粗陋,不给人一点儿想象的空间。当然这也可能是作者写作习惯的不同导致的。

这部小说的创作也有待改进之处:

第一,写作手法和技巧都稍显粗糙。比如林云穿过云贵山脉的过程就写得很简陋,后来男主在亚马孙雨林英雄救美的情节也有些不合逻辑,毕竟很少有人毕业旅行会去危险的亚马孙雨林探险,这仿佛是特意安排给男女主培养感情的。还有造那些内衣、机器,创建商业帝国这类情节,在现实中往往没有那么简单,但在小说中所有的过程都被模糊化处理了。

第二,有些情感戏略显牵强。男女主之间的感情进展太快,几乎没怎么相处就爱得死去活来,让人摸不着头脑。就像林云的妻子寒雨惜之前被疯子林云又打又辱,似乎已经恨透了他,结果主角和她相处没几天,她就对男主情根深种。而且主角重生后明明是一个健健康康的大男人,却莫名地很怕寒雨惜,甚至怕得到处躲。即使之前寒雨惜确实打过他,但也是因为疯子林云想要对她动手,她也没有不分青红皂白地就殴打他,主角也不至于那么怕她。虽然后期男女主之间因为细水长流的日常相处而产生了深厚的感情,但是前期的情节仍有不合理之处。

第三,有些情节单纯是为了烘托主角而存在,不合逻辑。小说中似乎有名有姓的女性角色只要有困难,都是主角靠关系解决的。还有主角装疯子硌硬别人,这样的做法与主角整体呈现出来的性格特征并不相符。

第四,小说虽然是以地球为基础展开故事情节,但人物行为脱离实际,很多日常生活细节的描写过于理想化。本书既然是写一个异界人来到地球,那么至少应该按地球的"规矩"来,但主角的所作所为始终脱离实际,很多地方与实际不符。当然,这也可以说是架空世界,与地球并不相同。在拥有众多"武者"生活的世界里,法制与规则也与地球有所不同,这也是可以理解的。然而作者既然将主角放在了这个世界中,却又使主角格格不入。这样确实可以显示主角异世界人的身份,但也无法让读者真正融入小说剧情之中。

第五,小说的结局并不完整。文中有很多伏笔和暗线直至完结都没有揭露出来,给读者留下许多悬念。而且小说写到后期有点崩盘,有些剧情上的漏洞太大,几乎无法填补。

这部小说受欢迎的原因在于:

第一,这是一部"都市后宫爽文",自然很受男性读者喜爱。毕竟许多男生都幻想过自己能左拥右抱,喜欢一些"绝世美女只爱我"的戏码。既然现实中无法满足,那就只能在小说中寻找满足感。

第二，小说属于网络修仙爽文，在现代社会中上演江湖的"快意恩仇"，会让很多读者热血沸腾。但现代的网络修仙文又和当初的武侠小说不同，这不再是古代侠士剑客的江湖，而是现代先进文明中的另类"江湖"，这更能让读者产生代入感。毕竟谁没有向往过那个"仗剑天涯"的江湖呢？

第三，主角是一个全能型的人才，电子路线、机械制造、武功甚至内衣设计，无一不通。这也让读者更容易找到共通点，引发共鸣，甚至让读者产生代入感从而感受到"无所不能"的快感。

第四，人物的内心感情比较细腻，情节的转折也不突兀，这吸引了那些喜欢温馨的感情戏多于打打杀杀的读者。

第五，弱者逆袭翻盘成为强者一直是网络男频文的卖点。作者不同于当时网络小说界热衷的"三十年河东，三十年河西"的写法也为小说引来了一批读者。

第六，在现代社会人们需要这类便于宣泄情绪或者颇具娱乐精神的文学作品，它折射出当代人们内心渴望出人头地、高人一等的热切愿望。（王婉桦）

2.《不朽凡人》

故事梗概：

地球顶尖生物学家莫无忌研制出了开脉药液，让普通人也能拥有修炼的机会，自己却遭到恋人夏若茵的背叛并被杀害。他死后重生到修真界北秦郡国王子莫星河身上，与侍女烟儿相依为命。修真界的人分为能修炼的修士与不能修炼的凡人，修士都拥有灵根，可分为低品、中品、高品和极品，灵根属性主要为金、木、水、火、土、风、雷这些光明灵根以及黑暗灵根，测试出灵根后还需要通过开灵、开辟灵络才能开始修炼。而莫无忌如今正处于父母双亡、家徒四壁、没有灵根还被剥夺了贵族身份的境地，除此之外，他的周围还有其他隐藏的敌人对他虎视眈眈。不料天有不测风云，还没等莫无忌回报，被测出拥有极品木灵根的烟儿就被两人难以抗衡的强者带走收为徒弟。莫无忌利用青霉素攒下第一桶金，与承宇皇室斡旋保命，并在意外之中成功通过开脉药液与雷击开辟了脉络，修炼了看似普通其实最适合他的《不朽凡人诀》功法，走上了凡人修真的道路。

此后，莫无忌一路从修真界到半仙域，再到仙界、神界，一步步变得更强大，走到更广阔的天地中去。为了气运与传承，莫无忌在各处都建立了自己的宗门——天机宗、平梵宗、凡人宗，结识了诸多好友——原振一、独行红结、大荒等，也遇见了几位红颜知己，并与岑书音、寒青茹结为道侣，但大道独行，佳人相伴是短暂的，大部分的时间他都在独自修炼闯荡。因为气运与努力，他获得了许多升级机会与天材地宝，并在丹道、阵道、符道和炼器道上都有所成就。

以凡人之躯入道是前所未有的挑战，修道也是修心，由于缺乏前辈老师的指点和经验，莫无忌也走了许多弯路，但他始终不负本心，以德报德、以怨报怨，并开辟以"道有高低，人无仙凡"为训的宗门传播《不朽凡人诀》，带领诸多资质或好或差的人走上大道。莫无忌开辟了一百零八条脉络后，其中有特别功能的化毒络、储神络、储元络、悟道络、世界络、胎息络和生机络屡屡助他化险为夷，并帮助他参悟神通与天道规则，走向更高的巅峰，甚至世界络形成的一方"凡人界"还在最后的量劫中救下许多人，并帮助莫无忌成为超越圣人的存在。

作品评论：

在阅读小说的过程中，因为对后期剧情发展有所期待，所以在前期阅读中暂时搁置了许多不合理的点，但作者后期的剧情几乎就是在不断反复前面的每一阶段，没能写出新意，也没能圆满交代前面埋下的一些伏笔。甚至就结尾而言，这本书可以算是"烂尾"了，不少事情没解释清楚，就让男主强行成就大道然后消灭一众敌对者（或者说"反派"），拯救了世界。文学作品可以留白让读者想象，但作品不应该如此缺乏连贯统一性。

当然，这本书也有其值得肯定之处，它的主旨是很吸引人的，那就是"凡人"的概念。凡人是与神仙妖魔相对的概念，在神话、仙话的故事里，他们只是作为背景板"蝼蚁"一般的存在，谁也不会拿他们当回事，即使他们是这世上最多的生灵，是成仙成神的前身。本书的主人公莫无忌虽自诩一介凡人，但显然他的修为让他与真正意义上的凡人天差地别，可是他在书中给了其余凡人一个平等的机会，一个只要努力一样能走上大道成仙的机会。作为既得利益者，他选择的不是默默无言，而是用自己的方式改变世界。在现实世界中，大家都是凡人，都是普通人，可是家庭出身和人生经历同样也在以自己的方式分化我们。论及此，不禁让人想起前段时间看到的一则消息，印度首富安巴尼在孟买市中心有一栋27层的豪宅，且家中有六百名职员与仆人在为首富一家六人工作，这是阶级的顶层；而在同一地区，亚洲最大的贫民窟——达拉维贫民窟也坐落于此，这是阶级的底层。在这样的社会里，顶层看不到底层，底层也爬不上顶层，岂不也是"仙凡之别"？虽然我们不能修炼，但我们的社会主义制度同样给了我们一个充分而又相对公平的改变命运的机会，我们可以选择努力实现梦想，创造更美好的未来。这个主题隐隐与现实生活有所对照，十分有正能量。

作为文学作品，人物刻画是极其重要的一部分，而作为全篇耗费笔墨最多的人物，主角莫无忌的人设无疑是最突出最鲜明的——一个并不普通的普通人，他普通在没有灵根，从地球而来，有作为凡人的心性，爱憎分明又有自己的道德底线。同时，他不普通在于他很聪明，能开辟经脉进行修炼，并在多个领域都取得了傲人的成就，让自己有实力坚守自己的道。在我国的道家文化传统里，成仙往往意味着灭情绝爱，独善其身，但是在莫无忌身上，比起"仙性"来，更突出的是他的"人性"，他重情义，信奉滴水之恩，当涌泉相报，曲悠帮助他逃过追杀，他便送了曲悠一枚价值无量的混沌神格，并在自身难保时也愿意以卵击石去确定曲悠的安危，这是闪光的人性。但人无完人，他也有人不可避免之欲望，他有情、有爱，大道不是最重要的，求得大道守护所爱才是最重要的。此外，由于网络文学的快节奏、大篇幅等特点，文本中出场人物虽多，但大部分是扁形人物，没有自己的个性特点，只是为了推动剧情而存在。值得一提的是，本书主角的朋友不一定永远都是好人，主角所不认可的人也不一定没有自己的闪光点，这一点与大部分网文有所区别。比如苦菜，出场时给读者留下的印象是一个有情有义的小师妹，与莫无忌的关系也十分好，但随着剧情发展，她在主角看不到的地方，却为了大道逐渐迷失本心，走上了另一条路；真星的星主池瞳，莫无忌因为他不够果决而不喜欢他，但他确实为了守护真星做出了他认为他所能做的一切，甚至最后还付出了自己的生命。

作者对人物的一些心理活动也描写得十分细腻，这主要体现在莫无忌的每一次迷失与寻回中。书中莫无忌所要证的凡人之道是一条荆棘密布、岔路丛生的道路，没有先辈指引，也没有经验可以借鉴，他只能独自在摸索与思考中前行。因此，他时而会被其他修行之道所干扰，忘却了自己的出发点或是凡人的根本，但当反思的契机出现时，他就会在思考中重新找到前进的方向。在这些段落中，作者对其心理的转变与道心的逐步坚实都描写得很有说服力，也很精彩。

> 绕过小溪，莫无忌看见了一片繁忙的农耕景象。
>
> 入眼望去，到处都可以看见在田地里劳作的农人。他们或者在插秧，或者在翻地，或者在收割……
>
> 每一个人都在努力地劳作着，每一个人都在一点点收获着自己的希望。
>
> 莫无忌再次停了下来，他又一次有些痴呆地站着。
>
> 曾经，他也是这无数人当中的一员，都是为了自己的收获而不断地劳作着。他获得了开辟脉络的药液，在他重生后，他借助这些药液开创了凡人之道。
>
> 当初他连修炼机会都没有，他依然凭借着自己的努力走到了整个宇宙的巅峰。就算是无数次被追杀，无数次被暗算，他依然是走了过来。

今天他拥有圣体的肉身，还有无数的功法，甚至有自己开创的不朽凡人诀。仅仅是道基被损、丹田和脉络破坏了而已，他为什么反而不如当年什么都没有的时候？

这是他的道在退步，还是他的心智开始变弱？

他能从一介凡人入道，就可以在凡人界再次恢复自己的道基，恢复自己的脉络。

之前那颓废的感觉瞬息被融化，一种豪情升起，看着那依旧浩瀚的虚空，莫无忌一声长啸。

他，依然会站起来，重新走回宇宙之中。

……

莫无忌来到这里本来就是一个陌生人，现在他要走，也没有人去在意，最多是目送莫无忌离开，直到莫无忌走到大家目光看不见的地方。

最初的时候，莫无忌还在想着应该选择一个安静的地方去感悟一下自己的明悟。但在走了半天时间后，莫无忌的启道络早已和他的心神联系在一起。

他完全没有了要停下来的意思，只知道一步又一步地往前走。

无论是面临平原还是水泽，无论是碎石地还是荆棘丛……

没有任何东西能阻拦莫无忌的脚步，更没有任何事物能阻拦他的感悟。这一刻，他脚下的路就是他的道，他的道就在他的脚下延伸。

总体而言，这部作品的娱乐价值中等，有些虎头蛇尾，前期的剧情可读性比较强，推进速度和方式也比较合适，伏笔较多，但是后继无力。主角莫无忌每进入一个更大的世界，几乎就是将上一世界的经历重复一遍，且不少原以为戏份会比较重的人物会忽然消失，然后又忽然被拉出来写两笔，比如烟儿。初读时，由于作者将她写得很重要，以为这个角色应和《斗罗大陆》中的小舞是差不多分量的人物，结果却在真星阶段就与主角失散，且直到结局才再次与莫无忌重逢。作者对主人公爱情的描写也比较突兀、生硬，莫无忌对岑书音的感情似乎只是感激与感动的升华，与寒青茹的鱼水之欢也似乎只是为了救她并证道，作者似乎是想进行描写，并给出强有力的理由，但从读者角度看来没能达到作者的预期效果。

作为一部网络小说，文中的网络元素随处可见，如莫无忌的宠物名字叫作"甩锅"，莫无忌也时常说些本世界土著听不懂的话。开篇作者还对金庸先生的《天龙八部》致敬，将莫无忌与烟儿类比为慕容复和阿碧。这部作品与许多起点男频文的共同点是，主角的初始设定都是"废柴"，但心性强大，所以一定会逐步崛起。不过，本文有一点突出的是，作者并不因为奇遇或天

才而崛起,他是从最普通的低点开始通过自己的力量逐步提升、改变,强调了后天努力能克服先天条件不足的精神。(刘晓珮)

3.《天下第九》

故事梗概:

狄九,亚伦大陆济国将军之子。在脊北山采药时,狄九捡到附有第九道则的小灰石(宇宙胎膜碎片),也在此时得到狄家灭族的消息。为躲避追杀,狄九进入金色道则带来的虚空裂缝之中,逃到地球。狄九本来没有武根,但是在第九道则的帮助下,意外得到了修炼的能力,后得到《大行门录》,正式开始修真之路。

狄九得到前去仙女星的机会,并在仙女星得到试炼的机会。试炼过程中,他找到天罡宫,却被困在此处。仙女星爆发兽潮,妖兽进入地球。在小灰石的宇宙气息影响下,天罡宫中玉棺里的女子蓝如苏醒,蓝如将仙女星上的狄九等人丢到舍夜大陆,狄九代替钟家少爷入赘景家。在景沫双的帮助下,狄九来到寂川城,并结识耿戟。星河宗长老看中狄九和耿戟的资质,招收两人为外门弟子。两人经过一番波折之后,得到前去天幕修炼的机会。进入天幕中,狄九被意外卷入天墟之底,并在此拜千风华为师,协助他修复舍夜大陆,后离开天幕。狄九为报灭派之仇,消灭了戚家,并得到前往小中央世界的方法。在小中央世界,狄九结识幻明子,并在他的帮助下重建星河派。狄九与冼则前往升仙城,参加真域天才战,狄九取得第一名,得到前往仙界的两个名额,两人得以进入仙界。

仙界并非狄九想象中的净土,他决心以杀止杀,在此建立全新的仙界。狄九渡过真仙雷劫,正式跨入修仙之路。在一帮志同道合的仙界修士的帮助下,狄九建立星空仙城。天净门弟子墨雨媗因救狄九,被天火之灵灼伤,需要阿含真璃水治疗,狄九因此前往其他仙域,结识了解荒等人,也得到了阿含真璃水。狄九回地球时,被裂界符中的毒道纹暗算,为农秀琪所救,两人结为道侣。为冲击仙帝境,狄九离开地球。机缘之下,狄九找到四大仙陆镇压气运的宝物,并且发现收集气运一事的幕后黑手是道界的姜岱。

为寻找先前被自己重伤的契均,狄九来到两界虚空节点的怒森林。狄九在此斩杀契均,炼化虚空山,但因修为太低,无法撕裂虚空,被困在此处,后抓住卓无家飞升的时机,进入道界。两人在守护虫洞得到足够积分后,与穆婕一起逃到无光海神城。卓无家和穆婕成为衍一道宗内门弟子,狄九成为外门弟子,前往浩瀚大墟试炼。狄九在此顿悟,通过斩道塑道,凝练了自己的道种,正式证道,在道界开启了自己的修炼之旅。

作品评论：

小说是以刻画人物形象为中心，通过完整的故事情节和环境描写来反映社会生活的文学体裁。人物、情节、环境是小说的三要素。随着网络的普及，网络文学的出现颠覆了传统的书写和传播模式，以起点中文网为代表的作者群和以晋江文学为代表的作者群的整体出现，标志着网络小说已经成为主流文学之外的又一创作主体。修真类仙侠小说是近年来兴起的一种新型网络小说，它以中国道教文化为依托，以修道成仙为境界追求，主要描述修真之人的修真经历及超凡仙术法力等。

《天下第九》是鹅是老五继都市修真经典作品《最强弃少》后，又一部"延续都市中的传奇"的现代修真小说。

网络小说与传统小说不同，传统小说的第一要素是人物，但网络小说则不然。它依托于网络，作者通过网络更新，读者通过网络追更或催更，作者与读者产生同步交互。在一部网络小说创作的最初，人物的真实性格是未知的，那么吸引读者追更的应该是惊艳出彩的故事情节。《天下第九》的主要情节是，狄九因躲避追杀而背井离乡，又因得到第九道则开启修真之路，为了报仇和自己心中坚持的"规则"，他与人斗、与妖斗、与仙斗，书写了一段奇幻的修真传奇。狄九在采药时捡到的小灰石是什么？藏在小灰石里的金色细线又是什么？仙女星上到底有哪些秘密？狄九能不能在黄昏仙域建立自己想要的世界？他到底能不能摆脱第九道则的干预，找到自己的规则大道？……这些悬念都在吸引着读者不断探索下去。

在网络小说中，人物存在于情节当中。情节，是人物所在的情节；人物，是情节之内的人物。狄九是这部小说最主要的角色，像大部分小说的主角一样，狄九是强大的，强大到不甚真实，但是这种不真实的强大是经得起推敲的。他从不能修武的凡人到成为不可战胜的存在，最重要的一个原因就是拥有金色道则，金色道则帮助狄九打开了领悟天地规则的道路，为狄九的不可战胜提供了依据。鹅是老五说，网络小说需要读者有代入感和期待感。而狄九身上这种经得起推敲的强大，恰恰满足了读者的代入感和期待感。

除了狄九，小说也塑造了众多性格迥异的配角。在诸多人物身上，读者或多或少地能看到自己的影子，这种相似性可以引发读者与作品之间的共鸣；同时，这些人物身上又有着我们所不具备的优点，读者可以随着这些人物的活动体验别样的人生。"人人皆是我，人人又不是我"的阅读体验也成为吸引读者的一个重要方面。

与传统小说相比，网络小说的环境描写发生了显著变化，用场景替代环境可能更准确。所谓场景，在这里主要指的是："人物活动的空间情景，是一种高度个性化的不可替代也不可重复的空间图景。"网络小说中的场景更多地侧重于通过日常化、直观化的语言来展示富有画面感的场面和"图像"。《天下第九》中的环境描写着墨不多，主要用于表现场景的转换、场面的渲染，视觉效果比较震撼。

  在这部小说中，作者以情节推动人物的成长，塑造了具有鲜明性格特征的人物角色。主角狄九，小时候被称为"济国第一神童"，可是他没有武根。在以武为重的济国，没有武根就没有未来。前两次武根测试没有通过，他尚能坚持，他潜心医道，希望找到用医术开辟武根的方法。可是最后一次检测，他依旧未能通过，心爱的女子（甄蔓）拒绝他的求亲成了压垮他的最后一根稻草，他从心怀希望到消极颓废，一位英才沦落为浪荡子。事情的转机是曲小树的酒后劝告："呵呵，有什么了不起……阿九……如果你有武根，一百个甄蔓也跟不上你的脚后跟……"狄九想起学医的初心，想起父亲的期望，想起甄蔓的拒绝，少年不服输、不低头的意志重新燃起，他一心扑在医术上，只为找到开辟武根的办法。就在事情往好的方向发展之时，狄九遭受灭族之灾，一朝家破人亡，为了保命报仇，只能殊死一搏，进入虚空裂缝，来到地球。本以为报仇无望，老天却给了他一个机会，他得到一块神奇的小灰石，而且发现自己此时可以修炼，能修炼就有机会，此时的他褪去了曾经的单纯，报仇成了他最大的执念。他身上背负着太大的仇恨，直到遇见了谭月玥，她的一句"年纪轻轻的，怎么这样一副严肃沉重的样子？活得轻松一些"，让狄九豁然开朗：仇恨不能忘却，但是生活还得继续，人活在当下，不能总是把仇恨放在脸上。柳暗花明后的可怕深渊，山穷水尽时的峰回路转，推"我"入地狱的人和拉"我"出深渊的人，这些情节的安排和次要人物的出场，共同推动着主角的成长，人物的性格在这个过程中不断完善。

  在这部小说中，对人物心理状态的细腻描写是作者刻画人物的一个重要手段。比如，狄九大仇得报，前尘恩怨已了，终于可以自由地追寻大道。他满怀憧憬，希望把下界的消息传递给仙人，希望仙人能伸出援助之手，可是他来到仙界看到了什么？"四周一片荒凉，除了几棵不知名的寻常小草之外，空间中似乎散发着一种肃杀气息。或者说，是一种日没西山的落幕气息。""腥臭的血腥气息随风传来，狄九肯定这些酱色泥土是被血迹浸泡的。方圆千里只有一种残破、败落、凄凉情景，没有一个人影，感受不到一点点生机。"这种在地狱中出现的景象，狄九却在仙界真切地看到了。"这真的是仙界？狄九第二次询问自己。如果仙界就是这个样子，估计也没有几个人想要来这里。与其说这里是仙界，还不如说是地狱。"狄九受到巨大冲击，"哪怕是闭关许多年，狄九也不会有空虚和寂寞的感觉。这一刻狄九抬头看着浩瀚无边的星空，隐约一点点红色的残阳，他心底涌起了一种空虚和孤独"。这种孤独无法遏制，他急切地希望找到一个活人，可是他看见的只是尸骨和荒凉。如果说环境上的荒凉带给狄九的只是难以言喻的孤独,那么修士间的互相杀戮、仙人们的冷漠自私则是对他信念的摧残。

这个世界悲苦、荒凉、孤独,这个世界自私的人太多,唯我的人太多,这样的世界不是狄九要的,"他需要的是一个可以自由自在,又没有血腥残暴的地方。要自由自在,就必须要有规则束缚,这不冲突,也不矛盾"。要制定规则,要让世界没有杀戮和血腥,"想要做到这些,就必须要从杀戮开始。从一种有规则的杀戮开始……无论别人杀戮是不是为了制定一个属于某一个人的规则,但他狄九杀戮是需要制定一个整个仙界需要的规则"。从最初的不敢相信,到无法遏制的孤独,失去方向后的迷茫,再到最终的坚定,作者用细腻的手法描述了狄九的心路历程,展现了狄九的性格转换,刻画了鲜明的人物形象。与此同时,读者也在用狄九的眼睛观察书中的一切,也在此过程中得到成长。

修真类仙侠小说以中国道教文化为依托,以修道成仙为境界追求,这一点在这部小说中同样有所体现。小说中多次提到的"法则"应该就是道家文化中的"道"。《道德经》中说:"道生一,一生二,二生三,三生万物。""道"是万物的运行规律,"道"创生万物;万物有形,"道"无形,时间、空间这些看似无形的事物也可以通过无形的"道"展现出其有形的一面。小说依托于道家学说,展现了网络小说对传统文化的传承。同时,小说主角展现的不屈抗争精神,提倡恪守规则法度都是中华民族自古以来推崇的优秀文化,能引起读者内心的共鸣。

奇幻的故事情节,爱憎分明的主角、豪情万丈的修仙生活都是吸引读者阅读的亮点。但是这部作品中的配角地位过低,空间转换过快。不可否认,主角在一部作品中占据绝对的主导地位,配角的存在大多是为了衬托主角,但是出色的配角也会成为一部作品的亮点。这部小说中出场人物很多,而且人物性格各不相同,有着自己独特的特点,可是在阅读这部作品的过程中,很少有配角能给读者留下较为深刻的印象。一方面,作者对次要人物的描写着墨不算很多,配角的行动基本都是围绕着主角的活动进行,正派配角对狄九的态度多是崇拜,反面角色则在对抗狄九的过程中失败得过快;另一方面,空间每转换一次,主角每换一次地图,就有新的配角登场,原先的配角在性格特征还未明确的情况下就要暂时退场,读者在配角不断更新的情况下,很难对某个配角产生十分深刻的印象。地图多,世界观宏大,在一定程度上的确能架构出一个宏大的故事格局,营造一种浩大的氛围,给读者带来新奇的感受,但是需要注意的是,如果地图更换过快,读者为了更好地理解后文,就需要花更多的精力去注意主角的活动轨迹,这又会给读者带来一定的阅读负担。在《天下第九》中,有一部分的地图转化过快,会给读者力不从心的感觉,但是在后面的情节中,这种情况有所改善。

修仙类小说的重点在于主角的修炼之路,儿女情长不应该成为作品的主要内容。但是,在这部作品中,感情戏的比重却有些过低,而且男主与妻子的感情部分比较突兀。狄九一开始爱慕的人是甄蔓,但是因为甄蔓看不上没有武根的狄九,所以这段感情只是狄九一个人的单恋;后来狄九代替钟家公子入赘景家,与景沫双成亲,这也只是双方的合作;到后来,狄九与天净门弟子墨雨媗之间的种种也只是相互欣赏,无关风月。狄九跟农秀琪最初的结合只是因为喝了独角兽血产生欲望之后的互相纾解,这与其说是爱情,不如说只是一场意外。相处过短暂时间后,狄九就出门渡劫,此后两人再没相见,狄九只是在别人口中得到一点点关于农秀琪的消息。后文中狄九因为担心尼栾伤害农秀琪,设计将尼栾踢进虫洞。本来应该是显示狄九重视心爱之人的情节,可是因为前文两人感情铺垫过少,这反倒显得不真实。在我看来,主角首先是一个人,是人就有七情六欲,虽然在修真小说中,感情部分不应该过分突出喧宾夺主,但是适当的感情描写也能给读者带来别样的体验。

《天下第九》虽是爽文,却也不乏思想,主角虽拥有"金手指",却仍历经磨难奋斗不止,小说既有现代因素,也有深厚的传统文化积淀,总而言之还是非常值得一读的。(孙情情)

老鹰吃小鸡

【作家档案】

老鹰吃小鸡,男,本名徐军军,1991年2月9日生,安徽合肥人,现居铜陵。起点中文网都市类新锐作家,阅文集团白金作家,入选第四届橙瓜网络文学奖年度十大最具成长力大神。2021年9月16日,入选"中国网络文学影响力榜:新人新作榜"。代表作品有《重生之财源滚滚》《全球高武》《万族之劫》《星门》。

老鹰吃小鸡接触网文比较早,据他所说,2004年他刚上初中就开始看小说了,当时只能说是爱好,大三时开始进行网文创作。创世中文网的顽木是老鹰吃小鸡的大学舍友,他算是真正让老鹰吃小鸡从网文读者变为创作者的引路人。

2014年大学毕业,老鹰吃小鸡去了上海工作,2015年年底回到了安徽铜陵,之后一直在铜陵工作,写小说一直都是兼职,到了2018年才开始全职写作。

《全球高武》于2018年7月13日上架,作品扣人心弦,日更过万,在半个月的时间里位列新书榜第三名,成为第四届橙瓜网络文学奖年度十大作品之一。《万族之劫》是阅文自有平台2020年签约作品中,男生总评论量最多、读者打赏最高的作品,曾以单月41万月票的成绩,刷新起点男生月票纪录,是2020年的年度总冠军,入选"探照灯2021年度十大网络原创小说"。

【主要作品创作年表】

《重生之财源滚滚》,起点中文网,2016

《全球高武》,起点中文网,2018

《万族之劫》,起点中文网,2020

《星门:时光之主》,起点中文网,2021

【作品评价】

《全球高武》

故事梗概：

方平重生高武世界，自带"外挂"系统，家庭贫困，因武者地位高立誓成为武者。又因系统需要财富值，遂挖空心思挣钱。重回十八岁，因前世在社会中摸爬滚打过，方平看起来没有同龄人果断，实际上却是一个平时低调关键时刻敢打敢拼的男人。看似猖狂，四处招惹强敌，实则是为了将暗处的敌人赶到明面上。

经历三次淬骨晋升武者后，方平在武科大学交流赛初显锋芒，依靠系统具备越级斩杀、无限恢复的能力。他是魔都地窟歼灭战的主导者，平定多个地窟，炸毁王城数座，击杀九品妖植、城主多位。后来他潜入禁区，搅得天植王庭不得安宁，趁天榆降临时击杀并冒充枫灭生，舌战黎渚，于王战之地坑杀地窟真王后裔多人，只留下姬瑶、桦禹二人相互制衡，后其在张涛帮助下离开禁区。

方平于王战之地内空间战场中正式踏入九品，走上人皇道。在王战之地真王混战中，他杀死数名真王，助攻斩断真王大道多次，假天坟前联合张涛、王李姚二人杀死命王。回归人间后确立人皇道，融合阳城，在王李姚三人与李长生的帮助下斩杀神教地周真君，之后人皇道融合魔武，实力更进一步。进入地窟接连灭罗浮山、霍桐山、虚陵洞天，杀死地慧等五名真王。入禁忌海冒充云生进入神教总部，间接促使守泉人与天狗提前复苏，最终神教覆灭。此战方平收获众多宝物，脑核被修复，实力暴涨可破四重天，并得守泉人托付宝物本源境，接受天木圣人投靠。

在十圣人围攻战中独对四圣人而证道绝巅并迅速走到2000米，达到圣人级战力，杀死天贵圣人，又联合九圣人击杀趁火打劫的人皇女官九玄圣人，接着威逼强占水力神岛的南皇门人秦云圣人进入假天坟，通知张涛和镇天王将其伏杀，并派田牧进入给张涛等人送补给。

初战封天一脉中，瞬杀对方一帝四真神。在假天坟中挑拨众人对封天一脉出手，最终方平补刀击杀霸王，重伤斗天。于空间战场内遭遇黎渚、巽王和艮王三人伏击，装死与魔帝联手突袭斗天，斩之。崩断人皇道为张涛续道，此后主修本源空间，可借他人大道做"外道"得到增幅，却不受大道束缚。借道成功后扮猪吃虎引巽王劫持自己，趁机击杀，并攻击黎渚体内封印掌印使的万界鼎，破除封印，迫使其逃去。随后通过威逼或交易搜集多枚圣人令炼化。

出假天坟后，与张涛等人秒杀试图杀苍猫的刀狂等五位初武圣人，打退围攻林紫的初武天王。开始融合魔都，并在系统帮助下平衡精神力和气血。首战新天庭时，杀敌不断，连战皆胜。

人皇真身降临,方平号召三界所有天王掀起屠皇战,以数位破六破七强者融身,破碎斩神刀,燃烧假道,打出破九一击,人皇镇守的气血真门破洞。神皇斗天帝出面阻止,屠人皇计划失败后得诸皇赔礼。

方平与人皇首战后,闭关融合得到的天王印、圣人令,本源空间达到910米,加持圣人道增幅后正式破七。进入王若冰本源世界,发现其身份以及本源诸多秘密,并从门后世界获得一滴真血。带苍猫随三界诸强前往天坟秘境中,每一关都获得好处,实力突飞猛进,灭天帝一关中融脑核、锻玉骨,在东皇一关(倒数第三关)消化所有好处,成功破八。最后一关联合多位破九逼人皇分身自爆,融张涛、铁头、冥神斩杀破九道树,创平乱刀法融初武众人斩碎破天帝投影,杀神皇分身,斩东皇分身,方平与战天帝投影逼迫灵皇分身和三猫化为战神箭,战天帝投影一箭重伤源地里的天帝,逼得前来抢种子投影的八皇一帝不得不回归源地镇压本源,为方平和人类争取了时间。战天帝投影又一刀一箭伤神皇本尊,方平断神皇本尊手指。夺取种子投影,融入人间。

方平回到地球后吸收道树皇核,精神力蜕变,没有安装大道下破九。同时打造破八分身替代本尊在外活动,谎称未破九,只有苍猫知道真相。战天帝书童书香进入地球,方平安顿书香后前往初武大陆,途中路过混乱神国,得知天辰要对王金洋三人下手,在其对李寒松出手时将其重创,后苍猫从中调停,剥离天辰大道后押到万源殿看管,装上天辰大道后战力达6000多万。在初武大陆因拳神等人执意要杀苍猫,初武天王大半被灭,仅剩天臂、冥神等理智派。

在七皇分身下界追杀之时,坑杀兽皇分身,与苍猫、书香联手,连斩神皇、南皇、东皇分身,同时镇天王打爆北皇和斗天帝分身。方平将灵皇分身扒光送给石破,灵皇分身气得自爆。后与镇天王联手,在镇天王本源世界围杀神皇血肉分身,夺得数神器。用神器本源土星辰砸穿血气真门,掩护张涛、铸神使等人脱离仙源控制。后又前往地窟迎回花齐道,并向地窟发起全面清算,外域全灭,大胜而归。

后再入源地,与西皇商定坑杀南皇,并帮天狗、天极、战王等七人破精神虚门,碎精神之种后得十二块星辰石,终于以真身入源地。联合镇天王、苍猫、书香坑杀南皇,西皇得南皇道果,彻底诛杀南皇,随后西皇修补自己漏洞后自由跑路。斩杀南皇后吸收两块星辰石,自封本源世界小洞,超脱源地,初成第二源地。三界多人成新皇,发起诸皇之战,三界搅乱源地欲破仙源,后天帝调和,各方停战。

再回阳城找到阳神,得知系统制造者是战天帝,向阳神讨要一大块星辰石,炼化后本源世界达到9999米。剁灵皇头,从仙源上拿回系统本体,游说书香助武王破九,融合战天宫,战力达1.12亿,精神力40万赫,本源世界达到1.2万米。与张涛潜入源地杀北皇,镇天王铸神使等人逼死兽皇,地皇一家四皇考验方平等人,地皇打磨方平力量,最后让自己的三个儿子(鸿坤、鸿宇、黎渚)融入方平第二源地,自己自爆斩杀人皇,一日七皇陨。方平战力破2亿。

天帝气急,强行三界合一,为让仙源加快成熟,威逼利诱三界诸强杀戮证道。方平等人对天帝发起最终决战,仍无法击伤天帝。方平转而打爆神皇,逼神皇斗天帝东皇三皇合一,灵皇自爆被天帝复活。复活后的灵皇算计天帝,斩其与种子的生命通道,灵皇陨。天帝气急抓苍猫,天辰现身放血解救苍猫,天辰陨。人类数十万武者为破灭仙源自燃大道献祭助张涛成最强人皇。三皇合一,为给方平争取时间而自爆困住天帝。张涛融入方平第二源地,方平战力大涨,吊打天帝但仍然无法击杀,镇天王和西皇自愿散道,天帝实力大减,欲自爆源地,被天狗吞下镇压。方平第二源地吞噬整个三界,击杀天帝,三界沉眠。

方平混沌中找到种子和阳神,告别阳神。自己吞噬投影世界,让苍猫吞下种子,将三界(高武世界)化为阳间界,将投影世界(无武世界)化为阴间界,再创三道与三帝真道形成六道轮回使两界互通,与苍猫轮流主宰一界。与苍猫各分种子力量三分之一,最后三分之一归于阴阳两界。

一年后,方平带秦凤青阴间游魂,坐看三界诸强威胁人类,现身三界,将威胁之人雷霆斩杀,震慑三界,人王归来,全书终。

作品评论:

近两年,无论是起点中文网还是其他小说站点,一种小说流派开始逐渐流行起来,那就是——"灵气复苏流"。"灵气复苏流"的最大特点是人类族群由世俗向超凡渐进,而在此过程中,新力量体系、新技术与新思潮之间相互碰撞和融合,营造出一种独树一帜的大时代感。

在我看来,"时代感"是一种尤为重要的小说特征,无论是《冰与火之歌》还是《百年孤独》,之所以能够被人称为"史诗巨著",就是因为作者将小说的时代感推到了某种极致。

《全球高武》的背景是地窟入侵,武道崛起,全人类为生存而战,为守护而战。作为一部网络小说,在思想的深度和文字的厚度上《全球高武》自然很难与《百年孤独》相比较,但在中国网络小说"灵气复苏流"这个类型中,不出意外它将会是其中的经典代表。以下是个人认为这部网络小说的出彩之处。

(1)无出其右的更新速度

更新速度虽不是决定一部网络小说是否流行的决定因素,但绝对是必要条件之一。《全球高武》开书不到六个月,更新字数已经突破了270万,算下来日更超过1.5万字。这个速度纵然是在网文界,也是罕见的,真是恐怖如斯。一天更新一两万字对于一个状态较好的作者来说也许算不得什么,但难就难在连续六个月天天如此,尤为难得的是,作者的写作状态竟然还不下滑,甚至隐隐还有稳中求进的趋势。

对于手速,网文界有一个约定俗成的公式:手速=脑力+勤奋+天赋。我不知道作者究竟是不是天赋型写手,但料想如果没大毅力、大坚持,也很难诞生如此夸张的成绩。

(2)稳健的节奏感和俏皮的文字风格

虽然说《全球高武》在文字上不如《剑来》,设定也不如《诡秘之主》,但稳如老手的节奏感实在让读者很舒服,一点儿不累。不止一个人与我说过,《全球高武》读起来就是很爽,每天都会期待着新章节。究其原因,就是作者在小说的节奏感上下了狠功夫,剧情推进不疾不徐,世界观的交代也是不骄不躁。

除了上面说的更新速度,决定一部网络小说能否流行起来,还有一个重要因素:受众群是否广泛。毕竟,从面上来看,读者看网络小说图的还是闲暇时间的精神放松,所以《全球高武》良好的节奏感再加上俏皮的文字风格自然更讨喜,能够吸引足够多的读者群。关于这点,从《全球高武》多次夺得起点月票第一就可见一斑。

(3)粗如大腿的"金手指"

大家来看网络小说,想必都不是为了受虐的。对于一部网络小说,"金手指"也是其中异常重要的一环,比如说大家都很熟悉的《斗破苍穹》的老爷爷以及《凡人修仙传》中的小瓶子。

"反正大家都有'金手指',我是主角,金手指理所应当更粗一些。"主角方平一本正经地说道。《全球高武》中最突出但也最被人诟病的就是主角那个粗如大腿的"金手指"——财富升级系统,这个系统让主角的升级速度一路狂飙,一周升一级,一月跨一阶。我猜测,这个夸张的"金手指"有可能是作者在设定的时候有些疏忽了,但他总算是用强大的操控力,稳住了小说的整个结构。

在小说中,"金手指"可不仅仅是主角的专属,六品斩八品、天生金身等的配角简直不要太多。于是乎,小说的画风就变成了主角举着自己粗如大腿的"金手指",带着一群拥有粗如小腿的"金手指"的伙伴,去干掉同样拥有"金手指"的反派。

(4)不降智、很"可爱"的配角

老实说《全球高武》的主角性格可能并不是很讨喜,但没关系,作者刻画了一群不降智且很"可爱"的配角丰富人物群像。

不降智,指的是小说中的配角各有各的想法和决断,甚至偶尔还会坑主角一把。很"可爱",是指不少配角虽然在戏份上与主角相差甚远,但是在讨喜程度上远超主角。比如秦凤青,初看觉得这人就是一个谐星、搞笑担当。但是一个天赋普通、没有靠山和金手指的武者没有怨天尤人、自怨自艾,而是一边没脸没皮地蹭主角的各种修炼资源,另一边又是非常硬气地接二连三地搏命求存。他自知天赋有限,却一直用一种乐观的狠劲儿,拼出想要的未来。甚至有的时候,我觉得他会变成主角。

　　《全球高武》的缺点也很明显,比如那经不起推敲的经济体系,以及平淡无奇的开局,等等。但毕竟还是瑕不掩瑜,这并不影响作者一战成名,凭着这部小说进入大神作者的行列。最后必须说的是,你要是想从这部小说中看出点什么内涵来,抱歉,没有。它唯一能给你的便是一个愉快的阅读体验。(郝伟明)

夜　北

【作家档案】

夜北，女，80后，双子座，安徽淮南人，中国作家协会会员，鲁迅文学院第九届网文高研班学员，阅文集团白金作家，淮南市网络作家协会副主席。新浪微博名为夜北大将军。其文笔诙谐幽默，情节独特，擅长写糅合多种题材的东方玄幻小说。

"年度最受QQ书迷喜爱作家"奖获得者，《绝世神医》入选2016年度福布斯·中国原创文学风云榜颁奖盛典女生作品TOP10，2017年获速途评选年度最具影响力的网络作家女频TOP50，作品长年位于各大销售排行榜前列。

从夜北三部绝世系列的书名就可以看出，夜北偏爱塑造有个性、有能力的女性形象。在小说中她也多次展现出女性的个人魅力，给予书中的女主角以重任，展现了女性的奋斗过程。夜北在笔下的幻灵小队赢得了读者喜爱后，她提到书中的人物是她初中时就幻想出来的，却迟迟不敢下笔，怕毁了儿时的梦。这些精彩的人物在夜北的脑海中存留了十多年，直到有能力时她才将他们写出。这种勇敢追梦、坚持奋斗的精神也投射到了小说女主角的身上。

小说是作家性格的最好体现，夜北称自己为大将军，她在文学的世界里勇往直前，带病依然坚持爆更。她笔下的女主角也像她一样坚强努力，从小人物成长为独当一面的领袖。夜北勇于挑战自我，在书中大胆融入多种元素，囊括古今中外多种幻想文学的经典形象。她也敢于创新，在玄幻的世界里构建新的版图和世界准则，还通过小说思考命运等哲学主题。

夜北的小说虽然有言情的成分，但主要展现的还是女主角的奋斗与成长，感情戏并不多。她庞大的玄幻设定和细致的战斗描写曾令无数读者怀疑其性别，猜测其为男作家。可见夜北在女频小说创作中的独特之处，敢于淡化言情而展现其他内容。

【主要作品创作年表】

《绝世神偷：废柴七小姐》，云起书院，2013

《绝世神医:腹黑大小姐》,云起书院,2015

《绝世炼丹师:纨绔九小姐》,云起书院,2016

《吾欲成凰》,云起书院,2017

《凤鸾九霄》,云起书院,2019

《绝世无双1:凤凰涅槃》,江苏文艺出版社,2014

《绝世无双2:崛起荒芜》,江苏文艺出版社,2014

《绝世无双3:神月大陆》,江苏文艺出版社,2015

《绝世无双4:天下风云(上、下)》,江苏文艺出版社,2016

《绝世无双5:英雄联盟(上、下)》,江苏文艺出版社,2016

《绝世无双6:天下归一(上、下)》,江苏文艺出版社,2016

《绝世神医》,青岛出版社,2020

【作品评价】

1.《绝世神偷:废柴七小姐》

故事梗概:

24世纪的女神偷机缘巧合之下穿越到了一个奇幻的世界,成了龙轩帝国朱雀世家的"废柴"七小姐沈炎萧。这个奇幻的世界和现代社会截然不同,它融合了古代东方和古代西方的文化,充斥着奇妙的斗气和神奇的魔法,甚至只有在故事中才会出现的巨龙与凤凰也存在于这个奇异的世界之中。人们在这里修炼斗气和魔法,成为不同领域的英雄。而穿越过来的沈炎萧却发现原主人在此之前是一个彻彻底底的"废柴",于是一个"废柴"逆袭的故事就此开始。

原本的沈炎萧之所以无法修炼,是因为被人下了七星锁月的封印,七层封印封闭了沈炎萧所有的力量,让她沦为被世人耻笑的废物。寄居在沈炎萧体内的灵魂修帮助沈炎萧解开了第一层封印,她重新获得了学习斗气和魔法的力量,开启了一边修炼一边应对家族明争暗斗的生活。

在被朱雀选择作为继承人后,沈炎萧前往圣罗兰学院学习。在这里,沈炎萧学到了更多的技能,并与其他四大家族的公子成了好友,加入了他们的幻灵小队,并成为队长。在学院里,沈炎萧既遇到了善待她的恩师,又收获了真挚的友情,这些恩师与朋友在后来都给予了沈炎萧莫大的帮助,成了她最坚强的后盾。

在学院赛中,沈炎萧赢得了第一,获得了位于荒芜之地的日不落之城的所有权。日不落之城本是驻扎了许多妖魔的废墟,但沈炎萧带领一群村民和窟狼佣兵团重建城池,将日不落打造成了人与妖魔和谐共处的世外桃源。在沈炎萧解决了这些妖魔的食物来源后,原本以食人为生的妖魔却展现出了善良可爱的一面,与人族打成一片。

随着沈炎萧实力的不断提升,她的封印被逐一解开,潜藏在她体内的其他种族血脉也渐渐觉醒。不同的血脉觉醒时,沈炎萧就会变成不同的种族。当沈炎萧变成精灵、亡灵等种族后,她也获得了这些种族的能力,并帮助解决了这些种族的危机。在四处拼搏中,沈炎萧以她的强大实力与个人魅力征服了众人,成为人族代表,率领精灵、龙族、人鱼、矮人、亡灵、妖魔等族群抵抗魔族入侵,守卫家园。

沈炎萧的成长离不开修的帮助,在她遇到危难的时候,也总是修向她伸出援助之手。修最初只是寄居在沈炎萧体内的灵魂,但在沈炎萧的帮助之下,修重新找回了自己的躯体。两人也在相处中不断增进感情,并确定了彼此的心意。修本是斗神,却因为人族的算计而被盗走了身体,失去了神力。在找回了身体后,修带领沈炎萧和幻灵小队前往了神族的居住地天空之城。幻灵小队的成员在通过神族的考验后继承神格,在与魔族的大战中发挥了重要的力量。但沈炎萧所珍惜的朋友、导师和爱人都在大战中死亡。在沈炎萧准备自杀追随他们而去时,消失已久的主神突然出现。主神将自己的烙印刻在了沈炎萧的灵魂上,而后离开了。沈炎萧成了新一任的主神,她复活了牺牲的人物后与他们共同生活在天空之城,过上了安稳幸福的生活。

作品评论:

《绝世神偷:废柴七小姐》虽然是夜北的第一部作品,但它以超长的篇幅构建了一个完整的世界版图,以精彩的故事情节吸引了众多书迷的追捧。这部作品也体现出了夜北的个人风格,为此后的作品打下了坚实的基础。

升级进阶是玄幻小说的必要手段,相较于以男性为主角的玄幻小说,夜北的小说读起来整体要轻松许多。虽然也有家族内部的矛盾要面对,但女主角的担子明显要轻很多,面临的选择与人际交往也更加简单纯粹,符合女性读者的阅读期待。与主打言情的小说相比,夜北的小说更突出女性自身的努力与成长,言情的成分并不算多。与依赖男性,靠另一半解决一切的傻白甜女主角不同,沈炎萧拥有强烈的自我成长的愿望。她聪明,懂得审时度势,知道刚穿越来的自己实力不足,于是装傻瞒过众人躲避灾祸;她自强,知道勤能补拙,于是日夜修炼,提升自己的实力;她勇敢,在术士这一职业被人误解时,依然选择修习术士,并以术士的名义公开参赛。

展现女性个人魅力、肯定女性奋斗意义是夜北的小说能够引起众多女性读者共鸣的重要原因。除了女主角，《绝世神偷：废柴七小姐》在男主角和其他配角的塑造上也有许多特点。男女主角的感情戏是言情小说的重中之重，但《绝世神偷：废柴七小姐》却极大地缩减了男主角的篇幅。在开始，男主角修只是寄居在沈炎萧体内的灵魂。读者并不知道修是男主角，还是单纯的合作伙伴的存在。与此同时，沈炎萧还结识了许多男配角。他们性格各异，或腹黑如齐夏，或温润如沈斯羽，或大大咧咧如唐纳治。每个读者都在猜测谁才是真正的男主角，读者们也会根据自己的爱好组成不同的粉丝群。其中，齐夏的粉丝数量就非常多，有许多读者都曾经猜测他是男主角。因为齐夏的高人气，夜北还特意为齐夏写过番外。夜北的这种写法，比让男主角直接亮相更有吸引力，让读者在猜测与探讨中加深对一众角色的印象。淡化男女主角感情线，也可以给亲情、友情、师徒情留下空间，更加全面地展现女主角的人际交往。

沈炎萧的成长不仅有她自身的努力，还有导师对她的帮助。在沈炎萧的背后有两位重要的导师，一个是药剂师叶青，一个是术士云威。他们不仅在学院内悉心教导沈炎萧，为沈炎萧提供帮助，还在与魔族的大战中用生命支持沈炎萧。这样的师生情也令人非常动容。无论是导师还是朋友，夜北都给予了足够多的篇幅去描写。他们虽然是配角，却性格特征鲜明，给人留下深刻的印象并具有极高的区别度，因此多而不乱。他们多次出场于沈炎萧的成长轨迹中，在许多重要的时刻给予沈炎萧陪伴和帮助。夜北将这些角色刻画得鲜活饱满，有血有肉有灵魂，有极高的人气。除了人物角色，萌宠在小说中也收获了许多读者的喜爱，朱雀、饕餮、小凤凰和迷你龙都因可爱的形象和呆萌的性格给人留下深刻的印象。

《绝世神偷：废柴七小姐》是一部融合了多种元素的小说，它吸取了古今中外多种幻想文学的精华，既有中国古代神话中的四大神兽，又有精灵、人鱼、矮人等脱胎于不同文化体系的经典形象。每一个经典形象的呈现与沈炎萧封印的解开相呼应。当封印解开时，沈炎萧体内的其他种族血脉就会觉醒，血脉觉醒后就会进入这个种族的聚居地，开始新的奇遇。血脉的觉醒成了更换地理版图、开始新的奇遇的重要线索，将八大种族很好地连接在一起。不同种族的奇遇既使沈炎萧个人得到锻炼与成长，也是沟通八大种族关系的良好契机，为八大种族共抗魔族打下了基础。这种以血脉觉醒更换版图的设置也不会让沈炎萧的位置变化和形态变化显得太过突兀，反而将各个部分有效连接在了一起。这也是《绝世神偷：废柴七小姐》拥有很长的篇幅，跨八大种族，写多个地区而不显得凌乱的重要原因。

神与魔是玄幻小说中常见的一组正邪相对的概念。在人们通常的印象中，神代表正义的一方，魔代表邪恶的一方，且邪不压正，神的力量总是远远超过魔的力量。但早在明清之际，就有优秀的作家开始思考是否所有的神都能代表正义，是否所有的魔都体现邪恶。实际上神与魔是两个很大的群体,邪恶是许多妖魔的共性,但共性之中也会有个性出现,简单的"邪恶"一词并不能概括一个庞大的群体。在明清神魔小说中,部分作家就开始刻画神魔这两个群体中的个性。譬如在著名神魔小说《西游记》中,吴承恩就展现了部分魔王在比武中的道义,他们自愿放下手中的刀,与悟空用拳脚对战,也描写了部分仙官、修仙子弟和佛家弟子性格中世俗的一面,与传统意义上的神仙形象有所不同。

《绝世神偷:废柴七小姐》详细描写了神族与妖魔中的不同个体,让角色的独特个性脱颖而出,不再是单一扁平的整体概念。其中较有特点的是女性妖魔形象,在这里女性妖魔不再只是魅惑人类的红颜祸水。小说中的高等妖魔妖姬就是一个能领兵打仗的女将军形象。在沈炎萧解决了妖魔的食物来源问题后,她就与人族达成和解,并成为沈炎萧麾下的一员。她不仅有着出色的个人能力,在情感方面也是积极主动,敢爱敢恨。妖姬用她热辣奔放的感情追求窟狼佣兵团的首领杜浪。虽然平日里她总是调笑杜浪,制造了许多笑点,但关键时刻她毅然选择与杜浪共抗魔族,用生命捍卫自己的家园。对待同族的妖魔,妖姬也非常珍惜。她会因为战争中失去同族感到愤怒,也会为人族伙伴的牺牲感到悲伤。妖姬虽然是妖魔形象,却是人族的伙伴,是沈炎萧麾下不可缺少的女将军。

如果说高等妖魔妖姬是勇敢的成熟女性的化身,那么低等妖魔小小就是稚嫩的年轻女性的代表。妖姬勇敢坚强,实力非凡,能够独当一面。小小却是刚刚开始成长的低等妖魔,她柔弱胆小,需要他人的呵护。比起妖姬对待爱情的坦荡和主动,小小的情感表达要含蓄稚嫩很多。小小的情感表达类似"投我以木桃,报之以琼瑶。匪报也,永以为好也"。妖魔小小与人族恶狼的情感就起源于恶狼的"英雄救美"。当屋顶掉落的石头差点砸到小小时,恶狼及时踢了小小一脚,让她免于被砸。就因为这一个简单的举动,小小开始每天偷偷送水果表达情感。恶狼也渐渐习惯了小小每天跟在自己身边,他们成了日不落第二对人妖相恋的情侣。

相较于丰富的妖魔形象,神族形象在小说的前半部分描写不多。在《绝世神偷:废柴七小姐》中妖魔才是拥有绝对实力的一方,而神族则因后代不足和部分卑鄙人类的算计而走向没落。小说中的神族主要有两个,一个是沈炎萧的哥哥沈斯羽,一个是寄居在沈炎萧体内的修。沈斯羽原本是光明神,却早已失去神格成为半神,失去了往日的力量。而斗神修则被人族算计,失去了自己的躯体,被封印在沈炎萧的体内。小说并没有按照常理将神族摆在至高无上的地位,相反神族才是濒临灭绝需要拯救的种族。小说极大地肯定了人的意义,以沈炎萧的幻灵小队为代表的人族在对抗妖魔和拯救神族方面都发挥了极大的作用。小说中神不再是人的救世主,而人却成为救神与造神的重要力量。在沈炎萧的带领下,幻灵小队的其他成员继承了神格,充实了神族的队伍。沈炎萧以人族代表的身份带领八大种族一起对抗魔族,体现了对人的肯定。

《绝世神偷:废柴七小姐》的整体基调是轻松愉快的,这也是夜北小说的风格。沈炎萧的成长总体来说是非常顺利的,既有灵魂伴侣修指导她的前进方向,又有神偷技能弥补自己物质上的缺乏,还有一众美男子环绕身边助她成长。唐纳治等多个配角也给小说制造了许多笑点与萌点。欢笑是小说的主旋律,但欢笑中也有泪水。小说中有许多战争细节的描写,在战争中许多令人喜爱的角色牺牲,他们用生命支持沈炎萧的决定,用生命捍卫自己的家园。许多人物都奋战到了生命的最后一刻,这种不顾一切、众志成城守护家园的精神令人动容。

八大种族的联合抗敌离不开沈炎萧的个人努力,她先是以实力镇压各自为政的人族,成为人族首领,然后又奔波于各个种族之间,化解种族内部的危机,缓和种族间的矛盾,努力消除其他种族对亡灵和部分妖魔的偏见。沈炎萧以她独特的人格魅力和她付出的汗水打动了各个种族,于是才有了那一场共抗魔族的大战。大战中死伤难免,夜北用无数鲜血与泪水表达了自己对战争的理解和对战士的尊敬。许多读者却难以接受心爱角色的死亡,他们期待小说中的角色能获得圆满的结局。这使得夜北不得不调整自己原来的计划,设置了复活的环节。小说最后,沈炎萧的朋友、导师和爱人都在战争中死亡,沈炎萧痛不欲生。在沈炎萧准备自杀追随他们而去时,消失已久的主神出现了。他将主神的位置让给了沈炎萧,并带走了撒旦沉睡的灵魂。强大的敌人被主神带走,沈炎萧也成为新一任主神,并复活了众人。这样的结局虽然符合读者的期待和大团圆要求,却冲淡了战争中的悲壮之美,也显得有些突兀。作者如何平衡自己的写作计划与读者的阅读期待是一个需要不断探索的问题。也许在以后的小说创作中,夜北能够找到一个更好的平衡点,让小说结局变得更加精彩。

《绝世神偷:废柴七小姐》虽然是夜北的第一部小说,但整体还是非常不错的。不论是主角还是配角,人物个性都非常突出,能给人留下鲜明的印象。情节设定虽然很多却并不混乱。整体基调笑中有泪,有起有落,给读者带来强烈的阅读快感。这也是小说能够收获许多读者的重要原因,虽然有时候读者的阅读期待和作者的创作计划略有矛盾,但夜北也在积极调整,努力寻找两者间的平衡点。这个问题也是许多网络作家特别是新人网络作家经常遇到的问题,需要更多的时间来思考合理解决的办法。(王春晓)

2.《绝世炼丹师:纨绔九小姐》

故事梗概:

季风烟本是24世纪最强修仙者,在渡九十九道天雷劫的最后一劫时,不慎被雷劈中,穿越到了一个魔法与妖族横行的世界,成了上有家族欺压迫害、下有渣男未婚夫凌辱践踏的受气包。

在穿越后的世界里,季风烟是刚刚继承了灭世铠甲的灭世者。灭世铠甲是这个世界中非常特殊的东西,只要穿上它,就可以拥有至高无上的力量,拥有灭世铠甲的人也被称为灭世者,是各国战斗的主力,并且在各国中拥有着极高的地位。但季风烟作为季家年幼的孤女,她的灭世铠甲却被叔伯惦记上了。

在前往季城的路上,原本的季风烟遭人暗杀而亡,而修仙者季风烟的灵魂穿越了过来。一道道五雷轰顶被季风烟施下,在消灭了众多敌人时她也不小心误伤了无辜少年流火。季风烟救了流火,并将他带往季城。

在季城,雷家霸占着城主之位,季风烟的未婚夫雷旻也看不上季风烟。季风烟一边修复内丹,一边以雷霆之力镇压季城看不起她并欺辱她的人,以强大的实力成为名正言顺的季城城主。

在与流火的相处之中,两人感情日渐深厚。但流火知道季风烟是灭世者后大惊失色,并与季风烟约定不准使用灭世铠甲的力量。虽然不能使用灭世铠甲的力量,但季风烟作为修仙者,却拥有强大的实力。她的性格也十分刚强且非常护短。在回到季家后,季风烟拿回了属于自己的一切财产。

流火失踪,国师星楼却出现了,他以超群的能力和非凡的地位给予了季风烟很多帮助。但这些帮助也引来了爱慕星楼的大公主的不满。虽然大公主处处针对季风烟,但季风烟依然在帝国学院和月落山谷的战斗中表现出色。在月落山谷的战斗中,季风烟发现了一个惊人的秘密,原来灭世者都是人族和妖族的混血,灭世者一旦开始使用灭世铠甲,就等于开始往身体里注入妖气,等到三十五岁身体里的妖气压抑不住时灭世者就会妖化,帝国的灭世者从来没有活到三十五岁也是这个原因,圣龙帝会在灭世者到达这个年龄之前就暗杀掉他。这也是流火不让季风烟使用灭世铠甲的原因,流火的真实身份也渐渐揭开,他与星楼就是同一人。

季风烟不使用灭世铠甲就能打赢灭世者的能力引起了圣龙帝的担忧,他害怕灭世者的秘密会被人发现,所以打算杀死季风烟。却不想季风烟的能力早已超出了他的想象,季风烟不仅从地牢逃了出来,还杀死了大公主。圣龙帝国无一人有能力阻挡季风烟的行动。

在大闹京都后,季风烟离开圣龙帝国前往逍遥谷。逍遥谷是以实力为尊的没有法律的地方,这里的居民都是各国的逃犯。在这里,季风烟以实力获得了城主之位,杀死了真正的大奸大恶之人后,建立华夏国,带领华夏国的人修仙向善。

灭世者的阴谋是天魔族编织的,他们打算挑起人族和妖族的大战,让天魔族以外的种族灭绝。季风烟集齐了散落各地的妖神骨头,复活了妖神,戳穿了天魔族的阴谋,避免了生灵涂炭的结果。季风烟也协助流火等人除了天魔族的叛徒,两人在一切都结束后共同生活在华夏国。

作品评论:

架空的玄幻世界是作者放飞思绪的摇篮,在这里可以融汇古今中外各种幻想元素,也可以信马由缰自在创造想象中的物种。一切历史和现实中不可能存在的、不合理的因素都可以在小说中合理生长,发挥出想象的无穷魅力。

《绝世炼丹师:纨绔九小姐》既有作者原创的灭世者设定,又有传统的中国元素,既陌生又熟悉,让读者能够很快适应小说中的新设定而又保有强烈的代入感。小说女主角季风烟本是24世纪的修仙者,在渡劫时不幸被雷劈中,穿越到了新的世界。这个穿越而来的修仙者身份给季风烟带来了极大的便利,让她碾压众人的超强实力和奇特仙法得到合理解释。修仙的信念即使在穿越后也经常萦绕在季风烟的心头,为了还原自己穿越前的世界,弥补没能成仙带来的遗憾,季风烟开始了对异世界的改造。这些改造也带有强烈的中国特色,比完全架空虚构更能激起读者的认同感。季风烟为自己的药铺取名兜率宫。"兜率宫"一词取自《西游记》,是《西游记》里太上老君的住所。季风烟还为自己制作的木头人取名杨戬,并为他配了哮天犬和三尖两刃刀。这些耳熟能详的神话人物的加入,让小说与读者的联系更加紧密,也在架空世界里带来了些许熟悉感。

灭世者的设定既是夜北的原创情节,也是整个小说的重要线索与悬念。作者善于留悬念、埋伏笔,有些涉及主线的伏笔环环相扣,像舞台上缓缓揭开的帷幕,引来了无数猜想与期待。灭世铠甲既是父亲留给季风烟的遗物,也是可以增强实力的宝物,但在小说的开始男主角流火要求季风烟不得使用灭世铠甲。灭世者拥有极高的荣耀与地位,但流火对季风烟的灭世者身份感到不安。这一伏笔早已埋下,直到青魔一战中,流火才最终揭露灭世者的真实面目,这个悬念埋了几百章。中间登场的多名灭世者都是作者留下的线索,不断暗示灭世铠甲的怪异之处。直到青魔一战中才揭晓真相,原来灭世铠甲是残忍捕杀远古巨龙后,用其血肉与龙鳞制成的,而灭世者也是妖族与人类的混血。真相显露后,灭世铠甲由至高无上的荣耀转向残忍可怕的阴谋,既在情理之中又在意料之外。如此漫长的伏笔埋设,可以看出夜北的创作是有计划有大纲的。除了灭世者这一大的悬念外,小说中还有许多小的悬念。比如摘星楼篇中,宫徵羽是二公子,宫徵昱是三公子,可大公子却迟迟没有露面。宫徵羽明知父亲宫羌是何等邪恶残暴之人,却依然违背自身意愿执行父亲的命令。这些怪异之处都令读者感到诧异与困惑。直到篇章末尾才揭晓,原来大公子宫睿为了保护弟弟们,被宫羌献祭给了巨神兵。而宫徵羽无法逃离父亲掌控的原因也是为了等待哥哥、守护弟弟妹妹。宫睿的惨死让宫徵羽幡然醒悟,他勇敢地与父亲决裂,站在了季风烟的一边。这些或大或小的悬念的设置让小说更加精彩,推动读者像侦探一样寻找小说中的蛛丝马迹,吸引读者不断地追更阅读。从中也可以看出夜北对全局的掌控能力和认真创作准备大纲的态度,这是一个网络作家能够取得成功的重要原因之一。

相对于《绝世神偷:废柴七小姐》中直接引入多个文化体系的经典形象,夜北在《绝世炼丹师:纨绔九小姐》中原创出灭世者这一形象,给读者带来了新鲜感,也体现出了作者的创作能力。在《绝世神偷:废柴七小姐》中,夜北将配角塑造得非常突出,女主角的成功离不开团队的力量。但在《绝世炼丹师:纨绔九小姐》中,突出的是季风烟的个人力量。她不需要团队力量的支撑与保护,而是能以一己之力保护身边所有的人。这就大大减少了战争带来的伤亡,避免重要角色死亡引起读者的不满。但过于强调女主角个人的能力也会降低配角的存在感,因此在这部小说中也就少了如《绝世神偷:废柴七小姐》中齐夏一般的精彩配角。这部小说中的配角不再一直陪伴于主角身边,他们只是偶尔出现,推动情节的发展。虽然配角不再精彩到足以与主角相媲美,但在特定的阶段,他们也发挥了自己的作用,给读者留下一定的印象。比如在战场上妖化的杨舜将军,虽然从登场到退场只有短短的十几句话,但是一个爱憎分明、怜惜部下的老将军形象树立了起来。再比如一直被封印在巨神兵中的宫徵羽的哥哥宫睿,这个人物从登场到退场只有一句话,他的形象是通过宫徵羽对他的回忆丰满起来的。他英勇无畏,为了保护弟弟们,心甘情愿走进宫羌的圈套,成为宫羌的献祭品。

桃花源是古代先贤的心之向往,乌托邦是异国能人的美好期望。夜北在小说中也构建了一个自己心目中的理想国度——华夏国。华夏国的魅力不单在于和谐的氛围与强大的凝聚力,还在于由恶向善的转变。逍遥谷原是恶人聚居之处,季风烟却在此建国,庇佑国中弃恶从善之人,并向天下受苦受难之人敞开大门,只要心怀善念便不问出身,不论出处,一视同仁。这样的建国理念虽然有些过于理想化和简单,却不失为一种美好的期望。夜北抛开了现实社会中复杂的人性与人际关系,在小说中构建理想化的人际相处准则,让读者能够抛开现实生活中的烦恼,在小说阅读中感到轻松快乐。

爱情一直都是言情小说中的重要元素,不同的作家有不同的爱情观。夜北书中的女主角都是坚强独立的女性,她们能够独当一面,为所爱、为家、为天下遮风挡雨。她们不再是温室里的娇嫩花朵,而是一棵能担寒潮、风雷、霹雳的英雄树。她们不再凭栏远眺于高塔,日夜期待心目中的白马王子前来拯救自己,而是披甲上阵,手持利刃为自己开出一片天地。雷旻本是季风烟的未婚夫,他带着高高在上的拯救者姿态对待季风烟,季风烟却对这样的婚约不屑一顾。她毁婚约,获自由,将自己曾经所受的欺辱一一还了回去,拿回了自己的资产,获得了家族的话语权。她用强悍的实力为自己赢来了独立,活出了精彩。雷旻不懂得欣赏季风烟的独立,他的自私自利让他惨淡收场。而男主角流火却一直欣赏和信赖季风烟,在她弱小时给予她帮助,在她成长后给予她信任。"爱一个人,不是自顾自地将她圈禁保护,而是能够给予她足够的信任,相互扶持,相互支撑。"这是流火对季风烟的爱情宣言。在这个故事里,季风烟既不是树下的花朵,也不是紧紧缠绕树上的藤蔓,而是一棵独立的英雄树。他们的叶,相触在云里;根,紧握在地下。

男主角流火并不是一般言情小说中高大全的形象,他忍辱负重多年,步步为营,只为报杀父之仇。季风烟在他危难之时帮助了他,并且真诚待他,毫不吝啬。季风烟用爱融化了流火被仇恨冰冻的心,他开始关心和保护季风烟。复仇不再是流火生命里的唯一目标,保护身为灭世者的季风烟,让她不被妖化,成了流火的信念。但流火在最初并不愿意告知季风烟灭世者的真相,他只想默默保护季风烟一人。当季风烟遇到了更多的灭世者并与他们成为伙伴时,季风烟却想改变灭世者的命运,保护所有人。季风烟比流火更加勇敢,是她的勇气带给流火力量。

小说以季风烟渡劫失败被天雷劈中开始,又以天雷再现,季风烟渡劫成功结束,首尾呼应,画出了一个完整的圆。天雷也成了季风烟帮助流火打败敌人的重要法宝。她利用天雷攻破了敌人的防护法阵,帮助流火完成了复仇。天雷本是季风烟修仙路上的劫难,却让她穿越,得以与众人相遇。第二次天雷又成了她打败敌人的制胜法宝。这样的巧合也非常有趣,颠覆了一般人对天雷的想象。

《绝世炼丹师:纨绔九小姐》是一部大女主的爽文,整体基调沿袭了夜北一贯的轻松幽默路线。相比于夜北的其他作品,特别是《绝世神偷:废柴七小姐》,夜北在这部小说中有了很多新的尝试,譬如灭世者的设定。或许是为了避免引起读者的不满,夜北在这部小说中极少描写死亡,尤其是与季风烟同龄的男性配角几乎都在战争中存活了下来。爽文虽然主要是为了满足读者的心理需求,制造阅读的爽点,但过于轻松的成长和过于幸运的胜利也在一定程度上削弱了小说的美感,显得并不真实。或许能够满足所有读者期待的爽文并不能真正地"爽"。张弛有度、有笑有泪、有轻松有艰辛的情节设置才能带给读者持久的阅读体验,过于轻松得到的快

乐反而不易被珍惜。如何把握好爽文的度也是许多网络作家都需要认真思考和不断探索的问题。（鲍嘉琪）

3.《吾欲成凰》

故事梗概：

女主叶卿棠在第一世时，是第一大陆叶家小姐。这片大陆人人都有灵根，并在此基础上修炼，灵根等级分为赤橙黄绿青蓝紫，灵根越高，修炼潜力也就越高。拥有青灵根的叶卿棠本是叶家天才，而她的极品灵根却被残忍挖出，移到同族的叶悠体内。为了不让已在家族内地位堪忧的父亲叶凌担心自己，叶卿棠选择闭口不提灵根被挖之事。没想到她的隐忍却并没有换来家人的平安。叶家大长老无比贪婪，设计杀害了叶卿棠的父亲与二长老，最终当上了叶家家主。叶卿棠好不容易从大长老手下逃出，经历了众多磨难，修炼到圣尊境，取得了一定成就，但失去灵根的她依然比不上叶悠的进步速度。一次意外中，叶卿棠的妖帝之心暴露，引得所谓正义之士的追杀，穷途末路之下叶卿棠捏碎了体内的妖帝之心，自杀身亡。

上一世叶卿棠尝尽人间冷暖，最后含恨而去。这一世重生回到灵根刚被挖去后，她暗下决心，一定要守护好家人、朋友，并报前世之仇。前世的记忆为叶卿棠提供了极大的便利，她可以通过前世的记忆做出正确的决断，弥补前世的遗憾。但这一世也有意外之喜，妖帝之心提前发挥了作用，将叶卿棠的体质淬炼，使她重新长出了灵根。她利用这股力量颠覆了叶家大长老的阴谋，救了父亲与二长老，改变了他们前世惨死的命运。除此之外，重获灵根的叶卿棠刻苦修炼，转动转天轮，解了体内的毒重现美貌，这使对叶卿棠下了一纸休书的段天饶十分后悔。而诡异的妖帝之心也使神秘的妖帝注意到了叶卿棠，在妖帝之心的指引下，妖帝接近叶卿棠，想让叶卿棠与他结合得到后代后再取得妖帝之心。与此同时，叶卿棠通过医治司家少爷结识了暮宿，暮宿恰好是妖帝的手下，在妖帝的帮助之下叶卿棠进入玄灵宗。而叶卿棠选择玄灵宗是为了获得几样珍宝来淬炼灵根。成为玄灵宗弟子后，叶卿棠凭借自己前世练就的各种本领完成了宗门任务，修为不断提升，同时也结识了秦欢、血月教长老等一众伙伴，与他们建立了深厚的友情。

叶卿棠意外发现了叶悠所在门派云霄宗的阴谋，云霄宗因为吸食各宗门弟子提升实力的阴谋被发现，于是对玄灵宗发起讨伐。为保护玄灵宗，叶卿棠假扮血月教圣女，利用血月教缓解危机后进入秘境提升实力。在秘境中，叶卿棠与魔神兽白虎定下契约，获得无数珍宝，也发现了第一大陆的秘密，同时也拉开了第二大陆故事的序幕。

随着前世记忆的指引,叶卿棠千方百计拜入坠天谷门下,与前世朝夕相伴的师兄弟们重见。在第二大陆强者即将来临时,叶卿棠获得了神凰传承,实力飞升,回到叶家并且以阳君的身份整顿叶家,招募强者,为第二大陆强者的来临做准备。第二大陆强者来临后,第一大陆所有强者齐心抗敌,可实力仍然不济。叶卿棠本有机会逃离第一大陆,但为了保护亲人、朋友,她选择顽强抵抗外来者,但她没能逃脱死局,被第二大陆强者击中。可就在将死之时,真正的妖帝灵衍却利用因果之力将叶卿棠的死劫转移到自己身上,使叶卿棠免于一死。为了拯救第一大陆的生灵,叶卿棠选择进入中央大陆继续修炼,并设法从幽氏古族手中救回小幽云。

在中央大陆,叶卿棠根据灵衍的安排,先后假扮成了暗影圣殿的圣主和姜家的后辈,利用这两个身份化险为夷。这两个身份也给叶卿棠带来了许多助手,帮助叶卿棠联系赤盟共同对抗幽氏古族,救出了小幽云与小落雪。在幽氏古族的强力反扑下,叶卿棠险些丧命,关键时刻她被至尊学院救走。在至尊学院,叶卿棠找到了自己的亲人,并发现了自己的身世秘密。原来叶卿棠只是一个分身,而一直借给她力量的万象之神却是要夺她本体所有力量的人。在灵衍的帮助下,叶卿棠按照自己的意志克服了本体,亲手化解了万年以前与万象之神的恩怨,成为新一任天帝,赐所有亲友仙躯,共同去往上界。叶卿棠与灵衍最终也有情人终成眷属,摆脱了命运的束缚,幸福地生活在了一起。

作品评论:

《吾欲成凰》是一部长篇架空玄幻小说,主要描述了女主角重生复仇并且揭开自己身世秘密,最终改变命运的故事。《吾欲成凰》原名《重生最强女帝》,修改后的名字比原名更有古风气息,但实际上原名更能直接反映这部小说的类型——重生女强爽文。

小说虽然曾以"重生"为关键词命名,但与一般的重生类小说不同,属于当时较为流行的回炉流小说写法。根据网络文学作家千幻冰云的介绍,回炉流是重生类小说的一个变化题材。回炉流的作品爽点在于预知后事发展,提前做出变化和应对,使事情走向好的结局。主人公利用对未来的认知巧取豪夺,弥补自己的遗憾,得到很多好的东西。这样写使得重生不再只是小说开始的契机,而成了主人公独有的"金手指"。

《吾欲成凰》中的女主角叶卿棠前世忍气吞声、一味退让只为换来家人的平安,却不想最后只能含恨自杀身亡,自己所珍视的家人、朋友也都离自己而去。她带着强烈的悔恨自杀,却重生回到了自己的命运转折点。人生没有后悔药,错过的事情很难弥补。而重生改命就是网络小说中的"后悔药",女主角拥有了一次重新选择的机会。叶卿棠有了重生这个"金手指"后,就知道了所有错误选项的后果。重生一次,她懂得了如何做出正确的选择,用勇气与智慧守护自己的家人和朋友。凭借前世记忆,叶卿棠不仅避开了前世栽过的跟头,且因为知道许多未来之事而掌握了超前的修炼方法和锻造技术,实力大幅度提升。她凭借前世的知识救活了前世死去的父亲,极大地弥补了曾经的遗憾。

与一般重生爽文中主角一重生就报复仇人相比,叶卿棠的行为要更加理智。这或许是因为她的仇人叶悠比她实力更高,且叶卿棠的灵根被挖后成长速度远不如叶悠。叶悠就仿佛一个大的任务目标,激励叶卿棠不断奋斗。复仇并不意味着将叶悠直接杀害,揭露叶悠的真实面目更能满足读者的阅读期待,而这也成了叶卿棠为之努力的长期奋斗目标。

善于设置伏笔,埋下几百章后有用的线索是夜北网络小说创作的一大特点。这一特点在《吾欲成凰》中也得到了很好的体现。许多同类型的网络小说作家在更换地图时仿佛临时起意,仅仅是为了主角修行而更换地理位置。而《吾欲成凰》中叶卿棠不断变换的修行之路不仅仅是为了自我提升,还有许多的伏笔和线索在里面。实际上小说从一开始就埋下了伏笔,谜底就是"命运""分身""轮回"以及万年恩怨。而看似并不重要的血月长老都涉及了"分身"这一线索。叶卿棠可以打开暗影圣主专属物件,灵衍看似随意的一句台词"如果是叶小姐,或许可以呢"等细节,都与最后女主真实身份是一缕分身相呼应。这样的小说看到最后,比那些随意铺设情节、更换地图的小说更值得回味。

小说之初,妖帝寒沧溟看似是男主角,但他的出场次数并不多,他对待叶卿棠的态度也十分冷淡。他的能力虽然较强,但并不符合妖帝这一身份。直到后来皇子灵衍的出现才渐渐揭开了男主角的真实面目。寒沧溟不过是灵衍留下的壳,只有妖帝的武力却没有妖帝的智力。而妖帝之所以称为妖帝,就因为其多智而近妖。灵衍才是真正的妖帝,是真正的男主角。这样的设定虽然新奇,却也不至于难以接受,因为前文留下了足够多的伏笔,给读者留下了许多缓冲的空间。这种写法或许比一开始就明显指出男主角身份要新鲜有趣得多。

但伏笔过多有时也会使小说脱离掌控,这部小说也有一些长篇网络小说的通病,即部分线索混乱,重要伏笔未得到呼应。这就容易导致小说结局潦草,部分问题并没有得到很好解决。这部小说中的一个精彩情节就是叶卿棠在阿鼻炼狱中的历练,而在此间显现出的第四域独有的仙佛血脉也是叶卿棠能够化险为夷的重要一笔,可这一笔却没有得到很好的回应。此外灵衍为了挽救叶卿棠的性命,将她的死劫转移到了自己身上,本以为这死劫转移会是男女主角感情加深的伏笔,或是一个艰难的任务和重要的考验,但这个对于灵衍来说十分重要的死劫并没有一个合适的交代。

命运是小说的关键词之一,叶卿棠重生后的最大心愿就是改变命运,挽救前世死去的亲人、朋友和师兄弟。而灵衍也是一直在与天斗，与命争。他为了躲避死劫，将自己化作两个人，一个是用来欺骗众人的空有武力的躯壳，另一个是拥有心脏和神魂的真正的自己。他帮助叶卿棠重生，承担叶卿棠的死劫，不断地帮助叶卿棠，既是因为他对叶卿棠的爱，更重要的是他相信叶卿棠能够改变他们的命运。

前世的叶卿棠是软弱的，但重生后的她敢于挑战命运。她相信但凡被注定之事，都是因为当事者无力改变，只有弱小之人才会顺从天意。因此她发出了"我的命，由我自己掌控，无论是谁，也别妄想支配我的命运"的呼喊。她敢于向命运宣战的精神给读者带来了启发，也让小说洋溢着一种积极向上、奋发努力的气息。

为了改变命运，拯救前世逝去的师父和师兄弟，叶卿棠再次拜入玄灵宗和坠天谷。在这里，叶卿棠既做出了许多改变，也过了一段相对轻松安稳的日子。宗门生活与夜北在其他小说中描写的学院生活相似。在宗门里，叶卿棠再次认识了前世的至交，也认识了许多新的朋友，还通过上一世的知识获得了许多宝物。但重复的宗门生活和相似的秘境寻宝也让小说有一些乏味，缺乏新意。叶卿棠在第一大陆潜入血月教是假扮了血月教圣主，在中央大陆，叶卿棠潜入暗影圣殿和姜家依然是靠假扮他人。这些相似的桥段和解决问题的办法有自我重复的嫌疑，没能带给读者新意。网络小说的创作之路是艰辛的，读者和网站编辑都在催促作者快些创作，多些更新。但有些时候，适当放慢脚步，多留些时间思考小说的情节，增加新意，才能让小说更加精彩。

小说中一个比较有趣的细节就是夜北在创作中吸收了武侠小说的创作方法。小说多次出现叶卿棠与他人的比武。为了制造看点，夜北在比武前不惜花大量的笔墨描写观众的表情和语言。在比武时，也设置了赌约和语言陷阱，让比武更加精彩。相较于《绝世神偷：废柴七小姐》中经常出现的大规模战争描写，《吾欲成凰》这种小规模比武更容易突出主角的光芒，更有传统武侠小说的情调。

虽然《吾欲成凰》的创作有许多仓促的地方，但可以清楚看到夜北尝试新写法的努力。命运与轮回是大的哲学命题，古往今来许多哲人耗尽一生也没能思考出满意的答案，夜北选择了这个命题进行创作可见其勇气。虽然小说中有些问题没有得到合理的解决与解释，但总体来说这部小说对于夜北是一次很好的尝试。或许再多一些时间和思考，夜北就能将这个大的命题和这些小的问题解决。小说创作需要不断地创新与突破，希望夜北能像她笔下的女主人公一样勇往直前，挑战自我，给读者带来更多更好的作品。（李嘉欣）

童　童

【作家档案】

童童,女,本名童敏敏,曾用笔名金银童,1990年出生,安徽六安人,中国作协会员、江苏省作协会员、江苏省网络作协理事、鲁迅文学院第五届作家班成员,作家、编剧。现签约于番茄小说网。

2003年获第三届"中国少年作家杯"全国征文大赛三等奖,自2005年起从事文学创作。作品长期霸占新浪风云榜、销售榜前三名,腾讯收藏榜前十名,中国移动读书榜前十名,至今累计创作千余万字,网文平均订阅量过四万,首订破十万,网络收入过百万,微博平均阅读量数十万。擅长创作青春纯爱、都市言情、热血校园等类型小说,十余年笔耕不辍,深受固定庞大书友群支持,累计出版简、繁体字小说40册,影视改编8部,网文阅读点击量过百亿。

《与帅弟同居的日子》被改编为影视剧《甜了青梅配竹马》,腾讯独家定制,首播连续全网热度第一,观看量二十四小时破亿。《男神来了》《天王女助理》《娶个偶像当老公》《一朝为后》《不爱我,别伤我》《淘气达令躲猫猫》等小说登上当当网销售榜单。小说《恶魔的宠妻》改编为漫画后,位居腾讯漫画总榜前十,连载半年破五亿人气。

《无秘之爱》作为爱奇艺重点签约IP书,荣获首届爱奇艺文学大奖三等奖、第一届中国好故事三等奖。《不爱我,别伤我》荣获2018掌阅年度盛典最具商业价值奖,《一不小心恋上你》荣获2018翻阅最具改编价值IP奖,《月球之子》荣获中国小说学会2022年度好小说奖,《冬有暖阳夏有糖》入选中国网络文学影响力榜(2021年度)海外传播榜单。2023年,作家童童获中国作协网络文学海外传播突出贡献荣誉表彰。

近年来作者积极尝试现实题材创作,从《大茶商》到硬科幻未来现实主义的《月球之子》,再到书写新时代山乡巨变的《洞庭茶师》,在诸多创作中努力寻求题材和手法的创新。其中《冬有暖阳夏有糖》等多部作品被翻译成英语、法语、意大利语、西班牙语、葡萄牙语、阿拉伯语等诸多语种,实现了网文出海。

【主要作品创作年表】

《酷天使,假王子》,光明日报出版社,2006

《与帅弟同居的日子》,新浪读书,2007;珠海出版社,2011

《爱上加菲猫》,采薇书院,2008

《金钗摇》,台湾繁体出版四册,2008

《宅男的美女房东》,天涯论坛,2008

《天王女助理》,信昌出版繁体六册,2009;大众文艺出版社,2010

《一朝为后》,新浪读书,2010;江苏文艺出版社,2011

《天才皇后》,信昌出版繁体四册,2010

《凤临天下:金钗摇》,落尘文学,2011

《淘气达令躲猫猫》,春风文艺出版社,2013

《爱就宅在一起·我家老婆天然呆》,春风文艺出版社,2012

《爱就宅在一起·我家老公腹黑男》,春风文艺出版社,2013

《娶个偶像当老公》,沈阳出版社,2011

《一夜诱爱》,台湾繁体出版四册,2012

《勾心皇后》,武汉出版社,2012

《男神来了》,武汉出版社,2016

《不爱我,别伤我》,台海出版社,2016

《无秘之爱》,爱奇艺文学网,2016

《进击吧,盛樱明星学院》,吉林摄影出版社,2018

《你是我的万能药》,凤凰网书城,2019

《大茶商》,翻阅小说,2020;安徽文艺出版社,2024

《冬有暖阳夏有糖》,番茄小说网,2020

《月球之子》,番茄小说网,2021

《荣耀乒乓》,江苏凤凰文艺出版社,2021

《洞庭茶师》,番茄小说网,2022;安徽文艺出版社,2024

【作品评价】
1.《男神来了》
故事梗概：

霸道傲娇有洁癖的天王巨星宋皓君，一直深陷绯闻旋涡。所有人都看到了他的光芒万丈，却没有人知道他一个人默默守候一段爱情多年，直到他的秘书韩天宁贸然闯入，那纤尘不染的身影砸进他的心，从此，这份情愫一发不可收拾。所谓我这一生遇见的所有人里，千万颗活跃跳动的心，怎及你的钟情？

作品评论：

童童作为女频文的代表作家之一，始终坚持以"女性至上"的观念来设计故事。《男神来了》明面写的是男神，其实是一个女神的"神话"。《男神来了》作为童童的早期作品之一，紧扣住社会热点，同时采取了"反其道而行之"的叙事策略，使得故事有一种迥异寻常的"陌生化"的戏剧效果。

首先男主娱乐明星宋皓君的种种异乎常人之举，使得女秘书韩天宁的受虐成了顺理成章的事。随着故事的进展，宋皓君的成长历史抽丝剥茧地呈现出来，原来这个所谓的"大明星"也有着不可告人的私密。做生意的父母居住在国外，不差钱，对明星生活极为反感，还时不时逼婚，等等，这些都成为男主心理反常、怪癖多、喜欢"虐待"秘书的理由。选择这样一个角色，一强一弱，极具鲜明的反差，势必产生出很多故事。

同时，女主的安排上也是经过精心的构思，韩天宁是刚入职的大学生，出身于一个工薪家庭，她还暗中资助农民家庭出身的男友，这样的女孩子所具备的"坚韧、善良、美好"统统都可以集中到韩天宁的身上来。如果没有这样的人设身份的铺垫，显然故事是没法讲述下去的。

其次，作者在两人之间的关系上采取了"升级"模式，面对宋皓君无所不用其极的折腾，韩天宁一而再，再而三地忍让，最终想打退堂鼓离开这家娱乐公司。但男友母亲因为手术缺少30万元，善良的韩天宁改变了主意，不得不向宋皓君提出借款30万元。最终，她又成为宋皓君的秘书。这似乎又有着"霸道总裁"的套路，但是童童没有遵循这样的套路。韩天宁作为一个现代女性，有自己的尊严，只是善良的人性让她做出了一种选择。在作品中，宋皓君无疑是一个极为不光彩的角色，也颠覆、解构了人们对"明星"的理解，甚至可以看出是一个"恶"的代名词，尽管作者的批判意识并不明显。

再次，小说的表象"喜感"掩盖了其中巨大的人性的阴暗。宋皓君对韩天宁的极端复杂情感的占有，是借酒后乱性实施的，看似情节设计天衣无缝，却是对韩天宁视"爱情为命"的解构，最后她不仅认命,还心甘情愿地成为宋皓君的"甜蜜爱人",虽然有男友的背叛作为铺垫,但实际上这样的设计是小说的巨大败笔。尽管在一般人看来,可以看作是女频文"暧昧"叙事的一种技巧。殊不知,这样的设计恰恰反映了女频文小说最大的"短板",以牺牲身体来透支人性的尊严,在颂扬女性善良美好甚至"拯救"男性的"救世主"面孔的背后,其实是机械地、冷冰冰地剥夺女性对爱情的自由。

最后,作者对男女主的态度同样也是模棱两可的,对男主有着一种"羡慕中的批评""批评中的期待",这是女性视角下对男权的崇拜,而对女主则是一种"救世主"式的赞美,所有的缺点都可以翻转成一种所谓的"美德",比如,对男友不加鉴别的无私的资助,对宋皓君的"身体侵犯"的忍气吞声,这是一种新的俗套,也是女频文经不起推敲的真正原因。(吴长青)

2.《你是我的万能药》

故事梗概:

富家少年沈宁意外邂逅"薄荷糖"少女季重阳,少年对见义勇为的少女一见钟情,机缘巧合下,少女竟是自己未来的大学同学。沈宁在医学院开学第一天对季重阳疯狂示好,但是孤儿出身的季重阳不近人情地与他保持距离。

看似孤傲冷淡的季重阳有着坎坷的童年,被父母抛弃的她在医院医生的照顾下得以长大,可惜在她年幼的时候医生养母又不幸离世,她被再次收养,在季奶奶的培养下季重阳变得更加坚定执着,清秀挺拔的她确定了要当医生的理想。而沈宁富足的家境给了他无忧无虑的童年,父母的基因给了他俊朗的面貌。少年与少女几乎是两个世界的人。

沈宁追求季重阳的方法只有一个:死缠烂打。从来都是被女孩子追求的沈宁在季重阳这里大受打击,可是骄傲的沈少爷才不会放弃。他听说季重阳在宿舍帮室友冰敷扭伤的脚踝便心生一计:苦肉计。在季重阳必经之路上,沈宁假装中暑倒在长椅上,当季重阳手指探过来时,沈宁心跳骤然加速,发现是沈宁后季重阳有些恼羞成怒,她不明白这个男孩为何总是出现在她身旁。回到军训队伍后,季重阳的室友肖萌因为迟到被罚二十个俯卧撑,可是她扭伤的脚踝还未痊愈,正当季重阳准备替室友接受惩罚时,沈宁站了出来,他是看见了季重阳向前的小步子猜到她的心思来代替季重阳的。

军训结束后,医学院的课程正式开始,第一堂解剖课上,季重阳冷静地处理青蛙,让沈宁对她更加仰慕。季重阳的大学生活很单调,除了在宿舍睡觉的时间,她就奔波于教室和图书馆之间,在室友肖萌的软磨硬泡之下,季重阳答应了参加下午的一个动漫节。得知季重阳将扮演桔梗后,沈宁立马安排了最好的化妆师和道具,他的女孩最适合桔梗的角色了,他不允许廉价的装束拉低季重阳的身价。扮演成桔梗的季重阳不仅惊艳了全场,更撩拨了沈宁的心弦。活动结束后的季重阳马不停蹄地赶回学校参加法医学公开课,得知季重阳已离开,失落和恼怒在沈宁心里滋生,他找到季重阳,情绪复杂的少年不由分说地夺走了少女的初吻。季重阳根本没有想到这种情况,她一句话都不想和眼前这个人说,拿着东西愤怒离开。

十一假期到了,死不灰心的沈宁偷偷跟踪季重阳来到她的家,因为地形不熟,沈宁在流浪狗的追逐下摔下台阶,磕破了膝盖。"可怜兮兮"的"跟踪狂"顺利进入季重阳的家,睡在她的床上,沈宁心动不已,满院的蔷薇和满墙壁的书,他似乎对这个高冷的女孩多了一步了解。

假期结束后,学习任务更加紧张,沈宁心满意足地接受分配的学习小组,他的组长正是季重阳。有了学习小组,二人之间的联系也日益增多。季重阳在帮助沈宁学习上认真又负责,可是沈宁并不满足于此,迎新晚会上他偷偷给两人报了双人舞节目,季重阳不得已和沈宁开始练习舞蹈。许久未练舞蹈的季重阳还是那样如鱼得水,跳舞的季重阳与平日里的她几乎是两个人,她是那样热情似火,再次勾走了沈宁的魂。这对俊男靓女不出意外地拿下了第一名。庆功宴上季重阳误喝了断片儿酒,沈宁只能将她带回自己的公寓,没想到喝醉的季重阳又多了沈宁没有见过的一面,她像个小孩子一样闹,和平时孤高的气质完全不同。在其他女生的帮助下,季重阳在沈宁家度过了一夜,二人之间的关系也变得更加暧昧。

沈宁觉得该改变战术了,他表白了,但惨遭拒绝,季重阳说她是不会选择沈宁作为人生伴侣的。一直满怀希望的沈宁大受打击,来到酒吧硬是把自己喝到了医院。第二天,季重阳看到沈宁空空的座位心里也很不是滋味,她主动的关心再次融化了沈宁的心,两人之前的隔阂正在消除……

沈宁表明心意后,季重阳决定带他认识真正的自己。她带他来到了自己做义工的地方,季重阳除了在学校学习就是在做义工。做完义工后一场突然的大雨促进了两人的关系,沈宁又一次顺其自然地住进了季重阳的家,一间房内,暧昧的气氛上升。

季重阳终于答应了沈宁的追求,虽然她说"当你半年女朋友",但这种名正言顺让沈宁欣喜若狂。他迫不及待地带季重阳回家见了外婆。寒假结束后整个医学院都知道他们终于修成正果了,第一部故事到此结束。

作品评论:

《你是我的万能药》在第五届华语原创小说比赛中,从众多作品中脱颖而出,获得最受欢迎网络原创小说女频作品奖。小说聚焦医学院校园里发生的青春故事,书中女主人公季重阳是一名早产弃婴,被好心人收养后在医院长大,见惯了生离死别的她对情感丧失了信心。考上医学院后,她在校园中邂逅了男主角沈宁,男主角如同一道火焰照亮了这位独来独往、像个没有感情的医学机器的女主角季重阳心底的黑夜。五年的大学生活,因为彼此的羁绊与鼓励,曾在青春里迷茫懵懂的少年们,都变成了更好的自己,他们身上的光芒,已足以驱散孤独和黑暗,照亮未来之路。

《你是我的万能药》延续了经典女频小说的人物设置,男主是富裕的帅气少年,女主是气质高冷、外表清秀的学霸少女,套路也是传统的一见钟情式,小说的前一部分因为人物设置有些老套,故事情节并没有特别出彩,不过后续的情节转折也挽回了之前的不足。不同于传统小说中明确的正反派,但是每个人物也有鲜明的特色。例如,女主去世的奶奶对女主成长的人格起着非常重要的作用,从主角的描述中我们能看到一位优雅和善的奶奶。

小说语言非常切合校园小说的特点,青春活力洋溢于文字之间,有符合人物生活和学习习惯的游戏"黑话"。故事背景在医学院,有相当多的情节和人物对话与医学有关,作者在描写这些情节时还是非常认真严谨的,因此这部小说具有一定科普意义。

男女主的爱情发展符合一般规律,两人之间的感情有曲折,有磨合,还有突破。读者可以沉浸在他们爱情和友情互相成就的故事里,明晰的感情线也不会让人读起来感到纠结。除了爱情的主线以外,男女主的学习线也是值得一看的,学霸搭学渣的组合也让人眼前一亮,不像有些爱情小说一味追求爱情线,放弃小说中人物的其他人生观的建设,也对大部分青少年读者有所启示。小说中的其他人物对促进故事的发展也起了不可缺少的作用,校园中形形色色的人物都在这部小说中有所体现,他们是真实生活的体现,也是情节上的助推器。(胡瑞)

争斤论两花花帽

【作家档案】

争斤论两花花帽,男,原名姚传国,1987年生人,安徽人,中国作家协会会员,阅文集团大神作家。鲁迅文学院第十三期网络文学作家培训班成员、井冈山第三期新兴领域青年大学习及全国青年网络专家"青社学堂"专题培训班成员。2016年签约起点中文网,著有《我的1979》《卜筑》《庶道为王》《重生之最强大亨》《朕又不想当皇帝》等。代表作《我的1979》总字数400万字,获得1.5亿总点击量,657万推荐票,长期位于起点原创风云榜前十,荣获2016年首届网络原创文学现实主义题材征文大赛二等奖,入选2017年中国作协重点作品扶持选题,且成为"迎接庆祝党的十九大胜利召开"主题专项八项作品中唯一的一部网络小说。

争斤论两花花帽从2004年开始写小说,于2008年在天涯论坛第一次发表作品,2009年开始在起点中文网写作,从2010年到2016年处于一边工作一边写作的状态,2016年底后开始全职写作。虽然每天码字的工作量很大,但他仍然保持良好的阅读习惯,坚持长期阅读,不管在什么样的状态下,每天阅读量基本保持在20万字。

其作品生活气息浓郁,贴近时代与生活,人物间的交往、心理等细节描写细腻,让读者非常有代入感。小说将现实主义题材与爽文相结合,非常具有年代感与现实感。

【主要作品创作年表】

《我的1979》,起点中文网,2016

《卜筑》,起点中文网,2019

《庶道为王》,起点中文网,2020

《朕又不想当皇帝》,起点中文网,2020

《兽人世界里的首富》,起点中文网,2023

【作品评价】

1.《我的1979》

故事梗概：

《我的1979》这部小说主要讲述了出身贫困农村家庭的李和机缘巧合之下穿越到了1979年，凭借着前世的记忆与两世积攒的经验，成为改革开放先锋干将人物，一步步走上人生巅峰的故事，但是同时，在不知不觉中，他也渐渐改变了许多人的人生走向……

李和出身农村，家庭贫困。父亲是个不务正业的二流子，整日游手好闲，对家庭与亲人没有责任心。母亲是个受气包，做事优柔寡断，缺乏主见，常常生闷气。他还有一个贤惠精明的愤青大姐，一个耿直倔强的弟弟和两个调皮的妹妹。这一世他平平淡淡活到五十来岁，谁知一觉醒来竟然穿越回了1979年。这时正值高考恢复的第三年，在这一年李和考上北大，成为村里第一个大学生。为减轻家庭负担，李和半工半读，从倒卖泥鳅开始，小有积蓄，后来习得一身修补各类家电的好手艺。1980年他巧遇小混混苏明，在相处中两人互相建立信任，苏明成了李和的得力助手，正逢1980年国家政策支持，个体户涌现，二人便开始倒腾起二手家电生意。李和凭借着对商业的敏锐度，担任操盘人，与带领一帮手下的苏明，携手共进，干起了二手家电回收和古董收集的生意。机缘巧合之下结识了古董达人李舒白，之后正式进入古董行业，逐步扩大商业版图，渐渐有了自己的地盘与声誉。在他的接济下，家中情况也好转起来。也是在这一年，他凭借记忆找到了上一世的妻子张婉婷，此时张婉婷就读于隔壁学校外语学院俄语系，一番死缠烂打爱意浇灌后将其成功追到手。在1982年"留学潮"时李和忍痛送挚爱出国，毕业后他留校任教，成为一名物理老师。20世纪80年代中期文化激荡，各个领域开启改革路，李和开始专心创业。80年代末期国企改革、私企出现，李和创办了外贸公司，但因兄弟的出卖背叛，他的生意一直不顺，也是在这一时期张婉婷回国以观念不和、人心已变提出分手，给李和带来很大打击，后来李和阴差阳错与大学时一直爱慕并照顾自己的何芳结为夫妻。90年代他跟随潮流下海经商，重拾外贸事业。1997年爆发金融危机，李和抓住机会，于夹缝中生存，在股市打了漂亮的一仗，迎来人生的第二次翻盘，获得巨大财富，跻身富商行列，坐拥百万身价。虽然李和事业有成，但家庭矛盾不断，小说后期围绕家庭危机，70后与90后两代人的思想鸿沟展开。事业、感情、家庭三条线索交织，平淡的叙述中藏着时代的惊涛骇浪。

作品评论：

《我的1979》共1687章，400万字。《我的1979》被划分在都市情感文一类，可是它与传统的都市文不同，它从平凡百姓李和的视角出发，刻画了时代大潮中小人物的奋斗史，展示了波澜壮阔的时代大潮下的社会百态，所以我认为把它归在历史题材中也无可非议。说实话，如此长的篇幅，唠家常似的平淡文笔，细水长流娓娓道来没有丝毫波澜起伏的情节，读起来既没有爽文的快感，也没有短文一气呵成的畅快淋漓之感，却从连载至今收获了四千多万点击量，获多种奖项，并被影视改编，从一众常规爽文中不紧不慢闯出一条道路，一骑绝尘，一定有其不可忽视的亮点和价值。此书一出便获得"争斤论两花花帽的封神之作"这一如此高的评价，热度居高不下且争议不断，其神秘感更让我迫切地想要一睹为快。

这部作品一开始吸引我的地方就是它的名字《我的1979》，和其内容一样简洁平淡，不像是网络文学作品的名称，倒像是传统文学作品。故事的起点是1979年，历史上重要的一年，中国正式开始改革开放的第一年，许多新事物处于萌芽和起步阶段，蠢蠢欲动又小心翼翼的时代。一个非架空的以一个真实的敏感的时期为历史背景的小说，是十分考验作者的知识面、想象力与写作水平的，从一开始我对它的期待就非常高，我既想从中了解八九十年代的社会面貌，感受上一辈的生活环境和状态，稍稍补足我欠缺的那段历史知识，又想看到不同于普通爽文的思想深度和精神内核。

作品前半部分的家长里短、生活琐事描写真实又耐人寻味，准确抓住时代风貌，代入感很强；后半部分差强人意，配角脸谱化，主角成为首富后的生活描写有些"农民猜测皇帝的金扁担"的味道，情节落入俗套且稍显拖沓。一千个读者眼中有一千个哈姆雷特，一部作品打出世以来就必然会有不同的声音，网络的强大传播能力，宽松自由的讨论环境，粗放松散的管理，更给读者的不同反响和评价提供了充分表达的空间，因而对某部网络文学作品的评价毁誉皆有，褒贬不一的现象再正常不过。理性对待，容许不同的声音，是作为网民和读者应有的态度，也是对作家劳动成果的尊重。

相较于其他现实题材类作品，小说的亮点很明显。亮点之一，从背景来看，小说全文前后跨度四十年，完整记录了改革开放四十年来中国时代的巨大变迁，涉及了高考恢复、个体经济发展、留学潮、下海潮、国企改革、私企出现、亚洲金融危机、苏联解体等一系列历史大事件，通过阅读作者的文字，我们仿佛就站在20世纪80年代祖国的土地上，沐浴着改革开放的春风，感受着那个时代的风采，触碰到一个激情燃烧，机遇与挑战并存的社会。作者用原汁原味的语言，真实地还原了改革开放前后的社会面貌与风气，展示了中西文化的强烈碰撞与对接。令我印象最深的是故事开篇李和倒卖黄鳝的情节，讲到了供销社、生产合作社，买肉买粮食需要肉票和粮票，做点小生意都要偷偷摸摸，不然会被眼红的人举报"投机倒把"，划到不良分子行列。后来随着改革开放进程推进，新事物涌现，个体户兴起，大喇叭开始播放港台歌曲，女生开始穿裙子，老外拿着摄像机满大街溜达。对于生活在21世纪的我来说，这些情节都非常稀奇，以前历史书中古板的知识点就这样活灵活现地以另一种方式映入我的脑中，极大地满足了我对那个年代的好奇，一定程度上补充了我对那段历史知识的欠缺。小说描述真实，在合理范围内进行想象，何尝不是一种大胆的开拓呢？不扭曲、不夸张，有些怀旧，有些迷茫，相信对于一些年龄大一些的读者来说，会有很强的代入感。值得一提的是，据我了解，这部小说的影视改编尚在筹备中，将一个内容如此庞大的小说纳入容量有限的电视剧范畴，着实有些难度。纵观近些年类似题材改编的影视剧，《大江大河》《鸡毛飞上天》《正阳门下》《请你原谅我》等以20世纪80年代为背景的故事，无一不是有着正向深厚精神内核的优质IP，关注时代大潮，有内涵有深度，符合市场政策导向。《我的1979》影视改编优势、商业合作亮点也正在于此，小说主打小人物、大时代、正能量，输送着正向的价值观，展现出坚韧的信念和蓬勃的希望，正是市场上稀缺的好作品。如能吸收类似题材作品改编经验，萃取精华部分展现，相信其在口碑和关注度上都会取得令人满意的成绩。

　　亮点之二，题材新颖，情节丰富，受众广泛。小说以金融商战为题材，故事内容高潮迭起，和同类作品比较，故事亮点突出。小说从金融行业专业领域出发，以主角李和的创业历程为主线，对商业运作的各类细节做了细致的刻画，尤其是小说后面部分，李和的生意越做越大，逐渐与世界接轨，从一开始倒卖黄鳝的小生意，到贩卖家电古董，再到后期下海经商，运营公司，运作股票，卷入金融危机，对作者的专业知识是很大的考验。相较于普通的不合逻辑、天马行空的职场文，相较于只手遮天的霸道总裁，改革背景下的小人物李和打怪升级的奋斗史更加真实热血、动人心弦，为读者展现了真实残酷、暗潮涌动的金融世界。除了创业主线，主角复杂的情感纠葛也是热议的话题。既有特殊的时代背景，又有精彩纷呈的金融商战，还有剪不断理还乱的情感纠缠。可以说，这部小说的受众面是极广的，所覆盖的年龄群体也是相当可观。有关注时代背景的70后、80后，他们对那个亲身经历的年代有着难以割舍的深刻情感和强烈共鸣；有关注事业的职场精英，他们有一定的人生经验、社会阅历和专业知识；有关注情感走向的年轻人，女生居多，多为95后、00后，他们相当活跃，乐于发声，在激烈的争论中带动了小说的热度，"吐槽"是零成本传播的最好途径。如此容量庞大的小说，如此丰富的思想内涵，如此巨大的可待发掘的潜力，其火爆自在情理之中。

　　亮点之三，人物形象的塑造。前期作者对人物的刻画非常成功，每一个人物都独具个性。通过主角李和的人生际遇，小说彩线穿珍珠般串起了很多有血有肉的活生生的人，就像一棵大树，从主干出发，延伸无数枝条，人物关系网图越来越密集，就好似一部现代《水浒传》，108条好汉尽在其中,展现波澜壮阔的时代大潮下小人物的人生百态。相信李和的左膀右臂——苏明这个人物一定让很多读者印象深刻,可以说从主角遇到苏明开始,他的事业才正式起步。苏明不同于一般的小混混,他有头脑,有志气,讲义气,在生活的重压下艰难谋生,遇到李和后迎来了命运的转机,两人由试探到合作到相互信赖扶持,作者细腻的描写不禁让人感叹,人生难遇如此一知己。除了好朋友苏明,伴随李和前半生的两位女性,李和的白月光和朱砂痣,独立果断的张婉婷与爽朗体贴的何芳,两个人物形象的塑造也非常深入人心,且在网上掀起了热议,张婉婷成为很多读者心中的意难平。

作品固然出彩,可以称得上是一部现实主义色彩浓厚的"高级"网文了,《我的1979》以自己的方式,为读者带来了作为通俗文学"水准之上"的畅爽体验,但是令人稍有遗憾的是,小说后期无论是笔力还是情节都不如前文出色。有网友戏谑地说,这部小说是作者捡来的残缺本,后半部分情节跳跃交代不清,结尾李老二的几个儿女也没有交代完全就匆匆结尾了,很是突然,显得虎头蛇尾。当然,这只是网友的调侃,作品肯定是作者心血的产物。我觉得之所以作品结尾仓促,原因如下:一则是篇幅已经过长,其实从写李和后代开始就已经显得情节拖沓了,如果再继续展开下去难免像老太太的裹脚布一样冗长乏味;二则是作者前期埋下太多伏笔,后期想要全部圆起来便显得有些力不从心;三则让大多数读者诟病的一点设定,是李和人设的崩塌和恋情交代模糊不清,主角前期忠贞不渝,一心一意爱着支持着心中的白月光张婉婷,但自从张婉婷回国,二人突兀地分手后,李和便开始放飞自我流连花丛,这一走向让一大批读者很难接受,并且在"究竟谁先背叛了谁"的问题上争论不休。究其缘由,是作者没有交代清楚他们的感情走势,导致后来主角人设有点崩坏的迹象。

但总体来说,瑕不掩瑜,这是一部非常出色的文学性、娱乐性兼备的现实题材网络小说,囊括内容丰富,描写细腻,胜在真实,众多有价值的元素等待发掘,作为一部优质火爆的网文IP作品,其成绩我们有目共睹,其发展的空间无可限量!(杭紫璇)

2.《卜筑》

故事梗概:

在农村出生的凌二前世出车祸,作为植物人在医院躺了三年后死亡,不料却重生在他十六岁中考那年。1988年,凌二家里兄弟姐妹五个,家中贫寒,父亲不争气,母亲受不了农村这种苦日子离家出走,只留下凌一、凌二和几个弟弟妹妹。由于重生,凌二对未来世界经济、商业的发展有一定的前瞻性和预见性,凭着前世的记忆和生活经验,他一步步考上大学,搞投资,成为首富,并在此过程中照顾家庭,改变了许多人的生活。

　　凌二重生后第二天起,就把挣钱当作最重要的事,在河边钓鱼虾、泥鳅,卖了赚上十元八元的小钱。中考结束的暑假,凌二在报纸上看到关于国库券转让市场试点相关内容,依靠信息不对等,通过倒腾国库券,获得了第一笔本金。后来他又通过倒卖国库券大赚了一笔。在此期间,凌二考上了市一中,并且用自己赚的钱在市里学校附近买上了房子。

　　凌二将全家从那个漏风漏雨的破屋里迁出来,搬到市里,给弟弟妹妹们换了学校,在城市结交了不少朋友。国库券倒卖没有了赚头时,他先是开了一家澡堂子,又去浦江买股票,然后和结交的新朋友一起开日化用品厂。由于重生,凌二的变富之路一帆风顺,高中时的凌二在学校低调做人,成绩却是不错,当时已有百万身家。一起求财的兄弟们也开始分家,卖馒头的、开服装店的、开饭店的,各自选择了自己可以做的事情,独立奋斗。后来凌二考到了浦东大学,又将家迁到了浦江,随后他开超市,搞外汇投资,拍地圈地,投资互联网领域,在硅谷设立投资公司,凡他的投资都是有收益的。在不懈的努力下,凌二成为当地首富,一家人的经济能力也提高了。

　　在此期间,兄妹的情感问题也渐渐解决,大姐如前世一般嫁给了付宝路,凌二也动身去寻找前世的老婆,千里寻妻、巧遇、安排工作,一步步诱惑陈维维,最终娶到了她。凌三、凌四都考上了首都的大学,后来大姐和凌二都有了孩子,父亲也迎来了自己的第二春,还生了小妹妹,母亲也有自己的人生,二妹嫁了人,单身多年的弟弟最后终于娶妻……

　　《卜筑》结尾处,以凌二办公室中他在高中时所写的一幅字"卜筑东门事偶然,种瓜敢咏应龙篇。但求饭饱牛衣暖,苟活人间再十年"改为"华枝春满,天心月圆"落幕,讲完了重生后的凌二的一生。

　　作品评论:

　　《卜筑》内容大致从1988年开始,一个重生的男人通过对未来趋势的掌握,利用自己的聪明才智,一步步致富,让家人过上好的生活,接受好的教育,同时也弥补了自己前世的一些遗憾。阅读这本书,可以感受到作者笔下浓浓的人情味,故事好像在讲凌二重生成为人生赢家,从无到有,步步发家致富的故事,但仔细看来,讲得更多的则是日常生活,父母和兄弟姐妹的情感纠纷,生活气息浓烈。图书简介中说道:"人到中年万事休,却道天凉好个秋。三十不豪,四十不富,五十将相寻死路,已经大致确定了基调。"读此书时,就是在观看这一家人的生活,看作为长姐的凌一辛苦地照顾弟弟妹妹,看凌二通过各种手段挣钱,同行的人都一起致富了,看凌二肩负起家庭重担,让弟弟妹妹有更好的学习和生活条件,看兄弟姐妹五人无父母照顾的辛酸。这本书吸引人的内容更多的是凌二从一无所有到发财致富的过程,从最初的靠钓鱼摸虾换得八块十块钱,到后来通过倒腾国库券获得第一笔资金,然后用这些资金继续投资、创业、赚钱。这些故事,使得读者心中不禁有满腔热血,生出强烈的创业求财欲望。

《卜筑》有更多家庭情感的描写,农村贫苦人家,父亲不争气,把家庭重担全部交给母亲,母亲受不了苦日子,抛弃自己的孩子独自打拼,这是那个年代很多家庭的真实写照。如果没有凌二的重生,这样的家庭注定悲苦一生,凌二重生后担负起了兄弟姐妹的一切,压力是很大的,这很容易引起我们的情感共鸣。

全书以第三人称徐徐道来,从上帝视角讲述关于"卜筑"的故事,语言平实质朴,带有皖北方言的味道,带着农村人的淳朴。全书结构鲜明,循序渐进,依照故事发展徐徐展开,描绘了一幅生活图卷。人物刻画鲜明,细节描写生动,大姐朴实、节俭、照顾弟妹、操心家里大小事情,凌二成熟稳重、智慧过人、小气、控制欲强。书中的每一件小事都叙述得极其详尽,画面感很强。这本书的娱乐价值不高,生活气息浓厚,更多给人以情感的体验,网络文化元素不多,只是重生这一元素作为小说开始的基点,并没有什么新鲜的创意。读者能够被书中的亲情所感动,为兄弟姐妹们的彼此扶持、彼此牵挂所感动,也羡慕凌二这开挂的人生。

《卜筑》是一部具有现实意义的文学作品,加入了重生这一元素,给了现实题材文学新的思路——通过"先知"获得谋生赚钱能力,其中人物情感的描写和艰难的奋斗史,则是对传统现实题材作品写法的继承。《卜筑》中凌二创业过程中新颖的创业思维运用社会发展改革过程的哲学道理,丰富了小说的内涵。

书中有许多精彩段落,如"先进工具才能产生先进生产力""形势是一片大好,不是中好,也不是小好,而是大好""很多人结婚,不是因为爱情,而是妥协于现实,也没更好的选择了,就这么凑合吧。鱼找鱼虾找虾,捡到篮子里就是菜""收入分配是学问""合伙生意切忌赚钱就分钱,合伙的目的是积蓄实力,共同进步,如果赚钱就分钱,分了才浓烈",句子简单通俗,意义深远。这些句子,就像是在给人普及生意经,让读者在阅读中有所悟有所得。(惠金莉)

伯　乐

【作家档案】

伯乐,本名李松,男,1982年生,安徽省阜阳市人,中国作家协会会员,鲁迅文学院第十届网络文学高研班学员,安徽省作家协会第六届网络文学专业委员会委员,安徽省网络作家协会副秘书长,阜阳市作协网络文学委员会会长,阜阳市政协委员,阜阳市青联常委。毕业于安徽农业大学,现为阜阳市颍泉区行流中学教师,兼职写作,迄今为止在网上发表作品约一千八百万字。

主要作品有《异界刀神》《超级天才狂少》《我的1938》《最强花都兵王》《最强战神狂婿》等。

2007年,他的处女作《异界刀神》发表,后来由台湾信昌出版社买断繁体版权出版,首印3000册,受到强烈好评,后又加印1万册。由此,他便进入了网络作家行列。

2014年暑假开始创作都市小说《超级天才狂少》,至2017年8月完结,阅读点击量过亿,销售长期占据都市小说类前五,获得作客文学网"2015年度畅销作品"称号。

2018年经安徽省作协推荐,参加中国作协"到人民中去"职业道德教育与文学社会服务实践活动。2019年,成为中国作家协会网络文学组织负责人培训班学员。

《我的1938》2019年5月入围鹤鸣杯"网络文学奖"2018年度军事作品,该作品入选2020—2021阜阳市第一批重点文艺项目。

2023年,《飞翔在茨淮新河》入选中作协网络文学重点作品扶持项目。

伯乐写网络小说的原因很有个性,他闲时看了些小说觉得自己也能写出来,于是就在他人指点下开始写网络小说。他工作经历丰富,最后选择了中学政治老师这个职业,并且为了腾出时间写作,他将工作地点从城市搬到乡村。他非常坦诚地说自己写网络小说是因为可以发泄情感,还能赚钱,但是他并没有只以赚钱为目的,而是认认真真把应该做的事做好。

对于网络小说的现状,伯乐认为:网络小说门槛低虽然会导致内容良莠不齐,但是市场自有筛选机制,写得不好的自然会被读者放弃。写网络小说更是给了大家一些表达情感的途径,让大家在书中达成在现实中无法达成的愿望。并且,写网络小说的人多了还能促进竞争,以提高读者品位,从而促进网络文学的发展。对于网络文学未来发展面貌,伯乐表示他说不准,但是唯一可以确定的是,只要是符合时代潮流的、正确的东西,一定不会被时代抛弃。

【主要作品创作年表】

《异界刀神》,2007

《超级天才狂少》,作客文学网,2014

《我的1938》,作客文学网,2017

《最强花都兵王》,红薯中文网,2018

【作品评价】

1.《我的1938》

故事梗概:

沉迷于"吃鸡游戏"的少年李天赐与朋友胖子等人在吃鸡训练赛上由于失误最终只取得第五名的成绩。李天赐去给经历过抗日战争的爷爷扫墓并回忆爷爷告诉他的有关秀秀、东升以及小田庄的故事。

扫完墓,李天赐睡了一觉,醒来后发现自己穿越回1938年夏末的小田庄,遇到了爷爷李二蛋。他担心自己会改变历史引起一连串反应,以致爷爷战死,于是他下定决心要保护爷爷以及探索爷爷不为人知的秘密。在小田庄,他认识了村长的儿子李旭阳、村长李青山、暗恋李旭阳的秀秀、秀秀的妈妈庆婶、喜欢秀秀的土匪头子赵东升。

国难当头,被地下党员刘璐看不起的日本人身边的舞女实则也有一腔爱国热血:被特务机关长山田造野宠幸的赵妮曼为了保护情报,在宪兵队队长藤田义男的逼迫下自杀了。未得逞的藤田义男一气之下杀了公馆所有人,并把赵妮曼的头砍下来游街示众。刘璐因此对赵妮曼肃然起敬。

刘璐与小张被鬼子追击,危急之时小张断后保刘璐,小张被杀,刘璐逃进大青山。李天赐和李二蛋救下刘璐,并通过通缉令得知其身份。李天赐和刘璐假扮夫妻在村里生活,然而二人却产生分歧:李天赐只想躲日本人来保护爷爷,刘璐却想建立根据地发动全村打鬼子。但随着时间的推移,两人对彼此有了更深入的了解,也逐渐改变了对彼此的看法。

战争时期民不聊生，小田庄因无力供养土匪，遂让秀秀向赵东升说情。刘璐、李二蛋一起前往，刘璐判断出赵东升是淞沪会战失利的国民党六十七军逃兵，便想劝说其与她一起抗战，赵东升有些动摇。秀秀明白了赵东升的好，决定嫁给赵东升，让赵东升带聘礼娶她。

然而鬼子进了小田庄，大壮赶快通知李二蛋，李天赐将刘璐安顿在地窖后，爬出来挖出手枪做好战斗准备。村庄里，残暴的日本鬼子大开杀戒：秀秀因不从日本鬼子而被刺死，庆婶为给秀秀报仇而被杀死，栓子叔也被杀了，还有许许多多无辜民众死在日本人的手中。愤懑的李天赐联合赵东升和黑子，制订作战计划一起杀鬼子。日本鬼子被李天赐等人搞得军心大乱，村民也勇敢站出来反抗，虽然死了十几个村民，但所有日本鬼子都被歼灭。赵东升看到死去的秀秀，决心与刘璐合作。村民活捉了张天海，但晚上李旭阳偷偷放了张天海，张天海劝李旭阳与他一起投靠日军。李天赐与赵东升等人用缴来的武器训练民兵备战。

不久，藤田义男带军进大青山，李天赐制订计划与村民团结作战，李二蛋护送刘璐送出情报。藤田义男途中杀了逃难的李旭阳爸妈、抓了一些村民。张天海与李旭阳接头，李旭阳带鬼子进村。半路张天海和李旭阳突然反水，六子打响第一枪，赵东升为了吸引火力壮烈牺牲，随后黑子、虎子、大壮相继牺牲。最后只剩李天赐和藤田义男，二人对峙时刘璐将情报交给李二蛋随后只身返回。李天赐暴露自己给刘璐提供时机，最终刘璐杀死藤田义男，李天赐也以身殉国。

李天赐从床上惊醒，他一时分不清这是一场梦还是一次宝贵的经历。经过这些事后李天赐对革命先驱更充满敬意，最后他在小田庄烈士陵园抬头看向远方，那是无数抛头颅、洒热血的革命先烈用牺牲换来的和平世界。

作品评论：

《我的1938》讲述了现代少年李天赐梦穿1938年，与当年的爷爷一起战斗并更加了解爷爷以及革命先烈的故事。这部小说有两条线索贯穿全文，一条是小田庄保卫战，一条是李天赐想要找寻爷爷不为人知的秘密。本来这样双线并行的用意是好的，能使结构更完整紧凑，情节发展更顺畅，但是在行文中，作者只重视了小田庄保卫战这条线索，忽视了另一条，以至于到最后读者都没发现爷爷的秘密是什么。仔细看才发现有一句是关于爷爷的初恋对象被日军凌辱的事，再读发现只有这件事是爷爷不为人知的事，但不是很清楚作者指向的是不是这一条。不过好在另一条线伯乐的叙述如行云流水般顺畅，不拖泥带水。

小说以青少年穿越的视角去写当年的抗战故事，比较新颖，既能吸引人关注，又能起到教育意义。开篇以玩游戏的战场描述引入，能引人注意，读到后面才发现原来是在游戏里，且开门见山直入主题,能给读者读下去的欲望。内容十分严谨,没有漏洞。但是剧情显得比较老套,不能给人意想不到的效果。在具体情节的安排上,有些内容没有交代完整,有些内容又太冗杂。

先总观整体,整个剧情用一句话概括就是穿越回过去参加小田庄保卫战送出情报,中间甚至哪个角色可能会死读者也能猜到。比如爷爷生前经常叨念秀秀和东升的名字,这就明示了两人的悲惨结局;再如秀秀答应赵东升,要嫁给他,这个用现在的网络用语叫作"死亡Flag(信号旗)",意思是说完这句话两人一定不可能在一起,一定会死,果不其然,两人死了。

设置悬念不是本小说最大的问题,本书最大的问题是情节缺陷。比如爷爷不为人知的事情,前文讲过,这里不赘述。比如出场的人物特务机关长山田造野,只是提了一句把赵妮曼带到公馆,便没有剧情了。再比如张天海是如何被李旭阳说服不帮日本人做事也没有详细说明。前文讲了很久张天海是多么冷酷无情,后面却没有交代他是如何被说服的,看下去只让读者觉得张天海和李旭阳反水得莫名其妙,没有说服力。还有李天赐和刘璐的关系,看起来十分微妙,但作者没有发展感情线,不过这是作者的设定,不做批评。但在我看来,作者前面大幅度写两人交往的状态,却没有下文。如果两人发展革命感情线,李天赐穿越回来后遇到一个长得很像刘璐的人,这样会更有虚幻和现实交错的感觉(作者结尾只是说李天赐在抽屉里发现了自己是情报员的证件,虚幻与现实交错感一般)。

小说人物个性鲜明,每个人都有优点和缺点。李天赐有勇有谋、孝敬长辈,但是在家人、老师看来他是沉迷于网游的问题少年,在刘璐看来他油嘴滑舌,是个不务正业的"流氓";刘璐满腔热血、不怕牺牲,但是没有远见和谋略,容易冲动;李二蛋纯真善良,但是没有头脑;藤田义男凶残暴力,但是有谋略;李旭阳胆小怕事,但最后终于勇敢反抗……小说中的每个人物都是立体的,不是绝对完美的正派,也不是完全负面的反派,这比现在的很多抗战神剧要好很多。

作者非常熟悉各种枪械的特点,因此描绘战场时能够细致地描写,且详细讲述枪支弹药特征能够吸引男生注意,非常适合男频读者。作者在叙述时没有矫揉造作,语言非常质朴,读起来非常流畅。但是有些地方缺少细致的描述,比如人物神态、心理、动作等没有得到细致描写。小说中还有许多现代网络流行语言和段子,比如"洗白""点赞"等。还有朱自清《背影》里的梗:"你在此地莫要走动,我去买几个橘子便回来。"(在网络用语中,这句话被调侃为爸爸对儿子讲话)这些语句在一些人眼里可能是脱离小说情境,但是用在网络小说里起到一种给大家埋彩蛋,鼓励大家寻找趣味的作用。整体上说,作者语言简洁明快,每一章的内容都很简短,适合网络阅读。内容也很简单,就围绕一个主题展开,没有什么废话。

作者非常善于正、侧面描写相结合的手法，同时将正义的主角一方和邪恶的日军一方进行对比描写，使人物性格更鲜明，思想更深刻，剧情更激动人心。比如描写第一战的胜利前，作者先从日军角度出发，极力描写日军如何看不起中国人："小林幸一左手微微一举，鬼子们的枪又放下了。他挎着武士刀，看着渐渐平静的人群，眉宇间掠过几丝得意。这样的场面他见过太多，对中国人的性格，他自认也很了解。只要不是砍自己的脑袋，不管砍多少同胞的脖子，中国人都不会反抗。不，即便要砍他们的脑袋，他们也只是告饶和呼喊……"

当小林幸一被杀死时，日本人的不相信凸显了中国人的英勇无畏，说明中华民族不是日本鬼子想象中的卑劣、懦弱的民族，中华民族是沉睡的雄狮，拥有他们想象不到的巨大爆发力："小林幸一没想到刚刚还像绵羊似的中国山民转眼变成野兽，疯了似的冲向自己和宪兵队员，这是怎么了？他更没想到后面潜伏着一个人，M1911第四发子弹射出来之后，处在连发模式的驳壳枪打响了。啪啪啪啪啪啪啪啪啪！一连串子弹穿过胸口，冲击力让小林幸一的身子狂抖数下，这才摔倒在地。临死的时候，他脸上还挂着不可思议的表情。中国民众什么时候学会反抗了？他们手里没有枪，怎么反抗了？"

小说最精彩的地方就是对战场的描写。作者对作战计划、枪械特点了解得很清楚，对战场宏大的场景描写，让读者有身临其境之感。主角在分析地形、双方势力，衡量利弊，营造战场氛围时，读者也跟着紧张起来。比如小说的高潮部分第五十九章、第六十章，作者用一整章的笔墨去渲染战争的激烈，鬼子的残忍愚蠢，藤田义男的阴险狡诈，李天赐的机智勇敢，赵东升、黑子、大壮等民众的英勇无畏、视死如归，并运用许多拟声词、连续的动词进行环境描写和心理描写，描绘出气势磅礴的画面。

无疑，这是一部非常具有教育意义的小说。有勇有谋的李天赐提醒我们，勇敢不等于鲁莽；赵妮曼、小刘等人舍身赴死告诉我们，无论何时都不能背叛国家，我们应当勇于为国捐躯；日军的残忍警示我们勿忘国耻、振兴中华；村民由消极躲避到积极反抗提醒我们要敢于反抗、视死如归；先驱的牺牲提醒我们要热爱祖国、铭记历史、感恩先驱……

总的来说，《我的1938》作为一部网络小说，它重视内容而不是字数。它就像一部微电影，情节丰满完整，没有废话，而且具有教育意义。（盛洁）

2.《超级天才狂少》

故事梗概：

男主角陈昊天隐居在雨慕大厦娘子军的"老窝"——总裁办，日常做着保洁工作，直到一天无意撞见公司实际掌门人林雨慕小姐与他人的不齿经历，在一番单方面调笑后，双方结下了梁子。常见的欢喜冤家的套路，却让读者保持最初的好奇，并联想与之相似的际遇，在大部分读者都是男性的情况下，这是最好的开头，说是初恋的感觉也不为过。

第一个故事之后，便是对陈昊天的介绍，传奇的经历是必不可少的，获得了超能力，下一步是什么？迎娶白富美。那之前有些故事的林雨慕或许是个不错的选择，正如我们读者所期望的，本篇也逃不过线性发展的规律。

楚楚动人的林雨慕与小孩子气十足的楚瑶瑶联合登场了。而作为陈昊天朋友的女儿，孙荣荣被陈昊天拯救也在情理之中。但在此处他调皮了一下，似乎符合现代年轻人对自己的理解，不是所谓的正人君子，也不掩饰对美好事物的喜爱。当然，美丽的女孩子是各个年龄段男性永远的梦中情人。一段故事也便开始了。

少女的羞涩，熟女的风韵，俏面上的妩媚，双腮上的红晕，伴随着与楚瑶瑶的外出之旅的意外，他们或是结下了梁子，或是种下了友谊的种子。陈昊天的冒死相救，唤醒了过往的记忆。

他永远忘不了在深山学习医术典籍的苦涩，更不会忘记第一次解剖尸体的恶心和恐惧。当十二岁的他以为这一生可能要做一名医生的时候，老浑蛋却将他送到战场。当他以为自己可能会是一名王牌雇佣兵的时候，老浑蛋又让他在世界各地穿梭，用手枪或匕首干掉一个又一个目标，干脆利落、冷血无情。

生死之交下的感情是最珍贵的，当然他贪财的性格仍在，前一秒还在担心医药费，而后一秒钟，拿着楚瑶瑶洗的苹果，大谈救命之情。这是一个人真情实感的流露，不掺杂任何防腐剂。未经他人事，莫劝他人善。一切故事，便开始萌发了。

门派的故事接踵而来，飞羽门与天正宫的恩怨情仇正式开启。当然，作者也只是点到为止，世俗的世界日常还是主调。小混混们在医院的门口劫持了孙荣荣，点名要陈昊天来救，小高潮即将到来。手持经典手枪格洛克17的王涛，保持着最后的倔强，他经历过舐血般的生活，并且对枪械的构造早已了如指掌，但是最后王涛惨败，陈昊天不以为意，这对于日后发生的故事来说，只是日常。

当然，在这段故事之后，又是一段新奇的历险，让我们保持神秘，会心一笑。

作品评论：

流水线般生产的故事，却有着让人神魂颠倒的魔力。

这是一部都市网络小说，自从21世纪以来，网络小说一路高歌猛进，为全国人民制造了上千年的修仙致富美梦，"上自刚上小学，下至退休三十年"的人们纷纷沦陷在它的诱惑中。而这类小说却丝毫不为盛名所累，二十多年如一日，用最雷同的套路，编织最迷人的成仙传奇。

取材上，网络小说作家十分讲究主观能动性。只要身份可塑性够强，清水就能包装成鸡汤。

海归博士回乡隐居，必然会引起家人的误解和嘲讽；贫穷小伙孤注一掷，创业起步却总是好话说尽，求借无门；退休老人老来追忆，结果却穿越回中学时期，接受老师的指责……

不管是青年小伙还是时尚女郎，不管是做保洁的还是无业游民，在一些网络小说中，人人都有唾手可得的光明未来。

抑或是线性发展的爽文，主角团的经历看似波涛汹涌，实则风平浪静，早已与作者乃至读者达成共识，即使会有挫折，也仅仅是绊脚石。光鲜靓丽的俊男美女是日常，剧情发展大同小异，但作者们出神入化的标题套路，让每个读者初见略带鄙夷，又抑制不住心中的好奇，试探性瞄上一眼，就陷入其中无法抽离。

爽文的作用就是在阅读过程中很容易让读者放空大脑，然后一路沉浸在高歌猛进的快感之中，这种文体的存在只是为了讨读者的欢心。这部小说是经典的都市猎艳文，满足了男性受众群体的口味，对女性的描写多充斥着玩弄的意味，以满足一些男性读者空虚的精神生活。

（李光建）

钱　琨

【作家档案】

钱琨,男,1977年生,安徽省无为市人,现居淮南市,安徽省作协会员,淮南市网络作家协会副主席,作家,编剧。

已出版《水葬》《迷屋》《猫语者》等悬疑恐怖小说及《英雄之歌》《寻找地球》等科幻小说。其中,小说《寻找亚特兰蒂斯》(节选)入选2009年科幻名家作品选,《迷屋》《猫语者》入选中小学生课外阅读推荐书目。

2001年初入社会的钱琨怀着满腔热情在《南方日报》从事记者工作,2003年为了安心写作,毅然辞掉了工作,开始从事专业文学创作,成为一名自由撰稿人。

从严格意义上来说,生于20世纪70年代末的钱琨并不属于"典型"的网络作家。与青年网络作家相比,钱琨笑称他们这辈人小时候是很幸福的,虽远离网络,但可以广泛阅读大量图书,从古龙武侠到卫斯理科幻,凡尔纳小说到三毛散文……年少的钱琨自小就浸润在自己热爱的阅读中。除了文学创作,他还对历史表现出浓厚的兴趣,历史文化成为他作品中不可或缺的一部分,所出版的社科类书《世界神秘文化图典》《一百个词串起世界史》皆极具科普价值和文化底蕴。偏古典的恐怖悬疑风格与代表着科学前瞻的科幻元素共同构成其文学幻想世界,其小说创作大多集科学、人文、历史诸方面的知识于一体。悬疑推理探险类小说中或多或少地穿插进作家对现实人性的揭示与思考,科幻小说中作家的视野由现实转向对未来人类世界的宏大建构,历史题材的科普文正是对这两个幻想世界的完美补充。他曾经固执地写下对世界的看法,如今正在他的文学世界中一步步地实现。

如果说丰富广博的阅读和深厚的文化素养是其文学创作的基础,那么在文学创作路上的不断探索和勤勉踏实的写作则是其对文学的最大尊重。因家庭生活,成为自由撰稿人的钱琨并不"自由",没有太多空闲时间用在写作上,甚至大多创作都是在深夜完成。多年来他笔耕不辍,其作品无论是在畅销书榜还是网络上都收获了众多读者的喜爱。谈到追求的理想写作方式时,钱琨给了我们一个最朴素的回答:"我有两个孩子,每天还有做不完的事情,我最理想的写作是每天拥有三个小时的无干扰的写作,这样就足够了。"在有限的时间中付出百分百的精力,大多数时候,他更愿意把自己当作"手艺人",每部作品则是他注入心血精心打磨的艺术品。于他而言,作品本身的价值远大于"作家"身份。

【主要作品创作年表】

《水葬》,广西人民出版社,2009

《迷屋》,广西人民出版社,2009

《寻找亚特兰蒂斯》,广西人民出版社,2010

《猫语者》,广西人民出版社,2010

《世界神秘文化图典》,广西人民出版社,2011

《一百个词串起世界史》,广西人民出版社,2013

《超级斗士》,咪咕阅读,2016

《英雄之歌》,《爱推理》,2016

《寻找地球》,翻阅小说,2021

【作品评价】

1.《水葬》

故事梗概:

林珂因为一把剪刀与自己的好朋友吴月和方媛闹了矛盾,半个月后,她去找吴月,却在吴月的房子里发现了贼王费正鸿的尸体,吴月失踪。随后,林珂又去找方媛,却意外看到三个黑衣人在方媛家找剪刀,她被其中一个黑衣人发现,而这个黑衣人正是她去找吴月时在小区门口遇到的小保安,小保安放过了她。下楼梯时,她在楼道发现了方媛的尸体。

林珂去小区查小保安的资料,却一无所获。她急于查清好友遇害的真相,和男友苏棣为了寻找剪刀的出售地址——布林街而来到了湘城。在导游郑辉的带领下,他们和两个英国人坐船到城外的荒郊找到了已经被河水淹没的布林街。不料突生意外,林珂落水,却在水中发现吴月的尸体,苏棣把林珂救出水后,吴月的尸体又不见了。

走投无路时,林珂和苏棣误入了布林街旁一座荒废了百年的老宅——丁宅。他们在丁宅中看到了一些照片,并在其中一张照片中发现了那把剪刀。在老宅的四楼,林珂和苏棣在一口棺材里发现了郑辉的尸体。乍起的歌声让两人发现一个黑衣女子,这个女子很像照片里宅子主人的女儿。巨大的恐惧让他俩迅速逃离了丁宅,在逃跑的路上,他们遇到了警察张凯和真正的郑辉。张凯和苏棣再次进入丁宅,从郑辉的口中,林珂得知了关于丁宅的故事。张凯和苏棣在四楼的棺材里没有见到那具尸体,等他们回到汽车上时,发现车里的林珂和郑辉不见了。雾气渐退,林珂和郑辉的身影才显现出来,而林珂的手中拿着黑衣女人留给她的剪刀。

　　林珂和苏棣带着剪刀回家,然后去警察局和张凯分析费正鸿及其死亡原因。三人决定合作,一起查明真相。林珂和苏棣在餐厅里再次遇到了小保安和他的两个同伴,因为苏棣的冲动,对方三个人离开了餐厅,但小保安提醒林珂逃命,林珂此时才意识到自己和苏棣的处境多么危险。出了餐厅后林珂和苏棣开车回家,却在路上发现车子被做了手脚,刹车失灵,有人驾车故意撞向他们,他们出了车祸,但好在两人并没有受伤。回到家后,林珂无意中发现了剪刀内壁的花纹,并让苏棣把一半刀刃进行投递,以防被敌人夺走。

　　林珂根据小保安留下的俱乐部VIP卡知道了小保安叫魏晨,并去俱乐部打听魏晨的情况,但一无所获,只得到了魏晨留给她的钥匙。通过卫星分析,林珂和苏棣推测布林街是一个人工湖泊,并找到了另一条到达丁宅的小路。同时,林珂把剪刀挂到了她的网店上。林珂和苏棣在前往丁宅的途中,被黑衣女人引到了一处坟地,看到了丁氏家族的墓碑,得知丁家还有后人丁岚。随后,两人进入丁宅,借助红外探测仪发现了白楼的密室和棺材下的洞口。两人决定进入洞内察看,从洞口滑下后,他们发现了吴月的尸体。沿着洞口继续往下,他们发现了被破坏的壁画、假郑辉的尸体和一个蛇窟,二人急忙返回。在下楼时,林珂和苏棣发现魏晨和他的两个同伴在内讧,魏晨告诉林珂费正鸿没死,却在分神之际不慎被同伴偷袭中毒而死,黑衣女人出现救了林珂和苏棣,也相当于表明了自己是丁岚。

　　林珂和苏棣与张凯会合后,观看了张凯提供的有关费正鸿父亲老宅的搜查视频,且张凯推测费正鸿有精神分裂症。林珂在张凯的请求下来到丁宅,见到了负责费正鸿案件的国际刑警金,从金那里林珂得知假郑辉是费正鸿的第九个弟子戈飞,魏晨也是费正鸿的关门弟子。金告诉林珂,魏晨曾给他发邮件表示自己愿意当费正鸿的污点证人。拿着钥匙,林珂、张凯和金一起进了地下通道。在探索过程中,他们发现了一汪诡异的水潭。金和张凯进入水潭一探究竟,林珂在岸上接应。张凯在潭底发现了许多尸骨和一块用磁铁做成的剪刀样浮雕,但不幸被尸骨划破了大腿。受伤的张凯被金带到了岸上,水里钴超标导致张凯急性钴中毒。这时,费正鸿突然出现,他抢走了一半剪刀,并想掳走林珂。但黑衣女人丁岚用飞刀射伤了他,她让费正鸿说出真相。费正鸿说了他和他的双胞胎弟弟费正明的恩怨以及自己成为贼王的故事。费正明在中国游玩时与丁岚相爱,但让费正鸿得知了丁宅宝藏的秘密。为了得到开启宝藏的钥匙——剪刀,费正鸿布了一个又一个局,无辜的吴月和方媛也被杀害。丁岚因为患有羊痫风,被费正鸿的话语刺激后倒地不起,金也被费正鸿的银针迷晕了。金、张凯和丁岚都丧失了反抗能力,苏棣也被费正鸿的两个带着另一半剪刀的弟子捉来了。费正鸿强迫林珂和苏棣两人拿着剪刀下水开门。林珂和苏棣用剪刀把门打开后来到了藏宝山窟,费正鸿和他的徒弟进来后却发现箱子里都是武器,没有珠宝,但找到一个水晶棺,棺中有一具女尸。费正鸿的徒弟擅动棺材,触发了机关,黑水涌入。林珂和苏棣带着金和张凯逃了出去,而费正鸿、费正鸿的弟子和丁岚则被黑水吞没了。

作品评论:

近年来,《法医秦明》《盗墓笔记》《白夜追凶》等悬疑推理电视剧的热播又一次掀起了悬疑小说的热潮。其实从《达·芬奇密码》开始,悬疑小说便开始了在中国图书出版和阅读市场上毫无悬念的快乐之旅。2004年1月,北京某公司从海外引进《达·芬奇密码》一书在国内出版,令出版商们震惊的是,这本书不仅狂销了100万册,几乎创造了一个出版奇迹,而且它还开启了国内图书出版和阅读市场的一个新的增长点。此后,"密码"系列不断推出新品,且销路毫无"悬疑",一路走红。与引进西方作品齐头并进的是,国内作家的原创"悬疑"也开始登堂入室,蔡骏的心理悬疑"荒村"系列,周浩晖的"罗飞"系列,何慕的文化悬疑《三国谍影》,唐隐的历史悬疑《大唐悬疑录》,麦家的特工悬疑《暗算》《解密》,成刚的精神悬疑小说《猎人者》以及鬼古女的《碎脸》,廖宇靖的藏地悬疑《川藏秘录》,叶严奴的悬疑科幻《失踪的妻子》等相继进入读者视野,并开始走红。如此多的"悬疑"非但没有使市场反应疲软,相反阅读市场一下子释放出巨大的能量,一个阅读的"悬疑"时代就这样盛大登场了。

《水葬》是我阅读的第一本悬疑恐怖类小说,悬疑小说与许多恐怖小说最大的区别是,恐怖小说的悬念揭开往往是无法用科学解释的,也就是灵异,悬疑小说往往把种种无法解释的悬念用科学的方法解释。因此,我觉得应该把《水葬》定位为悬疑小说。我以前没有接触过悬疑小说,因为觉得自己不太能接受其中一些恐怖、暴力、血腥的描写,可《水葬》改变了我的看法,并为我打开了新世界的大门。

什么是悬念?希区柯克曾经给悬念下过一个著名的定义:如果你要表现一群人围着一张桌子玩牌,然后突然一声爆炸,那么你便只能拍到一个十分呆板的炸后一惊的场面。另一方面,虽然你是表现这同一场面,但是在打牌开始之前,先表现桌子下面的定时炸弹,那么你就造成了悬念,并牵动观众的心。在《水葬》中,这个定时炸弹就是剪刀。在写作文时,老师经常教导学生"好的开头是成功的一半",这个真理同样适用于写小说。作者开篇便引出了串联起整个故事的重要线索——古董剪刀,这个悬念设置毫无疑问会激起读者的好奇心,诱导读者继续往下探求,自然而然地增强了作品的可读性。这部小说的故事结构并不庞大,大致上可以概括为一句话:主人公寻求好友遇害真相。但它是典型的小而精悍,将友情、爱情等看点融入其中。与传统女性言情小说惯用的多个故事堆砌手法相比,这部小说从一而终的故事单一性和连贯性以及明确的结局导向令我眼前一亮,欲罢不能。或许有人认为传统言情小说和悬疑小说没有可比性,但是从另一方面看,传统言情小说的读者可以成为悬疑小说的潜在待挖掘读者。这一推测主要有两个依据:一个依据是市场中出现的悬疑言情类小说越来越多,如丁墨的《如果蜗牛有爱情》和《待我有罪时》;一个依据是女性言情小说中的套路化日益严重,当言情小说爱好者厌烦套路时,比起阅读男频小说,他们往往更乐意阅读想象力丰富、反套路化的悬疑小说。从一开始,《水葬》就展现了它作为悬疑小说的特殊魅力,我为能发现和欣赏它的魅力而感到异常欣喜。

  悬疑小说的一般模式为:罪犯犯罪—侦探出现—侦查—破案。《水葬》也遵循了这个模式。"费正鸿"和方媛的死亡与林月的失踪就是罪犯犯罪环节,林柯、苏棣和张凯可以被看作是侦探,他们寻找线索和探求真相的过程就是侦查,最后真相大白代表着破案。一方面它是小说,属于文学作品,要求具有一定的文学性;另一方面它又涉及侦查,因此必须具有严密的逻辑性和高度的科学性。在《水葬》中,作者的文字并没有刻意雕琢或练字的痕迹,但有朴实无华之美。更为难得的是,其语言质朴却不呆板,总能根据人物性格和情境选择应用不同的文学手法和语言文字。仔细阅读,很容易就可以感知到文中修辞的运用极大地提高了小说的文学性和作品的美感,如"就在此刻,他们突然听到,他们的头顶突然发出来一阵沉重的脚步声,像是一只受了伤的北极熊在冰面上,缓慢地移动着它受伤后的脚步,一点点赶回自己的巢穴"。精妙的比喻有力地突出了环境的寂静和人物的紧张心理,渲染了充满压迫感的气氛。"路边是江淮地区少见的高粱地,微风吹拂着,发出'沙沙'的声音,像是在互相倾诉,讨论着路上这一车的陌生人。"对高粱的拟人化描写,侧面突出了丁宅附近的恐怖气氛。悬念小说最大的特色,也就是与其他形式小说最为不同之处,显然在于对环境气氛的渲染,而渲染环境则要借助出色的环境描写。"初秋的下午,夏季的浮躁仿佛一下子从空气中抽走,在那条缓缓向上的水泥路边,梧桐树的阴影印在地上,有点模糊的狰狞。林柯只觉得一切静得可怕,这也难怪,现在是下午三点钟,这是工作的时间,没有多少人会留在家中。别墅区建在山坡上,随着脚下的路一点点升高,林柯只觉得心里越来越凉,可能是树木太多的原因。"这段文字将人的心理描写和环境描写相结合，映射出了吴月已经遇害的事实和林柯令人心惊的直觉。张弛有度的文学性描写为作品带来了极强的可读性，使得单一的叙事变得更加丰富多彩。

作者在注重文学性的同时兼顾了推理的逻辑性和科学性。因为书中并没有出现真正的超自然力量，因此作者必须为书中出现的一系列"灵异"现象找到科学合理的解释。如：布林街的水不会干涸是因为它是一条人工湖泊；高粱地被吹开是因为旋风；藏宝山窟在水中的入口被打开后却没有进水是因为"修藏宝山窟的人非常聪明，他们在入口处修了一个下陷的土坡，土坡的尽头是两个排水栅，那扇浮雕洞门打开的时候，水就是从栅栏里排出的，水应该是排到布林街里去的，栅栏下面与布林街是相通的"。既要用文字描写"灵异"现象以渲染气氛，又要用科学的原理解释清楚"灵异"现象，这不是容易的事。作者一定是拥有深厚的文字功底、丰富的知识储备甚至是深入的实地考察经验，才能让《水葬》兼顾文学性和科学性。

我们看到的科幻悬疑推理小说，大多注重情节，在人物塑造上往往流于符号化或简单化。但在这部小说中，多视角描写、灵活的人物刻画手法和追求反传统的写作理念让它构建了许多令人印象深刻的角色。对一些人物的某些性格特征，作者会进行直白的交代，如："张凯？他对林柯的大呼小叫一度让苏棣很愤怒，现在却在夸奖着这个家伙，苏棣的态度是根据形势在不断转变的，这是他的性格。"这里直接展现了苏棣顺风扯帆的性格特征。而苏棣的另一些性格特征，如大男子主义、严谨、可爱等则通过他的一言一行和别人的眼睛体现出来。善良勇敢的林柯、正直热心的张凯、敏感独立的丁岚和疯狂贪婪的费正鸿等角色都栩栩如生，闭上眼睛，读者就能在脑海里速写出每一个角色的肖像。在那么多人物中，令我印象最深刻的是魏晨。魏晨在小时候就和费正鸿学习魔术，但因为喜欢独处，不搞小团体，不喜欢巴结奉承而被师兄弟排挤，也得不到费正鸿的重视。因此，他和戈飞开始跟善良纯洁的费正明学习轻功，并且只承认费正明是自己的师父。在我的眼中，魏晨有一双充满着稚气的眼睛，他是一个极聪慧的男孩，他会尽力保护无辜的吴月、方媛和林柯，他会不顾危险主动做费正鸿的污点证人，他会为了给戈飞报仇而牺牲自己。如果不是费正鸿打着教魔术的名号为自己组建盗窃团伙，魏晨可能会成为一个无忧无虑、正直善良的男孩，以他的聪明才智，他一定能干一番成功的事业。但费正鸿为了抢夺宝藏，派人杀死了他，作者把美好的东西毁灭给人看，揭露了人性极致的恶。

直面人性的阴暗面，强调恶有恶报，从而引导读者向善向美是这部小说的主旨。同时将虚构的情节嵌入宏大的历史背景，将历史真实与虚构的情节无缝衔接，水乳交融，也展现了作者的故乡情怀。年龄渐长，费正鸿和费正明的差异越来越明显，魔术效果大打折扣，于是费正鸿决定转行。初次偷盗居然让他爱上了偷窃，他认为凭借自己的实力成为"贼王"就是成功。"每一次盗窃都是一种生命的享受,就如同赛车手夺得了冠军,科学家发明了新科技一样。"不恰当的比喻从侧面反映出他已经偷窃上瘾,他在偷窃中获得快感,他靠剥夺别人的财富和快乐来让自己得到财富和快乐,毫无疑问,这是一种十分扭曲的价值观,这种扭曲的价值观是他失败的主要原因。他无情无义,冷漠至极,不承认感情的力量,认为感情是累赘,这也是他失败的原因之一。他的性格是由父亲的教育和自身经历共同造成的,在某种程度上,他可能也是受害者,但无论如何,他的反社会价值观都得不到认可并会带他走向毁灭。费正鸿最终被黑水吞没,正是照应了小说恶有恶报的主旨。林柯和好朋友的友情、林柯和苏棣的爱情、费正明和丁岚的感情以及张凯和金对正义的热爱等多种感情的结合让费正鸿的阴谋诡计最终被发现,这正是证明了感情的力量之伟大。费正明和丁岚两个远离社会的人相识相恋,却成了对方的软肋,面对费正鸿的强横霸道,他们始终提不起勇气反抗。是环境造就了费正明和丁岚心理上的缺陷,因此作者明确告诉读者:任何人都不能游离于世外,每个人都是这个世界上的一粒沙。作者像是一位耐心的大家长,他用细腻的文字告诉读者:感情是一种信念和力量,要珍惜友情、爱情和亲情;不能做坏事,因为恶有恶报;要主动融入社会,因为每个人都不是一片孤舟。作者的良苦用心带给了我满满的感动,也引导着我在正直善良的路上越走越远。

尤其值得一提的是,我能在《水葬》中感受到其中蕴含的历史文化背景和作者浓浓的家乡自豪感。"自古以来,洭城是兵家必争之地。三国时,曹魏政权曾经与孙吴政权在这里激战过。三国演义里有一回目叫作'张辽威震逍遥津',指的就是两家对洭城的争夺。"这是小说中对洭城的描写,借鉴了洭水之战的历史典故。随后作者又借鉴太平天国起义的历史事件交代了布林街的由来。作者将一个情节离奇曲折的故事安排在历史的废墟上上演,将故事的逻辑性建构在真实的基础上推演,着力营造起一个真真假假的想象王国和一种真实与虚构之间的张力,带给了读者很多的新奇感和阅读期待,令读者沉迷其中,难以自拔。《水葬》的作者是安徽人,他用自己的小说向读者展现了在安徽的土地上上演过的历史,从中我们可以感受到作者对家乡的热爱和他浓厚的家乡自豪感。

《水葬》也有需要改进的地方,如对人物的外貌描写不够生动细致,部分情节交代不清和错别字较多等问题。(肖婉婷)

2.《寻找亚特兰蒂斯》

故事梗概:

亚特兰蒂斯是一处传说中的大陆,据说它早已沉没。一天,中国记者钱坤突然收到了来自一个所谓"亚特兰蒂斯"公司的邮件,邮件中说明该公司通过一个标注着"世界中心"的古地球仪确定了亚特兰蒂斯大陆的位置,并邀请钱坤来参加公司的远航计划,连远行的船都叫"波塞冬号"。钱坤其实并不完全相信这个计划,但看着免费送来的机票,好奇的他还是登上了去这个西班牙小镇的飞机。

公司的老板叫加西亚,是一个富二代,从小沉迷于寻找亚特兰蒂斯的活动,最终把家产败得所剩无几。一个名叫劳尔的人给他带来了那个水晶地球仪,给予了他最后的信心,他贷款三千万孤注一掷买下"波塞冬号",期望靠亚特兰蒂斯的财富弥补多年的损失,有航海经验的劳尔被任命为船长。

"波塞冬号"的目标是百慕大群岛附近海域。到达这片海域不久,船员们就碰见了古代的木质大船和二战时美国飞机的海市蜃楼,"波塞冬号"紧急停船。船长劳尔走上甲板宣布发动机轴承断裂,启用风力舵,同时全船停电,和钱坤同船的另一个记者罗琳表达了对船长劳尔的不信任。第二天船只到达目的地,船员霍顿乘坐潜水艇下潜,在海底却看不到一丝亚特兰蒂斯的痕迹,氧气消耗过半,一无所获的霍顿决定返回"波塞冬号",然而此时劳尔露出了他的真面目,他是船上唯一会使用风力航行的人,并以此强迫霍顿继续寻找一个黄金面具。

劳尔是征服印加帝国的西班牙殖民者皮萨罗后代,他从父辈那里得知皮萨罗的弟弟曾经在这里使一艘满载黄金的轮船沉没,其中最重要的就是印加皇帝的黄金面具,拥有它,就可以召唤"从天而降的战士",地球仪其实是家族传下来的用来标注沉船位置的地图!霍顿过了好久才发现了沉船,却并没有找到面具,氧气告急,霍顿不得不先返回潜水艇,然而在氧气还有五分之一时,霍顿却突然死亡。劳尔鼓起勇气亲自下去,不久后也死在了水下,陪着劳尔一起的钱坤事后才知道,原来他们都死于汞中毒,印加人在黄金里添加了太多的汞。

沉船里没有面具,人们重新把目标投向了秘鲁的印加旧址,十八名著名的探险者前往秘鲁,结果却杳无音讯。罗琳重新叫上钱坤前往秘鲁,想探索这里的奥秘。两人来到秘鲁,找到了导游,准备休息一晚出发。第二天早上,两人发现了搜寻失踪者的FBI(美国联邦调查局)的踪迹,便赶忙逃跑。他们通过印加帝国修建的古道逃离城市,又向路过此地的印第安夫妇买下了衣服和羊驼,伪装成印第安人躲过了FBI的检查前往瓦卡,最终穿越印加人所设立的死亡迷宫,来到了目的地:月亮神庙。刚刚来到这里,钱坤就发现了死者,随后,钱坤自己的神志也开始不再清晰,多亏罗琳把他救回来,最终两人还是见到了所谓的"黄金面具",而面具已经生锈,也并没有什么奇特之处。之前的十八个失踪者为了一个这样的"宝藏"而自相残杀,两人不由得感到荒谬,为了一个编织的谎言,这么多人死亡,印加王的诅咒大概是针对贪婪的吧。

作品评论：

这部作品在行文上符合一部优秀猎奇作品的特点,语言流畅,环环相扣,能吸引读者,但是问题也很明显:没有满足艺术真实的要求。

猎奇作品大致分为两种:一种是设定就比较魔幻的,如《盗墓笔记》,其中的鬼怪本来就与现实相去甚远,在这些部分不可能追求什么艺术真实;另一种设定贴近现实,其中的悬疑内容总要给一个唯物主义科学的解释,这种作品就难免要接受艺术真实要求的拷问了。

在寻找亚特兰蒂斯大陆的过程中,作者写"波塞冬号"遇到了海市蜃楼,一个是地理大发现时代的船只,一个是太平洋战争时期的战机。虽然是个文科生,可我也知道,海市蜃楼有明确的物理学上的解释:光的折射造成了人对本来看不到的景物产生了视觉误差,以为就在远方。可是,这种光的折射只能看到另一地点的东西,不能看见不同时间的东西——总不至于那艘地理大发现时代的船折射的光在宇宙中跑了四百光年又回到了地球给人看见了吧?"一架单翼飞机突然从天空中向'波塞冬号'俯冲了过来,飞机前的螺旋桨像绞肉机一般转动着,直冲向前甲板的人群,不知道谁先'啊'地叫了一声,所有人接着都惊叫起来。我想都没有想,抱着罗琳猛然扑倒在地,在我倒地前的最后一眼中,看到那架飞机依然直挺挺地向前甲板上的人群冲了过来,它的机翼上还画着一只黑色的猫。我闭上眼睛,心想这下完了,我等着听到相撞后的那声巨响,这可能是我的大脑中能记住的最后的声音!"海市蜃楼的景色只能看见在远方,本来它就是利用地球是球形在远方的空气中模拟出地面,一艘感觉要撞上的船就算了,飞机居然还能飞着撞向船上的人,直到身上才消失?这哪里是海市蜃楼?明明是异世界魔法嘛。文学中不是不能出现魔幻情节,但不应该把魔幻情节硬用科学术语解释,还是这么低级的,百度一下就能看懂的科学术语。

接下来下潜中毒的情节就更不符合常理了,虽然没法对迅速造成人类精神失常需要多少汞做个定量分析,但至少一些地方有明显的逻辑错误。汞中毒会产生幻觉不假,可为什么全潜水艇的人产生的都是有人要掐死自己的幻觉?汞中毒的幻觉类型还能传染?罗琳在事后对钱坤说明了中毒的具体情况:"霍顿和你都出现了汞中毒的情况,霍顿的情况较重,他是颅骨先被面具击中了一下,气泡向他的面罩涌了过去。虽然他想尽力走回来,但衰弱的体能、越来越混浊的氧气外加汞对他疲倦的身体产生了致命的影响,验尸结果表明他死于心肌梗死。你虽然没有像霍顿那样接触有毒的海水,但有毒的海水还是透过潜水艇的玻璃罩影响到了你。"众所周知,潜艇载人部分是密封的,否则会被灌入海水,那么,海水里的汞是怎么隔着玻璃罩与钱坤的身体发生化学反应导致中毒的呢?"透过潜水艇的玻璃罩影响",作者指出了媒介,与潜艇的其他部分相比,玻璃罩有什么区别呢?很明显,主要区别在于透光,假如把这句话理解为汞通过光影响到了钱坤,那恐怕会是一个科学新发现了:看见有毒的水就会中毒。如果严格讲的话,汞中毒的情节还有另一个问题,下潜的人几个小时内就迅速死去,这说明海水中汞的浓度非常高。而这艘船已经在这里沉没了四百年,那需要多少汞才能这样强地挥发这么久?当然,不考虑艺术真实的话,这个情节还是很吸引人的,可明明能用魔幻解释的东西,为什么非要用明显错误的科学概念来解释呢?

在大西洋旅行失败后,故事的情节是钱坤、罗琳二人前往秘鲁寻找面具,途中碰上了FBI想要抓他们,他们逃跑了。拉丁美洲是美国的后花园,在这里出事的又有美国公民,面对这种诡异的事出动FBI是可以理解的,但这并不能构成强逻辑,让美国情报部门非要在没有执法权的地方强行逮捕。而钱坤、罗琳二人的反应也完全不应该是逃走,明明自己是清白的,非要让自己搞得像谋杀罪的逃犯一样,美国情报部门都能把两人的行动掌握得这么好了,肯定也已经得到了两人的护照信息,再者二人即使躲过美国人,跑到中国涉嫌谋杀美国公民就没事了?FBI要抓人和两人的逃跑都缺乏逻辑,显得只是为了情节发展强行推动两个人干这种事。

当然,本书在情节、语言、主题上都达到了很高水平,有一定审美价值,虽然在事实性和逻辑性方面存在一些问题,但还是瑕不掩瑜,总体来说,作为猎奇小说值得一读。(戎星宇)

3.《猫语者》

故事梗概:

QQ群里的一条消息将严雪引到一个荒凉的建筑工地,在群里认识的月儿要把自己的猫送给严雪,严雪到达后眼前却不断出现黑猫制造的奇怪幻象。令她震惊的是月儿竟然在半年前就死了,那她在QQ群里遇到的是谁呢?更可怕的是,严雪梦到一个黑衣男子死了,警方很快就在一栋废楼中发现这个黑衣男子的尸体,尸体旁的墙上被人画了一幅古埃及的《末日审判图》。这一切都是如何发生的呢?凶手又是谁?悬念一步步展开……郭晨承认自己是凶手,然而这一切引起了警察张凯的怀疑,带着种种疑问,张凯推测凶手很大可能另有其人。为了抓住幕后黑手,警方在网上公布一条假消息以征求线索,设计吸引真正的凶手跳出来。根据一通电话定位,他们发现一家停工三个月的药厂,这个工厂正是月儿曾经工作的地点。

当天,张凯、严雪、严雪的男朋友贺斌赶往药厂。在药厂一个狭长的隧道里,严雪和贺斌意外发现前方又出现了那只猫。严雪发现,似乎一直都是这只猫在引导着他们,把他们带到了这里。这只猫不断制造出幻觉,带着他们往隧道前方走,可是一直都没有尽头。猫忽然停了下来,用爪子重重地抓墙壁上的画。严雪和贺斌忽然醒悟,猜测每一幅画都是一扇门。

在猫的引导下,他俩居然打开了一扇门。而猫并没有停下,不知又想带他们去向何处,他们这次依旧选择相信这只猫。猫继续把他们带到另一个洞穴,洞里有着古埃及死神阿努比斯的雕像。继续深入,眼前的一幕让他们心头一颤:洞里有十几具散发着恶臭的黑色干尸,他们似乎进入了死神的领地。他们又看见了一座古埃及皇后的雕像,可是左边空出一片,说明国王的雕像不见了。贺斌惊讶地发现这些都是木乃伊。猫引导着他们找到一个印着猫头的彩瓶,随后贺斌看到了空着的法老座位上的画。猫带领着他们离开了这个危险的地方后,严雪又在猫的带领下晚上梦游,从花坛里挖出了药厂的所有材料。

这一切离奇的现象让贺斌和张凯匪夷所思,于是他们想起找"我"来帮忙——"我"是个解决灵异事件的高手。经过他们的描述,"我"得知凡是看见那只猫的人,都能够看见鬼魂。另外"我"还推断这家工厂并没有从事药品生产,而是在进行一项与埃及有关的神秘工作……经过一系列调查,张凯和贺斌发现行凶者正是药厂的投资方之一——普埃尔,一个从事克隆研究的博士。"我"猜想:严雪和贺斌看到的女鬼其实是幻觉,他们的大脑都被猫给"控制"了,他们不得不接受了这个猜测。随后,普埃尔自杀身亡了,严雪推测可能是那只猫在帮月儿报仇。当他们以为一切都将结束回归正常时,几天没联系的张凯突然给贺斌发了一条"救命"的短信,吓坏了他们。通过警局他们了解到张凯前往埃及底比斯后就失联了,于是严雪和贺斌毅然前往底比斯解救他们的朋友。然而一坐上前往底比斯的车,他们就被绑架了。

等到醒来时,贺斌通过谈话了解到绑了他们的正是办药厂的另一个罪犯——韩国人李玄男。李玄男让贺斌取来猫的左眼跟他换妻子和朋友,原来猫的左眼不是普通的猫眼,而是人工造出来的。贺斌假装答应并经过一番周旋,获取了李玄男的信任。于是,贺斌获知李玄男和普埃尔联合将刚建好的药厂厂房改成了实验室,试图通过克隆技术将猫木乃伊复活,那两只四千年前的猫,一雌一雄,他们幻想通过这两只猫找到埃及法老埃赫那顿的神殿。他们在工厂里建造的走道、钢管,都是为了还原古埃及墓葬的环境,以此让猫复活后找到生前的感觉。然而,雄猫却把照看它的清洁工月儿当作主人,与之关系非常要好,月儿甚至将猫带出了工厂。在她第三次带猫出去的时候,李玄男再也无法忍受,误以为月儿是个商业间谍,将她杀掉了。

至于郭晨,不过是他利用的一颗棋子,被他操控着在网上发布了领养信息。而雌猫的左眼其实是假的,是个类似于投影仪的人工智能微型电脑。当雌猫的肾上腺素分泌过快时,影像就会出现。也就是说,之前严雪、贺斌看到的一切关于月儿的幻象,都是这颗猫眼制造出来的,它欺骗了三个人的眼睛。就在这时,浑身湿透的张凯被找到了,他跟李玄男宣称自己找到了一艘载满黄金的船。李玄男便和他做交易，要求张凯带着他去找这艘黄金船。在地下河中，他们仨齐心协力，通过旋涡成功抵达另一个洞窟，而李玄男则在旋涡中失去双腿身亡。三人在洞窟中还有新发现——找到了张凯口中的载满财富的黄金船。他们在金色飞船上，还惊讶地发现了一只猫……

作品评论：

拜读了钱琨的《猫语者》，着实被这部作品震撼到了。小说将悬疑、推理、恐怖、侦探等多种元素融合一体，有意将小说置于神秘、怪诞的氛围中，塑造"黑猫"这一灵异意象，营造恐怖意境，充分地激发读者猎奇心理，刺激读者阅读欲望。

正是因为作者的"脑洞大开"，小说将现代与历史、现实与魔幻成功地融会在了一起，毫无违和感。随着破案进程的步步推进，黑猫的怪异行为、药厂的古埃及墓葬环境、案情的真凶等悬念也层层迭出。小说蕴含丰富的古埃及历史及文化知识，将历史、探险与城市生活非常和谐地结合在一起，这种广博的知识储备使其作品在奇特的想象中兼具科普性与人文色彩，既满足了读者的阅读期待，又拓宽了读者的阅读视野。与很多主要靠虚构的悬疑小说不同的是，它的新颖之处在于，传奇性或陌生化的故事与人们现实的经验有着密切的联系。作者的写作风格严谨，虽说这是想象与传奇类小说的创作，但故事都是建立在扎实的历史背景知识考证、生活常识积累以及深入的理性思考基础之上的。作者无论是对媒体人职业的记叙，还是对警察审问犯罪嫌疑人的过程，无一不体现着对现实生活深入的观察。至于书中多次描写的古埃及法老王的传说，足见作者扎实的历史功底和对古埃及文明的足够了解。

毫无疑问，悬疑小说最擅长的就是埋下伏笔、设下悬念。《猫语者》众多的伏笔中让我印象深刻的便是严雪在 QQ 上看到的月儿的个人信息栏："上面是这样写的：昵称，月儿。城市，Thebes。此外几乎皆是空白。'个人说明'上倒是有一行字，不过与其说那是一行字，倒不如说那是由几个怪异的图案符号组成的画面。一条脑袋向上微微向右昂起的蛇，一只头部向右仰起的鸟，一只黑色的、兼数字符号和写实风格的脚（这只脚更像英文字母中大写的'L'），一个太阳以及一个被拖得很长的'山'字——这个'山'字太形象了，三座山峰并列在一起，两侧的山峰的边缘笔直垂下。"作者花了较多的篇幅描述这串符号，这样奇怪的符号让人心生疑问，它会有什么样的特殊寓意呢？读者只有在读至结尾处的李玄男解释一切离奇的现象时，才会恍然大悟：月儿在和猫木乃伊的克隆猫相处久了后，学会了古埃及文字，甚至在房间里到处都写着古埃及文字。那么，她的个人说明里为何是一串符号（古埃及文字）也就彻底揭开谜底了。随处可见的伏笔，给这部小说增添了强烈的神秘感。

《猫语者》的文字非常通俗易懂,即便是书中引用了大量古埃及法老王家族的传说典故,但是在叙述时也并没有用晦涩的语言,同时又不失文学韵味。例如小说善于运用环境压抑的手法,通过大量的环境描写烘托紧张恐怖的气氛。小说开头严雪去约定地点取领养的小猫时,是这样写的:"走下车后,严雪向四周望了望,这里的环境并没有因为拆迁而发生变化。她的右侧是121路公共汽车的站牌,站牌后面是一栋老式的楼房,楼房上的窗户小而狭长,有点像饼屋里长条的巧克力面包一般,排列在暗灰色的墙壁上。看到这栋楼,她终于可以确定了,这里正在拆迁。因为这栋楼房里没有一盏灯,窗户像无数张咧开的大嘴一般向外喘着气。她倒吸了一口凉气。北风刮过,带动着那些大嘴上的窗轴不断地转动着,发出难听的'刺啦'声。那声音在半空中凄厉地回响着,一点点灌进她的耳膜。"破旧的拆迁大楼、呼啸的风声都在暗示着事情的反常,这样诡异的环境无疑让读者的心提到了嗓子眼儿。除此之外,对于恐怖氛围的营造,作者还采取了心理刻画的方法。同时将数起孤立的事件连接清晰,可以使读者在读完第一章后,就开始完整融入主人公噩梦般的遭遇中,仿佛身临其境,使读者的阅读体验更加有代入感。

小说的框架脉络很大气,但稍感不足的是结尾显得有些苍白无力。像寻找埃及法老王遗留财富如此大胆的事情,埃及古墓如此宏大的场面与错综复杂的情节,收尾之处明显有些局促,比如小说最大的反派李玄男的死过于仓促,三个主角逃离虎口的过程过于简单,未免少了点真实感,无法将高潮有力地呈现出来。

但总体而言,瑕不掩瑜,按照作者钱琨对自己的定位来形容的话,这是一部比较优秀的"古典恐怖小说"。(彭伟)

4.《超级斗士》

故事梗概:

hy学院是一座山脚下的职业技术学院,风景优美。这一个学期开始的时候,学院举办了一个活动,学生们都很期待这个活动,但是在这一天,意外发生了。厚厚的白雾蔓延到了整个学院,在一个教室里有八个人,分别是张天羽以及他的死党方跃虎、赵大勇,两个篮球爱好者马涛和林震,还有三个女生——男人婆吴燕、洋娃娃艾尔以及最美的郑巧儿。

白雾在世界各地逐渐蔓延开来,他们发现在白雾中已经没有了手机信号,同时本该热闹的学校却寂静无声,他们尝试着探索却险些被一种怪物袭击,这时广播响起,警告他们学校被生物袭击,以及受到伤害可能会变异。他们解决了一只变异体之后,发现变异体像蚂蚁,而且死亡的变异体会融化,露出原来的样子。在撤退之前,他们解决掉了濒临变异的林震。历经磨难之后，他们到达了仓库，仓库里的二锅头救了张天羽一命，后来他们在仓库里寻找搜集了物资，并决定外出寻找机会，尽管酒精抑制了张天羽的变异，但是他还是发生了某些变化，并且因此拥有了一些一般人没有的能力。

事情没有那么简单，一个盔甲男突然出现，并且透露僵尸蚁是他们灭绝人类的计划，那个盔甲男拥有着不可思议的力量。郑巧儿也展现出了她的不一般，原来她是地球联合指挥中心的女性基因改造战士。原本她有能力解决那个盔甲男，但是她为了救张天羽受了伤，已经不是盔甲男的对手了，就在这千钧一发的时候，地球联合指挥中心的直升机出现了，救了他们一行人，并且把他们带回了基地。

在基地里面他们了解了真相：1989年发射的伽利略号探测卫星竟然意外在木卫三上看到了建筑物，那是外星人留着监视地球的基地，他们遵循着黑暗森林法则，随时准备对地球发起清洗。于是地球也成立了联合指挥中心，培育基因改造战士来应对危机。

张天羽在基地里被告知原来他是之前不合格的基因战士，现在他需要重新唤醒基因，但没想到的是，他的基因竟然是力量强大的风神翼龙。后来他在基地迷路了，竟然意外碰到装扮成地球人的外星人，他凭借觉醒的基因，偷袭干掉了六个人，但是他被最后的那个女人色诱成功了，生死未卜……地球指挥中心也频频下达着不合常理的命令……这一切事情的背后到底又是怎么样的呢？到这里一切都戛然而止，给读者留下了丰富的想象空间。

作品评论：

这部小说的风格类型十分多样化，开头让我以为这是一部灾难题材的小说，后来我以为这是个人英雄主义的风格小说，再后来我以为这是异能小说，到最后我才发现它有着科幻小说的设定。作者的野心很大，如果将设定的世界观展开描述的话，小说的剧情一定精彩无比，事实上在小说的前半部分也的确如此，但是作者可能在写作上出了点问题，导致小说戛然而止，只有二十六章，不过在这二十六章节的小说里，剧情依然跌宕起伏，让人拍手叫绝。

这部小说很擅长用最后关头的反转来制造悬念，制造紧张感，无论是小说开头的白雾事件，还是碰到盔甲男之后的战斗，抑或是在基地里面的基因唤醒，这里面的情节都会像经典的电视剧里无辜的犯人午时三刻要斩首，就在临行刑的最后一秒，主角派的人拍马赶到，一句尾音拖得长长的"刀下留人"会救下犯人的性命，更有武侠剧情的电视剧会制造出甩出武器击飞刽子手的行刑刀这样的紧张场景。这部小说无疑也很擅长运用这种反转，它使小说的剧情变得精彩起来，也让人们多了阅读的欲望。

同时，这部小说也有着好莱坞超级英雄电影的色彩，有些强烈的个人英雄主义，主角张天羽从书的开头到书的结尾都是一个拯救者的身份,危难来临时一开始总是会撑不住,但是到最后关头他就会爆发,从而渡过难关。就像好莱坞的超级英雄电影,比如说钢铁侠、蜘蛛侠这种,它们的剧情千篇一律,总是主角先帅气登场,然后被反派击败,主角会消沉一段时间,但是最后关头一定还是主角闪亮登场击败敌人。这部小说的结构也差不多,主角可能会受伤,可能会濒临变异,但是最终受伤的一定不会是他,击败敌人的却一定是他。这种剧情的设定短期内会给你带来观看阅读时的快感,但是长期来看,会造成一种审美疲劳,过分的滥用并不可取。

同时这部小说在人物描写上也有着自己的特色与不足,小说的人物形象比较脸谱化,常常是作者给这个角色设定了一个形象,但是我们的读者根本无法从这个角色的言行中感受到这个形象的特点。不过脸谱化也并非一件坏事,它有利于浅读之人更好更快速地去理解剧情。金庸在《鹿鼎记》里刻画了一个在妓院里长大的无赖小混混韦小宝,此人不但不是伪君子,并且每每在关键时刻露出点英雄气质,正是拜这些传统的说书、戏剧中脸谱化形象所赐。可见,这"脸谱"虽然简单,但是只要它深入人心,这个人物形象就是立得住的。甚至某些配角脸谱化更好。还是说金庸的小说,他的小说里配角普遍都是脸谱化,小二就该有小二的样子,如果形象太过丰满,未免会产生喧宾夺主的效果。因此,在我看来,一定程度上的脸谱化是完全可以的。

小说的文字风格也不错,比较生动地描述了人物形象和人物行为背后的动机所在,尽管小说戛然而止,后文不知所终,但这短短的二十六章我还是读得津津有味,情节也让人叹为观止。

(熊子豪)

5.《英雄之歌》

故事梗概:

此时是2130年,强大的敌人即将入侵地球。郑鑫——地球防卫署的基因改造战士,夏雪的基因变种人。食人妖——人类的一员,以吃自己的同伴存活下来。食人妖的族群正在扩大,食人妖首领号召人类加入族群并宣称:人类是我们捕食的对象;你有两个选择,或被我们捕食,或加入我们捕食人类。他们疯狂吸收那些不愿生活在城市、随即可能因为疾病和饥饿而死去的人类。为了对付食人妖,地球防卫署研制出战士型基因改造人。作为基因改造战士,郑鑫的优势是在身体的细胞受损后能快速自我修复,基因战士与人类相比是全方位的强大。郑鑫受命接待一位来自3000光年外的银河系另一侧的来客——塞德娜卫星上的守卫者,他们的先人在人类研制基因改造人过程中提供了技术支持,与地球早已结成盟友关系。而这位盟友竟然是一只蝴蝶,这位盟友有何神奇能力呢?他与郑鑫之间发生了哪些奇妙反应呢?

随即，郑鑫又收到了解救失踪的工程师的新任务，需要去食人妖巢穴里寻找线索，郑鑫在途中意外发现了北美洲最大的食人妖部落"黑火"，闯入通向"黑火"部落总巢的水渠，在冰冷的水中不断下沉至深井。深井内到处都是食人妖的头骨，"黑火"部落里到底有什么秘密呢？

夏雪——地球上最伟大的宇航员，与博伦、佩姬等一行人驾驶阿姆斯特朗 B 级飞船（简称 AB 舰）飞往塞德娜卫星。她在飞行途中看到鼠人把人类飞行员掳去当试验品，而她本人也被鼠人俘获并获得了她的 DNA。他们收到来自地球防卫署的电报，被告知"鼠人非敌人，他们是人类的先人。若先人们遇难，请全力帮助他们"，她对这百思不得其解。他们来到塞德娜卫星却发现卫星正遭到外星生物鲶鱼怪的袭击，他们决定增援塞德娜卫星上的先人们。在这里夏雪被告知：十万年前地球拥有各种智慧生物，波塞冬统一人类各部落，击退了各种非人智慧生物，并将敌人放逐到宇宙中。这包括鲶鱼怪在内共五支种族，而这些异族认为现在是对人类发动毁灭战争的最好时刻，因为人类正在毁灭地球，人类的内部也在分裂。而这段历史人类却并不知道。

夏雪一行人与鲶鱼怪展开了激烈的大战，敌人已占领了卫星上的大部分地方，而他们的目标却是要活捉夏雪。原来在先人留下的预言书中有夏雪，先人们认为夏雪有一天会成为人类的领袖，只有夏雪才能带领他们走出这个困境。真的吗？夏雪自己也不清楚这到底是怎么回事。先人指引他们从一条悬浮在空中的黑色河流中逃出来了，夏雪一行人决定乘坐他们的 AB 舰先回地球，他们在离开之时，看到塞德娜卫星已爆炸，鲶鱼怪、先人和人类战士都化为碎片。而在返回途中，他们遭遇另一支敌人——红毛怪的攻击，夏雪和博伦被红壳人抓住并带到"黑火"部落的巢穴中。

在几个新加入食人妖的人类的帮助下，郑鑫与夏雪等人顺利逃脱"黑火"部落，并获得了新入伙食人妖的人类被食人妖当作食物宰杀的证据。地球防卫署通过卫星播出这些食人妖屠杀刚入伙食人妖的画面，使得食人妖部落爆发全面起义。由于内部分裂和地球防卫署的打击，食人妖部落几乎全军覆没。

紧接着，地球又遭到黑虾鱼怪的全面攻击，与此同时，一种带翼海蝎也开始攻击人类。这一刻，夏雪才明白，食人妖部落的崩溃都是敌人策划的。生物博士为夏雪他们展现了鲶鱼怪、红壳人、黑虾鱼怪、带翼海蝎这四种生物的生理构造，并猜测第五支种族对这四支种族进行了基因改造，并操纵控制着这四支种族进攻人类，藏在幕后的第五支种族才是最可怕的敌人。夏雪坚持要找到第五支种族，认为只有找到他们，这场战斗才可能获胜。地球防卫署的领导并不信任夏雪他们，最后，夏雪、郑鑫和博伦三人决定自行去寻找第五支种族。在塞德娜先人蝴蝶的帮助下,他们来到澳洲寻找线索,同伴博伦在与带翼海蝎的对抗中牺牲,郑鑫和夏雪在紧急关头乘着气垫摩托逃向太空。

在太空飞船中他们遇见了早先叛变的同伴佩姬,得知佩姬的大脑早被一种生物植入,这种智慧生物是一群由真菌生物进化出来的怪物,它们拥有强大的思考能力和科技能力。但这一切只有依赖宿主才能实现,他们可以寄居在任何宿主体中,并帮助它们完成进化。而他们的终极目标是把人类当作宿主,人类是宇宙间最有智慧的生物,只有把人类当宿主,他们的文明和历史才能永远保存。夏雪作为人类预言书上的英雄对他们有特殊意义……夏雪和郑鑫将如何阻止他们的计划,拯救地球呢?

作品评论:

科幻小说作为通俗小说的一种,相对大众主流文学而言,在我国一直处于相对小众的位置。进入新世纪以来,互联网的出现为科幻小说提供了一个便捷的平台,科幻小说得以在更大范围内传播,成为网络文学的一种独特类型。直到刘慈欣的《三体》和郝景芳的《北京折叠》接连荣获"雨果奖",中国科幻小说才真正进入大众视野,随即掀起网络影视媒体行业的一股"科幻热",备受社会关注。科学技术的高速发展为科幻小说作家开拓了全新的想象空间,为小说的建构提供了广阔宏大的科学知识背景,而在科幻背后,则暗藏着作家对当下社会的思考与审视,以及对人文、伦理与科学等问题的多元想象与探讨。

钱琨的这部《英雄之歌》不是他的第一部科幻作品,但在我看来是他目前最好的一部科幻小说。其从悬疑恐怖转向科幻小说领域,自然也不是一蹴而就,《寻找亚特兰蒂斯》中就已经初见科幻苗头,随后的《超级斗士》已出现基因改造战士这一科幻形象,而这部《英雄之歌》无论是从巧妙的故事构思、奇异的科幻元素还是高超的叙事技巧上都可以称得上是一部典型的科幻小说,既符合科幻小说的科学创新性,又具备文学上的艺术性。

从小说的故事来看,作家从人类远古历史着手,精心构造了一个神秘宏大的故事背景,从十万年前波塞冬统一人类各部落,击退了各种非人智慧生物这段遥远历史开始展开,时间跨度从远古到2130年。在如此大框架下如何把握故事脉络、把故事讲通顺是尤其重要的,这非常考验作家对小说内在结构的驾驭能力。在《英雄之歌》中,完整的内在逻辑与高超的叙事手法使小说极具可读性。在叙述顺序上,小说并不是采用单调的直叙,而是多角度穿插叙事,并采用设置悬念的手法制造情节上的紧张感。小说开头讲述基因改造战士郑鑫在地球展开的各种任务,而在他误闯食人妖部落的水渠坠入深井陷入绝望处境时,作家笔锋一转,转而叙述其真身夏雪在太空中的航行际遇,给读者留下深深悬念。夏雪在太空中与鲶鱼怪大战,准备返回地球时却又被红壳人俘获,故事到这又戛然而止,之后转向郑鑫。两条支线分别展开故事,最后两大主角在食人妖部落中相遇,两条支线汇成一条,一起开启拯救地球的新任务。悬念的设置及叙事技巧的运用使小说精彩纷呈,极大地提升了读者的阅读兴趣。

  丰富的科学知识与强劲的想象和谐共生。科幻小说虽是幻想文学,但如果没有现实科学技术的支撑则会失去小说的真实感。《英雄之歌》中强劲的想象力与科幻元素着重体现在对故事背景、战争场面的叙述中。主要故事背景以地球、外太空为主,外太空中塞德娜卫星上拥有高科技的人类先人、先人古书中留下的神秘预言、宇宙寂地竟是地球上消逝的亚特兰蒂斯……这些充斥着神秘文化、远古历史的背景为读者提供了广阔的想象空间。地球上与入侵怪物之间展开的科技大战,太空中人类航空员、基因改造战士、塞德娜卫星的先人们与鲶鱼怪之间激烈的战斗场面都充满叙述张力。小说涉及外太空航天知识、生物技术、高科技作战设备、神秘历史传说等多种元素,丰富的科学知识与强劲的想象力相辅相成,产生强烈的阅读代入感。读者不自觉地融入作者创造的陌生化世界中,时常惊叹作者天马行空的想象力。

  科幻背景下寓意深刻,不失文学的艺术色彩。一部好的科幻小说首先应当是部小说,如果只有各种脑洞大开的科学幻想而失去文学思想价值,无法引起读者进一步思考,内容上就会显得空洞乏味。食人妖部落首领号召人类加入族群并宣称:人类是被我们捕食的对象;你有两个选择,或被我们捕食,或加入我们捕食人类。这句话细思确实极具鼓动效果,试问如果是你又会如何抉择? 似乎那些放弃人类身份加入食人妖部落的人也情有可原了,作者寥寥几笔就写出了最真实的人性。值得一提的是,书中展现的各文明之间的抗争具有强烈的现实意义,这不禁让我想到刘慈欣的科幻巨作《三体》中的"丛林法则"——宇宙就是一座黑暗森林,每个文明都是带枪的猎人,像幽灵般潜行于林间,轻轻拨开挡路的树枝,竭力不让脚步发出一点儿声音,连呼吸都必须小心翼翼。他必须小心,因为林中到处都有与他一样潜行的猎人,如果他发现了别的生命,能做的只有一件事:开枪消灭之。在这片森林中,他人就是地狱,就是永恒的威胁,任何暴露自己存在的生命都将很快被消灭,丛林里的弱肉强食亦是宇宙文明的图景。《英雄之歌》中鲶鱼怪、红壳人、黑虾鱼怪、带翼海蝎以及靠依附在宿主身上的远古真菌五种异族,又何尝不是弱肉强食呢? 远古真菌虽帮助另四种完成进化,变得强大,却也使得他们永远地被利用控制,失去自我独立的价值。远古真菌拥有强大的智慧却没办法守护这些,只得依附在其他种族身上才能长存。他们都幻想占领地球,却连自身的文明都守不住。而这些既映射现实又体现出作者对未来人类文明的忧虑,寓意深远。

  小说具备鲜明的科幻特色,同时也有些不足。小说的人物形象较脸谱化,不论是夏雪还是基因克隆战士郑鑫,从头到尾都是作者设定的一个拯救者的身份,带有强烈的个人英雄主义色彩,人物形象不够饱满。夏雪在小说的最后选择牺牲自己阻止敌人的计划,在这一刻人物的形象才稍微明朗,而在此之前则显得过于单薄。小说总体架构非常好,但作者在写作中可能有点力不从心,没有充分铺展开,节奏过快,虽紧张激烈,却也少了点力量。(操礼和)

步千帆

【作家档案】

步千帆,男,1984年生,安徽宣城人,本名叶方,17K小说网签约作者,知名网络作家。2005年毕业于安徽经济管理学院财会专业,曾在上海、东莞多家工厂担任过仓库主管等职。2010年开始网文创作,利用工作之余的闲暇时间上传过几部小说,可是成绩都不是很理想;2011年,正式转战17K小说网,人生开始发生转变,小说创作开始蒸蒸日上。

2018年5月,获选第三届橙瓜网络文学奖百强大神。

【主要作品创作年表】

《超级兵王》,17K小说网,2011

《至强兵锋》,17K小说网,2014

《辣手神医》,17K小说网,2017

【作品评价】

1.《超级兵王》

故事梗概:

《超级兵王》讲述了国际著名雇佣兵部队"狼牙"目前的领导人叶谦从中东回到故乡发展业务、拓展势力的故事。故事开始于叶谦回国乘坐的班机遭遇劫机,叶谦一方面利用劫机的匪徒惩治了之前轻视自己的人,另一方面依靠自己出众的身手制服了劫机的歹徒,保证了飞机的平安降落。由于国际雇佣兵这一特殊身份,叶谦拒绝了机长为他开表彰会的请求,在飞机落地后直接返回了家里。回家之后叶谦遇到了老爹收养的女孩,同时也是自己的妹妹韩雪。老爹一共收养了包括叶谦、韩雪在内的四个孩子,他们都是无家可归的孤儿。正当叶谦与妹妹韩雪聊天时,隔壁邻居告知他们的老爹被人打了。在医院探望老爹之后他们得知,老爹捡到了一个骄奢的暴发户的钱包,归还时被当作小偷打断了胳膊。叶谦决定为老爹报仇,来到了发小王虎开办的迷醉酒吧,向调酒师小龙女打探打伤老爹的暴发户的消息。离开酒吧的时候,叶谦帮助女警察王雨制服了在逃的小偷,但是由于自己的身份,他拒绝跟随王雨回到公安局录口供转而回到医院探望老爹,在医院他结识了温柔可爱的护士林柔柔。同日,小龙女将打人者的信息提供给了叶谦,叶谦前往其住处寻仇。离开时叶谦遭遇了前一天被他抓住的小偷的同伙,他们企图报复,但是因为叶谦出众的身手这些人落荒而逃。次日,叶谦因为蓄意伤害他人而被捕入狱,在老爹收养的第三个孩子李浩的帮助下叶谦被释放。在狱期间,叶谦几次与女警察王雨产生互动,两人关系颇为暧昧。回家之后,老爹、叶谦、李浩、韩雪等人聚餐并聊起了家常,在亲人的劝说下,叶谦决定找个工作安定下来,于是来到天涯集团应聘保安,并与之前有过一面之缘的护士林柔柔约会。在约会的途中两人遇到了林柔柔贪慕虚荣的同学徐雅莹和她虚张声势的男朋友赵谢。赵谢为了让林柔柔和叶谦出丑,邀请他们参加当地著名公子哥欧阳天明在迷醉酒吧举办的酒会。会场上欧阳天明及手下对林柔柔图谋不轨,被叶谦制服。酒吧的老板王虎出面调停。次日,叶谦前往天涯公司任职,结识了退伍狙击手付俊生、武功高手赵铁柱以及万春华。三人吃烧烤的时候教训了出言不逊的社会青年。叶谦发现了这三人的潜力,意欲与之合伙成立保安公司。之后,叶谦遇到"七杀"组织的杀手,并成功地从他们手下保护住了企业家赵天豪,"七杀"组织得知叶谦"狼王"的身份,与他达成契约,如果三天之内无法刺杀赵天豪,以后都不会威胁他的安全。叶谦与付俊生等人联合,保护赵天豪的安全。但是赵天豪担心对手会危害自己的女儿赵雅,于是将叶谦安插在自己念大学的女儿身边,作为她的保镖。在学校,叶谦与美貌的女教师秦月眉目传情,暗生情愫。秦月为了摆脱追求自己的魏成龙,与叶谦假扮情侣,两人约会的时候,叶谦因为遭到诬告涉嫌谋杀,再次被捕入狱。后来叶谦沉冤得雪,无罪释放。出狱之后,叶谦与秦月一起出席了拍卖会,两人日久生情,关系逐渐亲密。然而好事多磨,出狱后不久叶谦得知狼牙的兄弟刘天尘在中东失去联系,疑似另一伙雇佣军所为。愤怒的叶谦前往中东成功营救了刘天尘。回国后不久欧阳天明出狱,为了报复叶谦绑架了赵雅,要求叶谦单刀赴会,欲杀之。叶谦暗中安排付俊生和狼牙的狙击手墨龙作为自己的支援,以交出武器砍伤自己作为代价放松了欧阳天明一伙人的警惕,付俊生与墨龙狙击得手,成功救出赵雅。回到秦月、赵雅所居住的别墅,几人表面和平地生活在一起。叶谦暗中指使手下杰克调查秦月的背景,得知她是本市最大的黑社会组织洪门的千金,洪门与青帮的势力互相侵占。叶谦觉得有机可乘,于是让杰克作为法人成立了铁血保安公司,并且寻找与之有交情的大人物王平,希望得到他的支持。从王平的住所返回别墅时,叶谦遇到了秦月之父,也就是目前洪门的掌门人,两人一番交谈,秦月之父对他很是欣赏,提出带他一起出去考察的请求。之后迎接叶谦的会是机遇还是风险呢?

作品评论:

作品以叶谦从中东返回故乡后的一系列经历为主线,介绍了他在世界各地发展势力的经历。作品前期包含了军事、政治、后宫等网络文学里常见的要素,中后期则开始向修仙的方向过渡,庞大的篇幅涵盖了主角叶谦及其子两代人的故事。

从情节角度来说,由于全书体量巨大,可以事无巨细地描写主角生活的各个方面,我们可以看到亲情、友情、爱情、政治斗争、军事行动等各方面的内容。一方面,故事情节得到了极大的丰富,长期阅读并不会产生因剧情同质化而厌倦的感觉;另一方面,各种不同方面的情节并没有分出主次,所占的篇幅基本相同,导致文章的主线非常不清晰,甚至让读者时常抓不住书中人物的行动线。书中的大部分章节,相比于长篇小说的一个片段,更像一个个独立的小故事,单独看这些独立的片段或者小故事,作者的叙事节奏是非常快的,平均每个片段都可以在两到三章之内完结。这样的叙事方式同样是有利有弊的,读者阅读起来障碍很低,可以轻松获得愉悦感。但是从另一方面来看,过快的节奏、过于轻松的问题解决都导致了作品的感染力不强,在阅读的时候并没有被作品"抓住"的感觉,导致读者黏性不强,发生中途弃读的情况。与江南的《龙族》系列比较的话,本书没有选择"挖坑"设置悬念来吸引读者的方法,也并没有"混血种"与龙类这样明确的矛盾对立双方,整个故事的创作模式可能更类似于想到哪写到哪,这也导致了众多网友吐槽的小说烂尾,后半部情节失控的现象发生。

因为连载速度的需要,作品并没有过多地打磨,更偏向于口语。小说连载历时约七年,语言风格发生了较为明显的改变。总体来说,小说行文流畅,使用的字词都很常见,阅读门槛很低。由于作品涉猎太广,难免在某些领域显得有些"想当然",不够真实。

从人物形象角度来说,主角的人物形象刻画是立体、生动的,第1章《劫机》就已经通过三言两语给大家勾勒出了叶谦这个身怀绝技但是又有些油滑的形象,在后续的叶谦两次被捕入狱的情节里,叶谦临危不乱且有些无赖的特点被进一步深化。作为主要人物,叶谦孝顺、油滑、沉稳等特点通过与他有关的事迹一点点地展现出来,然而作为狼牙雇佣军部队的首领,作者并没有表现叶谦在身手不凡以外应该具有的领导才能或者智谋,这也使得人物形象与人物设定有着些许偏差。

我认为前170章里另一位设置与刻画都十分成功的角色是秦月。与其他角色不同的是,作者并没有一开始就点明秦月是洪门千金的身份,她以一个普通的大学女教师的形象出场,然后通过几个场景的烘托,例如开着名贵的跑车,吃路边摊时其他人都刻意回避她,有意地暗示了她身份的特殊性,同时又引发读者的好奇。对于秦月高傲、不怒自威气质的描写在叶谦第二次被捕时她与警方对峙达到了顶峰,最终揭晓秦月的身世之谜时也顺理成章地引入了青帮与洪门斗争这一层面的情节。除此之外,秦月作为赵雅的闺密与老师、叶谦的暧昧对象,在第110—130章的情节里同时承担了为其他角色提供活动空间和在赵雅、叶谦之间搭建桥梁的功能。除此以外,书中其他女性角色的刻画则显得有些模式化,未能跳出骄横的富家千金、妖艳的职场女性的类型设定。值得一提的是,作者十分擅长用对话来刻画人物,对于不同人物语言拿捏得非常准确。不过,人物对话的部分语言稍显不够自然,有种动漫对白的"腔调"。(王宇轩)

2.《至强兵锋》

故事梗概:

在纸醉金迷的大都市里,一个看似普通的夜晚,主角林放意外卷入一个阴谋中。叶梦语是刑警队队长,也是苏南市三巨头之一李凌锋的女儿(非亲生)。另一个刑警队队长赵显是三巨头之一韩锦鸿的亲戚。为了能让赵显上位,韩锦鸿设计叶梦语卖淫,由韩锦鸿的手下玫瑰来执行,林放被玫瑰引来玷污叶梦语,林放不愿被利用,反击玫瑰致其失去行动能力,在第二天帮助叶梦语逃脱,导致韩锦鸿计划失败。玫瑰上报情况,林放因此与韩锦鸿结仇,与苏南市深层的势力之一产生纠葛。

虽然叶梦语逃脱了,但是林放被带回警察局审问,遭到赵显报复。叶梦语感激林放,托自己的好友HK投资公司总经理胡珂帮忙保释。

出狱后林放假装去HK投资公司应聘,通过粗犷大汉认识了助理柳涵欣,面试时被市场部副经理栾安丽刁难,胡珂随即发现林放是总公司派来的市场部经理。林放顺利进入HK投资公司,导致了林放接下来与苏南市另一势力发生关系,林放厌恶金鼎集团的公子郑双走后门进HK公司,与金鼎集团合作时故意设计准备搞垮金鼎集团。

林放散步时偶遇苏南市三巨头之一的秦逸天被追杀,出手相救。回去的路上他又遇到了许清雅被追杀,林放成功救下她后,许清雅以身相许求林放救妹妹,林放遂带着许清雅去找韩锦鸿的手下洪海救人,林放与韩锦鸿仇恨加深。

叶梦语的爱慕者浮华集团大少爷苏超然得知林放与叶梦语发生关系,让手下孙剑雇用杀手刺杀林放,杀手被林放打成重伤,叶梦语带着警员赶到,杀手被抓。顺藤摸瓜,孙剑被抓,导致林放与苏超然的仇恨加深，苏超然求助于韩锦鸿，两人准备联手杀了林放。

胡珂为了能够接手自家母亲的公司与林放假结婚，林放的身份进一步提高。秦逸天身患绝症，遭到亲信背叛，李凌锋出手刺杀秦逸天，秦逸天将自家产业和兄弟托付给林放，林放接手，拥有了直接对抗另外两个巨头的能力。

韩锦鸿和苏超然雇用杀手准备刺杀林放，韩锦鸿的手下郑君豪被林放抓住严刑拷问，得知杀手还没有拿到要杀的人的资料，于是林放威逼利诱郑君豪将资料换成苏超然的，于是杀手误杀了苏超然。

金鼎集团的郑鼎天中计，项目资金出问题，求救于林放，林放假意答应。郑鼎天儿子郑双不信任林放，察觉问题，又因为自己喜欢的柳涵欣对林放有好感，于是郑双绑架柳涵欣威胁林放自残，被林放反杀。

身为第一杀手团的头领的林放初到苏南市便与顶尖势力发生多场冲突，并且凭借自身的实力击退危险，但是仇人并没有因此停下"围剿"他的脚步，拥有多重身份的林放如何突出重围呢？缘分来临时他又如何面对自身的感情呢？对于不可控的力量的增长他又如何克服它带来的精神伤害呢？

作品评论：

网络小说为了激发读者的阅读兴趣，可以设置多个悬念，让读者不断地好奇，不断地往下阅读寻求答案，也可以不断地给主角设置阻碍，然后让主角不断地突破战胜，让读者代入体会到"爽"的感觉。这部小说是以权谋为主的，主角与各个势力之间的合作与争斗是主要的情节，各个事件之间的逻辑清晰，恩怨情仇都有因有果，使事件的发生不突兀，同时主角林放又有着多重身份，给读者留下了许多悬念与遐想，吸引着读者读下去。

在人物刻画方面这部小说没有像以往的一些网络小说一样，把主角刻画得"伟光正"，像神一样没有任何缺点，在赋予了主角异于常人的力量外也描写了一些主角的缺点。他善良，在看见许清雅、秦逸天被追杀时，会出手相救；他也狠辣，对追杀自己的杀手毫不留情，出手即夺人性命；他富有学识，学历高，能力强，却又时常粗鲁地向他人介绍自己的名字"林放，放屁的放"。他的性格不是一面的，而是很多面的。他专情，为了恋人屠杀一整个杀手团的人，在恋人死亡后却又时常到处留情，给多个女人留下希望；他非常聪明，能够识破他人诡计并且以牙还牙；他有时却又十分"傻"，明知道会与那些势力结仇，却还是义无反顾地救人……林放不是全然的白色，而是有白有黑的。

还有其他角色，如充满正义感且性格高冷的叶梦语，淡然稳重的胡珂，执着于报仇、重视亲情的许清雅,"仁枭"秦逸天,"狂枭"李凌锋,等等。

然而这样的男主刻画也有一些缺点,从小说的开篇林放就站在世界顶端,他的身份也好,地位也好,武力值也好,情商、智商也好,因为一开始就设置得很高,所以进步的空间就小了许多,少了许多期待。但是也有优势,林放在面对重重追杀时,一出手就秒杀全场,一能逃出生天,二能救人于水火,那种不可战胜,面对困难无所畏惧的感觉,很大程度上满足了读者心中的幻想,给读者带来快感。

小说中各个人物所说的话写得到位,能够表现出人物的思想与性格。认为世界上非黑即白的叶梦语,言辞间就算是自己的养父犯法了都会大义灭亲,立刻抓捕。林放时而深不可测的见解、时而粗俗的话语体现了他性格的多样与深不可测的城府……

作品埋了许多伏笔,留足了悬念,比如最开始的那个和叶梦语长得一模一样的女人,玫瑰猜出林放身份后说的"你是魔……",只是刑警队队长的叶梦语却敢直接在苏超然面前把人带走,林放说的再进江湖对自己的身体无益,那用力过猛就难以压制的暴戾之气……给人悬念,让人想看下去,随着剧情的发展逐渐揭开。还有主角与多个女性角色的情感纠葛也让人好奇接下来主角的情感走向,但是有时候挖的坑太多就容易遗忘自己埋下的伏笔,容易造成遗漏,甚至烂尾,影响阅读体验。

小说里现代社会修炼成仙的设定是比较特别的,其中各方势力的各种斗争,你来我往也比较耐看,对男性的吸引力比较大。对于女性读者,喜欢看权谋的会被吸引。但是对于大多数女性来说,男女平等的观念日益普及。这部小说从一开始就踩了不少女生的雷区,细细数来,几乎有些剧情分量的女性人物都和男主有或多或少的性关系,而且几乎都喜欢上了男主,男主性格里的对两性关系的随便,喜欢言语调戏,还有明明不喜欢许清雅还要说"等你的心是我的时候,我会接受你的身体"这类的话,让人有些无法接受。虽然这也说明主角不是完美无缺的,但是性格里的某类缺点是很败坏好感的。

无聊的时候或者心情不好的时候,看看所向披靡的主角,能够调节心情,小说中对于一些人性的思考也是不错的。这部小说代表的大概是爽文中雇佣兵与修炼成仙的一类,比较新颖,有多种元素融合,能够更加吸引读者。(江惠萍)

3.《辣手神医》

故事梗概:

《辣手神医》主要讲述了一个身份神秘的山野郎中凭借精湛的医术游走在都市权贵之间,

一手悬壶济世，一手辣手摧敌，揭开一个个阴谋谜团的故事。

第一部分是围绕着青山镇上洪天照和李乘风这两股势力而展开的。洪天照手下王豹打伤秦彦的兄弟高峰，秦彦为兄弟打抱不平而与洪天照结下梁子。此时，洪天照因秦彦身手不凡欲将他收入门下，不料秦彦却不以为然。赵宇轩因喜欢沈沉鱼而让李乘风绑架秦彦，却不料秦彦武功高强将李乘风打伤，赵宇轩的阴谋以失败告终。秦彦终究还是败在沈沉鱼的温柔攻势下，一个从未有任何感情经历的情感白痴在面对如此娇艳如花的美女面前，终究还是处处受制。

第二部分中秦彦和段婉儿、沈沉鱼等人一同来到滨海市。其间，他们遇到想要杀害秦彦的凶手，这时有一身形和朱雀相似的女子出手相救"门主"，秦彦看其手臂上的文身，猜想是同门中的麒麟（也就是白雪）。还有福伯被朱财盛派人打伤、杨昊门下的薛靖真被朱财盛指示绑架秦彦、赵震声请求秦彦医治其子赵宇轩、苗凤英杀害赵震声全家、杨昊在岛国消失、叶峥嵘暂替杨昊位置等诸多情节。

第三部分讲述的是秦彦等人去岛国寻找杨昊的消息。凌昊天、欧阳连城绑架了杨昊，并且挑断了他的脚筋，秦彦为之暴怒，因此和长乐帮结下了梁子。在这期间秦彦与手下段南接头。其后都是围绕着长乐帮、山口组、稻川会三股势力来写。

第四部分以沈沉鱼的妹妹沈落雁被绑架为导火索，揭露一系列的恶势力及其阴谋诡计。同时，以秦彦为门主的天门派渐渐浮出水面。他们打击各方黑势力，致力于维护社会安稳，同时也在不断地帮助着其他人。

作品评论：

说实话，这部小说一开始并没有吸引到我，但细细看下去之后感觉还不错。情节和伏笔安排得很到位，如果可以的话，人物间对话的描写可以再深入一点，这样对烘托人物的性格非常好，字里行间充斥着飞扬流动的活气，细节描写尤其到位，充满了弹性与节律，令读者有回味和想象的空间。

我觉得故事的紧凑、人物性格的鲜明以及故事中所讲述的友情、亲情，可以想象得更高更远。小说中的人物肯定是能够在现实生活中找到缩影，也许是某个人的特质，也许是几个人的特质集中在一起。不论是劳动人民，还是高富帅、千金女，都写出了与其身份相符的味道，同时打斗场面热血刺激，画面感超棒！

这部小说语言比较质朴，没有深奥的句子，属于大多数人都能读懂的语言。大多采用对话的形式，比较通俗易懂，也能更好地将读者带入其中。情节节奏快，故事一环扣一环，高潮接连不断，不断地满足着读者的阅读爽感。情节虽然很常见，但是作者写出了不一样的感觉。同时,《辣手神医》中的伏笔也有很多。比如秦彦和薛冰在青山镇遇敌刺杀与后文中的人物刻画,如风云之势,一路高歌猛进、风生水起,在保持网络小说一贯的爽感的同时,在人物塑造上也十分成功,一众角色形象各异,颇有千人千面之感。

"为了救出沈落雁,秦彦可以不择手段,但是,也不会伤害无辜的人。胡远志就算是有天大的罪,也无关乎他的妻女,秦彦自然是不会伤害她们。"这简短的两句话就将秦彦的形象刻画得十分生动。从这一处,我们不难看出秦彦是一个十分重义气之人,但他不会因为朋友而去做伤害别人的事情。同样,在小说的开头写到,高峰被王豹等人打伤,秦彦为此打抱不平等诸多情节。与此同时,秦彦还是一个十分爱国的青年,在面对他人贩卖毒品,诱惑自己加入时,秦彦毫不犹豫地拒绝。

秦彦面对毒品时的坚决态度能体现出秦彦是特种兵出身。在与段婉儿前往聚会的途中遇到老人晕倒在地,他挺身而出,救治老人。这点与其医者的身份特征相符合。同样,这一细节描写也反映了当代的医者仁心。

这部小说也有不足之处。人物有点混乱,人物太多且缺乏个性,以至于读者看到后面会忘记前面出现的人物。在这部小说中,我感到最疑惑的是,秦彦是特种兵出身,他应该有着军人一般的气质和谈吐,而在这部小说中,我看到的秦彦是一个"满嘴脏话"的青年人,与之身份不符。在社会关系上,我觉得过于夸张。如果是在如今的社会上,面对打打杀杀的恶势力,我相信应该早有警察出手镇压了。(徐琪)

周　林

【作家档案】

周林,男,1977年生,网名骑着毛驴的军长,安徽铜陵人。中国作家协会会员,中国电视剧编剧工作委员会会员,安徽省网络作协副主席,安徽省网络文学专委会委员,鲁迅文学院第38届高研班学员。

曾在武警天津总队第五支队服役,现客居杭州,职业经理人,高级培训师。擅长现代军事文学、职场与商战题材作品创作。其作品多以写实为主,诙谐、大气。

著有长篇小说《军心如铁》《雄兵漫道》《退伍了》《给我一个连》《繁星若沧海》《生死追击》《拯救》等,担任电视连续剧《勇敢的心》《给我一个连》《大道青天》等编剧,担任电影《断魂刀》《白姜案》《密探之黑白局》总策划,担任电影《穿婚纱的少女》《一条狗命》文学顾问。

周林是安徽最美江南影视文化传媒以及淬火影视文化工作室的负责人,他写了很多很有影响力的军事题材网络小说。他的《军心如铁》被称为新兵教科书,被誉为最真实的军事小说;长篇小说《裸奔》获得新浪第五届原创文学大赛的都市情感类月晋级冠军奖;《雄兵漫道》获得盛大文学举办的首届全球写作发展军事文学类首选版权交易金;小说《逃出生天》荣获第二届爱奇艺文学奖。

除此之外,他还是非常有名的编剧,由他担任故事原创和编剧的电视连续剧《勇敢的心》在2014年由北京、天津、江苏、山东四大卫视同时联播,获得收视率第一名的好成绩。

作为较早的一批网络作家,提及选择进行网络创作的原因,他回忆道:"因为文学是我从小的爱好,我上中学的时候喜欢写一些诗歌。可能这一代的学生不知道,我是20世纪70年代末生人,在我们中学的时候诗歌是比较流行的,那个时候汪国真、顾城,包括国外的一些诗歌比较流行。"另一方面也是受到了现实环境的影响,"我后来去入伍,当了几年兵,回来之后在深圳打工,那个时候工作之余,时间还是比较充裕的,而且那个时候网络文学正在兴起。"早在2005年,周林老师就开始进行网络文学的创作。

关于写小说成名后不久便又转向编剧行业的原因,周林老师这样解释道:"因为我之前写小说的时候,同时也一直在企业里上班。然后到了差不多 2010 年的时候,我被公司外派到广西去做一个项目。因为距家较远,十分不便,我也无法潜心进行创作……同时我写作的东西相对比较传统,一个朋友帮我推荐到影视公司,刚好影视公司需要一些好的题材。这又是一个收入很高的职业,所以我便转行做了编剧。"

【主要作品创作年表】

《军心如铁》,解放军文艺出版社,2009

《退伍了》,中国人民公安大学出版社,2009

《雄兵漫道》,文化艺术出版社,2009

《给我一个连》,重庆出版社,2012

《全时待命》,爱奇艺文学,2019

【作品评价】

1.《给我一个连》

故事梗概:

雷钧在父亲雷啸天的"淫威"下,放弃了热爱的新闻记者岗位,被迫下放到侦察连担任副指导员。不料这个正连职的干部一下连队便被那里的主官安排到战斗班重新当兵。雷钧心中苦闷无处诉说,就找到以前对自己毕恭毕敬的王福庆,不料却被泼了冷水,感觉处处遭到针对。连长张义、班长应浩都是倔脾气。但随着时间的推移,进一步相处之后,雷钧发现大家都是志同道合之人,父亲也并没有想象中那么讨厌,而他也凭借自己优异的表现赢得了大家的尊重。

在侦察连淬炼的半年多重新唤回了潜伏在雷钧内心深处的英雄梦想。一切看似顺利,却暗潮涌动,一次弄巧成拙的危机化解,差点断送了好兄弟应浩的仕途。前途未卜,但当他终于决定放开手脚,大干一场的时候,一场突如其来的边境阻击战,让他失去了最好的兄弟。笃定地认为团长余田玉指挥不力才导致兄弟牺牲的他,几近丧失理智,醉酒后和团长发生冲突,酿成大错,向父亲求情未果,他再一次被父亲贬到了农场,刚刚回暖的父子关系再度降到冰点,从此他与家中,甚至与父亲断绝往来。

为了证明自己的判断,更为了杀回侦察连,实现自己当连长的梦想,他在农场整整蛰伏了六年,见识到了各种人情冷暖:兢兢业业的场长老金立下了一等功,病退一线;新上任的胡场长特立独行,难服众人;曾经的师父老范摇身一变为暴发户范总……雷钧在完成老金布置的两项任务——培育温室马铃薯和开展"扫盲教育"后,觉得问心无愧,有所成就。就在这时,父亲病逝,他在弥留之际仍认真阅读儿子的改革大计,悉心批注,在父亲离开的那一刻,父子关系得到了真正的和解。

而雷钧也终于等到证明自己的机会,被调到满是老兵残兵的九连,一个几乎被团里放弃的连队,而他与搭档胡海潮,一唱一和,让这支濒临瘫痪的连队重获生机。雷钧也在这段时间里学会了很多,不仅有训练团队的技巧,更有管理团队的经验。就在他准备调到团里时,一个隐藏了六年的秘密被解开,他一直痛斥的余田玉竟然是应浩的舅舅,一个为了外甥宁愿离婚也不要孩子的人。这一惊天秘密,成为故事的结局,而之后雷钧何去何从,成为一个不解之谜……

作品评论:

本书的主题:一个军二代的成长蜕变史。没有太过复杂烦琐的故事情节,没有太多华丽高级的遣词造句,甚至没有完美无瑕的主角形象,平铺直叙却扣人心弦。

1. 人物刻画的立体感

英国哲学家休谟曾说:"小说能很自然地引起心灵的注意,唤起心灵的活动,它所唤起的这种活动总是能转变为对于小说中人物情景的某种感情,并且赋予这种感情以力量。"该书中个性鲜明、性格迥异的人物形象让人觉得颇为有趣。

于我而言,令人感慨的形象并非男主人公,而是一个泼墨虽少却十分抢眼的人物——师父老范。作为主人公在宣传道路上的引路人,书开头这样评价道:"天生的文人,硬邦邦的骨头往外冒着酸气,坚守原则却又八面玲珑。"是一个个性鲜明让人印象深刻的角色,是一个赢得主人公尊重且无比信赖的人物,是一个雷钧遇到困难第一个想倾诉的对象。就是这样一个"硬邦邦"的"文人",终究因为转业流于世俗。再见老范是老范去看望雷钧,而这一次,让雷钧的内心无所适从,转业后的师父,摇身一变成为"范总",这一称呼使人忍俊不禁,他与当地领导高谈阔论,俨然一副暴发户的模样。而当雷钧想起他们之间的约定给老范打电话时,对方一副日理万机的模样让雷钧意识到两人已然渐行渐远了。作者通过该形象的诠释,交代了目前部队普遍存在的现象,也从另一个层面反映了人的变化。但对于主人公而言,反而更坚定了其留守部队的信念。

对于人物形象的刻画,小说采用大量的语言描写,如雷钧的母亲刘雅琪女士,每次拿起电话的第一句都是:"你小子还要不要妈了?"第二句通常是:"我知道你嫌妈老了!"最后肯定会急眼,咬牙切齿:"只有雷啸天能收拾得了你这个小兔崽子。"使一个爱子心切的母亲形象展现得活灵活现。从主角到只有几笔略过的小人物,在对其形象的刻画上,都丝毫不含糊,这也是这部小说最值得肯定的地方。"大牛就像一只胀满了气的皮球,他的眼睛长在别人的脚上,他的表现取决于你的脚法和力度,你踢得越准,用力越大,它飞得越高……"就是这样一个只占了短短篇幅的小人物胡大牛,作者都用这样的语言加以细描,可谓用心至极。

而关于主人公雷钧,值得称赞的是,虽然没有摆脱传统主题的框架,但没有因为主角光环对其加以褒奖,而是使一个更为真实也更为动人的角色跃然纸上。他身体素质过硬,文采斐然,但在历练之前,仍是一个初入社会、不知人情冷暖、桀骜不驯甚至有些骄傲自大的人。"后来的雷钧学会了冷眼旁观,却又无所适从。"热血终会被现实抚平棱角,更何况在军队这样的地方。当他真正跳出这一切时,他一定会找到合适的生存法则。其实作者在对小说中角色的刻画,多采用这种"蜕变"的表达方式,张义也好,老范也好,应浩也罢,每个人物都在向着"好"或者"不好"的方向去演化,而对于"好"和"不好"的标准,自然是由读者来决定。这也贴近现实,让读者不自觉地对号入座,人生在世,变化自然是常态,谁又不是如此呢?

没有人可以用"完美"来定义,甚至是不是一个十足的好人都有待商榷,但或许这就是周林笔下的人物形象的魅力所在。

2. 环境描写的文艺性

众所周知,小说的三要素之一便是环境。而作为一部网络小说,也同样保留了小说的主要表达方式,很多场景的切换,都是通过环境引出的,大量的渲染让这部小说更充实的同时平添了几分文艺色彩。

"塞外的中秋,满眼苍茫。午后的阳光,不阴不阳地照着大地,很毒,也很柔和。偶有微风拂过,便能依稀看见空气中飘浮的沙尘。"这段描写看似平平无奇,但恰到好处,作者在环境刻画上的遣词造句还是有些功底的。本是一个振奋人心的父子较量,却因为环境的衬托,多了一份肃穆和凄凉,于此情景下,越发触动人物内心最柔软的角落,也正是这一刻,雷钧认识到父亲的青春已不再,这也成为主人公心理变化的一个重要转折点。

生离死别总是最打动人,无论你是否在故事的开头就猜到了死亡的结局,当死亡来临之时,还是会有一种身临其境的悲伤。而书中两次死亡都辅以大篇幅的环境描写。"应浩一直伏在自己右前方眼光可见的地方,那里紧挨着一个枯草丛生的小山丘,那山丘状似贺兰山下的西夏王陵。彼时,已天近黄昏,夕阳欲下,黄昏暗暗地照着,了无生机,徒生一股肃杀之气。"仿佛这一切的一切都在为这场即将到来的离开埋下伏笔,让读者的神经高度紧张。紧接着又描绘"灰尘尘的阳光",似乎他就要追赶那份光亮,这也让他的死亡多了一份庄重感。而父亲离世前的描写也采用了同样的方式:"一辆福特越野车如离弦之箭,向着京城的方向疾驶。时值深秋,风沙肆虐的季节,蒙古大地上广袤的戈壁与草原,满目苍凉,肃杀一片。"紧接着大段的回忆在这种环境下一一展现,像电影的表现手法一般,给人以直击心灵的震撼感。

这个世界上很难有真正的感同身受,但一个小说真正的巧妙之处,就是将你置于一个作者所建构的世界中,随着它的笔去呼吸、去体验、去思考。

3. 情节及引用的缺陷

恰当的引用无疑能为故事增添几分文学色彩,而合理的伏笔也会使小说的情节架构更加合理。《给我一个连》作为一部网络作品,在遣词造句上网络元素很少,更像是一部速成的传统作品。但是与传统小说相比,在情节布置和引用方面又欠缺考究。

首先在情节上,在那场突如其来的边境战役开始之前,作者就直白地交代了应浩会离开的事实。"很多天以后,当雷钧终于在恍惚中完全醒过来,他才想起来,其实那天在战斗前自己就有过某种不祥的预感。"这使得应浩的离开毫无悬念,因而不免少了一份期待。"他们怎么也没想到,此后好几年,儿子都拒绝回家,直到那个生离死别时刻来临……"这里的线埋得较长,相比较前一个生硬的诱饵要好很多,但这个"生离死别"就使得这个暗示变得明朗而缺乏新意。另外,让人很不解的是最后一个情节的安排,全书的最后,当年指挥那场战争,间接地导致应浩死亡的余田玉其实是应浩的舅舅。于我而言,这样的安排虽然达到了出乎意料的目的,但让人匪夷所思。在应浩离世,雷钧责备余田玉的时候,作者就交代余田玉和应浩有一个"君子协议",暗含其有难言之隐。但铺了这么长的路,就为了引出这样一个误会,作为文章的收尾,实属不妥。

其次在引用方面,也存在较大的问题。"他首当其冲地站出来。"毋庸置疑,"首当其冲"用在这里是不妥的,其表示最先受到伤害。这种易错成语的偶尔使用还可以理解,但文中有多处引用,或许是为了增强文章的文学性,显得与那段文字格格不入。"沉舟侧畔千帆过,病树前头万木春!人贵在有自知之明,更贵在知耻而后勇!"这里前两句诗的运用可谓"诗"不达意。"雷钧想起了这段描写暴风雪的诗句,爱默生是他最欣赏的美国诗人……"后面甚至还有多句对此的解读,有种无意且尴尬的感觉。此类的引用较多,穿插在很多故事情节之中,有时候会打破故事原本的完整性,让人有一种"跳戏"的感觉。

"我们都是寄居于时间大海的寄居蟹,不断寻找更大更适合自己的壳,来时没有壳,最后归于空无,这便是生命的实景。"成长是一个人永恒的话题,这是一部成长史,同时也是每个人生活的映照。凡来尘往,莫不如此。(张如义)

2.《全时待命》

故事梗概：

作品讲述了晏轲和他的朋友们历尽艰辛,组织救援队,在一次次任务中不断成长和认识自己的故事。

前海军陆战队兵王晏轲,得知苏小贱直播禁区徒手攀岩遇险,联系好友徐建富同去救援,路上搭载了女主播丹妮。现场环境复杂,晏轲救下苏小贱。简约责备晏轲鲁莽冒险救人。简约解救海上失事船只伤员,完成最后一次飞行。

丹妮因为搭车和去徐建富的修车行修车与徐建富结缘,之后,徐建富带领丹妮参观建富山庄,客人必须通过闯关才能进入。丹妮得知晏轲从两年前就立下要完成一百次成功救援的目标。丹妮组织救援队,简约参与救援队并与晏轲在救援队的配合下解救了郑宇凡和几个遇险的攀岩者。丹妮直播宣传,简约凭借实力得到认可。

晏轲和简约联合解救苏小贱的妹妹,陆欢通过考验,加入战鹰救援队。黎羽希望参加无国界医生,临时处理车祸伤者止血。两个救援队联合找回夏令营失踪儿童,简约倒悬救人。溶洞探险者遇难,晏轲救援失败。

苏小贱为战鹰争取到原来是要给耐特的赞助,争论之后,双方决定将赞助留在战鹰作为投资。晏轲从桥梁上救下医院失踪老人,解决家属碰瓷后满足了老人的心愿。老人晕厥,晏轲和救援队被家属和水军围攻。简约来到山庄担任战鹰的教官。

黎羽介绍客户牛总,牛总与晏轲相谈甚欢。求婚现场,牛总的儿子小猛绑架了一名女主播,晏轲带队救援,发现小猛吸毒。他们经历各种危险,死里逃生,成功解救女主播,并且劝服了小猛。陆欢的女友转变观点同意陆欢继续救援,但认为陆欢应加入更加正规的耐特救援队。袁子弹来到战鹰。某公司来战鹰聘请作为演员演唱会的替身演员,小贱被选中,却突发事故摔伤,粉丝自责跳楼,被晏轲救下。郑宇凡因没有救援活动决定离开战鹰。

有人不正当高空作业遇险,苏小贱参与救援,却因为恐高救援失败,有了心理压力,退出战鹰。简约假装白领工作。建富山庄配合简约欺骗简约父母,被识破后两位老人同意了简约继续在救援队工作,并暗示简约与晏轲发展。

晏轲遇到饭店火灾,抢救煤气罐,认识了热心的龙哥和老英雄张志全,并得知了庄严和龙哥的故事。龙哥大熊投奔山庄,有剧组找到建富山庄拍摄抗战剧,队员们客串出演。

晏轲等解救跳崖作家,战鹰和耐特联合救援失踪驴友,徐建富独当一面,找到三人。徐建富不幸被蛇咬伤,幸好及时救回。战鹰的名声更加响亮。丹妮带领粉丝来到山庄参观居住,与战鹰队员相处。

战鹰在附近漂流点打捞遗失物品,受到阻挠,晏轲、徐建富两人争吵反目,后在黎羽和简约的劝说下和好。陆欢为节目组救援某老板,后老板去世,陆欢被节目组的剪辑甩锅,舆论施压。简约、晏轲与家属和节目组周旋。丹妮从粉丝处得到了视频资料。丹妮也与徐建富交往。一队老人来建富山庄辟谷,队员想出以压缩饼干假冒养生丹,维持老人们的体力。袁子弹研究出救援机器人,却伤到黎羽。黎羽与庄严解开误会,也约定结婚。

王老大货船失事,打捞漂流桶。在救援过程中简约遇险,晏轲救援,两人感情进展迅速,解开心结。苏小贱组织了一个宠物救援队,风生水起。

附近地区地震导致泥石流,战鹰参与救援,陆欢在泥石流中受伤,晏轲、徐建富等人运送陆欢出山区,路上再度遇到山体滑坡,大熊为救大家遇难。晏轲也陷入昏迷。简约一直照顾晏轲,龙哥也成为建富山庄的新厨师。战鹰参加救援技能比赛,龙哥展示了高超的结绳技能,郑宇凡也带来了不需要冠名的赞助商。晏轲醒来了,他们一同去看望了大熊。他们将整理行囊,开展新的救援,晏轲的救援故事,他和简约的爱情,还在继续……

作品评论:

《全时待命》这部小说主要讲述了兵王晏轲和好友徐建富一同组建战鹰救援队,救助遇难人员并在过程中与飞行员简约解开心结,一同成长的故事。这部小说并不长,将救援故事分为一个个小章节,读起来十分轻松,不存在篇幅过长、节奏拖沓的问题,且直入主题,刚开始的救援情节鲜明,充满趣味,使人想要读下去。

这部作品是带有军事和冒险色彩的小说,我本身对军事也有些兴趣,因此对这部作品比较感兴趣。作品虽然体量不大,但故事都讲得清楚明白。虽然都是救援,但这部小说写出了不一样的故事和特点。特别值得一提的是,这部小说虽然着重描写了晏轲的英雄形象,但是并没有神化晏轲。他也有自己的性格和情绪,会因为小事与朋友吵架生气,会在面对自己有好感的女生时不知所措。救援过程也并非一往无前,所向披靡,也会因为各种情况失败,一些救援过程也有朋友的帮助,甚至一些配角才是过程中的关键人物。这就使晏轲这一角色变得真实,让人可以产生崇拜感,也顺应了平凡人心中对英雄情怀的一种向往。小说对配角的刻画也可圈可点,每个人物的性格都各有特点:活泼大条的丹妮、优雅的黎羽、豪爽的龙哥等。配角也充满立体感,让人不觉得他们是工具人。由于它本身有救援冒险的成分在,在叙事描写中比较注重细节的刻画,通过细小的线索去搜救被困者,人物的行动线索也很有逻辑。

《全时待命》主要吸引人的点就在于主人公的冒险精神和英雄情怀。小说中的一个个救援故事很吸引人。我本身看这一类型的文章比较少,不能大面积地去比较、评判。但是相比于很多男频文的感情线繁多、故事长而拖沓的特点,这部小说节奏迅速,"闯关式"情节短小精悍,还是较为可圈可点。作者并没有在感情线上叙述太多,但每一组 CP(情侣)都有自己的风格特点,满足人们传统意义上对感情线的要求。我觉得或许是因为作者的重点并不在于感情线的发展,这一方面的描写也并不是特别出彩。人物之间的感情发展较为突兀,没有"顺理成章"的感觉。在故事的讲述中,也穿插了家庭矛盾、医闹、碰瓷、诈骗等情节,从侧面反映社会的阴暗面,以主人公为首的团队在黑暗中摸索、碰壁、挣扎与反抗。

我最喜欢的情节是第 5 章"溶洞救人"和第 22 章"拦截漂流桶"。第 5 章"溶洞救人",是主人公带领的团队第一次解救失败,虽然找到了被困者,但还是因为种种情况没能救出来。初看这部小说时,我还担心作者会把主人公写得过于神化,无所不能、无往不利。但这一章不仅情节丝丝入扣,对溶洞和营救过程的描写引人入胜,还很有逻辑地写了营救的失败,让人不由得跟着晏轲一起惋惜、沮丧。第 22 章的"水中患难弃前嫌"是一个转折点,从这一次之后,不仅耐特和战鹰两个救援队连为一体,男主人公晏轲和女主人公简约的感情也发生了改变。在这一章中,男女主人公展现了高超的职业素养和出色的营救能力。简约只身潜水三个小时,晏轲拦截漂流桶,在直升机上搜寻简约。这里关于晏轲在营救简约时无法抓稳降索绳和因为焦急直接跳入海中的细节描写,显得十分生动。在此之后,两人才敞开心扉,开始回溯了二人过去的故事。

我们在读小说时,会不自觉地将自己带入主人公的视角,《全时待命》描述了兵王晏轲和他的朋友们的救援英雄梦,满足了人们心中的期待与幻想。我们或多或少都期待过自己能够穿上披风化身超人英雄,或者成为一呼百诺万人迷的领袖,但最终还是被生活的各种小事打败,被生活消磨掉棱角,成为人群中的大多数。因此我们都向往着世外桃源,不为生活中的琐事烦扰。我们都渴望变成小说中的主人公,虽然无法成为他们。

每种生活都有各自的幸福与烦恼,我们平凡,但是并不平庸,把每种生活都活出自己的样子,就是最好的生活。故事虽完结了,但是生活还在继续,战鹰救援队更加专业,走向正轨,小说里的救援故事和爱情故事也在继续,我们的生活也是。(田雪寒)

3.《雄兵漫道》

故事梗概:

武警战狼特勤大队里有四个情同手足的兄弟战友——杜超、雷霆、赵子军、江猛,全文围绕这几个人的成长展开了叙述。杜超是高干子弟，但他在军队里从不依赖家里的力量，凡事靠自己，凭借自己过人的素质与坚韧的性格，在军队里闯出了一片天地。在新兵连时，他就被他的上级骆敏所看好并倾心培养，进入战狼特勤大队后更直接担任了班长一职。雷霆是个有理想有文化的子弟兵，他跟他的兄弟们选择了不一样的道路，参加测试考入了武警学院，每天都在学校里学习各种技能与文化知识。赵子军祖上是个剃头匠，有一门剃头的好手艺，但他没有当兵的天赋，在部队四年当的是后勤兵，四年来打出的子弹都没超过一百发，这也是他后来选择退役转业的原因。四兄弟的最后一个人江猛命运多舛，在几年前执行任务时，他为了制伏身绑炸药挟持人质的匪徒，只身扑向匪徒，被一刀扎向后脑勺，失去了记忆与神志，能活下来已经是走了大运，其他三个兄弟定期给江猛的母亲汇款以支撑她的生活。

杜超在大队里表现优异，但一次意外让他与同样表现优异的肖克发生争执，两人都被记了小过。肖克当时正处于即将退役的年龄，如果因为这件事不能转为士官，他将辜负家人的期望。因此肖克在疑神疑鬼之下，做人的底线与原则被打破，竟然做出贿赂上级大队长的举动，大队长觉得人格受到了侮辱，更恼火自己的队伍里有这样的人，于是肖克当场退役，回家乡转业谋生。此时杜超与来访部队的记者马稚婷互生好感，而同样对记者有好感的赵子军由于自卑退出了竞争，并且一时冲动退役去了北京艰难谋生。命运的安排无比巧合，杜超通过选拔进入地处北京的武警特警学院，马稚婷也考取了位于北京的一个军队文艺学院的硕士研究生，赵子军和肖克也在北京谋生，江猛的医院也处于北京。杜超与马稚婷捅破了那层互生情愫的薄纸而成了爱人，赵子军也结识同为退伍军人的老范，用自己的剃头手艺积攒本金，办起了一家装修公司，而后经过三顾茅庐拉来了国际知名设计师撑场，也算是创业有成。杜超由于表现优异前往A国参加两国之间的兵王比拼，为国家赢得了荣誉。雷霆也顺利毕业，与杜超的妹妹杜菲陷入爱河，工作、爱情双丰收。只有肖克意外走上了邪路，在黑帮利益分配不均后意外杀人，成了一名逃犯。

故事的结尾让人唏嘘不已，杜超的爱人马稚婷不幸于雪山遭遇雪崩，杜超在听闻噩耗的情形下还要前往云桂边境抓捕逃犯肖克。肖克在边境爱上了一个当地女人，在遭遇杜超后两人持枪对峙，杜超吐露心声后肖克回顾人生觉得十分后悔，选择了自杀，并把赃款都留给了那个女人。几年后雷霆与杜菲结婚，几个兄弟都去婚礼上热热闹闹庆祝了一番，故事到这里就戛然而止，但令人回味无穷。

作品评论：

"雄关漫道真如铁，而今迈步从头越。"在看到小说名字后，我的脑海里立刻涌现了这句诗词。这是毛泽东主席名作《忆秦娥·娄山关》中的一句词。虽然雄关漫道难以攻克,但我们伟大的人民解放军不畏艰难、不怕牺牲,漫道雄关也终会被越过。这部小说里展现的军人风貌则很好地体现了毛主席词中的精神。

军营是一种个人英雄主义与集体主义的协调和平衡,它砥砺锋芒却又打磨棱角;军营是信仰与价值体系的重塑之所,雄兵之道是一个人灵魂的涅槃和精神的升华。世界上也许有天生的兵,但是没有天生的军人。"入伍当兵,但这并不意味着已经成为真正的军人。"这句话值得玩味。就社会层面而言,军人是一种神圣的责任,而耸立在他背后的是国家和民族。我看过一些其他军旅小说,有些作者汲汲于所谓铁与火的渲染,并且在一片血肉横飞和天崩地裂之后便简单而粗暴地宣布了一名英雄的诞生,并且试图渲染某种终极的直白的愉悦。如果说战争能够让一个女人变得粗糙的话,那么军营也能让一个男人变得雄壮。雄性,既不是粗野,也不是漠视生命。雄性是一种对责任的理解,更是对道义的担当。它是热血而不嗜血,是激情但不放纵。在作者周林跳脱的笔下,杜超、江猛、赵子军等几个少不更事的青年入伍成为军人,但是他们并未就此凭借天赋异禀从而崭露头角。他们的起点不过是一个朴实的梦想,是一种热情。

周林作为一名有军旅经验的作者,他对军队生活的刻画十分真实,他笔下的角色所经历的也并非什么气贯长虹、鬼惊神泣的事件,而是真实感十足的似铁军心的冶炼历程。作者可以游刃有余地驾驭情节,在把握总体态势的基础上做出正确判断,同时给自己笔下的人物动向制定适当的策略并给予合理动机。

小说充分展现了处于世纪之交中国社会的风貌,不仅仅限于军营,在对转业几人的创业求职生涯的描写里也很好地再现了那个时代底层百姓的生活。杜超在北京的经历很好地体现了一般农村人对麦当劳、肯德基等快餐品牌的陌生与向往,赵子军在北京的创业经历也体现了当时的创业风潮。书中描写的很多细节也展现了军营生活中的一些乐趣,包括小说里提到的吃西瓜大赛、各种诙谐的段子、训练时得以坚持下去的力量,都充分还原了一个真实的军营生活。小说歌颂了军人的责任感,文中有一个细节,在一次电影院劫持事件中,战狼特勤大队采用最新的空降作战轻松制伏了歹徒,到解救人质的时候,他们发现其中一个人质紧紧地趴在死去的歹徒身上。原来,这位人质是一位退伍老兵,他的本能反应是害怕这个歹徒仍然残留一口气引爆炸弹,所以他想凭借自己的血肉之躯做这颗炸弹的第一道防线。我想这不仅仅是小说中的一个情节,在现实生活中,如果真的发生这种事,军人一定会先用自己的肩膀扛下来。

小说的语言基调幽默、诙谐,其中也透露着军营生活的紧张与严肃,不仅能让读者在阅读时兴味盎然,还能让读者切身感受到军营生活。作为塑造形象的重要手段之一,小说的人物语

安徽网络作家档案

言极具个性,一群栩栩如生的形象在嬉笑怒骂中百态尽出,真实地展现了当代特警鲜为人知的战斗与生活。小说情节跌宕起伏,既有紧张刺激的战斗场面,也有花前月下的感情描写,充满了英雄不羁的豪迈气概,读来震撼人心。(熊子豪)

秦　明

【作家档案】

秦明,男,1981年出生,安徽铜陵人,毕业于皖南医学院。安徽省公安厅副主任法医师,作家,中国作家协会会员,第四届安徽省法医学会秘书长。2020年,秦明入选"橙瓜见证·网络文学20年"十大悬疑作家。电视剧《法医秦明》《尸语者》《法医秦明之无声的证词》原著作者,电视剧《法医秦明之幸存者》编剧。

2015年11月2日,《第十一根手指》获第一届网络文学双年奖优秀奖;2016年1月29日,获"当当年度影响力作家"称号;2016年11月,成为CCTV(中国中央电视台)2016年度法治人物,并获"年度最具网络影响力的法治人物"称号;2016年11月,《逝者证言——跟着法医去探案》获第四届中国科普作家协会优秀科普作品奖。

2005年获得医学和法学双学士的秦明进入省公安厅工作,成为一名职业法医。缘于对法医职业的热爱,秦明在工作之余尝试写作。2012年春节,秦明开始在网络上更新一部名为《鬼手佛心——我的那些案子》的小说,小说的特别之处在于它不仅仅是为满足读者的好奇心,而且试图普及一些有关法医学的知识。他直接采用自己的本名和法医的身份作为小说主角的名字和职业,将自己亲身参与侦破的案例进行改编创作。截至目前,秦明已出版法医系列小说八部、守夜者系列小说三部、法医科普图书两部。

根据《第十一根手指》改编而成的悬疑网剧《法医秦明》,一经上线就广受好评,收获了全网17亿的播放量,奠定了秦明在网络文学中的地位。

秦明始终遵循的创作原则是:"一、以个案为基础,加入穿插全书的主线;二、以真实案例为蓝本,以普及知识为目的,不矫情、不造作、不玄乎;三、绝不违背科学的精神。"谈及写作,他谦虚地将自己定义为"故事的搬运工",希望通过对身边案例的记录,提升群众的防范意识,弘扬法治精神。

为行业正名是秦明进行网络小说写作的初衷,他的《法医秦明》系列小说以"法医"为叙事视角展开故事,开辟了网络悬疑小说书写的新思路。小说取材于真实案件,融入法医学知识,展现法医从业者真实的工作状态,让读者领略到这个从业人数仅有2万的行业真切的一面。

【主要作品创作年表】

《法医秦明》系列第一卷万象卷:

《尸语者:公安厅从未公开的法医禁忌档案》(原名《鬼手佛心》),天涯社区,2012;湖南文艺出版社,2012

《无声的证词》,漓江出版社,2013

《第十一根手指》,湖南文艺出版社,2014

《清道夫》,湖南文艺出版社,2015

《幸存者》,湖南文艺出版社,2016

《偷窥者》,湖南文艺出版社,2017

《法医秦明》第二卷:众生卷

《天谴者》,江苏凤凰文艺出版社,2018

《遗忘者》,北京联合出版有限公司,2020

《守夜者》系列:

《守夜者1:罪案终结者的觉醒》,百花洲文艺出版社,2017

《守夜者2:黑暗潜能》,江苏凤凰文艺出版社,2018

《守夜者3:生死盲点》,北京联合出版公司,2019

《守夜者4:天演》,北京联合出版公司,2021

科普系列:

《逝者证言:跟着法医去探案》,重庆出版社,2014

《逝者之书》,四川大学出版社,2020

【作品评价】

1.《法医秦明》系列小说

小说梗概:

网剧的兴起与发展为恐怖悬疑等题材小说的IP改编打开了方便之门,2016年根据《法医秦明》改编的同名网剧,一经上线就广受好评,也让这部曾获第一届网络文学双年奖优秀奖的系列小说重新引起了大众的关注。

秦明于 2012 年开始创作《法医秦明》系列小说,他将该系列分为万象卷与众生卷两部分。截至目前,万象卷已完结,众生卷尚在创作中。

万象卷以《尸语者》为始,以《偷窥者》为终,法医侦破案件之路是《尸语者》的明线。初出茅庐的秦明,怀揣着一腔热血,闯入法医的世界,从稚嫩到经验丰富,从轻易断言到严谨细致的成长过程成为小说的暗线。秦明一直期待像身为刑警的父亲一样亲历现场,伸张正义。然而他的第一堂课却因死者是小学同桌而变得如此凶猛、残酷。那是一起群殴事件,受害人当场死亡,死者有五六处刀伤,致命伤在胸口,法医通过尸检发现胸口创口边缘的小皮瓣,最终锁定真凶。初次参与解剖的经历让秦明体会到法医"为生者权,为逝者言"的誓言,最初那一段段稚嫩的文字,透露出他发自内心的对法医和生死的敬畏。虽然《尸语者》只是单个案件的陈述,但平铺直叙之下,依然有股独特的感染力。

万象卷的第二部《无声的证词》,在个案逐个击破的基础上,以悬案"云泰案"为主线串起整个故事,为科学严谨的法医科普文增添一抹亮色。自此,《法医秦明》系列小说就告别了平铺直叙式的法医科普,走向悬念纵横高潮迭起的罪案创作。

手术刀是法医的第十一根手指,同时也是犯罪分子最畏惧的手指,一语双关的书名构成了全书最精彩的看点。过往的罪案暗含着复仇的火焰,"云泰案"的真凶水良的妻子池子与老秦的恩怨在第三部《第十一根手指》中再度上演,虽然依旧是单元剧搭配悬案的组合,但主角从勘验现场的主检法医到成为恶性命案的嫌疑人,法医秦明在这一部作品里着实玩了把含冤入狱又沉冤昭雪的心跳。

鬼手佛心的秦明,通过他的《法医秦明》系列,走出了一条我手写我心的独辟小径。从最初的《尸语者》《无声的证词》到渐渐自成体系的《第十一根手指》,再到逐渐升华的《偷窥者》,秦明的文字始终透露出一种强烈的递进感,没有丝毫的炫技和造作的成分,以科学为准绳,从专业的角度细致地讲述案件的尸检过程,用发自内心的使命感织就法医世界,以悲天悯人的情怀,坦荡地追求着这世间的公平和正义。

作品评论:

天网恢恢,疏而不漏。就像福尔摩斯所说的:"这个世界上没有完美的犯罪。"案件的告破是时间的问题,真相总有浮出水面的一天。或是通过现代高科技的排查,又或是通过法医手上一把不起眼的手术刀。

过去,法医很少在文学作品和影视剧中成为主角,一直到《洗冤录》《法证先锋》等一系列以法医为主角的港剧的流行,才使得法医这个职业渐渐走进大众视野。在众多罪案题材作品中,法医只是案件进程的催化剂,很难成为主角。而《法医秦明》系列一改之前以警察为主角侦破案件的小说套路,选择以"法医"为叙述视角,通过对物证和尸体的专业判定,用逻辑推理案件,发现关键性线索,找到真凶。《法医秦明》的出现填补了网络罪案文学中法医领域的空白,开辟了中国式罪恶小说书写的新思路。

秦明将自己法医的职业融入作品中,使得小说拥有着高度纪实性和专业性。正如秦明一直遵循的创作原则:"一、以个案为基础,加入穿插全书的主线;二、以真实案例为蓝本,以普及知识为目的,不矫情、不造作、不玄乎;三、绝不违背科学的精神。"这使得《法医秦明》具有不违背科学精神的法医学术性。

在法医的世界里,死亡不是结束,而是另一种开始。尸体也不再是恐怖电影中用来唬人的道具,而是真实存在的科学。一般的网络罪案文学,作家通过对尸体的"重口味"描写刺激着读者的感官,再现残酷的犯罪现场。《十宗罪》的作者蜘蛛,通过对不同尸体的惨状以及令人作呕的犯罪场景的描写,渲染恐怖的气氛,以此暗示凶手种种残忍的犯罪手法。

而秦明却反其道而行之,力求真实再现尸体的状态,从专业的角度客观冷静地展现尸体解剖的过程,如《尸语者》中写到的解剖过程:"手术刀麻利地切开小孩的头皮。小孩的头皮已经烧得不完整了,而且非常脆。头皮下到底有没有血肿已经无法分辨,但是切开头皮后我们发现孩子的颅骨已经碎裂,有几块颅骨黏附在头皮上,在剥开头皮的时候掉落下来,露出红白相间的脑组织……"秦明没有刻意渲染尸体的惨状,而是用法医的职业观感,以及建立在科学基础上的法医学术语,细致地描述尸体解剖的过程。以法医的专业知识和思维,分析线索、推理真相,来叙述案件的侦破过程。语言平实无华,但对法医从尸检、确定死因到破案的每一个细节都描写得十分详细。在小说中引用大量法医学术语时,秦明还对陌生的专业用语进行解释,向读者科普法医的专业知识,比如介绍我国法医惯常使用的"一字解剖术式""尸斑的形成"等等,这些都成功拉近了读者与法医之间的距离。

《法医秦明》系列与一般的网络罪案小说一样,都围绕着杀人案展开故事,但又有着明显的不同。网络罪案小说的"凶手一定要在出场人物之中",就像动漫《名侦探柯南》,当最后的真凶揭晓时,观众不禁感叹"原来凶手就是你",结局的反转,给观众带来恍然大悟之感。抑或是像日剧《轮到你了》,外表柔弱的黑岛沙和有异常强大的反侦查意识和超高的心理素质,采用各种手段来掩饰犯罪痕迹,制造不在场证明,成功地将自己的嫌疑转移到他人身上,最后以真凶的身份出现,带给观众震撼感,揭穿诡计是这类作品最大的看点。

而《法医秦明》系列是作者真实的工作经历凝练的产物，比较写实，事件进展顺序基本都是：接到报案—勘查现场—检查尸体—分析推理—凶手排查—案件告破—犯人自白。大多数情况下，凶手直到最后一刻才会出现，读者对真凶究竟是张三还是李四并不会太过在意。案件都是从法医角度着眼，关注搜证的过程或是尸检的经过。警方在现场或者尸体上发现的有效痕迹，甚至指纹等关键性证据才是重点。这种单线的纪实模式，会显得情节较为单一，但也使这种从各种蛛丝马迹找寻线索最终发现真凶的过程成为小说的一大亮点。

小说叙事的核心是人物的塑造，作品中的人物不能是"脸谱化"的形象，正面人物也会犯错误，但这并不妨碍他坚定地维护法律与正义。反之，作为反面人物出现的罪犯，也许只因一念之差铸成大错，并不是十恶不赦的坏人。《法医秦明》揭露犯罪，同时在犯人的自白中解释了犯罪动机，展现了真实的人性。好人可能会变坏，坏人也可能会变好，小说中出现了不少异化的人物。

秦明试图在"犯罪—破案"的表层叙事下，建构出更深层次的主题意蕴，如人性的探讨、"情与法"的纠葛，等等。《法医秦明》之《清道夫》中的步兵，原本是一个立志成为法医的大好青年，屡次考试失败的他，准备抓住最后的机会奋力一搏时，却被一个流浪汉打破了梦想，从此他便以"清道夫"的名号清除社会上的流浪汉、拾荒者。他将自己凌驾于社会法律之上，视自己为社会正义的化身，坚持采取自己的方式惩治罪恶，以一种"残酷的正义"方式实现最终目的。从大好青年到连环杀人嫌犯的转变，深刻体现了人性的异化。审视其行为本质，不难发现，是他将所谓"正义"转化成为一种个体复仇，以最为原始的以牙还牙的方式化解仇恨，是一种"伪正义"的行为，在满足个人私心的同时也消解着罪案小说的正义主题。

在《无声的证词》的"双尸谜案"中，小女孩小青被道貌岸然的小学老师杨风猥亵，父亲吴伍欲找杨风讨说法，而受过吴伍救命之恩的洪正却直接用动刀的方式来报答恩人，酿成惨剧。"黑与白，一纸之隔，一念之差"，到底什么是善，什么是恶，很难说清，无法用法律认定的结果加以评判。于法，洪正是杀人罪犯，必须要接受法律的严惩；可于情，洪正杀人是为了报答恩人，是出于善念。秦明试图通过"罪案的发生"来挖掘事件背后的原因、人性、道德等诸多因素，并通过这种"探究"，力图表现出人性的丰富性和复杂性。有的人"之所以犯下不可饶恕的罪行，并不是因为他们的天生恶性，而只是因为他们遭遇了常人不会遇见的人生选择"。疑案的破解，向读者传递了"正义必将战胜邪恶"的价值观，真实的悲剧为读者树立正确的人生观、价值观起到了很好的警示作用。害人终害己，违法犯罪必将受到法律的制裁，这和大部分读者的认知与期待基本一致，从而从心理上产生认同感。

《法医秦明》的整体结构接近罪案类美剧常用的表现手法，一本书中讲述几个独立的案件，解决案件后出现新的案件，给读者持续的新鲜感，同时在独立的案件中，又有一条主线穿插其间，主线牵动着读者的心弦，让读者感受到持续性的追踪乐趣。秦明曾谦虚地将自己定义为"故事的搬运工"，《法医秦明》系列小说都改编自真实的案件。取材于真实案例的小说虽然具有极高的真实性，但也限制了作者的自由发挥和想象。拘泥于真实案例的法医无法脱离案例去自己虚构故事情节，从而导致小说应有的故事性相对差了不少。现实生活中的案例，并非都如悬疑小说中那样具有复杂的杀人诡计，杀人动机也无外乎情与财这两种。看多了这类作品，难免有千篇一律之感。

　　小说写的是凶案，道的是人性，科学与人性缠绕，交织成最深沉的正义。作者用冷静专业的笔触描写惊心动魄的案件，"万劫不复有鬼手，太平人间存佛心"，鬼手技术可以通过技能考验，但更深层次的是敬畏生死的佛心。秦明用他的作品，将最真实的死亡现场呈现出来，用死亡背后的罪恶警醒世人，通过鞭笞罪恶来彰显正义的力量。（王斯群）

2.《守夜者》系列小说

小说梗概：

　　繁星点点，闪烁在夜空。"守夜者"就是其中最平凡的星星们，他们守护着万家灯火，不让黑暗侵蚀夜晚的安宁。这个荣耀而又神秘的组织，一直在暗中保护着人民的安全。可是，在不知不觉中，"守夜者"组织内部出现了问题，组织分裂成两个不同派别，一派支持将罪犯交由法律制裁，一派为了所谓的正义私自惩治罪犯，不同派别的分歧直接导致了"守夜者"组织的瓦解。

　　二十年后，一桩离奇的越狱案，二十二个逃犯流入街头，成为南安市居民的噩梦，作为曾经的"守夜者"组织重要成员的傅元曼、公安局局长萧闻天、心理学教授唐骏等人一直积极活动，这使得尘封已久的"守夜者"组织获得重启。萧闻天的儿子萧望、萧朗，唐骏的女儿唐铛铛、助教凌漠都被推荐进入组织。

　　由昔日"守夜者"组织成员推荐的二十四名学员，要经过层层选拔，才能真正成为"守夜者"组织的一员，分析并抓获逃犯是他们面临的首要挑战。以萧望、萧朗、凌漠为首的学员们在经历短暂的胜利后，开始陷入困境。剩下的逃犯总会在被捕前被人杀掉。这使得网上"幽灵骑士"的传闻越演越烈，代表正义惩治罪犯的"幽灵骑士"比警察的效率更高。

　　萧望因为"幽灵骑士"抢先杀死逃犯导致抓捕行动失败而退出"守夜者"组织，作为一条暗线去追踪越狱案的策划者 V。"幽灵骑士"的存在越来越威胁到逃犯的生命安全,除了犯人 A 和 B,其余逃犯无一不在被捕前被杀身亡。萧朗和凌漠根据线索成功寻找到意图杀害 B 的"幽灵骑士"并与之展开搏斗,最终抓捕"幽灵骑士",被生擒的"幽灵骑士"在防守严密的医院里遭遇暗杀,幕后操纵者的重要线索也因此中断……

经历重重挑战,机敏顽劣的萧朗、沉稳睿智的萧望、冷峻寡言的凌漠、严谨细致的聂之轩、开朗聪慧的唐铛铛和专业过硬的程子墨,成为新一代"守夜者"的年轻主力。"幽灵骑士"被杀现场留下的特殊三角针孔和写着"守夜者"的字条成为关键线索,"守夜者"围绕着线索展开行动。在查案过程中,甚至牵扯出多年前"守夜者"组织成员老董负责的杜舍母亲杀夫案以及杜舍杀害老董的案件。这起早已尘埃落定的杀人案却引起了阵阵波澜,联结了几代人。老董的儿子董乐在为父报仇的过程中死亡。为了追寻真相,唐骏独自赴约,却惨死在空旷工地中的起重机之下,身为"守夜者"组织成员的唐骏到底为何人所害?

在追击凶手的过程中,"高速鬼影案、银针女婴案、灭门凶宅案"等一系列突发案件给"守夜者"带来挑战,他们成功串联出潜藏于一系列凶杀案中的深层线索,这些看似毫无关联的案件凶手都在某一方面"天赋异禀"(幽灵骑士催眠、山魈易容等)。他们被某种因素所刺激产生了演化能力,拥有高超的作案水平和逃脱能力,成为演化者的一员。"守夜者"竭尽全力,从各种有悖常理的线索中,串起了一系列婴儿失踪悬案,掀起了隐在"幽灵骑士"背后的庞大组织的面纱一角。

原来,"演化者"大都正是长大了的当年失踪的婴儿,而一系列凶杀案的受害人都与当年杜舍杀害老董案有着千丝万缕的关系。但老董的儿子董乐早因复仇而被处以死刑,那么这些演化者到底和老董有什么关系?已经确定死亡多年的老董突然出现了活动踪迹,这一桩桩大案背后究竟是谁在操控一切?

作品评论:

《守夜者》系列小说是秦明创作的新尝试,它以全新的方式为读者展现了一场令人窒息的狩猎游戏。三个月的时间,一次守护夜晚与光明的启程,一个尘封已久的组织与一群穷凶极恶的罪犯展开博弈,与"守夜者"赛跑的除了时间,还有神秘的杀手,看"守夜者"如何在暗夜中秉持正义,守护万家灯火。

与秦明的成名作《法医秦明》系列的风格截然不同,《守夜者》摒弃了秦明先前创作中固有的法医专业特色,只将"法医"这一单一警种作为文学创作的一部分,而把警察全体纳入叙述视野,将笔触重点放在警察这一群体中。小说涵盖心理攻防、紧急转押、法医解剖、拆弹救援等众多精彩的破案手段,为读者展现各警种在重案面前的默契配合,情节跌宕,让人欲罢不能。

《守夜者》是一部依靠跌宕起伏的案件剧情取胜的作品,书中几代人的纠葛,多起案件的交缠,使得故事情节多次起伏,对读者极具吸引力。老董破获杀夫案,杜舍母亲被判死刑,杜舍被送入福利院。杜舍不顾老董的照顾,残忍杀害老董,最后却因一纸精神病证明逃过死刑。老董的儿子董乐怨恨杜舍,报仇未遂,被处以死刑。这代代延续的仇恨又牵扯出其他案件,情节起伏、波澜壮阔,使得这本书极具可读性。故事中的新晋"守夜者"们,在不同警种之间的协作推理中寻得蛛丝马迹,时而接近真相,时而与成功擦肩而过,疑窦顿生。读者们只能跟着"守夜者"在秦明有意设计的无数"阴谋包袱"中抽丝剥茧。在找到通往结局谜底的桥梁之前,万般的可能性猜测似乎都无法被完美证明,一切都是未知,一个若隐若现、若即若离的最终答案吊足了读者的胃口。

秦明非常巧妙地采用了单元剧关联主线的形式,看似毫无联系的离奇案件之间,以各类易被忽视的细节作为连接点,主线故事摸索的过程中,穿插各地发生的诡异案件:雷雨夜的高速公路上,车窗前忽现白色魅影;小镇里,数名襁褓中的女婴被残忍刺入银针;医院附近的旅馆中,一夜之间出现了五具恐怖的浴血"蚕蛹"……单元案件的增加使读者深入于具体案件侦破的惊心动魄之中,丰富延展故事容量,同时起到处理案件细节时为主线提供铺垫和提示的作用,避免单线事件的枯燥贫乏,增强故事的环环相扣的推理性和跌宕起伏的悬疑感,以期带给读者一种意料之外、情理之中的强烈观感。

新一代"守夜者"与隐藏在黑暗中犯罪的"演化者"和"暗黑守夜者"多番遭遇、明争暗斗,各自为自己心中的正义而战斗,在一桩桩案件中角力,各方势力卷入其中。一系列案件在多方争斗中出现又被破获,黑暗势力的幕后操纵者却仍掩映在扑朔迷离的真相下。设置的悬念有的被解开,有的仍笼罩在神秘的薄雾里。随着破案过程的深入,新的悬念又被抛出,牢牢地抓住了读者的心神。"守夜者""演化者""暗黑守夜者"三方角力,关于维护正义的方式的分歧与决裂,"守夜者"组织的分化与对立,都极大地增强了作品的可读性,也更符合当代年轻人的审美和网络小说快节奏的风格。

《法医秦明》系列的叙述重点多集中在法医的专业知识与案件的侦破细节上,在一定程度上忽略了对人物的塑造。而《守夜者》的人物塑造一改往日秦明笔下人物的平淡化风格,开始凸显某种特质,"守夜者"们都有着可以标签化的突出特点。

伏击者萧朗,活泼叛逆,情商极高,满怀热血,不拘小节;读心者凌漠,表面冷漠,内心火热,亦正亦邪;觅踪者唐铛铛,温柔细腻,似水坚韧,颠覆传统黑客形象;寻迹者聂之轩,顾全大局,坚韧暖心,为法医事业贡献终生;捕风者程子墨,思想前卫,敢于突破,有义气,也很靠谱;策划者萧望,沉稳大气,天赋异禀,怀有一颗正义之心。这些人物鲜活而具有生命力,性格各异却毫无违和感,行为逻辑合情合理的人物比较符合当下年轻读者的阅读期待。《守夜者》中的人物形象变得丰满,有着人性的光辉和无法掩盖的缺憾。萧望是智商担当,他将多起孩童被盗案联系起来,发现他们被盗日期的特殊含义,足以证明他整理、分析能力超群,但是他的身体素质差,只能勉强维持健康的状态。而萧朗身体素质极好,但个性较为鲁莽,两人一文一武、一静一动,成为新一代"守夜者"组织中的黄金搭档。

难以否认,《守夜者》人物性格设置与诸多网络文学作品大同小异,符合网络小说市场定位以及读者的认知和期待范围,然而向内探求力度不足,导致作品中缺乏典型人物。对于主要以情节吸睛的网络文学作品来说,这一方面的缺陷虽然不足以致命,但显然也是一处痼疾。

"法治精神"一直贯穿于秦明小说创作始终,无论是《法医秦明》系列,还是科普系列文,创作背后都在弘扬一种正义感,怀有一种对犯罪分子的仇视以及对受害者的怜悯。《守夜者》系列延续了《法医秦明》系列的精神目的,是秦明传递法治精神的又一力作。小说序言写道:"'背抵黑暗,守护光明',这是和平年代付出牺牲最大的集体——人民警察的内心所想。"秦明以"守夜者"的形象向现实中万千正义守护者致敬,在讲述惊心动魄的刑侦故事的同时,一直试图向读者传递出现实的法治精神意识,坚守正义,守护和平。

小说中主角所处的环境不再如《法医秦明》那样平静,而是更加阴谋化,即使是在公安内部,也存在着不安定因素。"幽灵骑士"被杀现场留下的印有"守夜者"的神秘字条让"守夜者"内部不再团结一心,成员们疑云暗生,人心浮动。而整个故事的背景早已为我们埋下了争端的伏笔。

多年前,"守夜者"组织精英人才对重案、要案进行勘查。但多年来在与罪犯斗争以及捍卫法律尊严的过程中,他们见识了太多黑暗与不平。"守夜者"组织内部悄然分裂成对立的双方:一方认为破案应该以法律为准绳,即使可能被犯罪者利用漏洞逃脱法律的制裁,"守夜者"们也应该只是法律的执行者,不是裁决者;另一方则着重关注对罪犯的惩治,认为犯罪者就必须得到他应得的制裁,如果法律不能给予受害者正义,那就用别的手段来获得正义。双方的态度恰恰代表了多年以来法律执行过程中的争端,"守夜者"对受害者提及要捍卫法律的尊严,不知道是在劝说悲痛无奈的受害者,还是在劝说被法律约束行为的执法者自身。组织内部的分裂与对立越演越烈,形成了小说复杂而又极具思考性的背景。"过度的个人英雄主义,可能会给我们带来精神上的愉悦,但是,真正可以给老百姓安定的,必须是法治。"在跨越数十年的故事里,

"守夜者"组织的成员为了正义,在探索法治的路上付出了极大的代价。《守夜者》深层蕴含的法治意识是秦明创作的精髓所在,体现了他对法治意识可以根深蒂固地扎根在每个人心中的热切希冀。

"诗人的功能在于对人们从命运得来的遭遇,做出逼真的描绘,并且通过这种逼真的描绘,使读者得到娱乐。"显然写作语言成为《守夜者》的弱势,通俗化的语言尽管能够基本满足大众读者的阅读,但是创作一部完整的作品,作者绝对不该单纯依靠情节支撑小说而对写作语言放松警惕。《守夜者》系列小说的语言没有华丽的技巧,语言的组织多是普通的基础句式,文学化、艺术化的语言处理较少。小说第三部的第 10 章"最后的照片","守夜者"在近乎封闭的超市内抓捕山魈和豁耳朵这一段剧情中,通篇大段的人物对话,掺杂对人物活动路线的干瘪叙述,这种直接的处理显然不够,高度紧张的节奏没有被充分凸显出来,对人物神态和心理变化、群众反应、动作场面等直接或间接的描写被弱化。此类一举一动都关乎局势变化的场面环境中,缺少渲染烘托,人物的接二连三、不断气式的对话往往容易给读者造成"疲于奔命"和赶时间的呆板急促,缺少案件局势高潮迭起、险象环生引起的读者发自内心的悸动。

秦明在小说的序言中谈到《守夜者》系列是他突破写作瓶颈的一个重要里程碑,同时他也意识到《守夜者》还不算是完全成熟的好作品,为了不辜负读者的期待,他会在吸取读者反馈意见的基础上,对后续故事进行调整,不断地尝试和改善。(张宇)

九滴水

【作家档案】

九滴水,男,1987年生,安徽省淮南市人,原名梁淼淼,别名九哥。"梁是三点水,淼淼是六个水,所以是九滴水",这是作者笔名的由来。毕业于安徽省公安职业学院,现为安徽省淮南市公安局刑事技术室痕迹检验师。

2005年,九滴水怀揣着梦想踏入了警校的大门,几年封闭的军事化管理让他养成了读书的习惯。除了读书外,九滴水还爱看美剧,曾将《犯罪现场调查》一集不落地看完。2008年,九滴水从警校毕业,利用等待分配的时间开始了人生中第一次写作。虽然首次创作的玄幻题材作品并没有获得热烈反响,但九滴水有幸结识了一些网络写手,从他们身上汲取了很多写作的营养。

2009年,九滴水正式穿上警服成为一名刑警。从2009年到2013年年底,九滴水在工作之余笔耕不辍写了几百万字,几年的磨炼让他逐渐变成了一个会写小说的警察。在他就职期间,安徽省公安厅的法医秦明前来挂职,九滴水和秦明顺理成章地建立了革命友情。一个偶然的机会,九滴水看到秦明的《尸语者》,并确定这本书的作者就是他所认识的秦明,九滴水说是秦明把他带进了悬疑的坑。

2011年,九滴水从刑警队调入公安局的刑事技术室,经过一年系统和专业的培训,成为一名痕迹检验员。在技术部门的工作,让他接触到了很多普通警察接触不到的东西,法医、理化生物检验、痕迹检验、刑事照相,每一个领域都有它独特的魅力。当九滴水走上工作岗位,切实参与到犯罪现场勘查工作中时,他才发现,影视剧只不过是艺术的深加工。为了让读者读到真正没有隔阂感的故事,又能充分展现最真实的犯罪现场勘查,他决心创作《尸案调查科》系列小说。

经过长达半年的努力,九滴水把自己第一本悬疑推理小说《尸案侦缉录》的初稿挂在天涯论坛上,在短短的两个月中,就收获了1300万人次的点击量以及一大批读者朋友。不久,中南博集天卷的编辑代表公司向九滴水表明了出版意向,因为初稿存在很多瑕疵,追求完美的九滴水在结合了诸多读者的建议后,执笔写下了第二本悬疑推理小说《尸案调查科》,并以此文作为整个系列作品的第一部。小说以五位主角的经历为主线,以个案为基础,包括法医、痕迹检验、理化检验、刑事摄影以及刑事侦查的其他方方面面。九滴水的小说以真实的案例、真实的工作经历,带给读者最真实的观感。

【主要作品创作年表】

《尸案调查科Ⅰ》,湖南文艺出版社,2015

《尸案调查科Ⅱ:重案捕手》,湖南文艺出版社,2016

《尸案调查科Ⅲ:无间行者》,湖南文艺出版社,2016

《迷心罪》,中国友谊出版社,2017

《尸案调查科第二季1:罪恶根源》,湖南文艺出版社,2017

《尸案调查科第二季2:一念深渊》,湖南文艺出版社,2018

《罪案调查科:罪终迷局(上、下)》,湖南文艺出版社,2019

《特殊罪案调查组1》,民主与建设出版社,2020

《特殊罪案调查组2》,民主与建设出版社,2020

《大唐封诊录:天雷决》,湖南文艺出版社,2022

《大唐封诊录:狩案司》,湖南文艺出版社,2022

【作品评价】

1.《尸案调查科Ⅰ》

故事梗概:

《尸案调查科Ⅰ》以冷启明、焦磊、陈国贤、司元龙、叶茜五位主角的经历为主线,以七个刑事案件为基础,小说涉及法医、痕迹检验、理化检验、刑事摄影以及刑事侦查等方面的专业知识。虽然每部书中的七个案件情节各不相同,但读来一样惊悚刺激、扣人心弦。

小说开头的引子从1996年发生在云汐市的一起浮尸案讲起,司元龙的父亲司鸿章是当时的调查科科长,彼时司鸿章率领三名警察——冷启明、焦磊、陈国贤调查泗水河边一处废弃码头中两具已经高度浮肿腐败的尸体。当三名警察束手无策的时候,作为三人老师的司鸿章根据抛尸地点、河水上游的地理分布做出一定的判断,通过死者身上的衣服、佩戴的手表推断出死者应为某政府单位的工作人员,结合对尸体骨盆的测量判断二人为夫妻,从而开始调查死者的关系网,最终抓捕了与死者一起吃饭的嫌疑人,犯罪嫌疑人因为证照办理的问题与在工商局工作的受害者结怨。

引子讲述了十几年前的案件,小说正文部分又回到了当下,以司元龙为第一人称视角展开。司元龙作为调查科前科长司鸿章的儿子,是云汐市公安局刑事技术科的一名痕迹检验员,他最开始并不想报考警官学校,也不想成为一名警察。但多年前在侦查那起泗水浮尸案过程中父亲司鸿章不幸出了车祸,面对瘫痪在床的父亲的要求,司元龙很难拒绝。他心里却不满父亲当警察对家庭的忽视,入职之初一度对自己的警察职业生涯产生了怀疑。但是随着故事主线的不断推进,司元龙渐渐明白了父亲的良苦用心,也真正打心底开始热爱自己的职业。

司元龙接触的第一个案子是高速碎尸案。有人在高速公路上发现了一个装满尸块的麻包,司元龙和冷启明、焦磊几人接到报警后匆匆赶往现场,沿着公路共找到了 11 个装满尸块的麻包,结合拍摄的照片和高速公路护栏的刮擦痕迹,推断嫌疑人是一人驾驶车辆自西向东依次抛尸,在缝合尸体时发现尸体的头被人用食用油炸过,在麻袋底部发现了芝麻粒、花生壳和棉花的叶子,由此得出嫌疑人家里有田地和电动分尸工具,在一步步的推理中锁定了石铺村,通过对泥土层、面包车内的血迹进行勘测,确定真凶为谢文乐,原来死者黄秀芳勒索谢文乐,使得后者起了杀心。

第二个案子是亡命豆腐案。冷启明与司元龙一起回家,悉心为瘫痪在床的司鸿章按摩。冷启明指出了司元龙在破解高速碎尸案中的诸多不足之处,建议司元龙去往花山市跟随李峰(曾是司鸿章师弟)学习痕迹检验知识。司元龙拖着行李箱踏上了这次学习之旅。在跟随李峰参观技术室时,司元龙得知了父亲曾经的辉煌事迹。司鸿章凭借高超的技术配比指纹显现溶液,成功侦破女大学生旅游被同行驴友杀害案,得到领导认同,而后建立起现在这个技术室。司元龙深受感动的同时羞愧自己的碌碌无为,决心认真学习、刻苦钻研。他在学习期间接到报警,在一家卖豆腐的人家中发现一具吊死的老妇尸体,司元龙跟李峰一起赶往现场。在对足迹、步态特征、尸斑等痕迹进行细致分析,再结合死者儿子姜亮在警局中无意透露的信息后,他们发现死者生前就知道自己患有淋巴癌。二人对现场再次进行了勘测,最终发现死者非他杀,而是自杀伪造成他杀,以便儿子在自己死后能够得到人身意外保险的赔偿金。

第三个案子是噬灵畸恋案。在第一个案件中就已经出现的女警察叶茜也加入了司元龙所在的调查科,成为一名实习生。科室里的几名成员在聚会之时再次接到命案报警,死者是医科大学教授吴建良的第二任妻子许婉仪。几人来到现场,对命案现场的家具陈列和尸体进行勘测,详细询问了保姆吴翠苗和丈夫吴建良案发前发生了什么,又对当天监控录像进行细致分析,最后锁定嫌疑人为死者好友臧运佳。臧运佳和死者许婉仪一样,在医科大学就读时都爱上了老师吴建良,吴建良选择和许婉仪结婚,臧运佳只能选择祝福。但是后来她发现许婉仪婚内出轨,本以为自己能顺势收获爱情,谁知许婉仪又选择回归,希望破灭的臧运佳选择杀害许婉仪。

第四个案子是荒野摩托案。司元龙从花山市学习一个月后回归,往日身上那种浮躁的习气褪去了大半。他开始在淘宝上潜心研究家装建材,将每个品牌不同销量的橱柜、衣柜、电视柜、地板的不同材质罗列出来,方便后期根据不同的情况配制不同的痕迹显现试剂和粉末。之后叶茜骑摩托车带司元龙一起去往刘府的私人赛车场——全省唯一可以合法飙车的地方,并由此认识了富二代刘哥。9月,一个老汉在双塔村发现一具尸体,冷启明从现场的血迹和出血量判断死者是动脉血管破裂伤,又通过观察尸体的衣着推断死者应该是一个黑摩的司机,可能是乘坐黑摩的的乘客临时起意杀人。调查科进一步将死者徐刚的妻儿带到警察局进行询问,了解了一家人贫苦的生活之后,排除关系网,锁定嫌疑人。逮捕嫌疑人的过程中,司元龙联系之前认识的刘哥,利用刘哥的人脉,最终成功抓捕嫌疑人何长春。这一起案件的起因是死者讹乘客钱,哪里想到这个乘客手上已经有了一条人命,干脆一不做,二不休,把摩的司机骗到荒无人烟的地方杀了。

第五个案子是白日烟火案。上一案件中原本老实巴交的摩的司机徐刚为生计所迫,居然会选择讹诈乘客何长春,身为三个孩子父亲的徐刚必然承受了很大的生活压力。司元龙对这一案件感慨不已,进而联想到自己的父亲。下班回家后他给父亲做了几道家常小菜,陪父亲一起喝酒聊天,父子两人解开了多年的心结。司元龙还在谈话中了解到了冷启明的成长经历和他的难处。第二天调查科再次接到报案,芦苇村发生烟花爆竹爆炸事件,造成两名警察一死一伤。爆炸看上去是其中一名警察抽烟导致的,但通过对炸点位置的调查来看事情并没有这么简单。几人通过调查走访,顺藤摸瓜地找到了犯罪嫌疑人赵俊新的前妻张玲,得知赵俊新主动提出离婚的事实,而前妻张玲也承认自己后来再婚是为了帮助赵俊新还债。调查科成员通过手机定位、监控摄像等手段最终逮捕了赵俊新。这起案件正是因为死者刘峰骗赵俊新的钱财,赵俊新才对其狠下杀手。

第六个案子是欲望都市案。叶茜让司元龙假扮成她的男朋友,共同前往"引火"酒吧进行毒品搜查,二人的配合亲密无间,毒品搜查行动取得重大胜利。与此同时,"引火"酒吧的搭讪事件导致玫瑰园小区内发生了一起命案。司元龙一行人将现场所有证物提取完毕之后,初步推测可能是强奸未遂杀人,根据监控锁定了有嫌疑的车辆以及车主庞羽,但在经过询问之后,排除了他的杀人嫌疑。在审讯庞羽时,叶茜表现得特别激动,甚至有威胁打骂庞羽的过激行为。待叶茜平静之后,司元龙询问其原因,叶茜说自己幼时的一位朋友也曾遭遇过强奸,她很悔恨当时的自己没有能力保护好友。调查科成员找到死者曾经的室友,彻底排除了庞羽的嫌疑,冷启明推断凶手另有其人,司元龙使用自制的改良版溶液收集屋外的排水管上的指纹,原来杀人凶手是一个小偷,因为入室偷窃时被死者发现,情急之下杀人。

第七个案子是秒速狙杀案。司元龙来到焦磊家做客,在嫂子的热情介绍下进行了一场并不愉快的相亲。转天,在舜耕山的盘山公路上发生一起命案,司元龙通过弹痕,发现嫌疑人受过非常专业的训练。司元龙让叶茜进行射击,根据弹孔实验理论,确定了犯罪嫌疑人的射击位置。但案件侦查到这里遭遇了难题,接下来无论是对嫌疑人跑鞋的搜索,还是对山顶私人会所逍遥阁的搜索,都没有什么收获。直到死者温学林的情妇姜雪进入警方的视野,案件开始有了进展。温学林的老婆大闹警察局,将姜雪的房子换了锁,并把她的所有行李都扔到大马路上。司元龙帮忙收拾时发现了姜雪前男友的一张照片,原来姜雪一直与前男友宁海洋保持联系,宁海洋不忍心姜雪受温学林的虐待,愤而杀死了温学林,自此真相大白,一切宣告结束。

《尸案调查科Ⅰ》中的七个案件都宣告破解,但新的罪恶仍然在黑暗中诞生。(张泽雨)

2.《尸案调查科Ⅱ:重案捕手》

故事梗概:

血色婚礼案:即将再婚的年轻女人被人残忍分尸,墙上涂满了咒骂的血字,是谁杀害了这个即将出嫁的女人?平安夜,一条短信让原本幸福的家庭陷入绝望。死者王晓乐是云汐市某学校的一名老师,因感情纠纷而被残忍杀害,现场过于残忍。因凶手熟悉作案手法,侦查人员并未在现场找到嫌疑人的指纹,给破案增加了困难。但侦查人员并未因此放弃,相反他们经过严密的搜查,在地板上发现了嫌疑人留下的鞋印,在屋后的树干上找到了嫌疑人的指关节纹,这一发现给该案件带来了实质性的进展。侦查人员经过努力,最终找到了凶手,凶手牛博生是死者王晓乐从小学到高中的同学。

荒野白骨案:云汐市政府推出的惠民措施效果很好,村民个个自觉下地干活。村民栓子在田地里挖出一块白色的不明物体,以为是块"玉",却不想竟是块人骨,里面还有纸钱和一张限量版的CD作为祭品陪葬。接到报警电话,冷启明一行人赶到现场,对现场进行了搜证,经过一番调查,发现死者正是几年前离开村子的村民余有才。余有才长相丑陋,为人也不靠谱,极其爱赌博,以至于连他消失了村民都没有丝毫怀疑。冷启明一行人经过层层调查,发现杀害余有才的凶手竟是他的继子。

花季梦魇案:花季少女晚自习一去不归,父母嗜赌,深夜还在云汐市韩城小区的麻将馆打麻将,只有奶奶心急,孙女到底去了哪里？接到报警后,公安巡逻车出动,沿路搜寻后发现了一辆倒在路边的粉色自行车,进而发现了少女的尸体。十五岁的女学生郭冰冰在上晚自习的路上竟然被人奸杀,通过在作案现场发现的大米、鱼鳞、死者会阴部的粉尘,犯罪嫌疑人最终被抓获。

暗井亡灵案:云汐市全市更换窨井盖迎新春,小区保安房附近的废弃窨井中居然出现三大袋破碎的尸体,尸体上的寄生虫给案件的侦办提供了线索。

烈焰悲情案:好好的房屋突然起火,灰烬中惊现一对烧焦的男女尸体。随着调查的深入,尸案调查科成员断定这是一起伪装成自杀现场的密室谋杀案。

河滩冤魂案:黑夜的灯红酒绿,在其中讨生活的陪酒女遭遇黑手。在陪酒女乱麻一般的社会关系中,几人慧眼如炬,顺利找到线索。

生死契约案:叶茜苦苦寻找的陈雨墨回来了,随她一起出现的是六具血淋淋的胎儿尸体。多年未见,陈雨墨成为贩毒头目的妻子,她因一起毒品交易而重回故地。（徐琪）

3.《尸案调查科第二季1:罪恶根源》

故事梗概:

本书是第二季的第一本,同样讲述了七个案件。执行完"行者计划"的卧底阿乐察觉到警察队伍中有卧底,主动提出调去刑事技术室工作。他向原本在组织里的好兄弟丁磊摊牌,二人决定共同对付内鬼。

威廉古堡案:云汐市的天价小区威廉古堡发生一起命案,现场总共两大一小三具尸体,分别是成功商人阮玉林、情妇沈梦以及她通过"死后分娩"诞下的婴儿。经过调查,凶手被锁定为格林酒店的男服务员徐良才。他暗恋女服务员陈梅,主动帮她承担打扫楼层的工作。某日因房间的门铃损坏,徐良才正好撞破总统套房内阮玉林和沈梦的情事,因遭到投诉而被酒店无情解雇。他因此对辱骂他的阮玉林怀恨在心,夜晚潜入两人居住的别墅中举起锤子杀死两人,洗劫财物后驾车逃走。在安排好瘸腿父亲的生活后,为避免连累父亲,他选择了自我了断。

封尘木偶案:小情侣在龙头山游玩时发现一只断手,由此揭开碎尸案的序幕。本案的受害人是陈氏木偶戏的传人陈怀根,凶手则是他的徒弟韩军。陈怀根为让木偶戏得到传承,承诺韩军会将演出挣得的钱存起来,以后都给他。结果身在广东的前妻打电话通知他儿子被诊断出白血病,急需用钱,陈怀根只得把所有的积蓄拿去给儿子治病。急着拿钱泡妞的韩军抢起斧头砸开保险箱,发现本该属于自己的银行卡不翼而飞后,怒从心起,用斧头砍死了陈怀根,并将他分尸,骑自行车将师父的尸块抛撒在龙头山的各个角落。但当他回忆自己与师父相处时的点点滴滴时,他的内心又产生了悔恨之情。

花季江湖案:李建设为帮兄弟解决来闹事的大汉而失手杀人,被判决入狱。他的儿子李军因没法受到良好的家庭教育,变成了叛逆的不良少年。为吸引邢晓雨的注意,李军苦练鬼步舞,赢得学校文体比赛的冠军。他听说邢晓雨已经和樊天瑞在一起之后,决定给樊天瑞一个教训,带着一群兄弟和他约架。李建设出狱后,李军的零花钱被严格限制,没办法请兄弟们吃吃喝喝。因此,他袭击开小卖部的老李,抢了几百块钱和部分吃食。打赢了的李军从网吧出来时担心老李报警,去探看情况时得知老李已经死亡,悔不当初。

绝命轮回案:邓传伟因听闻妻子邵丽在生产作业时被钢筋柱砸中头部的噩耗,操作失误被切断三根半手指。他的父亲因车祸残疾,母亲精神不正常,妻子在事故发生后也成了植物人,家庭的境遇雪上加霜。在没有收到足够的工厂赔偿款的情况下,邓传伟为给妻子买药外出打工,给泥瓦匠庞虎做小工。庞虎是个赌徒,足足拖欠邓传伟三个月的工资,结果邓传伟血本无归。邓传伟去小区讨债无果,路上碰见与丈夫胡文昌吵架的女人正在用苹果手机打电话,就动起了抢劫的心思,结果因意外杀死了女人。万念俱灰的邓传伟回家杀害了父亲、母亲和妻子,眼泪止不住地流。

粉红女郎案:闫梅从小在父亲的培养下立志成为一名艺人,却因为没有势力和背景而四处碰壁。在大学室友吕双双的介绍下,闫梅结识公司老板江宇,被迫出卖肉体与他达成交易。在江宇的资源支持下,闫梅依旧没有走红,并最终对江宇出格的性行为忍无可忍,毅然决定放弃梦想。回家后,她从母亲那里得知父亲去世的噩耗,而江宇刻意对她隐瞒了这则消息。这件事成为压死骆驼的最后一根稻草,闫梅决心对江宇进行复仇。她把江宇约到"蜜恋"主题宾馆,用江宇随身携带的护身法器西域金刀杀死了他。

欲望之绳案:云汐市接连发生三次奸杀案,引起警方的高度重视。经过一番调查,凶手最终被确认为是考上北大的丁鸿伟。他沉迷于色情片,尤其喜爱日本公司拍摄的"绳虐"系列,喜欢在半夜尾随偷拍长相酷似日本女优的单身女性。他利用自己好学生的身份骗来了乙醚,先后奸杀三名独身女性,以未成年人犯罪不会被判刑的理由来宽慰自己,法律道德意识十分淡薄。

爱之誓言案：拆迁队在古桥社区执行拆迁任务时，在水泥墙内发现一具白骨。在历经一番周折后，死者被确认为是在人民医院工作的蔡瑶瑶。蔡瑶瑶从初中开始和同桌谢强谈恋爱，虽然两人的经济条件差距越来越大，但他们依然没有分手。蔡瑶瑶工作后发现自己并非父母的亲生女儿，而父母为了弟弟的前程打算把她嫁给金龟婿徐雨。她决心与谢强殉情，主动要求开出租车的谢强用扳手杀死自己。谢强将蔡瑶瑶的尸骨封在水泥墙中，还完父亲的赌债后跳河自杀，兑现了两人之间的承诺。（余慧婷）

作品评论：

自从人类进入文明社会以来，犯罪就是任何一个国家都不可避免的棘手问题，如何惩恶扬善也是文学应该关注的问题，侦探推理类小说在一定程度上比幻想类小说有着更高的现实关联度。刑侦小说一直是网络文学中长盛不衰的小说类型之一，较知名的作品有秦明的《法医秦明》、雷米的《心理罪》以及九滴水的《尸案调查科》系列。秦明在接受媒体采访时曾说："圈里就这几个人，真正警察写悬疑畅销的应该就三个人——雷米、九滴水和我。"秦明是安徽省公安厅法医，雷米是中国刑事警察学院刑法学教师，而《尸案调查科》的作者九滴水则是安徽省淮南市公安局的一名刑事技术警察。

九滴水痕迹检验师的身份是小说具有独特性的原因之一，他给刑侦小说带来了一个新的领域：痕迹检验。这个领域在以往的刑侦小说中很少有人去写，这使小说的知识性和专业性是一般刑侦小说难以比拟的，让读者有了一种全新的阅读体验。

知识性主要表现在小说涉及了痕迹学、法医学、刑事照相以及视频分析等多学科的专业知识，九滴水把现实生活中的破案经验投射到小说文本中，使得小说具有更强的可读性。专业性主要表现在案件侦破过程的专业，小说中的案件从命案发生到立案再到最后破案，一切都按部就班、有条不紊地进行，主人公也都严格遵守刑事办案的章程。比如《高速碎尸》一篇中写道："不管是什么现场，都要保持现场的原始痕迹，等待专业技术员的现场勘验。而勘验的第一步便是对现场外围进行拍照固定，保证现场的原始概貌的完整性，等外围拍照结束，剩下的技术员才会有所分工。"在一个比较大的案件中，技术人员会分为照相员、物证提取员、法医以及痕迹检验员，《尸案调查科》具有的专业性使读者对刑事侦查人员的职能分工有了更深入的了解。

虽然中国痕迹鉴定的相关技术和记载可以追溯至秦代，但新中国成立后，痕迹检验才建立起较为完备的科学体系，形成一门独立的学科——痕迹学。具体来说，痕迹学在破案中的应用就是提取并处理现场的指纹、足迹、工具痕迹、枪弹痕迹和其他特殊类痕迹。

小说男主人公司元龙是一名痕迹检验员，他曾多次运用痕迹学知识，找到破解案件的突破口,比如根据犯罪现场的实际情况,自己配置试剂和粉末提取指纹和脚印,通过技术手段测量犯罪现场提取到的头发中微量元素比例,最终锁定真凶,识别命案现场的加层脚印、减层脚印及伪装脚印,分辨血泊、滴落血迹、流柱状血迹、转移血迹、浸染血迹、抛甩血迹以及干血和凝结血,以上这些痕迹学知识对现场分析起着至关重要的作用。正如图书封面上的文字"他人见血腥凶杀,我们解死亡密码。天道无亲,常与善人,坚信罪恶触物留痕,秋毫之末即是正义所在",九滴水在书中展示了博大精深的痕迹学在案件侦破中起到的重要作用。

除了痕迹学知识的运用,《尸案调查科》中屡屡可见通过 DNA 检验技术来判定犯罪嫌疑人的情节。DNA 检验技术直到 21 世纪才广泛运用于刑侦中,时代的进步使得科学技术水平不断提高,这促进了痕迹学和检验学的繁荣,也决定了现代刑侦小说的破案方式不断进化。

当然,如果仅依靠现代技术手段来侦破案件,一定会使刑侦小说的解谜过程简单化,难以激发读者的阅读兴趣,那么九滴水的刑侦小说是如何解决这一问题的呢?答案是破案先以观察和勘测为主,然后佐以科技手段论证结论,最终确定真凶。痕迹检验和现场观察是相辅相成、密不可分的,在破案时不能偏废,现场观察不能先入为主,必须找到足够的定案证据,对物证的处理工作不能忽视任何细节,任何一个细节都有可能导致侦查方向的偏失,这就要求调查科成员必须具备细致观察的能力。

在九滴水的刑侦小说中,读者看到的是公安系统内部的集体破案过程,调查科的五个人各有所长,司元龙负责痕迹检验,冷启明是专业法医,焦磊擅长刑事照相和视频分析,陈国贤的职责是进行理化生物检验,女实习生叶茜负责尸案调查科与刑警队的联络工作。五人分工明确,而且每人都有一项拿得出手的本领,在自己擅长的领域内都做到了极致。法医冷启明和痕迹检验师司元龙在破案中发挥的重要作用不必多说,而小说中看似不起眼好吃邋遢的焦磊,实际上对案件的侦破同样发挥着不可或缺的作用。在命案勘查中,焦磊都用相机全程记录,照片拍摄回去之后,还需要按照顺序排列、修剪,以及归类。除了拍摄照片,焦磊还负责处理视频证据,他能在极短的时间内,浏览海量的视频信息并且找到对破案有关键性作用的那一小段。他对光线极为敏感,在进行视频分析时可以敏锐地察觉监控录像中犯罪嫌疑人手持的电筒光源的摇晃频率不同,最后经过科学的测算和实地实验推断出犯罪嫌疑人的身高。在破案之外,焦磊甚至能通过光线折射和光泽度的不同,在一大盆烧好的红烧肉中判定哪一块肉是最入味的,这是何等真实而具有传奇性的警察。

总之,调查科五个成员没有哪一个是为了反衬他人而存在,每个人都是整体中不可或缺的一部分,包括后来加入调查科的乐剑峰,他也在多起案件的侦破中贡献了自己的一份力量,在调查科成员的合作下，再诡异的案件都能顺利破解。

与西方现代刑侦小说相比，《尸案调查科》系列可以被称为一部展现了新特质的网络刑侦小说。对西方侦探小说而言，破案只要查明犯罪事实，一切便终止于此，很少有作家考虑凶手为什么会犯罪，以《福尔摩斯探案集》为代表的大多数侦探小说对罪犯的描写都是模式化的，作者也基本不会在小说中探讨犯罪根源问题。值得一提的是，九滴水颠覆了以往的书写传统，展开对人性的深入挖掘和对犯罪根源问题的思考，从《尸案调查科》第三部开始，作者不再简单地追求精彩的破案过程，而是关注是什么导致了犯罪，侧重描绘案件背后的故事，只有究其犯罪根源，才能更好地将罪恶斩草除根。

《尸案调查科》系列塑造的罪犯大都是普通人，并不是什么高智商犯罪者，他们会在现场留下许多痕迹和证据，甚至还会做出种种带有迷信色彩的行为。虽然如今中国社会高度发展，文明水平也得到大幅提高，但小说中的许多案件仍旧让人匪夷所思。比如有的犯罪者杀人后在现场撒下糯米，这种行为起源于当地流传的一种说法——糯米能防止死人诈尸；小说中有强奸犯在实施强奸后，妄图用香灰来杀死女性身体里的精子，毁灭证据；还有犯罪者居然在杀人后敲开死者的脑壳，挖食脑壳里的脑子……虽然他们由于种种原因犯下难以饶恕的罪行，但细究案件背后的故事又会让读者心生怜悯。很多时候犯罪者同时也是受害者，强奸犯年轻时被人污蔑的经历造成了他性格上的缺陷，后来他开始通过强奸幼女的方式进行报复；杀人并且挖食人脑的犯罪者，之所以做出这样可怕的事，是因为他幼年时遭到死者的无情恐吓，对方说在他的脑子里放了蛊虫，这给年幼无知的孩子留下了极大的心理阴影，长大后为了摆脱脑子里压根不存在的蛊虫，他居然犯下杀人食脑的可怕罪行。

在很多案件中，犯罪者和被害者之间并没有什么深仇大恨，也很少有真正罪大恶极之徒，很多时候罪恶的根源，往往只是一个没有被及时疏解的怨念，或是一个没有得到克制的贪念，就造成了一次无法救赎的罪恶。作者九滴水在挖掘人性时并没有刻意美化犯罪者，而是把一切都剖开，让读者自己做出价值判断。

秦明评价九滴水的《尸案调查科》系列是一部充满正气的小说，具体来说，正气不仅体现在小说主人公屡屡破解棘手案件，还体现在小说作者九滴水的创作初心上。秦明说自己写书是为了让更多人了解法医、理解法医、关注法医，与秦明写作起源相似，《尸案调查科》这样一部由从事痕迹检验工作的警察所创作的刑侦小说，也是作者九滴水对警察这个他挚爱的职业的理解和诠释。

现代刑侦小说强调了现代社会中法律和制度的不可侵犯性，任何人妄图在犯罪后逃脱法律的制裁都是不切实际的。"天网恢恢,疏而不漏。"人民群众今天的安定生活,离不开警察们的辛苦付出,《尸案调查科》系列作品向读者展示了现代公安系统破案手段的强大和我国刑事侦查体系的完备。作为一部网络小说,《尸案调查科》存在一些不足之处,比如有的章节对案件侦破主线的突出不够,在副线的人物关系上花费过多笔墨,案件的破案模式大同小异。(顾梦男)

乌小白

【作家档案】

乌小白,女,1982年生,原名王妤婕,安徽合肥人,合肥本土网络作家和青春文学作家。主要作品有《青春的庙》《内有恶女》《御姐驾到》《你这么爱我,我可要当真了》等。

"珊瑚文学网"连载的《她,主宰全场》入选第三届中国"网络文学+"大会年度最具创意游戏作品。《青春的庙》《内有恶女》《御姐驾到》的影视版权已售予中影集团。由同名小说改编的电视剧《你这么爱我,我可要当真了》于2020年播出。短篇作品散见于《江淮晨报》《安徽商报》《江南时报》《镇江日报》《少女》《喜剧世界》等报刊。

对于自己,乌小白的个人简介是这样的:"摸着良心介绍自己,我得这样写:小女子年方二八,出身市井人家,最烦厌沽矫俗名,生平只喜爱痴汉劝酒、檀郎戏花。写小说时像个堕入凡尘的贴心妖精,充满灵气和深情;电脑一关,马上就情不自禁地想找个墙角蹲下,一边晒太阳一边伸出手指往鼻孔里抠。年轻时以梦为马,为了爱情一路披荆斩棘。直到碰得头破血流才明白过来,恋爱这件事,先得棋逢对手,然后才能肝胆相照。"文如其人,她笔下的人物,尤其是女主角,大多为敢爱敢恨、坚强独立的"女汉子"。

对于从小就喜欢看书和写作的乌小白来说,成为一名网络作家是偶然,也是必然。她二年级时就读完了《镜花缘》《红楼梦》,对书籍的热爱和丰富的阅读量为她的文学创作打下了坚实的基础。

初中时,乌小白就开始尝试写小说,叙述了一个十四岁美少女闯荡江湖的武侠故事。"那时我有很强烈的创作冲动,课外时间基本上都用来写小说了,一共写了四部,六七十万字,没想过出版,就是写着玩,纯当练笔了。"

大学毕业后她供职于一家报社的副刊部门,成为一名文字编辑,后来她辞去工作,在家专心写作,由此开始了网络小说的创作之旅。

2009年,乌小白的第一本书《青春的庙》出版了,获得了无数读者的喜爱。《青春的庙》是一部青春校园小说,而大多数人所不知道的是,乌小白其实是武侠小说的忠实粉丝,她尤爱金庸先生的书。对此,乌小白说:"未来转战武侠小说是我的梦想,不过目前还是会写都市言情,因为我觉得更有现实意义和成就感。"

对于那些有写作意愿的人或一些新兴网络作家,乌小白也提出了自己的看法:"网络写手,勤奋和天分,缺一不可。""故事要充分调动读者的好奇心。当然,光有好奇心不够,还必须有基本审美和正确三观,否则,读者也是不买账的。"

【主要作品创作年表】

《青春的庙》,河南文艺出版社,2009;改名《声名狼藉的小时光》,百花洲文艺出版社,2016

《内有恶女》,四川文艺出版社,2010;改名《不想散场》,百花洲文艺出版社,2016

《御姐驾到》,重庆出版社,2011

繁体字版《超级七辣》8册,2010

繁体字版《野蛮剩女》3册,2012

繁体字版《爱,曾经让我那么痛》2册,2013

繁体字版《谢谢你,让我觉得很幸福》2册,2014

《你这么爱我,我可要当真了》,百花洲文艺出版社,2015

《想你的时候微微甜》,江苏凤凰文艺出版社,2018

《她,主宰全场》,珊瑚文学网,2018

《王小姐的极简失恋史》,江苏凤凰文艺出版社,2019

《今日份硬核狗粮》,迷鹿文学网,2018

《保护我方甜男友》,火星文学网,2020

【作品评价】

1.《青春的庙》

故事梗概:

《青春的庙》是乌小白的第一部长篇小说,讲述了大学生活中的悲欢离合、喜怒哀乐,以及青春年代最纯真懵懂的爱情。主角伍小白是一个从小父母离异,性格活泼开朗、独立自主,却又伶牙俐齿、巧言善辩的中文系女大学生,学习成绩很差却擅长唱歌和写作,通过酒吧驻唱、网上写文等她感兴趣的兼职工作在学习和生活之余赚取生活费。小说主要叙述了主角伍小白被男朋友尹风抛弃,被好朋友们联合隐瞒后,复读一年考上 A 大后的大学生活。伍小白一直坚信尹风是打架进了监狱,殊不知他早已结婚生子。伍小白一边思念着尹风,等待他早日出狱,一边展开了大学新生活。虽然因为长相出众,大学里不乏伍小白的追求者,但她都以伶牙俐齿巧妙拒绝,面对校文化部副部长郭虑明里暗里的骚扰她也都能灵活应对。

在学校她不仅见证了篮球队队柱罗迦与于一苇的爱情,性格直爽、刀子嘴豆腐心的室友苏涟对校文化部部长吕东的暗恋,还为胆小懦弱的室友郑紫伊出面解决网骗问题,并在郑紫伊与杨思冠的关系被其妻子误会时,站出来为二人解围。杨思冠是伍小白的代课老师,更是她的人生导师,杨思冠在她比赛出丑落寞时给她安慰和指导,看破她活泼坚强下的伪装,带她去卡萨布兰卡酒吧认识了丢丢等人,使伍小白因此找到了酒吧驻唱的兼职和搬离寝室后的住处。杨思冠与妻子的感情名存实亡,他在看到与其喜欢的人性格相似的伍小白时,选择向她表白,却在元旦晚会竞选现场的后台因为与伍小白动作亲密,被校园师生同学谣传二人关系,最终与伍小白成为知己。

伍小白在一次省级篮球比赛结束一个人回学校的途中,遭到了曾经与她发生过口角的女学生的追打,导致凑巧路过的同班同学王波被对方打成重伤变成植物人。伍小白心生愧疚,想帮助家境贫寒的王波付住院费,在其回老家取钱的时候撞见了"入狱"的尹风及其一家三口。伤心欲绝的伍小白看清了谁才是真正值得爱的人,接受了一直以来被自己当作哥哥的孙姜的感情,住进了孙姜为其买的房子里,同时因为学分不够被学校退学的她,在孙姜的主张下进行复读,通过再次高考踏上了去新的大学的火车。临别时面对尹风迟来的道歉,她显得释然洒脱,发现自己已经可以平静地看待过去的一切,而她的青春还将继续。

作品评论:

对比同类型的青春主题的小说,作者没有把女主刻画成一个"生活不能自理"的傻白甜,正相反,小说中的伍小白从小父母离异,是一个自主能力强、乐观豁达的人。相较于一般弱不禁风的女生,伍小白具有一定的自我保护意识和自卫能力,在得罪隔壁学校的女生却要一个人走夜路时,买了甘蔗防身,而且有着随身携带扳手的习惯。但相比较尹风、孙姜等体力超群的人而言,伍小白更显得机敏、有智慧,她并不是一味凭借蛮力解决问题,而是常常机敏善变,用自己的伶牙俐齿说服对方,既不伤害自己,也不伤害他人。

该部作品延续了乌小白的作品风格,语言诙谐幽默、活泼灵动,向大家真实地展现了一个大一女孩子的日常,如何吐槽食堂的饭菜难吃,如何为期末考和学分发愁,如何和室友一边互撑一边结下了深厚的友谊,如何躲避讨厌的男生的殷勤……这些看似细小却又在每个人生活中都经历过的小事，勾起了很多读者对大学校园生活的回忆。《青春的庙》具有非常强的可读性。主角伍小白是一个几乎称得上完美的人，符合很多女生心里的幻想，伍小白长相出众，但拥有前赴后继的追求者的她只钟情于尹风一人，她活泼外向但内心柔软，为人亲和的她拥有较好的人缘，以至于无论是老师还是同学，甚至是医院的护士都很喜欢她。但内心柔软的她又让朋友、爱人对她产生保护欲，从而想要呵护、照顾她。此外，伍小白还文武双全，遇到危险时灵活机智，较好的体力也足以让她成功脱险。她还有较高的音乐造诣，不仅在元旦晚会选拔上钢琴弹唱一鸣惊人，也同时是酒吧驻唱，拥有人气和经济收入。在写文章方面女主角也毫不逊色，经常在报纸或杂志上发表自己的优秀作品……读者在阅读时总会有意无意地将自己带入小说的主角身上，而这样一个各方面都出奇优秀的女主角无疑会让读者产生愉悦的阅读感受，从而带来良好的阅读体验，这也正体现了网络文学具有较强的娱乐性和可读性。

该作品是以在天涯论坛发帖的形式分为51段连载的，与读者的实时互动使作者更能及时地看到网友们对发布部分的反馈，从而完善自己接下来的创作。《青春的庙》有两条叙事线索，第一条是伍小白与尹风的感情纠葛，高中时的甜蜜，尹风因为打架"入狱"后的思念，识破尹风谎言后的伤心、愤怒，以及最后对尹风的原谅与释然。这条叙事线索的前半部分主要通过插叙主角的回忆展开，过往回忆的甜蜜其实是为了识破其脆弱的谎言做铺垫，回忆越甜蜜，谎言就越显得虚假，而识破谎言时则会表现得越痛苦。第二条是伍小白进入大学却又被退学重读期间与室友的友情日益深厚，对杨思冠亦师亦友的感情纠葛，以及对孙姜由哥哥变为恋人的感情变化。这条线为该作品的主线，采用正叙的方式按照时间的推进慢慢展示在大家面前，前一条线索是依附于第二条线索之上，凭借第二条线索的展开而展开，与其相辅相成，更加立体、形象地刻画了一个个栩栩如生的人物和生动逼真的故事。

就个人阅读来看，我觉得整个作品缺乏逻辑性和叙事的流畅性、完整性。在小说的逻辑性方面，暂且不谈尹风假借自己入狱欺骗伍小白的可行程度，如果他决心向自己曾经深爱过的人隐瞒已经结婚生子的现实，起码应该换个城市居住，而不是与伍小白仍处在同一个城市，并在街上、KTV等场所接连遇见，而且如果尹风一直生活在伍小白老家所处的城市，伍小白与其相遇的概率会大大增加，等到一个学期都过去了才在街上遇到未免有些牵强。我认为此处可以改为尹风去其他城市生活，但因为某些事不得不回到原来的城市的时候与伍小白偶遇，做这样的改变可以让逻辑更加顺畅，同时不会改变原有的故事性。

在完整性方面，关于王波这一人物的交代显得不够充分。王波偶遇伍小白被人追打而被对方误伤，导致自己变成植物人。但小说结束时我们仍未得知王波的结局，王波是否苏醒？家境贫寒的王波花光伍小白给他的 20 万元住院费后到底该何去何从？而王波的父母又该如何坦然地接受伍小白的这笔钱财？伍小白回到安徽老家复读的时候，王波的家长已经离开王波所住院的城市，回到了河南老家，这段时间王波又是由谁来照顾的？伍小白考上新的大学以后，她与王波之间的纠葛到底该如何解决？这些问题作者在小说中并未处理妥当，导致王波这个人物缺乏完整性和真实性，人物形象不够饱满，也使该作品的完整性不强。

  关于小说故事叙述的流畅性，作品的结尾略显仓促，在离开家乡的火车站，尹风与孙姜为她送行，她踏上前进的列车，嫣然一笑，与过去释怀。这里尹风来为伍小白送行并未讲明缘由，只是一笔带过，像是强行为故事安插一个主角都在场的"团圆"结局，将小说的两条线索强行重合。尹风的上一次出场是在 KTV，孙姜与尹风扭打起来，这其实是矛盾的爆发点，也是两条线索第一次重合，感情中的三个人时隔很久的相见，可是作者并未将这次见面视为三人冰释前嫌的一次契机，相反更加激化了三人的矛盾，使矛盾达到了一个前所未有的程度。可是尹风接下来一次出场则显示出了突兀的和谐，没有矛盾的激化，也没有矛盾的弱化，而是断崖式的冰释前嫌。我认为此处处理得略有不妥，应该加上适度的衔接，让三人的感情线以及故事的情感基调更为顺畅自然，更具有说服力。（王斯群）

2.《你这么爱我，我可要当真了》

故事梗概：

一个夏天注定展开的恋爱故事。

  杨五斤是传说中的小说作家，她抽烟，也会喝得烂醉，但她也会为了写不出来的小说作品和编辑苦苦求情，她和其他大龄剩女一样，叛逆，乖张，对自己的人生有着自己的见解，但又和其他大龄剩女不一样——她领养了一个小孩子。

  在二十八岁这年的夏天，杨五斤的人生又接二连三地被"三失"光临——失业、失恋、失去灵感，如果说唯一的"得"，也只有捡到了一张别人丢了的大学图书馆证。她偷偷溜进大学的图书馆，动机不纯地将整个大学图书馆翻了一半，没找到自己想要的书，却意外地收获了一名大四的小正太，缘分好像从这里起始。毕竟天公作美甚至还下了一场雨，才让二十八岁的杨五斤有机会在图书馆门口撞倒了清秀干净的丁中浩，还发挥了自己厚颜无耻的本领，让这位正太打伞将自己送至了公交车站，顺带不情不愿地收了人家的伞——看似平淡的相遇，却在杨五斤上了车后，丁中浩的一句"九夜"而变得不同起来。

  一个不为人知的笔名，却被一个素不相识的面容清秀的大学生叫了出来，如果我们的女主角是十八岁的懵懂少女,也许会为此不眠不休地在被子里揣摩几个晚上,但二十八岁的杨五斤不会,她在一刹那的吃惊过后,就被接连不休的稿费、应酬、醉酒所充斥了。可之后还是这个借了她伞的小正太,用砖头打晕了送醉酒出来的杨五斤的朋友,纠缠不清的命运纠葛就此缓缓展开。纯情少年和乖张姐姐的姐弟恋看似一帆风顺、简单干净,但如果小说至此就圆满结束,实在不太符合女主角的个人形象。随着女主角闺密大宝的回归,丁中浩简单的身份一时之间暴露出来另一面:大一就在知名夜店凭借一张清秀脸蛋而混迹女人圈的丁中浩就是"一块看似甜美的毒蛋糕",无论用多少蝴蝶结包装,也无法掩饰他的毒性。

但二十八岁的杨五斤并没有陷入被骗的痛苦和悲伤之中,"反将一军"才是二十八岁的女孩的作风,她用自己的冷静和沉着打退了情敌,用自己的独立和清醒让圈套成为自己的诱饵,双方的博弈之下,二十八岁的杨五斤和二十四岁的丁中浩一起学会了包容、信任和坦诚,一起走向了相爱的小说圆满的结局。

作品评论:

如果选这本书最让我喜欢的角色,我一定会选择女主角,不是因为主角光环,而是因为杨五斤虽抽烟喝酒世俗至极,但又温柔大胆让自己去和世俗起舞。

她不是标准意义上的女主角形象,她没有绝美的容颜,也没有无脑的可爱,她和一堆普普通通的大龄剩女一样,坚持着别人看不懂的乖张态度,也会为自己的失恋、失意、失去灵感而自责痛苦,她会说脏话,会和一堆好兄弟在喝酒之后为了拿到稿费而高声庆祝,她会为男朋友的转身离开而愤怒,也会因追求的人的包容和温柔而心动。她活得平凡而又洒脱,用厚颜无耻的人生态度在世间莽撞碰壁,然后又满身铠甲地尽力回击。

她不是傻白甜,这个故事才有了后来。

杨五斤活得真实又虚幻,她身上有大部分女孩子的影子,却又饱含小说女主角的戏剧性色彩——也许我们都是为了一两瓶打折酸奶而在超市排长队的人设形象,但敢像杨五斤一样大胆地收养一个小孩子的人又有多少?我们也许都会在朋友面前跳脚,为了自己的工资据理力争,说急了还来一句"滚",但我们也许做不到对陌生人也厚颜无耻地让人家送自己去车站,张口就来"已经到了合法思春年纪"。

她是小说中的每一个我们。

但我喜欢她,不仅仅是因为她的乖张和自主,特立独行的女主角不少,但知世俗又在世俗中活成自己的样子的女主角,她是独特的一个。

她落入追求者的层层圈套,但凭借自己的头脑和魅力反将一军。她不是只会哭哭啼啼的弱女子，也不是转身就走的"死憋女"，她在爱情之中探索学习，既不沮丧又不退缩，既不硬扛也不委屈。杨五斤用自己的魅力和人生态度智斗情敌，反套路圈套，用自己的个性收获了爱情。

这不是让人读了以后傻傻地相信爱情会从天上掉馅饼的架空小说，这是一个教人如何去爱的情感指南。

一部好的小说，应该是源自生活又给生活以启示。一度走偏的网络文学风向，让许多人沉溺在霸道总裁爱上我、狗血剧情黏上我的简单粗暴的爱情模式之中，不是一味甜宠买买买，就是一路冷血虐虐虐，现实中的爱情也在向极端的方向发展——女孩子总在期待着从天而降的开着法拉利的总裁丢一张卡来说一句"我的夫人我宠着"，而男孩子都以为女孩子只会黏着自己说"人家好怕"。每一个人都是独特而又丰富的，人纵享着七情六欲，在爱恨情仇之间拉扯成长，人们在爱情之中不是一蹴而就的天才，也不是只会一蹶不振的失败者。我们总在路上学习，和杨五斤一样，和丁中浩一样，我们都怀着自己的心思在和爱情的"对手"进行博弈，互相揣摩，互相试探，互相磨合，互相学习，一起学着如何去爱。

因此我们可以说，这部小说是成功的。它绝非架空现实的无脑小说，它在用合理的生活逻辑进行着创作，来源生活，有迹可循，但和生活不一样，它用夸张一些的文学手法来提示着我们如何去爱。作者没有为了迎合读者的口味需求过度地去美化爱情，她坚守着自己的爱情观，并且用小说中的人物和情节传达给我们。她向我们展示了爱情的方方面面：爱情也是现实的产物，也会有黑暗和晦涩、痛苦和博弈，但她并没有否认爱情，而是用小说的文字在引导人们勇敢去爱。

作者笔下的一个个丰满的、活灵活现的人物形象，他们都是我们，又都不是我们，我们在他们身上可以发现自己的影子，但又不会是我们其中的一个，我们在他们的故事里学习着如何生活，如何去爱，总结经验，扬长避短，我们也在他们的故事里汲取能量，鼓足勇气，继续向前。这是一个好的小说应该带给我们的阅读体验：生活不是一帆风顺的简单旅途，但也不会只有一路荆棘，而我们不是只会哭泣的柔弱公主，也不可以一个人手屠巨龙，我们在人生的旅途上会有风景，也会有风波，而我们不是生活上的天才，我们通过小说的人生管中窥豹，推人及己，我们从小说中学着正视爱情，直面生活，让自己的人生闪闪发光。

小说不是一味想象，因为小说的源头就是生活。在当今浮躁的时代，我们常常忘记了生活本来的模样，而一部好的小说，就是用文学的力量，让我们正视生活，让我们在生活的道路上发现浪漫和感动，让我们带着小说中的勇气和经验，把自己的生活过得和小说一样，温柔多彩。
（王春晓）

3.《保护我方甜男友》

故事梗概：

尤琪安在父母眼中是个乖乖女，可实际上她是个理智精明、彪悍厉害的"女汉子"。尤琪安因为和母亲之间的矛盾而隐瞒自己的舞者身份，到舞社里教别人跳舞，还被母亲逼着轮番去相亲。章辰辉是一个正直热血的"大笨蛋"，在车行里当机械师，明明遭遇着种种不公正待遇，却因为母亲临终前的嘱托依然保持着自己的善良单纯，为了帮助别人，差点儿卖房卖车当裤子。这样两个看起来八竿子打不着，或者说就算有联系，也会因为性格迥异等而"分道扬镳"的人，居然走到一起了，而他们的初遇居然是因为女主卡在树上了。因为帮助在居委会当主任的好闺密——卜青禾，尤琪安到社区里陪山区小朋友们玩，却为了救一个小女孩而卡在树上了。幸亏"废铁直男"章师傅及时赶到救下了女主。

两人就这样开始了这不平凡的初遇。后来由于一次偶然事件（尤琪安遇到了之前相过亲的林崔华并与其发生争执），尤琪安与章辰辉在舞社里再次相遇了。林崔华假装未婚未育，跟尤琪安相亲，其实早就有了一个女儿，他还虐待自己的女儿并因此被章、尤二人教训。为了报复尤琪安，他制造了"迷药事件"，幸亏章辰辉赶过来救了尤琪安，并为了尤的安全当起了她的"保镖"，两人之间的联系也就这样开始了。

其实这两人在日常的交往中，彼此早就互生好感，但是谁料章还有个女朋友尹蓝蓝（王铁芬）。尤在参加卜青禾与张鹏的婚礼上，遇到了卜青禾的弟弟——卜采白（男二），一个在外国留学的公子哥儿，情话张口就来，嘴上说着喜欢尤琪安，说着只相信亲情，其实内心是个非常脆弱的人。尤琪安跟卜采白一起，揭穿了尹蓝蓝的骗局，就这样章辰辉恢复了单身。他与尤琪安之间的交集也越来越多，一起经历了许多事情——尤陪章回老家签署了放弃继承权的协议，尤因为参加舞蹈大赛而被母亲"扫地出门"，尤的前男友回来了……终于，两人在一起了。

在一起之后的日子也不顺利，两人又经历了许多风波——尤因为救林崔华的女儿林安琪而受伤住院，章向尤求婚时遇地震，章因在堰塞湖溃决时救人而重伤住院……最后两人修成正果，还收养了一个女儿林安琪，而卜采白也找到了自己的感情归宿。结局皆大欢喜。

作品评论：

《保护我方甜男友》，相信很多读者第一眼看到这个书名时，都会以为它是一部俗套的玛丽苏文。其实不然，这可以说是一部顶着玛丽苏文名字的"非玛丽苏"作品。以男主的人设为例——"废铁直男""身材魁梧的威猛大汉"，这很显然已经不是大众熟知的玛丽苏文男主了。风格千篇一律的玛丽苏文虽然容易引起审美疲劳，但也由此形成了一种男主一定要长得帅、成绩好或工作能力很强的"审美定式"。而乌小白的新作《保护我方甜男友》中的男主(章辰辉)与以往类型化的男主完全不同,这也是乌小白在人物设定上的一次大胆尝试。事实证明乌小白的尝试是成功的。从《青春的庙》到《内有恶女》,再到《御姐驾到》,乌小白作品中的女主角们都很有特点,而这次的章辰辉则帮男主角们扳回一局,既使人设新奇,也深受读者喜爱。

除了在人物设定上较以往网络小说有所创新,《保护我方甜男友》的语言风格塑造、人物形象刻画、生活场景描写等都可圈可点。

首先,小说的语言十分幽默。不是"黑色"幽默,也不是那种"文人式"幽默,而是一种"下里巴人"式的幽默,既通俗易懂,又能把读者逗乐。乌小白延续了幽默的语言风格,并把网络上的许多流行"梗"运用到了小说中——"这两年,尤琪安连录视频都是遮脸的,粉丝们……都已经默认Cindy老师的尊容长得跟乔碧萝殿下一个德行。""'好的,从今天起,你就是洪兴尔克!'"不得不感叹作者对网络梗的运用如此自如,也足以见得《保护我方甜男友》的娱乐价值,它能带动读者的阅读氛围,满足读者的阅读乐趣。乌小白的这种"玩梗式幽默",从生活小事入手,把快乐传递给了每一位读者。除了"下里巴人"式的幽默之外,她还运用了许多有趣的网络语言,比如"小公举""大脑斧""宝藏女孩""狗子""中二病""狗粮""我想静静"……这些网络用语都拉近了小说与读者之间的距离。

其次,小说的人物刻画很细腻。许多玛丽苏文除了人设固定、情节老套,让人审美疲劳之外,人物性格单一也是一个"槽点"。比如傻白甜女主只有单纯善良、可爱无邪的性格,恶毒女配的性格就少不了狡猾、善妒。而且,这些角色大多自始至终都没有"成长"。与这些性格单一的角色相反,《保护我方甜男友》的人物形象刻画就比较成功。以男主章辰辉为例,他单纯善良,甚至愚善,遇事隐忍,但在看到弱者被欺负的时候会毫不犹豫地冲上去——在看到林安琪被父亲虐待时,"他转身抄起那个广告灯牌,朝林先生砸过去:'你根本不配当父亲!'";在看到尤琪安被欺负时,他更是奋不顾身地冲上去保护她,心里想着谁也不能欺负他的姑娘。他是个害怕跟女生有肢体接触、从不敢对女生有任何非分之想的直男,可面对尤琪安时他又是犹豫的、渴望的。恋爱前他克制隐忍、不解风情,恋爱后他超甜,多了一份自信与坚定。他不是只有一种性格的"单面人",而是像尤琪安说的那样——"干净,善良,克制,温和,有分寸感""还有热血,勇敢,勤劳,不怕困难,不畏强权,是个顶天立地的男子汉……"

乌小白是心理描写的高手,她通过对章辰辉心理活动的细致描写,真实地再现了一个头脑简单的"大男孩"的成长史——"直到倏地被她抱住,这才意识到怀里真真切切、结结实实地有了个漂亮姑娘……双臂接收到的指令分明是'抱紧她',但一线理智又在颅腔内高喊'快放开',思想斗争太激烈、太漫长""他知道,爱情不是偶然,爱是种无上荣耀……她可能并不爱我,只是怜悯。但我还是愿意给她一生的感恩,把她的名字,藏在心里最深最暖的地方"。从最初的"与女性交往一直如履薄冰,克制守礼,生恐遭人嫌弃",到不知不觉爱上了尤琪安,却依旧"趋利避害"地不敢正视自己的内心,害怕被抛弃而不敢表白,再到最后尽管内心不安,但还是决定要勇敢地爱尤琪安。这种心理上的成长使男主的性格更加真实,形象更加立体丰满。而抛开男主的性格塑造不说,这两段心理描写本身也很精彩。"双臂接收到的指令分明是'抱紧她',但一线理智又在颅腔内高喊'快放开'",这把章辰辉内心的矛盾表现得淋漓尽致;"她可能并不爱我,只是怜悯。但我还是愿意给她一生的感恩,把她的名字,藏在心里最深最暖的地方",这真实深刻地写出了章辰辉认清内心后,决定无怨无悔地爱尤琪安。

最后,小说的生活场景描写很真实。如卜青禾结婚后感叹生活不易——"结婚后,反而要抽出时间来做家务、照顾配偶、伺候公婆……可是我无论在这个家里怎么解释,怎么强调,都没人理解,他们认为女人的价值就是相夫教子……"这真实地再现了许多当代女性婚后生活的烦琐与困窘。此外,小说中的法律案例也有一定的教育意义。

《保护我方甜男友》既对已有网络小说有所传承(如依然有男二喜欢女主的套路),又有创新之处,同时,存在一些网络小说的通病,如小说里有些遣词造句不太严谨——"尤琪安载誉而归,朋友们倾巢而出为她接风洗尘。""倾巢而出"这个词含贬义,用在这里显然不太合适。(刘娜)

沙　漠

【作家档案】

沙漠,男,原名沙飞鹏,安徽宿松人,1985年生,纵横中文网签约作家,安徽省作协会员,安徽省网络作家协会会员,鲁迅文学院第七届网络文学研修班学员。

自2009年7月开始网文创作。2021年,纵横文学网年终盘点年度荣誉作家。

代表作有《国色生枭》《锦衣春秋》《权臣》《日月风华》等。

【主要作品创作年表】

《权臣》,纵横中文网,2010

《国色生枭》,纵横中文网,2012

《锦衣春秋》,纵横中文网,2016

《日月风华》,纵横中文网,2020

【作品评价】

1.《权臣》

故事梗概:

韩漠是一个拥有两段人生体验的人。第一段人生,韩漠是一名炮兵医院的药剂师,一场意外将他卷入另外一个时空,开启了他的第二段人生。重生的韩漠降生在燕国,那是一个四国瓜分天下的时代,韩漠出生在燕国九大家族中的韩家,他们世代居住于东海,凭借祖宗东海王打下来的家产,韩家在东海郡几乎一手遮天。除了显赫的出身,我们的主角还天生异体,天生的三根金手指被人称作"天降财神"。

韩漠素来讲义气,故事的开场,他从夏公子手上"救"下了一名少女,这也为后面韩漠与各种女人纠缠不清的关系埋下了伏笔。当堂兄韩源情有独钟的少女玉香儿被小阎王一家抢走时，韩漠也是为兄弟两肋插刀，甚至不惜杀死小阎王，为了不给韩家惹麻烦，他在萧景的尸体上动了手脚，使官府没有怀疑韩家。韩漠不仅重视兄弟情，而且爱护女人，悉心照料爷爷韩正乾指定的陪房丫头柳如梦，在碧姨娘被萧同光侮辱时他站了出来，维护了姨娘的清白，这也让韩漠得罪了侍郎大人萧同光。

萧同光和曹殷来到东海郡的主要目的是完成朝廷任务，这次任务是要求韩家从东海中采出两百颗珍珠。韩家子弟韩漠与韩源在家中长辈的带领下来到采珠军营，因为韩漠在朱小言手上得到了血铜阴阳棒和《八部棍术》，习得了超高的棍术，在那场人蛇大战中"大放异彩"。可是，人蛇大战过后，韩漠意外被海盗俘虏，绑到了仙人岛，在这座岛上他邂逅了"美人鱼"杜冰月并帮助她救出岛主父亲以及解决岛上纷乱。回到陆地后，韩漠得到家族的进一步重视，被大爷爷指派完成贸易行的任务，这次他遇见了第一次登陆的杜冰月，他带着初来乍到的杜冰月到处游玩。

回到家后韩漠从姨娘那里得知，叶家竟敢向韩家提出迎娶妹妹韩沁，为了妹妹和姨娘还有韩家的尊严，韩漠当场辱骂叶家父子。回去后的叶家自认理亏又咽不下这口气，竟联合吴家刺杀皇上，这次刺杀行动不出意外地失败了。韩家、萧家在内的四大家族奉命围剿叶家，韩漠被家族派往燕京。他和朱小言一路奔波，在一处客栈歇脚时意外遇到了艳雪姬，在那场金佛局的博弈中，韩漠赢得了艳雪姬的保护和真心。离开客栈后，韩漠一军立马与萧军会合，萧军首领萧灵芷看不起韩漠，处处刁难，两军看似和谐，实则暗流涌动。面对叶家黑鼠军团的突袭，韩漠一手将计就计成功地瓦解了叶家势力，在战斗中立下大功，也使萧灵芷慢慢改变了对他的看法。当韩漠将身重剧毒的萧灵芷从死亡线上拉回来的时候，这位冰山女王的心终于融化。

在大破叶家后，作为主力军的韩家、萧家奉命回到皇宫接受封赏。韩漠在燕京见到了许久未见的三哥韩滨，在韩滨的带领下，韩漠见识到了燕京的繁华与奢侈，野心悄悄在他的心底埋下了种子。立下大功的韩家收获颇丰，韩玄昌被封为吏部尚书，韩漠则被封为西花厅厅长，在西花厅，他认识了四处主事的薛红袖。

然而燕京并不是一个太平的地方，韩漠还没有坐稳西花厅厅长的位置便遭遇刺客，多亏艳雪姬的暗中保护才能反抓黑骑。俘虏了刺客后，韩漠马不停蹄地赶往东花厅拜见厅长秀公主，一番交流后不仅得到秀公主的赏识，还拿到饷银，不久秀公主再次召唤韩漠入宫。

被夜召入宫的韩漠见识到秀公主的风情万种，这引起秀公主手下慕容鹤极大的嫉妒，他甚至心生一计准备除掉韩漠。当然，韩漠不是等闲之辈，他识破对手的刀上有毒，一套棍法将刀击落。险些被刺杀的韩漠当然不服，于是在御林军演兵月光寺之时以一手离间计反杀慕容鹤，将慕容鹤的死嫁祸于魏国黑骑。御林军首领慕容鹤死去,皇帝派韩漠暂代御林军首领一职,派遣他护送军饷。慕容鹤作为萧家的人才就这样不明不白死去,萧家自然不会放过韩漠。

护送救济粮并不是一件简单的事,先是路上遭遇刺客,后是米行坐地起价,韩漠作为将军压力不小。宜春县中官商勾结,各种势力盘根错节。作为全县之首的贺知县暗地里倒卖粮食,韩漠也逐渐掌握证据。在追查被劫走的救济粮的过程中意外与鬼谷门派交手,韩漠、萧灵芷一行人被困于八卦阵中弹尽粮绝,危急时刻韩漠的金手指帮助他们化险为夷,成功反杀鬼谷叛徒徐游。韩漠的第一根金手指到此熄灭。

韩漠将种种证据摆出,御林军将贺家包围。贺家的丑闻迅速传回燕京,宜春县粮案告一段落。在这场明争暗斗中,韩漠不仅大获全胜死里逃生,而且赢得了皇上的赏识,此外,他和艳雪姬的关系获得了进展,萧灵芷也与韩漠捅破了最后一层窗户纸,韩漠接下来的人生也将开启"开挂"模式。

回到燕京的韩漠接受了韩范两家的联姻,迎娶了范家大小姐范筱倩。不光如此,死里逃生的韩漠还受到皇帝的亲封,被任命为豹突营指挥使,成为史上最年轻的指挥使。大婚当日皇帝还赐韩漠清平剑,韩漠在朝中的位置越发重要,韩家也在逐渐崛起。

来到燕京后姨娘就一病不起,韩漠拜托朱小言赴风国寻找蛇王胆来救治姨娘。朱小言成功找到了蛇胆却陷入绝境,韩漠借护送商队到风国的便利救出了朱小言,也医治好了姨娘。在风国,韩漠有了意外发现,风国地位至高的大祭司居然是柳如梦的孪生妹妹。

韩漠前往风国时,庆国和魏国又起了纷争,庆国请求燕国的援助,燕国将公主嫁往庆国。秀公主不愿让自己看着长大的侄女霜公主就这样寄人篱下,于是和韩漠联手,在送霜公主联姻的路上使出一计"狸猫换太子"救下霜公主。在庆国的日子里,韩漠认识到了庆国的糜烂,皇帝的无能加上后党的野心,他知道这个国家离灭亡不远了。

国与国之间的纷乱总是一波未平,一波又起,韩漠刚回到燕国,庆国和魏国的边界就发生了战争,燕国皇帝派遣第一将军萧怀玉前往察看。就在这时太子联合苏家造反,在天涯峰顶,燕国、魏国和庆国三大将领死于太子设的陷阱里,好在韩漠及时赶到,利用毒药将走火入魔的太子送入黄泉。太子虽然死了,但是叛乱仍然没有被熄灭,燕国皇帝似乎早早预料到这样一场叛乱,而他安稳地坐在龙椅上坐享几大家族斗争的渔翁之利。

然而皇帝万万没想到自己最后会死在心爱的淑妃手里。韩玄道利用淑妃的宫女日夜给皇帝下毒,还将淑妃诞下的小公主换成没有皇室血缘的一个男孩。皇帝意识到自己中毒时已经没有多少时日了,他还误以为小皇子是自己的亲骨肉将皇位传给了他。一切似乎都在韩玄道的计划之中,他隐瞒皇帝驾崩的消息,要挟皇后,甚至连自己的亲兄弟都不放过。韩玄道做一切的出发点似乎都是保护韩家,但他最后竟血染韩家。

韩漠原以为风波平息,没想到自己的二伯父居然是幕后黑手,他必须揭发韩玄道的恶行。在乾心殿的殊死决斗中,韩漠的第二根金手指变成一支箭狠狠向韩玄道射去,葬送了他的皇帝梦。

在韩漠的力挽狂澜下燕国终于平息动乱,一国不可无首,他必须将国家交还给曹家血脉的继承人。秀公主成功登基,而韩漠也顺利当上摄政王,他是一代权臣,坐拥权力与美色,而他和曹秀的孩子也将成为未来名正言顺的皇帝。故事终。

作品评论:

我们的主角英勇强大,他让我们看到了一代枭雄应该做的一切——修身、齐家、治国、平天下。从东海小霸王到西北大将军,从受制于人,到成为这个时代的决策者。黎谷关奇袭,韩漠开始崭露头角,从此一发不可收拾,掌厅、掌营、掌军。无论是皇上还是他伯父,谁也没想到他这把刀子竟是如此锋利,已经脱离了他们的控制,六大世家的毁灭多多少少都和韩漠有关,或者说都是借韩漠的手灭的。韩漠本人以为:只要不损害自己家族的利益,你可以利用我,但不可以蔑视我的智商。燕帝小看了韩漠,想利用韩漠韩家人的身份除掉其他世家,于是他伤了自己。无论是西花厅,还是豹突营,抑或是西北军,皇上赋予韩漠的权力,竟没有一个收回去的。韩漠知道自己手里有权才是王道,他可以与世无争,但他的手里必须有保护家人的权力,保护家族的权力,没人可以伤害他的家人,没人可以伤害他想保护的人。

天下本就是合久必分,分久必合,必然要有一位枭雄来做好前期准备。一个人的屠戮换来一个家族的昌盛,九个家族的陨落换来一个国家的安定,四个国家的合并换来一个帝国的雄起。在韩玄道霸业失败的前序下,韩漠的帝国正冉冉升起。

就情节来说,《权臣》的故事节奏非常紧凑,一环接一环,我们可以清晰地看见韩漠成长的道路。在纷争挫败和钩心斗角中主角一步步长大,虽是男频小说,其中不乏恋爱情节,整个故事读起来波澜起伏。虽然故事情节节奏适中,但其中不乏一些牵强的设置,这一点应该是快节奏网络作品的通病。比如,作为一部历史架空小说,主角韩漠是从现代穿越过去的,但是作者在书中没有交代韩漠是如何穿越的,穿越的人物设置也没有给情节带来很多变化,前世的技能没有给穿越过去的韩漠带来太多好处,反而那三根无厘头的金手指在关键情节中发挥了巨大作用。所以,就情节来讲,这部小说的缺点是没有好好利用穿越的要素。

小说的整体语言还是非常精彩的,作者描绘画面的能力很强,每个人物都特点鲜明,每一帧画面都饱满生动。唯一遗憾的是,作者定位男频小说,过度迎合市场和读者,给主角加了过多的感情戏,使整体水平下降。

从商业角度来看,《权臣》还是有些可惜的。这本历史架空小说于2010年开始连载,《权臣》在一定程度上受到了《庆余年》的影响,同样是男主穿越到另外一个时空,《庆余年》的情节就更加完整,更切合穿越的理念。在某些章节上面,2010年的《权臣》与2007年的《庆余年》比较相似。例如,两本书中都出现了醉酒吟古诗的情节,都在故事的时代引起风波,但《庆余年》的处理方式更加细腻。另一方面,《庆余年》作为穿越网文的开山鼻祖已经在影视剧方面取得成功,而《权臣》因为有些情节低俗和与《庆余年》雷同始终上不了台面,这也是网文需要注意的问题。如何让一部作品从众多相似题材作品中脱颖而出,值得探讨。

一千多章的故事里,作家沙漠通过笔尖勾勒出形形色色的人物,狡诈阴谋徐徐展开,读者的心似一根弦随着情节走向时而绷住时而放松。作为一部商业化的网络小说,《权臣》还是可以算作一部成功的作品,可以抓住读者眼球留住流量。类似《权臣》这样的一系列小说可以算作现代中国网络文学的主流旗帜,但是我们对网络文学的期待应该不止于商业价值,发掘文学的正能量应该成为更多网络作家的应尽之责。(胡瑞)

2.《锦衣春秋》

故事梗概:

杨宁本是一名出身于普通人家的武警,退伍之后选择了经商之路,在一夜宿醉之后穿越到楚国淮南郡北部会泽城里的一个流落市井的乞儿身上。他所在的小城中,捕头和丐帮堂主狼狈为奸拐卖少女,与杨宁相依为命的小蝶被拐卖。在除掉捕头后,他为了追上带走小蝶的马车沿途奔波,救下受伤的高人木老,得到能吸人内力为己用的神功。之后他在酒铺遇上被刺客追杀的少年,两人成为患难兄弟,少年临别时让杨宁日后去京城找他。锦衣侯世子齐宁被刺客误杀,而杨宁和他长相一样,所以被误认成齐宁迎回侯府。杨宁为了借助锦衣侯府的力量寻找小蝶将错就错留在这里。

锦衣侯老将军病逝,齐宁的庶弟齐玉意图染指锦衣侯之位,用计把齐宁从族中除名。刁奴私吞侯府收入送给淮南王,还险些杀死杨宁,幸好杨宁被天下第一名医的弟子唐诺救下。在药谷里长大的唐诺听了杨宁的劝说,对外面的繁华世界心生向往,约定以后去京城找他。

杨宁听闻历代锦衣侯控制的黑鳞军已经死尽,在没有兵权的情况下,他靠智慧解决危机掌控侯府。因为皇帝驾崩,太子登基,朝堂形势不稳,杨宁打算入京。可神功吸取的内力此时爆发,命悬一线的杨宁被家人送到大光明寺养伤。白云岛岛主让弟子赤丹媚打败大光明寺方丈夺取宝物,杨宁挽救大光明寺败局。

杨宁被皇帝召见,意外发现小皇帝就是那个被追杀的少年。小皇帝告诉他,如今楚国内忧外患,忠义侯和淮南王势力明争暗斗,都想控制新登基的小皇帝。小皇帝下旨让杨宁成为锦衣侯齐宁,自此杨宁就是齐宁了。

晚上齐宁在房间里发现了剑圣二祖父北宫连城传授给他的剑法图谱,习得绝世剑法。此时唐诺已经投奔到齐宁府上,两人发现蛊毒在京城暗中传播,马上就会在全京城爆发。齐宁联合丐帮和神虎营维护京城稳定,唐诺制出解药,化解了这场危机。

所有证据都表明下毒的凶手是黑莲圣教的毒王,齐宁奉皇命前往黑莲圣教调查,却发现京城疫毒与黑莲圣教无关,真凶另有其人。诸多门派围攻黑莲圣教,齐宁力战群雄令众人退却,然后带毒王入京并还他清白。齐宁因为搅局,被卷入各方势力的博弈,独自面对一场意欲颠覆帝国的庞大阴谋。唐诺为了保护齐宁,用珍贵的寒蚌珠给他洗血,从此齐宁百毒不侵。

皇帝让齐宁重建黑鳞军,然而淮南王在新建的黑鳞军中安插了奸细。齐宁从奸细的所作所为中推断出淮南王是在声东击西,目的不在黑鳞军,而在于控制羽林军,于是提前防范淮南王造反。

忠义侯想逼迫皇帝娶他女儿,皇帝和齐宁商议出破局之策。齐宁作为求亲使者求娶东齐公主。齐宁斗败北汉的求亲使团,并与东齐国王达成共同攻打北汉的协议。赤丹媚为父报仇刺杀东齐皇帝,齐宁在赤丹媚命垂一线之际,故意挺身而出,装作失手成为赤丹媚的人质,被赤丹媚挟持出城,救了赤丹媚一命。赤丹媚的师父要软禁她,齐宁为救她,声称已经与她有了私情,她既然是锦衣齐家的人,就不能被带走。师父对此怀疑,齐宁只能与赤丹媚假戏成真,结为夫妻。

皇上即将和东齐公主成婚,淮南王谋反。淮南王的世子萧绍宗早已出卖其父,淮南王被除掉之后,依然危机重重。忠义侯只手遮天,看似对皇帝忠心的萧绍宗有更深的阴谋。

齐宁母亲的朋友交给他地藏卷轴,他找熟悉音律的田夫人破解卷轴的玄机。随后黄金凤凰也现世,更是引出江湖五大宗师的明争暗斗,直接影响到天下局势。楚国、北汉、东齐三国因为五大宗师的介入,战事一触即发。齐宁一面追查地藏卷轴和黄金凤凰背后的真相,一面协助小皇帝稳定朝局,面对即将到来的雷霆暴雨。

齐宁和小皇帝布下陷阱,挫败忠义侯和萧绍宗的阴谋,铲除朝中敌对势力,继而利用江湖势力,一举扑灭蜀王意欲东山再起的暗黑组织,成功稳定了国内的局势,整军备战。

与此同时,齐宁抽丝剥茧,经过重重考验,查出了地藏卷轴和黄金凤凰背后隐藏的秘密,揭示了五大宗师的历史隐秘,更是从中找到了锦衣侯府隐藏多年的秘密,知道了自己真正的身份之谜。齐宁在无数考验之下,历练成楚国的擎天之柱,亦成为新一代的大宗师。

楚国在齐宁和小皇帝的精诚合作之下,最终取得了天下的一统,而齐宁也整肃了江湖各方势力,建立了一个新的江湖格局,成为天下第一宗师。他牢牢控制住江湖格局,协助皇帝济国安邦,打造了一个安定太平的天下。

作品评论:

《锦衣春秋》是一部典型的历史题材男频文,架构比较大,跌宕的情节让人有追文的欲望。这部小说充满着武侠风,故事以古代政治权谋斗争为主线,讲述了在国家内忧外患的背景下,主角破解疑云、挫败阴谋、争霸天下的故事,将江湖武侠与朝堂风云完美融合,悬疑解谜与武林热血并具,悬念重重跌宕起伏。

文中情感戏份较多,男主的女人较多,这也是男频文的套路,不过这部作品中男女之间情感描写很细腻,这是很不错的。

小说的人物设定有一定的新意,没有遵循男频文的一贯套路。小说的角色整体饱满新颖,不同人物各具特色,例如乞丐男主冒认锦衣侯世子身份、女主出身邪派却保持医者仁心、表面忠心的世子是城府最深的反派等。书中的人物都特点鲜明,设定极具新意,男主的身世之谜也是全书的一个看点。小说里的主要人物,在架空历史的大背景下,参与到朝堂江湖各方势力的争权夺势中,人物大多背负秘密和国仇家恨,擅长权谋争斗,符合人物的性格以及大背景下的状态。

这部小说的结构合理、完整。故事整体按照时间线来推进,围绕着主角齐宁的成长展开,将一层层阴谋、悬念揭露开来,同时展现江湖格局和朝堂争权。本文故事架构非常庞大,融合朝堂与江湖两个世界,两个世界若即若离,却又纠缠不清。帝国分为三大阵营:南楚帝国、北汉帝国以及东齐帝国。南楚和北汉南北对峙,而东齐实力最弱,在夹缝之中苟延残喘。南楚与北汉为了一统天下,斗智斗力,而东齐国处于夹缝中,朝秦暮楚,三国之间上演一幕幕尔虞我诈的精彩好戏。以大光明寺和丐帮为首来亲近朝廷的势力,以地藏与黑莲圣教为首来对抗朝廷的势力,两股势力亦是明争暗斗,一方要竭力维持现有朝堂格局,而另一方则是穷尽心思想要颠覆楚国政权,双方针锋相对,血雨腥风。

在整体的大框架下,这部小说的故事情节梗设置也很新颖。小说整体以第三人称来叙事,讲述了帝国纷争,诸多江湖势力翻云覆雨,朝堂与江湖完美融合。小说中描述了严谨的朝堂江湖权谋争斗的情节,环环相扣、跌宕起伏且富有历史感,同时对细节的描写非常细腻动人。小说热血而不失严谨,各方势力的明争暗斗以及主角的儿女情长,都刻画得极为生动。小说围绕齐宁的经历,将江湖朝堂权谋层层展开,主角和皇帝联手挫败权臣的阴谋,愈演愈烈的冲突和宏大的阴谋布局,在争霸天下的权谋斗争中,主角除掉内忧外患换来盛世太平。小说情节层层递进,悬念逐渐揭开,高潮迭起。

小说的语言风格很有辨识度,古风行文具有浓厚的历史正剧感,同时流畅易懂。细节描写细致动人,整体故事的悬疑基调较为沉稳,同时又具有热血和情义。

通读这部小说,我发现了一些问题。小说的情节的确跌宕起伏,也比较新颖,但是经常会出现一件事没解决下一件事就来了的情况,这就导致了小说的情节比较乱。只要主角出门都会有事发生,回老宅有地藏,去京城有吸血,到西川有黑莲……主角总是不能顺利地完成一件事,情节节奏太快,让人接受起来很困难。此外,书中的一些女性角色的人设与后面的故事情节有很多矛盾的地方。比如顾三娘,一开始她是一个女强人形象,结果随着剧情发展,我们只能看出她的懦弱无能,女强人完全没有体现出来。对内她只知道退让容忍,一堆人唱反调,手下一个管家勾结外人火烧自己家的仓库,一个管事勾结刺客刺杀主角;在外面税银被人贪用,她却一无所知,每当主角怀疑某人时她就为别人开脱,当证据确凿时,她又无脑原谅,把人给放了。还有都督夫人这个角色的人设站不住,大都督忠君爱国,虽对她有冷落,却也没有对不起她。古时联姻的世家之女做主妇,哪一个不是审时度势、深明大义?可她只因大都督的冷落就联手他人害死丈夫,这让人觉得有一些牵强。还有文中所谓的"奇女子"柳素衣,作者展现了一个普通女子迷于表象爱上一个隐藏身份的伪君子北堂庆,为了防止齐家逼婚,无媒苟合。细看那一段情节,她出身于官宦之家,不知礼,放荡不羁,这就是所谓的"奇女子"吗?我眼中的奇女子是红拂夜奔,昭君出塞,孟母三迁,这叫"奇"。所谓奇女子,是于封建男尊女卑时代,有大智慧、大无畏之心;所谓奇女子,是敢爱敢恨,当断则断。但从柳素衣的身上我并没有看出这些品格。可能塑造女性角色也是男频作者的短板,女子有韧性,大可不必把女人写得软弱无力,只为情所困。
(顾梦男)

3.《国色生枭》

故事梗概:

《国色生枭》是沙漠的历史架空题材小说,开篇帝国方老尚书遇害并留下了八字谶语"六龙聚兵,菩萨开门",这句谶语则是这篇小说的主线。"六龙"指六颗佛门的舍利子,六颗舍利子是打开这个秘密的钥匙,因为这个秘密和六颗舍利子,书中的大秦帝国经历了一场血雨腥风。

小说的主人公楚欢是大秦坐镇西北的支柱风寒笑将军麾下的十三太保之一,西北大军主要是为了防备帝国以西之敌,西部的劲敌则以西梁国与佛陀国为首。楚欢和风将军一起中了西梁军的埋伏,风将军阵亡,风将军所部也几乎全军覆没,仅剩楚欢独活返乡。随后他又卷入了秦帝国内部复杂的纷争,先是通过钩心斗角的手段成为云中府禁军卫将,并对女主苏琳琅产生了深厚的感情,终抱得美人归。

紧接着楚欢因为机缘巧合在赌场帮助齐王赢回四千两白银,又在忠义庄拯救了齐王从而得到赏识,赴京城任职,楚欢开始一飞冲天。在京城,楚欢先凭借出色的武艺帮皇帝除去多年来潜伏在帝京的灭国王子,又在西梁国的和议上擒获了妄图破坏的刺客,随后作为副使出使西梁。在西梁,楚欢机缘巧合卷入西梁内部的皇位争夺,并帮助大王子绝地翻盘,与之成为异性兄弟。归国后他在安国公谋反中坚定不移地站在秦帝一边,因此被封为忠勇伯。紧接着他被派往太原调查神衣卫被天门道全歼之事,楚欢经历的所有钩心斗角背后都有天门道的影子,其蛊惑民众老君降世,当诛杀昏君,是秦帝的心头大患。紧接着楚欢被封为西山道总管,经过一系列惊心动魄的战斗,他统一了西北三道,成为名副其实的西北王,并逐鹿中原,开始在天下大势中取得先机。

随后楚欢远赴西域,解开了八字谶语的秘密,也揭开了他最初中伏的谜团:风将军才是最后的反派,他在随秦帝统一天下的过程中,率三千狼兵屠了西域佛国国都莲花城,为了躲避佛宗报复而诈死。佛宗为了报复远赴中土,运用道门名号创立天门道为祸中原,就是为了报屠城之仇。这也为最后楚欢登基称帝创造了条件。

作品评论:

《国色生枭》是沙漠的作品中给我留下印象最深的一部。其历史、军事、官场、情场之间环环相扣,十分符合我的胃口。这部小说在前几章就已经将贯穿全文的信息告知了我们,如秦国的监察机构神衣卫,以及最重要的谶语"六龙聚兵,菩萨开门",开篇就已经将故事线埋在了读者的心里,无论主人公经历了什么,都会让读者思考这八字谶语到底暗含了什么关系。而后沙漠又将主角的身份进行了概括,"带血甲,无名牌!"这说明主角出身行伍,经历过惨烈的厮杀。使读者的阅读兴趣进一步加深,不断地想着读下去,我认为这是最基本也是最重要的一点。除此之外,我对文中的一个情节印象十分深刻,秦帝在粉碎义国公黄矩的造反阴谋后,派出神衣卫两名百户与十名千户赴安邑道逮捕他的家人,可是全军覆没,两名百户的首级被送至总督府。而楚欢作为钦差前往调查,并秘密潜入天门道的武器生产基地潜龙窑,发现了两名被严刑拷打的神衣校尉,他们在验证楚欢身份后传达了他们所了解的情报,然后毅然决然地撞向牢狱的石壁自尽。读到这段剧情时我十分感动,这两位慷慨悲歌之士让我想到了无数在历史上舍生取义谱写历史传奇的仁人志士,甚至让我想到了"你的名字无人知晓,你的功勋永世长存"。他们也许只是书中名不见经传的小人物,甚至没有姓名,只有代号,但他们确实让小说增色,是丰富小说感情必不可少的角色。

无论是《锦衣春秋》还是《国色生枭》,沙漠都运用了高超的悬疑叙述手法一环紧扣一环,先是六龙聚兵,六龙到底是什么?为什么楚欢会带着血甲与无名牌呢?又是谁害死了风将军与十三太保呢?而楚欢在忠义庄拯救了齐王,又是谁要暗下杀手呢?作为搅乱整个国家的天门道,为什么其门徒的身上却文着佛教的符号"卍"呢?随着剧情的不断发展,小谜团一一解开,随之展现的却是更大的谜团,是局中局、计中计。沙漠所擅长的悬疑情节的手法,对于既喜欢历史军事又喜欢官场明争暗斗题材的我,非常有吸引力。

当然,《国色生枭》也有一些网络小说普遍存在的短板。首先是烂尾的情况,像《国色生枭》的结局:楚欢通过"六龙聚兵"解开了贯穿全文的秘密,菩萨开门后是一幅世外桃源的景象,而桃源中有一架来自现代的直升机,这架直升机与其驾驶员在佛宗遇难时因如神鸟一般从天而降拯救了佛宗,被认为是神鸟。这个结局对于我来说应该是情理之中,意料之外,一旦最大的谜团解开,最后的结局则是千篇一律的坐拥江山、醉卧美人膝,看似大圆满的结局,其实给读者带来的是一种索然无力感,结局并不能给人以独特的思考,又或积极的意义。其次是关于风寒笑的人物设定,为什么一个战功赫赫的大将军要在帝国最辉煌最强盛的时候诈死避难呢?佛宗再强,强得过军队吗?况且屠了佛国又如何?书中秦国的崛起不就是踏着一个又一个国家倒下的身躯成为山巅的吗?身为帝国的筑基人之一,风寒笑有什么理由会逃避,害得秦国西北颠覆,被西梁屠戮一空呢?我个人感觉这并不符合常理。

上述的局限性其实也是与网络小说的定位有关的,就像前文所说的,一部网络小说首先要能吸引读者,而网络文学的创作者一般都是以营利为目的,为了吸引读者在小说中加入符合大众审美的元素是必不可少的。这些元素依据这部小说历史架空的设定,那么就不可避免地会有一夫多妻、一统江山的符合男性读者所需求的情节,只有这样才能提高男性读者的阅读兴趣,才会有订阅量与经济效益,因此烂尾是不可避免的。《国色生枭》已经是我印象中优秀的网络文学作品了,然而选择这部小说以后我还是花了五天将剧情大概总结了一遍,网络小说的剧情内容很难让我印象深刻。一方面,网络文学的体量大,内容同质化情况严重,琳琅满目的网络小说让读者读完就会忘记。另一方面,归根结底《国色生枭》是一部满足读者幻想的"种马文",读者只会图一时痛快而不会认真思考书中作者的所思所想,更难与作者产生共鸣。(方瑞渝)

猪宝宝萌萌哒

【作家档案】

猪宝宝萌萌哒，女，1986年生，吉林长春人，全职作家，安徽省网络作家协会理事，云起书院签约作家。阅文集团旗下年薪百万的当红作家、女频收藏佼佼者。

主要作品有《青春从遇见他开始》《拥抱时光拥抱你》《重生之佞臣之女》《天才通灵师：娘子大人好V5》等。2016年《青春从遇见他开始》上架，连载整整两年半，最终她凭借此书一举封神，成为云起书院新晋大神作家。2017年中国网络文学最具影响力女作家排名36。电子书销售成绩单本累计订阅达两亿人次。《青春从遇见他开始》长期霸占云起书院平台销售排行榜前三甲，漫画版上线2018年知音漫客全平台。《下下签》荣获2019云起现实题材征文大赛一等奖。

多年前一次偶然的机会让猪宝宝萌萌哒进入网络小说写作这一行业并成为一位勤奋的"码字工"，她在专访中提到自己码字很快，每天只需要三小时，新书通常日更八千到一万字。猪宝宝萌萌哒的写作风格十分多元化，文字以幽默搞笑的风格为主，创作题材涉及甜宠言情、正剧、豪门争斗、阴谋等多个主题。

【主要作品创作年表】

《重生之佞臣之女》，17K小说网，2014

《天才通灵师：娘子大人好V5》，时阅文学网，2015

《隐婚蜜爱：偏执老公宠上瘾》，云起书院，2016

《青春从遇见他开始》，云起书院，2016；江苏凤凰文艺出版社，2018

《拥抱时光拥抱你》，云起书院，2018

《下下签》，云起书院，2019

《少夫人又双叒睡着了》，云起书院，2020

《唐爷你脸不要了》，云起书院，2020

【作品评价】
1.《重生之佞臣之女》
故事梗概：
　　现代法律系高才生李盈意外穿越到架空朝代的天一国，借助太师府七小姐程悠若的身体复活，同时也保留了程悠若的部分记忆和情感。刚开始，因为捉摸不透如何回到现代，李盈一心求死，在阴差阳错中自告奋勇地代替秀水镇被选中的少女莫怜心去做了九王爷龙陵夜的女奴。她与一同入选的女奴黎秀清交谈时得知天一国的宝物九龙玉玺可以使人灵魂穿越，于是便打算生存下去，寻找机会并接近九龙玉玺。程悠若与龙陵夜经过了几个回合的周旋打破了女奴活不过九天的宿命，而龙陵夜对真正的程悠若有爱慕之心，他知晓李盈的到来使程悠若魂飞魄散，因此他故意让李盈入选。但九天的相处也让龙陵夜对李盈产生了不一样的兴趣，韬光养晦的他让李盈成了自己表面上的宠妃。二人狩猎时遭遇意外，在地下王城与乡间村落的朝夕相处中渐生情愫，龙陵夜为了自己的总体布局给程悠若下了十日蛊以控制她并企图泯灭自己的爱意。但在共赴边疆之旅中，意外重重，二人携手共同进退，逐渐确认彼此的心意。岂料归来后，龙陵夜在思量纠结之后仍是决定放弃与李盈之间的这份感情，按部就班完成自己的宏图大业。李盈得知真相后偷了十日蛊的部分解药逃往了江南，企图为程悠若向前夫陆元夕与皇帝龙非然寻仇。龙陵夜发现后将她带回九天行宫，之后二人都决定不再逃避，正视这段感情。谁知，龙陵夜生辰宴上，李盈偶然被龙非然看中，她将错就错以尚书千金王紫嫣的身份入宫为妃，以报程家灭门之仇并与龙陵夜里应外合助其夺取皇位。李盈入宫后大展身手，智斗后宫众多妃子，同时也收获了龙非然的一颗真心，成为他最看重的宠妃。也正因为如此，李盈被龙非然的真情打动不忍杀他。龙陵夜在与龙非然联手将八王爷龙陵玉除掉后开始部署自己的逼宫计划，而后龙陵夜逼宫成功，龙非然自缢而亡。程悠若手刃陆元夕后，得知原来龙陵夜从一开始就知道她是借尸还魂，而秀清也是他派在她身边的卧底。这一刻，李盈对龙陵夜的感情完全崩塌，两人决裂，事业心极强的龙陵夜打算用一杯毒酒除掉李盈，心如死灰的李盈最终喝下了毒酒。
　　但龙陵玉和龙非然并未真正死亡，他们仍在与他国联手企图卷土重来。李盈服下的毒酒也仅仅使她流产，她被葬入皇陵后被相识的觉罗国太子觉罗长卿救了出来，后成为他的宸妃云初笑，与他一起对付龙陵夜和天一国。但是李盈与龙陵夜的纠缠仍未结束，觉罗国朝拜天一国时,龙陵夜认出了李盈,二人重归于好。可登基后的龙陵夜后宫佳丽三千,曾经的手下萧展绫也成为萧贵妃,并生下了龙陵夜的孩子。经过一段时间的相处,李盈与龙陵夜之间再度出现信任危机,李盈在觉罗长卿的帮助下假死逃出宫。龙陵夜发现了李盈的背叛,抓她回宫时的对峙又令他们的第二个孩子胎死腹中,李盈也险些丧命。

回宫后的李盈仍不快乐,对龙陵夜爱恨交织的心情令她痛苦不堪,于是她假意答应龙陵夜为后,实则令白双双为替身,自己脱身出宫去了江南。安稳度过一年后,她不慎被龙陵夜的手下楚展天发现了行踪,为了不连累身边人,她只得随龙陵夜回去,但后宫中如今萧展绫与白双双等各成气候,李盈在与她们的斗争中有得有失。

假死的龙非然、龙陵玉在暗中积蓄势力卷土重来,大战一触即发。最终,龙陵夜在与龙非然、龙陵玉、觉罗长卿等的决战中获胜,萧展绫、刘贵妃等人在皇位争夺中丧命。龙陵夜成功守住皇位,令李盈做了他的皇后,而因为流产多次本应不能怀孕的李盈也再次怀上了孩子,自此二人并肩高处,地久天长。

作品评论:

网络小说中很多的作品都是以言情为故事发展的重要脉络,无论是复仇、校园,还是种田、武侠等类型,言情这一叙事元素总是出现在各种各样的网络小说中。同时由于大部分言情小说的作者是女性作家,她们的书中带着独特的女性主义色彩,执着于为广大女性读者编织甜蜜美满的白日幻想,小说中的男性角色相对于女主人公在某种程度上多少成了依附女性的设定,人物形象扁平,大致可以将网络小说中的男主分为暖男类、高冷类以及幽默风趣类这三种。

在《重生之佞臣之女》中,小说塑造了一个不够温柔体贴,甚至有些残酷冷血的不完美男主。李盈穿越以后的第二次重生缘起于龙陵夜的毒酒,很多读者在阅读到这一部分的时候,可能都会异常惊奇,作者在毒酒这个情节描写上下了足够的笔力,产生一种十分逼真的效果,读者一方面会疑惑女主真的就这么死了吗,另一方面会惊讶男主龙陵夜面对心爱的人也如此暴虐残忍。许多读者在阅读时本以为与以往言情小说中男主人公无条件纵容女主这类惯有的套路、模式如出一辙,结果"毒酒"这一章极大地突破了读者大众原有的阅读经验,凭借作为网络文学在网站上更新连载这一特质,有效地提升了读者的阅读兴趣。龙陵夜对李盈的冷血残酷在后面误会自己的儿子被杀的时候又一次出现,他派遣几个喽啰调戏李盈,李盈差点惨遭凌辱。这些情节的书写将男主塑造成了残酷冷血的人,与以往很多言情、穿越小说不同。过去这些小说中的男主即便是再高冷的冰山也会因为女主融化,再多的底线也会因为女主瓦解,无论女主做错什么事情,或者因为女主的仁慈放虎归山,男主多的只是包容,总是无条件、无底线地原谅。但是在这个故事里,龙陵夜是有自己坚守的底线和原则的,谁也没有能力打破,龙陵夜没有因为感情就过多放纵李盈,原谅李盈犯的错误。这类人物形象的塑造,以及角色自身的爱情观、价值观实际上可以认为是对传统小说中男女主人公碰到爱情就冲昏了头脑这种爱情至上精神现象的一种反乌托邦式书写,有意扭转传统类型小说的言情套路和模式,人物形象也因为除了爱情以外的其他元素丰富了起来。

五四新文化运动以来的青年人受到一系列新思想、新文化的熏陶感染,将爱情至上的观念作为个人信仰的全部支撑,然而在赤裸裸的现实面前,爱情必须要依附物质生存,否则只会造成更多《伤逝》中子君和涓生的爱情悲剧。《重生之佞臣之女》架构的故事背景并不要求主人公考虑物质方面的因素,但对女性读者来说,它传达出这样的一个观点:不要将爱情当作生活的全部,更不能完全依靠男性,女性要有独立的思想意识。小说有意让读者保持理智,看清现实,不过度沉浸在语言文字所建构的甜蜜假象中,现实世界不存在白马王子,我们所面临的困境和磨难都只能靠自己解决。作者对男主人公的形象塑造也表明她对女性的自我定位和爱情观有了更加清晰的认知,展现出当代女性群体主体意识的觉醒,不依靠爱情,不依附男性,注重提高自身社会地位和能力。以上这些出其不意的情节大部分读者在阅读文本的时候是没有预想到的,增添了情节的曲折新颖,打破了传统穿越重生类小说的叙事模式,改变了读者以往的惯性思维,使文本的内涵超出读者的期待视野和想象空间,以出其不意的人物、情节牵动读者的想象,产生了更丰富的艺术魅力。

《重生之佞臣之女》中选择的穿越方式是肉体覆灭,灵魂穿越,比较特别的是穿越到这个时空里,李盈依附在程悠若的身体中实际上采用的是重生的元素,以重生作为穿越的依凭。重生的主人公冷静稳重、谋略过人,将每一个人的命运捏在手中,掌控这场复仇游戏的走向乃至全局。这类作品在阅读过程中常常能有效地戳中读者的爽点,带来极致、畅快的阅读体验,因此,这类小说在近些年来得到很多网民的青睐。在这类小说中,穿越的影子越来越模糊,逐渐成为一种叙事的媒介,作者借助穿越这一特殊形式实现异域空间的叙述,通过诸多情节的设定满足天马行空的想象,解决很多常规语境所不能接纳的问题。穿越提供了重生的前提,重生为穿越声援了肉体上的保障。李盈的灵魂穿越到古老的天一国程悠若的身体,取代了程悠若的灵魂;程悠若的身体同时为李盈灵魂的安放提供了肉体的支撑。

目前在各大网络文学网站上充斥的各种重生的小说中,重生的人物通常只有女主人公或者男主人公,是小说中的个别形象,同时重生题材的网络文学作品通常是以复仇为主要内容。重生复仇类小说例如《庶女有毒》《重生之将门毒后》等,女主人公在重生之前受到来自外界例如丈夫的冷漠、丈夫的其他宠妾打压，或者因为庶女的身份不受家族待见，备受欺辱，在穿越后改头换面，卷土重来，一步一步成功实现自己的复仇计划。重生的个别人物也即复仇计划的调动者和控制者，故事中的其他角色仍然在那个世界原封不动，所有的事情依然按部就班地进行，重生的女主因为前世保留的记忆能够掌握其他人的各种信息，有条不紊地展开自己的计划。

在当代网络小说创作中，适当地运用"金手指"是非常必要的，它已经成为丰富故事情节、推动情节发展必不可少的方式。在重生复仇小说中，可以说重生就是主人公最大的金手指，凭借自身先知先觉的优势，可以成功规避很多风险。而在这部作品中，重生的主人公灵魂穿越、肉体重生以后，仍然很平凡，由于对重生背景的陌生化和记忆的缺失，她也并未拥有先知先验的超能力。在李盈的身上重生发生了三次：第一次是灵魂穿越到程悠若的身体；第二次发生在喝下含有假死药的毒酒，被觉罗长卿救下成为觉罗国宸妃；第三次是在侍卫楚展天的帮助下易容成刘皇后的模样以假乱真。即便是第一次重生情节的出现，也不是针对肉体所说，李盈的灵魂让程悠若魂飞魄散，李盈的意识占据了再度苏醒的身体。后两次虽不是肉体、灵魂死而复生，在男主龙陵夜的潜意识里却是真正的"重生"。从这个角度来说，它和很多同类小说都是截然不同的，肉体并未真正死去，复活的只有灵魂。除了女主以外，龙非然、龙陵玉、刘贵妃等人均死而复生，男女主人公的复仇、争权计划被这些人的重新出现打乱，女主不再拥有复仇类小说中人物先知先觉的能力，计划的开展出现了种种困局，举步维艰，与以往单纯的爽文带给读者的体验截然不同，这种突破以往固定套路和模式的故事情节打破了读者的期待视野，反而更能吸引广大阅读群体的目光。这部小说不能称为一部真正意义上的重生复仇小说，结局和其他很多复仇小说有些差异，李盈得到了完美的爱情，但复仇的目的没有达到。许多读者青睐复仇小说很多时候正是为了象征性满足自身的白日梦，缓解现实焦虑，但即便在语言文字构筑的虚拟世界里很多小说的结局也不能做到尽善尽美，读者从单纯的阅读体验转向自身心路历程的探索，从而回归现实语境中正面困境和磨难，犹如大梦初醒。

在重生复仇题材的网络小说中，主人公重生前的经历往往以较快的叙事速度，用相对简短的话语描述较长时间发生的事情，作者有意将主人公前世的不堪遭遇浓缩，将叙事重心放在故事核心逻辑"复仇"层面。在这些作品中，读者只需要对主人公复仇的原因有个简要的了解，他们关心更多的是复仇这个小说主脉络的发展状况。《重生之佞臣之女》这部作品的故事开篇讲述了程悠若在濒死前的种种悲惨遭遇，大雪纷飞之时，晕倒在雪地中，再醒来身体里已经住进了李盈的灵魂，李盈的灵魂在程悠若的身体里得以重生。小说开端以数十行很少的字数简明扼要地带过了程悠若过去的生活经历，这和很多以重生复仇题材为故事主要发展脉络的作品有一个明显的不同之处：针对屈辱的过往经历，叙事的文本时间长度和叙事深度的变化。和一些已经连载完成的同题材作品稍加对比，就能发现这一区别，很多作品在展开故事的复仇主线之前往往都会花较多笔墨细描主人公重生前的悲惨故事，遭受的不公平待遇，饱受屈辱却隐忍不发，但恶势力并没有轻易放过这些主人公，最终在含恨而死之前吐露"如果能重生，一定要狠狠报复"的心声。这些作品不厌其烦的叙述能给读者带来极大的代入感，仿佛置身其中，为主人公的悲哀过往扼腕叹息，同时又期待着他们复活以后卷土重来给读者群体带来的畅快体验。

可以发现在很多重生复仇系列的网络作品中都会有这样的相似之处，利用前几个章节的篇幅陈述故事的前因，说明主人公重生的目的和意义。而在这部作品中，故事发生的起点虽然仍然是程悠若前世的痛苦遭遇，但是从长度上来说发生了一定的变化，作者用几百字简要地讲述前世经历，她没有用过多笔触去阐述程悠若的过往是如何不幸。穿越小说有两条交叉的时间线，现代与古代，现代与未来，通常以现代的时间为叙事的起点，以穿越到那个时空的时间为故事的发生点，从而展开两种时空的叙述。这部作品虽然也运用穿越这一叙事元素，但是现代时空的故事并没有展开，用主人公简短的回忆带过了穿越前的现代生活经历。小说开篇，程悠若被夫君陆元夕重打三十大板且一纸休书逐出家门，她拖着沉重的身子在雪地里行走，终因体力不支而晕倒。简短的几百字只陈述了一个负心汉的事实，或许这个事实似是而非。有限的篇幅里以往阅读经验留下的先入为主的观念会让读者仍然认为陆元夕是一个恩将仇报之人，但是整个事情的前因一片空白，唯有一个程悠若被休的后果，陆元夕是否真的如同程悠若意识中那样薄情寡义、喜新厌旧也未可知。成婚三年为何没有子嗣？她为何被误会成迫害小妾的凶手？太师府为何被满门抄斩？这些桥段在作品中并未彻底还原，仅仅陈述了后续结果却未将过程娓娓道来，种种空白的过去像一团化不开的迷雾引人遐想。

小说在发展到一定篇幅以后，李盈发现了自己要报复的对象不单纯是陆元夕，还有整个事件背后的操控者龙非然。这与很多同类型的网络小说的结构框架是存在差异的，以往陈旧老套的故事情节让读者理所应当地将关注的重心转移到穿越重生以后，前几个章节的叙述实际上只是交代了故事背景，给主人公的复仇计划一个合情合理的设定，这样的故事开头逐渐发展成一种固定的套路和模式，任何一篇同题材的小说都能化用。在这部小说中，作者有心让故事的发展走向不再一目了然，读者无法自然而然地进入后面的复仇情节，带着故事开端暗含的线索去解开谜团。作者在故事开篇的简要叙述实际上为后文埋下了伏笔，有心的读者或许在小说开头就能明白作者的深意。这样的结构安排在某种程度上与推理悬疑小说类似，除了复仇给读者带来的情感体验之外,还引领细心的读者去挖掘情节之间的内在联系。

这部作品发表之时重生题材在业界十分火爆,许多细节在当时看来或许正常,但以现在的视角来看会觉得有些弊病。正如网友评价所言,人物性格太过于纠结,情节古怪离奇,数次分分合合的感情线读起来让人觉得拧巴,有刻意为制造跌宕起伏的情节塑造男女主的嫌疑。作品同样也因为过多的重生和易容情节的出现,容易夸大失真之感,出现物极必反的效果。如何适当调节这两者关系的平衡,也是包括猪宝宝萌萌哒在内很多作家会遇到的问题之一。作为一部小说,它的情节是足够跌宕起伏的。当然,一个好的故事必然要足够精彩才能吸引观众,但作者同样需要考虑的问题是如何掌握好故事松紧,适当调整叙事节奏,警惕读者因为情节刺激过度而陷入麻木,往后的内容再也无法引人注意了。(刘晓珮)

2.《下下签》

故事梗概:

楚禾出生在一个重男轻女、封建思想极其严重的家庭,家中一切事务由奶奶和大伯母操持着,她有一对懦弱无能的父母,一个不学无术且十分大男子主义的龙凤胎弟弟,以及一群极品亲戚。当年中考结束,作为状元的楚禾被当作楚旭的牺牲品,进了一所教学环境堪忧的私立学校。楚禾没有放弃,高考再次获得优异成绩。家里长辈又想用同样的方法牺牲她来帮助楚旭进入民办大学。已经成年的楚禾悄悄做好了一切准备,她选择向赵一楠借钱也不愿意接受站在金字塔顶端的江希姚的爱慕之情与援助之心。在这个暑假,家里波涛汹涌。大伯母逼迫楚禾和患有羊痫风的富二代约会,楚禾把楚敏推给富二代并将危机化解。填志愿时,小姑楚丽大闹学校,撕了楚禾的志愿单。虽然心思缜密的楚禾提前拿到了大学的邀请函,成功近在咫尺,然而事情并不如意,远走高飞之际,母亲拼死阻拦,楚禾北上的大学梦破灭,最终和楚旭留在本地的一所民办大学。

大学四年,楚禾努力学习,在宋校长的远程帮助下,成功考上了 J 大研究生。楚禾的研究生生活也并非一帆风顺。舍友尖酸刻薄,制造各种麻烦为难楚禾。楚禾面对质疑不仅洗刷了冤屈,还博得了老师和同学们的赞许。第一堂课上,楚禾一鸣惊人,出色地完成了任务,成为研究生助教。与家里失联已久的楚禾因为房屋拆迁的问题回去了一趟。她不再懦弱,悉数抖出大伯母女儿勾引有妇之夫、三婶报复楚旭等事。拿回外祖母留下的刺绣以后,楚禾返回 J 大。她在课堂上被"混世魔王"林嘉意蓄意拆台,林嘉意在校长的压力下不得不低头道歉,顿时风言风语满天飞,唯有宋小菲替楚禾说话。梁粮的男朋友赵雪松行为偏激,二人受伤,楚禾赶往 s

市探望她,赵家人试图反咬一口被楚禾撞破,楚禾帮助朋友认清渣男。

楚禾由于从小缺爱,便试图在福利院帮忙,努力改变孩子们的处境。在同校师姐蔚蓝的帮助下,楚禾拿到了一笔不小的投资。此外,楚禾识破孟幻西子等人的诡计,又为福利院拿到了21万元。林嘉意在与楚禾的相处过程中渐渐对楚禾情愫暗生,而福利院情况不容乐观,患有血液病的小夏天住院了,楚禾为之闷闷不乐,得知消息的林嘉意出手解决了小夏天的医药费和骨髓匹配问题。楚禾向企业家梁暮云提出心理治愈的方案后碰了一鼻子灰。楚禾在王主任的推荐下去了电视台,企划案被人抄袭,楚禾不示弱当面拆穿他们的把戏。不久蔚蓝告知楚禾自己怀孕了,楚禾带她去医院做手术,蔚蓝为表示感谢以楚禾的名义向福利院捐赠了1200万元。

楚家一家人为财产利益问题大打出手。弟弟楚旭与女友来了J城旅游,并且企图让楚禾为他们埋单,不料反被林嘉意设计。宋校长赶走了楚旭并宽慰楚禾,他的话再次给了她信心。

楚旭刚走,父母又来了。楚禾陈述多年来的辛酸,父母愧疚落泪并认清了楚旭啃老的面目。回到家的二老照着梁粮的话决定分家,说服老太太将楚禾应得的财产拿回来。楚禾的电视台节目泡汤,她很快又找到兼职,做了陆澜庭的家庭教师,陆澜庭一再为难她,她指责陆澜庭反而得到了陆澜庭的青睐。不久后治愈中心的事有了眉目,宋校长有意撮合她和林嘉意,她依旧婉拒了。新年之际,陆澜庭和楚禾一起回了老家。回到家中,楚禾和父母的关系也缓和不少。老太太依旧排挤楚禾,最后被楚禾撑得无话可说。她在拒绝了楚旭前女友的报复邀约时,被告知江希姚回来了,她改签连夜赶回J城,陆澜庭执意送她回去。林嘉意不断和楚禾聊天互撑一度忘记了曾经的暗恋对象方柠。回校后楚禾生活回到了正轨,兼职的同时仍在忙着福利院的事,方柠找上门来,楚禾全身而退。最终,楚禾没有接受任何人的好意,而是选择给陆澜庭上课挣钱,两人一起过除夕,感情逐渐升温。

作品评论:

网络文学诞生至今不过短短二十余年,但在极短的时间限度内催生了一系列类型化的网络小说。相比传统文学,网络小说的一个重要特点便在于从过去的以出版社为中心变换为当下的以读者为中心,从迎合编辑到取悦消费大众。在市场经济利益推力的驱动下,网络写作坚守的是一种读者满足式写作,读者喜欢什么就表现什么,爱读什么就写什么。快节奏的生活状态下,读者进入网络文学领域纯粹是为了舒缓身心、释放现实生活压力。因此,在网文中,他们不会去考虑种种现实因素,设想这些文字与实际情况是否存在偏差,追求的是一个放松式的娱乐行为。各大文学网站火热的玄幻、灵异、穿越、修真等类型小说正是适应读者不同的喜好和需要才与市场、消费者相互催生的。类型小说在遭遇瓶颈之时,也意识到了自己的问题所在,整个网文行业迎来了异常凶猛的现实主义冲击波。毕竟现实生活是文学创作永不枯竭的源泉，"接地气"是网络小说创作要解决模式化、套路化的关键，艺术生产需要与普通民众的生活建立一种依存性关联。近年来，众多网络作家突破自我，广泛吸收各种资源，致力于实现个人风格更加突出、深入现实的写作转型。

2019年，阅文集团举办了2019云起现实题材征文大赛，猪宝宝萌萌哒的《下下签》作为转型的最新作品荣获一等奖，作品在网络上的火爆不仅反映了作家本人转型的魄力与实力，也说明了现实题材网络小说发展形势一片大好，有望取代类型小说成为网文领域的创作主流。

《下下签》中主人公楚禾出生在一个重男轻女的家庭，封建思想极其严重，家里所有人都忽视出类拔萃的楚禾，一味强捧烂泥一般的弟弟楚旭。楚禾身为中考尖子被迫进入私立高中，高考时先是小姑大闹学校撕志愿，后有母亲火车站撞柱，以身试险强行挽留，楚禾的人生在十八岁这年仍然没有阳光普照。她在民办大学里坚守自我，出淤泥而不染，考入J大研究生，成功逃离原生家庭的压榨。自《下下签》在微信读书平台上线以后，好评不断，许多书友发表书评，不止一个人表示故事的主人公楚禾极易让人联想到热播剧《欢乐颂》中的樊胜美、《都挺好》里的苏明玉，这几位女性都是处于原生家庭的阴影中，年少时期在夹缝中求生存，但生活的艰难、现实的不公没有浇灭她们向上攀爬的那颗恒心，她们渴望着迎来出人头地的那一天。

原生家庭对女性的压榨古往今来早已有之，过去的网络小说因为对虚幻类型的偏向并未过多涉及这一主题。猪宝宝萌萌哒的《下下签》口碑良好，作品具有很强烈的感染力与共情能力，许多读者除了想到电视剧中人物以外，还设身处地地思考了自己的人生境遇。同病相怜者表示楚禾给了他们直挂云帆的勇气与克服困境的信心，不懈拼搏奋斗的楚禾正是他们想成为的那种人。生活惬意的人则庆幸自己没有出生在这样一个奇葩家庭，更加珍惜现有的生活状态，懂得感恩，知足常乐。

猪宝宝萌萌哒用《下下签》引起了广大网民读者的共鸣，这不仅说明了网络小说也可以具有很强的感染力与干预现实的能力，也反映网络小说正应该以这种积极的人文向度来建构自身的价值与审美表达，回应现实社会问题与矛盾的网文作品也能制造出艺术魅力来吸引广泛受众，一味逃避现实的类型小说最终只会面临灵感枯竭萎靡的困境。猪宝宝萌萌哒用自身的实际行动向网民读者证明甜宠、言情不是她撕不掉的标签，她也可以创作出与时代交融的网络文学作品，并向大众提供文化与精神的正能量。

网络小说通常内容丰富、情节曲折、波澜起伏，作家用较短的篇幅体量完成几个情节之间的转换、人物身份形象的设定、故事背景的奠基，高速的叙事时距造就了紧凑的叙事节奏。叙事时距指的是叙事的步速,即故事时间长度与文本时间长度之间相互对照形成的关系。和传统文学相比,大部分的网络小说在篇幅上都属于鸿篇巨制,许多备受追捧的著名网文的总长度也令人咋舌,例如《庆余年》由于电视剧的播出再度刮起一阵旋风,小说总字数达到了377万。这种现象在网络文学中不属于个别,但这些小说洋洋洒洒数百万字依然能获得众多网民的喜爱。对于网络作家来说,如何在构筑起宏大广阔的故事框架、文本内涵以及背后的价值取向以后,进行适当取舍,完成文学性与趣味性的小说叙事是他们所面临的重大挑战。纵观猪宝宝萌萌哒的创作历程,她的几部作品篇幅都较长,这是大部分网文的共性特点,转型之作《下下签》目前只有第一部,据说还会有其他三部分别讲述女主人公创业、恋爱、婚姻生活的故事,若果真如此,那么《下下签》完整版的体量也必定是庞大的。第一部目前已经完结,主要讲述了楚禾求学期间的人生经历。感情对二十岁出头的少女来说是个不能回避的话题,出类拔萃的楚禾自然也少不了众多追求者,但是就故事目前的发展情况来说,男主人公的身份尚不能百分百确定。本以为金字塔顶端的江希姚会在后来占据楚禾心里那片柔软的位置,抑或是楚禾与半路冤家林嘉意携手前行,怎料第一部后半部分楚禾做家教时遇见了喜怒不形于色的陆澜庭,目前我们尚无法判定哪一位男性角色才是楚禾的最终伴侣。很多小说里,男主和女主属于哪个角色往往一开始就能被读者识破,除了个别特例以外,两位主人公幸福美满地生活在一起是早已料到的结局。猪宝宝萌萌哒的有心设定给读者留下了一个谜团,有效吸引他们在后面的阅读中带着这份疑问去敲定男主这个角色到底花落谁家。

一部优秀的网络小说,内容必定是打破读者期待视野、反常规、反套路的,跌宕起伏的情节在猪宝宝萌萌哒过去的作品中早已凸显,《下下签》中情节的出人意料一如既往,这也是它抓人眼球之处。故事开篇不久,女主楚禾高考取得了691分的优异成绩,她放弃了江希姚的援助,带着自己智取的几万礼金打算彻底远离原生家庭。在大部分读者眼中,成功北上必定是这一幕的后续,然而意想不到的是楚禾的母亲突然出现在火车站以死相逼。前方是大好的锦绣前程,而身后母亲躺在地上不省人事,血缘使楚禾放弃了得之不易的机会留在了这座小城,被迫带着不学无术的拖油瓶弟弟进入本市的一所三流本科,小心翼翼的计划,以此番结局收尾,不禁让许多读者扼腕叹息。大学毕业,楚禾虽然考取了研究生,成功逃出原生家庭的魔爪,但外面的世界也并非童话般单纯美好,猪宝宝萌萌哒在故事里向我们揭示了成人社会里许多隐秘的角落,那是阳光无法普照的阴暗面。楚禾的研究生生活没有顺风顺水,先是骄横无理的室友挑衅,炮制各种绯闻、谣言诋毁楚禾,后来进入福利院想为孩子们寻求经济支撑也四处碰壁,还发现偶像与榜样蔚蓝人设崩塌,与心中的师姐相距甚远,在电视台实习,自己精心制作的策划案被人原封不动照搬过去，抄袭者毫无愧疚之意，与此同时学校生活也不安宁，表面风平浪静的一家人因拆迁一事大打出手，弟弟楚旭千里奔波只为坑姐，家长里短的琐事时常困扰她。这些情节的设定虽然不具有爽文常有的套路和模式，但它通过对生活养料的汲取揭示了现实，反映了现实，楚禾一波三折的命运才是最真实的，这也是故事能引起广大网民朋友共鸣的重要原因。真实世界里有成千上万个"楚禾"，他们在成长的道路上摸爬滚打。

女性作家们内心敏感、心思细腻，这是性别本身提供的优势，她们因为对整个群体的深刻了解与认识，知道女性需要什么并善于为她们编织梦幻般的童话世界。各大网络文学网站上女性频道风生水起，许多言情女作家拥有大批订阅观众和铁杆粉丝。纵观猪宝宝萌萌哒本人的创作年表，甜宠向的言情是她主攻且拥有众多受众的类型，《青春从遇见他开始》这本书让作者在云起书院一举封神。

《下下签》作为猪宝宝萌萌哒的转型之作，创作风格的改头换面彻头彻尾地贯彻在小说的字里行间。故事主要涉及的是楚禾与原生家庭之间的各种矛盾，作者一反常态没有继续深入勾勒男女两性的情感肖像，主人公楚禾的感情线在文中所花费的笔墨并不多，家庭伦理是这部小说的定位。作者通过一系列的家庭琐事反映现实并塑造人物，虽然没有情爱戏份的加持，但依然刻画出了许多饱满的人物群像。楚家是一个封建思想极其严重的旧式家庭，表面上奶奶掌控大权，背地里人人各有二心。除了楚禾，这个家里的其他人都是牛鬼蛇神般病态的存在。但他们思想心理的畸形又各有不同，千人千面，猪宝宝萌萌哒成功地区分并塑造了这些人物。主人公楚禾的坚韧顽强自然不用多说，她为了逃离这个家庭付出了许多，伤痕累累。但楚禾有时候又会有些犹豫不决、优柔寡断，火车站事件让她选择留下，后来父母北上，她的内心很复杂纠结，不知道该如何面对双亲，血缘关系是注定存在的，作为一个普通人，她没有办法完全割舍，后来除夕回乡过年的行为也是能理解的。生活不是非黑即白，人无完人，如果楚禾是狠心决绝，对读者而言反而不真实了，这种人物形象才具有饱满的立体感。开早餐店的三婶表面上人畜无害、善解人意，背地里两面三刀，诡计多端，伪善成瘾。很难想到看起来这样一个善良的人会使用下三烂的狠毒招式，用钉子使楚旭的脚受伤感染，心思缜密的她成功地做到了神不知鬼不觉。若不是细腻的楚禾有心观察，这桩阴谋只会被当作一场偶然事件不了了之。奶奶在家中只手遮天，旧式思想顽固，她的一言一行处处体现着封建迷信的影子。她想效仿过去的家长制，操控这个家里的大小事务，因为重男轻女，一味宠爱弟弟楚旭，不放过任何一个机会压榨家里的其他人，例如高考结束举办升学宴、骗取楚禾外祖母的刺绣、收缴楚禾爸爸的车祸赔款等都是为了给楚旭铺路，希冀着楚旭飞黄腾达。当然，这个家里最病态的非楚旭莫属，楚旭从小娇生惯养，被所有长辈宠爱，养成了无法无天的性格，封建思想潜移默化地影响了他，在他身上看不到一点姐弟之情。他觉得姐姐就是卑微低下的，不值得和他相提并论。整个故事中，一无是处的楚旭除了吃喝玩乐就是找姐姐碴儿，众多事件将他彻头彻尾的流氓本性表现得淋漓尽致。作者将这些人物塑造得栩栩如生，面孔都是扭曲的，但是各自的形状又有所不同。

  从小说整体来说，我认为还存在一些不足，当然这也仅仅是以一名普通读者的眼光来考虑的。小说自然是要讲故事的，情节、人物、环境这些都是不可或缺的要素，同时每个部分的比例也要把握得当。《下下签》通篇读下来，对话占据了非常多的篇幅，挤压了许多本该属于刻画人物、讲述故事情节的位置，读者经常是通过几位角色间的对话掌握故事走向。虽然通过对话能够更加直接表现人物的所思所想，但细节铺垫的缺少使作品整体上缺少了厚重感和层次感。也正因为缺少细节的铺陈，故事里的感情线来得太快，江希姚、林嘉意对楚禾的情感以及楚禾对陆澜庭的感觉似乎都是在倏忽间产生质变，少了量变的积累过程。另外，主要角色例如楚禾和好姐妹间的对话并不是很贴近实际，楚禾的言语中透露着一股满满的心灵鸡汤味，日常好友间聊天并不会频繁出现这类语言，这些话也与楚禾隐忍的性格不太符合。第一部结局以楚禾、陆澜庭除夕夜包饺子草草收场，让人觉得有些仓促。当然，瑕不掩瑜，转型之作总体上仍是可圈可点的，我们也有理由期待猪宝宝萌萌哒接下来带来更加优质的作品。（陈玉叶）

桂　媛

【作家档案】

桂媛,女,1982年8月生,安徽池州人,现居池州。中国作家协会会员,民主促进会会员,安徽省网络作协理事,第三届池州市拔尖人才,池州市贵池区文艺工作先进个人,池州市贵池区作家协会副主席,首届池州市新阶层联合会理事,池州市作协理事。杂志撰稿人,日报专栏作者。小说作品常见于《龙文》《小说馆》,散文作品常见于《池州日报》等多家报刊。共创作十六部长篇小说,以及多部短篇,已出版六部小说,荣获两次省级奖项,入围过两次省级比赛大奖。

已出版小说《半颜倾城》《槐树花开》《二分之一初恋》《从天而降你心上》《还有三秒就初恋》《当咸鱼卷卷》。其中,《半颜倾城》于2012年获得第二十一届浙江省出版奖数字出版类大奖,2012年入围首届西湖类型文学奖,2014年获池州市第四届优秀文艺作品图书类新人奖,2015年获池州市贵池区首届图书类一等奖。《半颜倾城》多次在咪咕、掌阅位列榜单第一。《狼桃花》长达半年为咪咕排行榜第一名,并已改编为有声剧。2015年所改编的《傩神》获第三届安徽省电影电视剧本大赛创意剧本奖。2020年《海天凌云录》入围江苏省"金键盘"文学奖。2022年《一缕荷香醉万家》获铁血中文网现实题材征文三等奖。2023年担任网络大电影《特殊安保》文学统筹。

【主要作品创作年表】

《槐树花开》,浙江大学出版社,2011

《半颜倾城》,浙江大学出版社,2011

《狼桃花》,咪咕阅读,2015

《章献皇后》,阿里文学,2016

《海天凌云录》,阿里文学,2017

《梅园惊梦》,阿里文学,2017

《渡红尘》,爱奇艺,2019

《电商时代》,七猫文学网,2021

《一缕荷香醉万家》,铁血中文网,2022

《直播间里的传承人》,铁血中文网,2023

【作品评价】

1.《槐树花开》

故事梗概：

这是槐树花开的时节,空气中弥漫着青春气息,在重点高中的校园里,四处都是槐树。十七岁的莫雨姬却对浪漫的环境有着厌恶的情绪,不为别的,那两门红灯的科目就已经够了。如何与父母交代不理想的成绩是学生时代每个人都要经历的。当然,学霸是例外的。

成绩优异的转校生凌嘉文和才女张书仪在阴差阳错的情况下,都与莫雨姬成了朋友,这是学生时代特有的友情。老师的一次组织安排,嘉文与书仪变成了对手,雨姬面临两难的处境。高一期末考试结束后,整个年级去海边玩,这是一个美好的夏天,或许也是雨姬他们三人最后一次一起出游。雨姬曼妙的歌喉赢得嘉文如绅士般的赞美,使得雨姬的脸莫名红了,这便埋下了甜蜜的种子。

莫雨姬选择七夕她生日那天约嘉文出来见面。嘉文仿佛并没感受到莫雨姬对他的心动,反而理智劝说她选择文科。高一就这样慢慢地过去了,没有过多的波澜,这便是生活,反正平安就好,雨姬如是说。

上高二的第一天,莫雨姬路过二楼的时候看到嘉文有些走神差点摔倒,也因此与叛逆的卓维有了些故事。作为新加入文科班的一分子,被排挤的莫雨姬得到了卓维的些许安慰。卓维是学校学生会的副主席,他放荡不羁的外表下,却有着一颗炽热的心。有时遇上对的人,在正确的时间里,或许会发生一些终生难忘的事,譬如初恋。

在高二的暑假,莫雨姬过了一个难忘的生日,她坐在卓维的自行车后座上,卓维带着她满城转。雨姬的整个暑假过得非常忙碌,因为父母工作的调动,她要离开这座城市,她忙着搬家,偶尔会和卓维出去走走。又是一年七月初七,满屋子的同学来为雨姬庆祝生日,大家打打闹闹,好不热闹,第二天雨姬就要离开了,这是她和同学们在一起的最后一个七夕。希望这不是他们人生中最后的会面。

流星划过天际,虔诚的男孩和女孩许着最纯真的愿望,有在一起的愿望,有考上同一所大学的愿望,当然,有些愿望也仅是愿望,生活还是要继续下去的。又是一年槐树花开季,槐花的清甜香味弥漫着,有些人、有些事都已经过去了。

作品评论:

这是一个关于槐树花开的故事,它始于槐树花开季,落幕于槐树花落时。十七岁时喜欢一个人不一定是真实的爱情,但那种感觉是真切的。每个人都有十七岁的年纪,却很少有人能把握住那段时光。

"我爱你,不是因为你是一个怎样的人,而是因为我喜欢与你在一起时的感觉。"情窦初开暗相思,风华正茂明人事。小说极尽笔墨,描绘身处中学的少男少女那种独特的荷尔蒙气息,那是个五月,那是个学校里槐树花开的季节,空气里弥漫着淡淡的甜香,花瓣轻飘,细碎的白花,初夏时节的男孩与女孩都有着不同的苦恼。全文仅有十六章,行文节奏快,却又不失章法,内容丰富,极尽激情去描写暗生情愫下的少男少女。这是一个发生在槐树园子里的故事,艺术化却又立足现实的故事,每个人都是那么鲜活可爱,这里的人没有好恶之分,在这个小小的园子里,有的只是中学时代的独有故事,它可大可小,可长可短,在园子里开始、发展、达到高潮直至结束。

小说的第1章至第3章讲的是莫雨姬读高一时的故事,文理分班之前的莫雨姬对成绩优异的转校生凌嘉文有着特殊的感觉。在高一期末考试后的第二天,在海边唱歌的莫雨姬得到了凌嘉文的赞许,或许她觉得这便是爱情吧,这代表着那个心目中仰望许久的男神的认同。整个暑假她在惶恐中度过,在焦虑中等待着与凌嘉文的会面,那一天到了,是七夕,也是她的生日。她将凌嘉文约出来,聊聊未来的打算,而凌嘉文却理性又真挚地为莫雨姬思考,将她作为最好的朋友看待。

莫雨姬对凌嘉文的喜欢,不是我们所说的恋爱,而是异性彼此之间的一种暂时性的精神或情感的寄托,这种感情与成人之间的爱情是不等价的。其实这种爱仅是一种喜欢,一种浅层次的喜欢。莫雨姬喜欢的是凌嘉文的成绩优异、平易近人、英俊帅气,莫雨姬所说的喜欢更像是一种对他的仰望,一种对优秀男生人群的共同喜欢,不仅是对凌嘉文。凌嘉文只是恰巧出现在了这里,正好帮助过莫雨姬,他们也许仅是较为熟悉而已。

文末,凌嘉文出于受已逝友人的委托,主动追求莫雨姬,莫雨姬婉拒了他。这是有根据的,曾经的莫雨姬自卑,感觉自己像是丑小鸭,被凌嘉文吸引着,如果他们在莫雨姬主动追求时开始交往,那么双方之间的感情可能会迅速降温,直至"分手"。

莫雨姬与卓维也从未在一起过,他们也只是要好的朋友,小说花了大量的篇幅写了他们俩的故事。学习压力不断加大,他们彼此安慰着,倾诉着自己的苦恼,同龄的异性是倾诉的最佳对象。当然,他们之间不是简单的倾诉,莫雨姬帮助卓维找回了那个曾经的自己使得浪子回头。从前他是仗着家庭条件好不遵守纪律的问题少年,最后他却成长为正义凛然的学生会主席。学生会活动上他铿锵有力、言简意赅的话语一扫往日懒散的模样,领袖的风度油然而生。

曾经的莫雨姬是数学、英语常开红灯的"学困生",高考却考进了重点高校复旦大学。"我就像一粒沙,从来都不引人注意,从小到大,无论在什么地方,我都是被人忽略的。""可是我没有优点啊。"这是曾经"躲在中庸的位置"的莫雨姬说过的话。"我不是从前的我了。这一年里,我参加了许多活动,一次次站在竞选的演讲台前。每次,我站在那里就会想起他坐在那里看着我。同学都说我是个很自信、活泼、坚强、勇敢的人。是他让我变得自信、勇敢,学会保护自己,这是他送给我的礼物,我知道他一直没有离开我,一直在我的身边守护我,他是我的天使。"或许这便是卓维给予莫雨姬最好的礼物,他们相互成长、相互努力,变成了最好的自己。

卓维的突然重病,在我看来是作者的有意而为。以悲剧结尾,它能留下遗憾,有情人难成眷属,它把现实的东西艺术化地撕裂并给读者鉴赏,让读者有种代入感,沉浸于少男少女的故事中,高度地同情它。这是发生在高中时期的故事,便也结束在那个情愫暗生的高中时代。

《后来》与《失踪》是莫雨姬在小说中所唱过的歌曲,她与卓维没有了后来,一切的一切都在高二的七夕节后,伴随着《后来》的乐曲和绚丽的烟火,消失在无边的天际。这一天他们看不见鹊桥相会,不见初遇忸怩,有的仅是一点情愫,希望不要相互忘记。他们俩最后还是"失踪"了,找不到对方,他们仅在卓维病重后相遇过一次,一次之后再无之后。

回望那棵槐树,又是一年花开季,空气里弥漫着槐花清香,莫雨姬淋着花雨,回想着园子里发生的一些故事。在槐树园开始的故事,便在槐树园里结束。这是一段经历,起自槐树花开的时节,终于槐树花开的季节,少男少女们带着无限的期望都一一离开了,他们奔向了自己的未来。三年的时光不太长,却也不太短,个中滋味,曲中人方能懂得,方知味,现已离散,正所谓曲终而人离散。(李光建)

2.《半颜倾城》

故事梗概:

胡姬爱丽珠儿随商队来到都城——邺城,自称原名鄢青漪,本是邺城人,家道中落被卖到敦煌。其实她本是前朝端平公主,毁容后逃至敦煌,此次回来只为向大燕皇帝慕容白报仇。爱丽珠儿被留在相王爷府中,一舞之后,由皇后胞弟少卿送至皇宫,替其姐争宠,对付德妃。入宫后,青漪果得皇帝青睐,被封为鄢美人,住前朝端平公主最爱的倚月阁。因一曲歌舞,青漪获得慕容白的宠爱,因慕容白的真诚对待几乎放下心中的仇恨。德妃的父亲、西域都护杨国忠送来贡品,青漪感慨敦煌之美。杨国忠对皇帝只说敦煌边陲小镇,凄凉寒苦,慕容白心中起疑,欲亲自前往敦煌。青漪主动请缨,替慕容白西行,慕容白派少卿与她同去做见证。

青漪与少卿在去敦煌途中遭到柔然人的袭击,少卿身负重伤,青漪只得混进阳关,重操旧业,却不料名声大噪,被阳关好色将军庄焕斌抓入大牢。青漪在牢里认识了疯子宁利,二人合谋越狱。青漪逃出将军府,到于阗行商会所为宁利报信。青漪在阳关外又遇少卿,二人随于阗行商队一同前往敦煌。二人到达敦煌后,发现杨国忠奴役百姓,到处敛财,劳民伤财。杨国忠正在举办佛法大会,青漪混入舞姬中献舞,座下的少卿却被杨国忠发现并软禁起来。青漪借舞姬身份混入都护府,发现杨国忠与假称阳关大将的嘉峪关副将王猛密谋。王猛将青漪带离敦煌,青漪又遇少卿,让他去邺城报信,自己则跟王猛来到流放的边陲之地。王猛本是青漪母亲旧友,其父亲王司通欲借青漪前朝公主身份联合凉州磁石佐官郑少鹰等人起兵造反。青漪在王猛的帮助下骗过这些人,前往玉门关。青漪挑拨庄之焕与玉门关守将霍开疆的关系,杨国忠起兵攻破阳关。青漪又设计,使玉门关挡住杨国忠的攻击。守住玉门关后,青漪被关入狱,出来时凉州刺史萧统已经攻入城中。青漪以香料和舞蹈再遇少卿,二人到达凉州,见到萧统夫人谢喜梦和郑少鹰。萧夫人派马车,将青漪和少卿送回邺城。

青漪回宫后,遭人暗算,也遭到慕容白的怀疑,后青漪用真心感化了慕容白。青漪在宫中遇见疯子宁利,原来他是于阗王,来邺城求亲。宁利求娶青漪贴身侍女梅雪为妻,并求青漪为她送亲。送亲途中遭到袭击,宁利乘机掳走青漪,只报失踪,带着和亲队伍回到于阗。宁利要求娶青漪、梅雪两位公主,于阗公主艾米尔因嫉妒引慕容白的军队进入于阗都城,并扬言要嫁给慕容白。慕容白为保自己和青漪的安全,将艾米尔带回邺城。慕容白与青漪在回邺城途中遭到王司通的袭击,又因沙尘暴与大军失散,后跟着商队来到西夏。因青漪爱丽珠儿的身份,西夏大将军都察以为慕容白就是少卿,慕容白乘机套出他们的秘密交易。二人离开途中偶遇楼兰公主阿依莎,楼兰出现政变,二人推测阿依莎将去柔然找姐姐求救。二人在楼兰碰到在逃的庄之焕,却没能抓住。慕容白答应帮助阿依莎复位,阿依莎表示复位后楼兰会归顺大燕。二人又前往敦煌。萧统代管敦煌,声称是皇帝下令追捕杨国忠的细作。慕容白见谢喜梦颇有才能,让她新任凉州刺史,后便赶回邺城。

因青漪前朝公主身份,慕容白为其攻打于阗,朝中大臣纷纷要求慕容白废了青漪,慕容白却不以为意。皇后为巩固地位,加害青漪却不成,反被慕容白囚禁。在青漪的建议下,慕容白以盛大的婚礼娶艾米尔为贵妃,巩固与于阗的联姻。德妃为父亲偷敦煌塘报,被打入掖庭,太子被养在青漪身边。皇帝为保皇后幽禁的消息不被传出,团圆节不请王侯世子进宫,青漪侍女小九却说少卿来过。慕容白叫少卿来问话,少卿只说被嫁祸。青漪怀孕,太子受艾米尔挑唆给青漪喝下堕胎药,而后太子自杀身亡。一时间所有人都认为是青漪假孕逼死太子。青漪收到一封署名王司通的信,要求菱花台一见。青漪只身前往,见到老臣张松年,得知喜梦叛变的消息。少卿破门而入,声称张松年纠结叛党,与前朝公主私会。青漪百口莫辩,只得求死。

少卿偷换毒酒,将青漪送到淮阳王府。原来一切都是少卿的谋划,连小九也是少卿送入宫中的。少卿父亲淮阳王起兵谋反,少卿带青漪前往西域。青漪故作刁蛮,让少卿身边的士兵寒心。谢喜梦与李谢琰成婚,李谢琰前去攻打瓜州。少卿派亲兵程守印保护青漪,程守印本为谢家人,谢喜梦为家族叛徒,程守印杀死谢喜梦,并嫁祸于青漪。李谢琰听闻后放弃攻打瓜州。反叛军溃散,小九替青漪赴死,少卿拼命将青漪救出后消失,青漪被送去她母亲的老家庐江。

慕容白于团圆节摆驾庐江,祭奠鄢家,又遇青漪,并将其带回。青漪坐在凤辇上,望见茶楼之上的白影,是少卿。

作品评论:

《半颜倾城》的叙事方式主要采用第一人称直接表述,即以女主角鄢青漪的视角叙述。由于第一视角叙事的局限性,小说中有时也会无意识地采用第三人称叙述,因此叙述视角有些混乱不清。以第一人称叙述的小说不多,其好处很多,极富代入感,可以很快地将读者带入小说之中。但在《半颜倾城》中,以第一人称叙事的局限性也暴露得很清楚,仅用女主人公自己的眼光为线索,故事的情节无法完整地展现,所以作者在某些地方无意识地运用了大多数小说使用的第三人称的叙述进行补充。但有时处理不当,两种角度的转换有些混乱,对读者的阅读有所影响。总的来说,这类言情小说更适合运用第三人称的视角来叙述,《半颜倾城》在一些剧情的叙述时有些直白,颇有流水账的嫌疑。小说在几个场面转换之间的转折比较突兀,有时几乎没有过渡。

《半颜倾城》的描写很多、很丰富,都非常细致、生动形象,使读者更容易联想和进入小说空间内。但过"满",这种"满"不仅是数量上的,也是描写内容上的。小说中包括对人物形象,对自然、社会环境,对舞蹈场面等的描写几乎占了全文的十分之一,前期颇有种散文化小说的意味。描写的文字太多会淡化小说情节的波折,减少情节的阅读印象,有时笔力过重的场面描写反而会降低小说阅读的趣味性。场面描写过"满"、修饰过多,虽然使读者阅读时富有画面感,但也减少了读者想象的空间,读者在阅读过程中对小说的想象与理解更能加深印象,也更回味无穷。小说中，爱丽珠儿本是敦煌舞姬，舞技高超，所以小说中描写爱丽珠儿的服饰、面部表情和舞蹈的场面非常多，但是无法在详略上安排妥当。太过于"满"的描写到后期会让读者审美疲劳，感到厌烦，发出"怎么在哪都要舞一曲"的吐槽。虽然不同的舞蹈场面描写对人物形象的塑造不同，但舞蹈场面描写过多对人物形象的塑造也稍显单一。

小说内容颇有失真之处，有些情节不太合理。情节线索不清楚，衔接不自然，部分情节让读者摸不着头脑。女主角青漪入宫的目的就是报仇，杀死皇帝慕容白，却在佯装美人之后几乎放下了心中的仇恨，一心向着慕容白。青漪对慕容白的情感没有铺陈过渡就已经很深刻了，显得不太自然。青漪要替慕容白考察敦煌，慕容白作为皇帝，让臣子少卿和宠妃青漪两人单独前往，不带一兵一卒实在不太合理。德妃之子，前期只说是龙子，后期又说是太子，前后不太严谨。宁利与青漪合谋，应该无人知道，可青漪一到于阗会所，就有老叟前来询问宁利的消息。宁利在牢中应该与外界无法沟通，老叟的消息又从何而来呢？

小说中的人物形象不太鲜明，波动较大，人物动因混乱，情感变化也较大。人物形象和人物情感的改变过渡太少，笔墨不多，容易引起读者的混乱。为了情节的延续，有些人物不得不做出一些不符合其性格的事情，这些部分作者并没有给出一个合理的解释和适当的过渡。例如于阗公主前期的心直口快，残忍却没有心机，入宫后却工于心计，这一改变稍显突兀。青漪对少卿的情感波动也较大，二人一同去敦煌时，青漪应该已经对少卿动心，但在后期被少卿劫走时，青漪却只待少卿如哥哥。这种感情的不同当然是可以改变的，但是也缺乏过渡，显得突兀。青漪多次死里逃生，应当十分惜命，可仅仅因慕容白的怀疑，甘愿喝下毒酒，这一点实在有违青漪性格。除此之外，部分人物都显得过于率真，语言过于直接，本应工于心计的人物有时会将事情直接挑明，这虽然更便于读者对情况的掌握，却弱化了人物形象的鲜明性。

总体来说，《半颜倾城》这部小说的文笔很好，异域风情描写的场面生动形象，第一人称的叙述也让人身临其境。但是小说的故事稍显俗套，作者讲故事的能力也有些欠缺，有些情节展开过快，不利于人物形象塑造，不太严谨，思路不太清晰，对故事叙述的趣味性、完整性有所影响。（陈楠欣）

3.《章献皇后》

故事梗概：

小说讲述的是一代草根皇后刘娥的故事。

家中遭逢横祸父母双亡的刘娥，被伯母卖给了银匠龚美。银匠龚美带着她一路从川蜀之地流浪到了汴梁。

在汴梁城,刘娥偶遇皇三子韩王赵元休,赵元休对她一见钟情。龚美为自己的前程,谎称是刘娥的表哥,将她献给与她年岁相同的韩王赵元休,被刘娥鄙视,刘娥带着重病离开。

刘娥在街上偶遇救过她的少年郎李移在寻找会唱鼓词的人,刘娥因会唱鼓词被带到了卫王赵元佐府中。卫王对刘娥很有兴趣,将她送入宫中和吉庆班一起参与御前表演。刘娥在御前表演出了差错,幸得韩王赵元休帮助才解除危机。

卫王性情多疑敏感,他和赵元休是同父同母的亲兄弟,也是皇帝最为倚重的长子,他对聪慧美貌的刘娥很有兴趣,然而刘娥心中只有韩王赵元休。

卫王和韩王之间原本就不亲睦,因为刘娥,两人关系更加微妙。这让一心想取代卫王的许王赵元僖看到了机会,暗中使出手段,使得兄弟两人关系更加不睦。

与此同时,皇帝的弟弟秦王也在暗中蠢蠢欲动,希望能够兄终弟及,成为皇位的继承者。他在得知几人心系刘娥后,将刘娥困于金明池做诱饵。聪慧的刘娥发现了秦王谋反的意图,想办法将消息传递出去。最终,秦王在金明池兵变中败北,但是刘娥身负重伤。

刘娥重伤未愈,就被皇帝召入宫中审问金明池上的案情,韩王亦在旁陪审。刘娥被迫说出和卫王在一起的数日,令韩王十分难过。审案过程中皇帝发觉韩王能干,怀疑韩王有不轨之心。

韩王原本性情散漫,对帝位并无觊觎之心,然而认识刘娥后,接触了许多普通百姓,看见了美好繁华的汴梁城里暗藏的黑暗。他了解了普通百姓的疾苦,而卫王性情乖僻,对普通百姓并无怜悯之心,因此生出了想要夺嫡之心。

韩王的乳母秦国夫人的女儿珍巧觊觎王妃之位,为了争夺王妃之位,秦国夫人不仅陷害刘娥,还将赵元休私纳她的事告与皇帝。皇帝原本就对赵元休颇为不满,看到赵元休对刘娥偏爱,更加恼怒他沉迷美色,便将这份怒意牵连到刘娥身上。闻讯赶来救助刘娥的卫王,更加令皇帝气恼,认为刘娥红颜祸水,起了谋杀她的念头。

卫王在百官百姓面前大闹元宵会,求皇帝放过刘娥,皇帝无奈,只得答应了卫王娶刘娥。刘娥被许王带回汴梁,皇帝以韩王的性命要挟,刘娥答应嫁给卫王。刘娥被迫嫁给卫王当日,韩王被放出了宫,他直奔两人大婚的地方,要带走刘娥,卫王气急攻心,向韩王射箭,被刘娥挡住。

刘娥在好友二丫大婚之日被卫王的下属李移挟持,原来他并非汉人,而是契丹人。李移带着刘娥闯关时,被韩王赵元休好友潘惟吉所救。两人误入契丹,在契丹大闹王庭,最终设计脱离契丹,回到了雁门关。

韩王亲自来到雁门关迎回刘娥,此事触怒了皇帝。在两人结为秦晋之好后,皇帝以刘娥的性命要挟韩王迎潘惟吉的妹妹潘八女为妃,韩王被迫答应。潘八女性情乖僻善妒,进入韩王府中后,容不得刘娥,煽动府中人对付刘娥,但都被刘娥一一化解。后来潘八女变本加厉,意图毁了刘娥的容貌。

与此同时,因为遭到秦王背叛,受刺激的卫王发了疯病。许王利用卫王对刘娥的执念,特意寻了与刘娥样貌相似的女子刺激卫王,卫王痛失帝位,许王顺理成章成为太子。

刘娥在韩王府中腹背受敌,秦国夫人和潘八女屡屡迫害她,皇帝对刘娥不满达到了极点,令韩王将其驱离汴梁城。韩王并未将刘娥驱逐离开汴梁,相反将她藏匿在汴梁城中,两人虽然难得相会,但感情越发坚固。

许王府中亦是一片混乱,潘惟吉使诈,使得许王被迫娶了和刘娥相似的女子张氏。然而张氏异想天开,想谋杀许王妃,令由龚美改名的刘美做毒酒壶,却最终害死了许王。

许王死后,皇帝迟迟不肯立储君,周王赵元俨日益长大,成为众人关注的新焦点。权臣王继恩却支持被废黜的卫王,夺嫡之事势成水火。

周王赵元俨有心染指帝位,开始寻找韩王的死穴——刘娥。周王找到了刘娥,意图告发韩王欺君之罪,刘娥巧用方法使得周王相信自己并非刘娥。赵元俨最终决定退出夺嫡之争。而疯病好转的卫王在权臣和皇后的支持下,想要重新成为太子,登临大宝。最终卫王夺嫡失败,赵元休君临天下,成为新一代皇帝。

赵元休登基后,将刘娥接入宫中。后宫诸多女子都来自权臣家中,对刘娥百般看不上。但是赵元休对她一心一意,甚至允许她帮助自己一起批阅奏折。刘娥聪慧,心中怀有家国天下,一心辅助赵元休,甚至陪着他一起去了战场,面对生死毫无惧色。赵元休力排众议,封她为后,与她相爱一生,两人不仅是相濡以沫的爱侣,更是携手面对风雨的伙伴。

作品评论:

《章献皇后》这部小说,主要讲述了大宋女子刘娥是如何从一个蜀地歌女历经多种磨难,辅佐爱人登基,与皇帝共治国家,开创盛世,最终成长为一代皇后的传奇故事。

在阅读这部作品之前,我从其他地方了解了历史上的章献皇后刘娥,这是宋朝第一个临朝称制的女主,因《狸猫换太子》等文艺作品的流传,刘娥的形象也被塑造成了狭隘妒忌、残害忠良甚至意图谋夺大宋江山的"一代奸妃",与人物真实历史形象相差甚远。读完这部作品后,对比发现这部作品是建立在真实历史故事的基础之上,人物形象塑造并没有落入窠臼,反而是对真实历史故事进行合理改编,抛去了各种传统民间故事中的"妖妃"形象,因此显得尤为特别。从网文创作者的角度看,如何对事实进行合理的艺术加工,也是我们应该从这部作品中学习借鉴的。

全篇共391章,约81万字,并不是大体量的小说,因此读起来比较轻松。小说主要写女主角刘娥和三皇子在风波诡谲的朝堂斗争中,步步为营历尽艰辛的故事。作者用了很多笔墨来描写朝堂和后宫(后宅)的斗争,情节紧凑,扣人心弦。更难得的是,作品中的主人公几乎是一路坎坷,不断经历各种不同人物的为难,受到各种折磨与伤害,但是作者能够将"受伤"这一情节写出多种不同的感受。例如前期秦王反叛无意间被刘娥发现,他下达的指令是"受点苦头,但不要伤害皮相",采取的手法为水刑,保护刘娥的面容,也以此来牵制卫王。与此不同的是潘八女将刘娥看作抢走自己夫君的女子,她则是用划伤脸颊致其毁容的手段。人物的动机和行动线息息相关,将简单的伤害别人写得有理有据、异彩纷呈。

在行动线的描写上作者也十分善用伏笔。例如前面为刘娥治伤只出现过一次的军医,在李继迁劫持刘娥来到雁门关时认出刘娥,并向汴梁传信,成为解救刘娥的重要人物。刘娥在进宫时遇到小周后,跟小周后学舞,也为之后替韩王拉拢皇后,将小周后的舞教给皇后做了伏笔。开篇红红的火棘果,与在韩王府雪地里堆雪人时别在头上做发饰的火棘果,还有文章快要结束时城墙边的火棘果都形成了呼应。

当我最初看到这部作品时,最为吸引我的是全篇的第一人称视角,全文都以"我"来讲述这个传奇的故事。许多网络小说都是以第三人称视角书写全篇,因为第三人称更容易讲述故事和描绘世界。但作者采用第一人称,依然把故事讲得完整生动,是十分难得的。同样,第一人称的讲述,更能让读者将自己代入作品之中,更能感受到女主人公的一颦一笑、一举一动,感她所感,想她所想。

从人物刻画上说,作者在这部作品中塑造了许多不同性格的人物,并能够将这些人物有机地联系起来。例如女主的追求者韩王温柔坚定,卫王霸道强势,潘惟吉可爱体贴。作者还善于用人物的语言和活动,塑造出丰富立体的人物,让配角也有性格,而不是简单的推动剧情的工具人。读者甚至可以从他们的行为活动中推测出他们的生长环境。例如刘娥入宫后,同为妃嫔的沈蓟、曹国夫人和杨素音,家庭环境和教育思想的不同,从她们在后宫中的生活和处事态度上就能很明显地表现出来。沈蓟家境优渥,家族在朝中权势较大,本人自小受宠,因此颇有些大小姐脾气。曹国夫人从王府便跟随皇帝,祖父尽管在朝中掌权,但不似从前,犯错后依旧谨慎小心、如履薄冰。杨素音作为小户出身的川蜀女子,深知自己的身份和地位,并没有盲目模仿刘娥试图成为替身，反而投靠刘娥，后抚养刘娥养子，平安顺遂。

　　作者善用环境描写，把主人公的心情和当下现状巧妙地通过环境展现出来。例如，主人公解决一件事情之后，出现了一段对天气的描写，写云开月明或者晴空万里表现主角的心境豁然开朗。而当主人公遇到困难或者危险时，作者插入一段乌云蔽日或者大雨倾盆的描绘，将心情与天气、环境相结合，在阅读中就仿佛揭开一层层面纱。

　　作者对宫斗权谋的写作精彩纷呈，但是对待主人公之前的情感描绘就并不十分细致，难免落入言情小说多男争一女的套路之中。主角团之间的情感关系进展就显得有些突然，在我看来，一些角色对女主的感情并不十分合理，例如卫王对刘娥的霸道的占有的爱似乎在他第一次见刘娥时就产生了，并且无法撼动。卫王是一个心计很深的皇子，而初见刘娥时，刘娥只是一个来路不明的人，甚至连真名都没有告诉卫王。在这种情况下，卫王的动心是否应该隐藏，我认为是值得考虑的。但是作者的设置我推测是通过一见钟情首先塑造出刘娥的形象，建立起男主和男配之间的对立关系，从而更好地推进男主和女主的感情线和男主的事业线。

　　《章献皇后》作为一部消遣娱乐小说，受众主要为青年女性，很难谈到什么教育意义。但是书里描写的女主刘娥的故事和传奇，确是历史上浓墨重彩的一笔。女主人公的勇气、坚定和谋略就注定了她的不凡，"美而自知"，她清楚地知道自己的弱点和优势，并极为善于利用自己的优点。也许生活中的我们都是没那么有勇气的人，没有勇气面对困难，没有勇气追求爱情。人，也从来不是说"敢"就能够"敢"的人。但是这部小说中的主角可以，他们就算遇到非常困难的环境都能找到办法坚持走下去，我们所希望看到的，正是我们期待自己能够拥有的。

　　"荆棘遍地亦生花，"这是我对《章献皇后》这部作品，更是对刘娥这个女子的传奇一生的评价。生活或许并不顺利，也总会有岔路口和荆棘丛生的小路，但就算是再难熬的日子，都会有阳光洒落。荆棘丛生的日子，也会开花。（田雪寒）

莫　默

【作家档案】

莫默,男,1985年生,安徽六安人,毕业于武汉理工大学,起点中文网签约作家,阅文集团大神作家,网络文学知名玄幻作家,代表作《武炼巅峰》在百度搜索排前五十,入选第四届橙瓜网络文学百强大神。

2005年,正在读大四的他正式开启了网文创作之路。《武炼巅峰》是莫默的代表作品,这部小说从2012年10月开始在起点中文网连载,到2021年9月25日完结,计1800多万字,几乎从未断更。

莫默是个非常幽默乐观的人,小说中也会经常出现一些颇有意思的情节、段落。他说:"我一直觉得,作者在创作的时候,要将自己代入每一个角色中,考虑在这个角色的位置上该怎么说话,怎么行事。"莫默表示跟他性格最贴切的是主角,都是一样的亲和、帅气。

【主要作品创作年表】

《仙界修仙》,起点中文网,2007

《仙鼎》,起点中文网,2009

《唐门高手在异世》,起点中文网,2011

《武炼巅峰》,起点中文网,2012

《它死于荒村》,起点中文网,2020

《人道大圣》,起点中文网,2021

【作品评价】

1.《仙界修仙》

故事梗概：

地球人李成柱抱着古玲珑大腿飞升仙界，被接引仙使收徒，得秘籍《聚灵点藏》相助，修炼速度飞快。一次李成柱意外走出沉睡森林后遇到了古玲珑，古玲珑走火入魔，李成柱与其双修救了古玲珑一命，并因为淫仙散与小影发生关系，最后娶了古玲珑和小影为妻，不久，小影生下一个女儿名为李嫣然。后来李成柱挽救妖灵族，收了玉兔族水如烟和地蟒族秦素戈为妖奴，又受小影父亲之托接掌合欢宗。李成柱因躲避灾祸来到幻剑宗，在幻剑宗意外得到了凤凰卵，其间与师叔祖吴芮产生情愫。后众人意外进入异次元时间结界，灵力大长，李成柱又因机缘得到了炎脉之心、神龙灵脉和天龙引，成为万劫不灭之身，但产生了神龙反噬的后果。天墉门祖师宛月也为解救神龙反噬成为李成柱的女人，喜欢影之仙君的迷情仙君在李成柱神龙反噬后帮他恢复神志，最终也成为他的女人。因合欢宗难以为继，李成柱决定进军商都，在商都认商团统领唐依莲为干妹妹以协助他管理商都生意，最终李成柱成功统一商都势力。

御兽仙君在五千年前联合天使界杀掉上任仙帝，自立为仙帝，五千年后又勾结天使大统领引发仙界与西方天使界的战争，十二翼天使麦克龙贪图李成柱的灭神弓，拿自己的妹妹交换灭神弓。妹妹玫凯琳被李嫣然施展启示术成为李成柱的奴仆，在得知创世神是被拉佛尔暗害而死的真相后，玫凯琳和大统领作战时使用禁咒之术身死。李成柱在与天使界大统领拉佛尔决战时，受到神龙灵脉反噬，被以灵魂状态寄居在莫邪剑内，后被因九转还魂丹重生的忘情仙君月裳所救。最终李成柱成功挫败天使入侵，并向勾结拉佛尔的仙帝发起决斗，后者在幻之仙君厉幻晨的九宫图内自爆而亡，李成柱一统仙界成为新仙帝。李成柱打开了冥界通道复活了玫凯琳，玫凯琳由此爱上李成柱，但李成柱没有遵守与冥界之主暗黑之神约定的条件，于是暗黑之神留在仙界等待机会杀死李成柱。决战之时，因为李嫣然完全觉醒天使界创世神神格，暗黑之神被打败，最终冥界之主被天外天混沌神殿带走封印。

最后，李嫣然接管了天使界，李成柱卸去仙帝的职务和他的一众妻子回到中国南海定居。

作品评论：

玄幻文学自产生以来始终是网文界的一个热门类型，玄幻修真类的网络小说总是能以超脱现实的虚幻设定而吸人眼球。通过文字想象的没有限制的世界，阅读时能让读者拥有超脱束缚的快感。作品篇幅适中，不同剧情之间的衔接非常自然，情节内容十分丰富，并不会给人赶鸭子上架的感觉。作者在人物动作、心理上的描写很下功夫，十分详细。虽然这只是一部通俗的小说，但是在阅读中，作者总是能时不时地给出惊喜，很多富有哲理的话总是能够自然地穿插在人物对话之中。虽然这是作者早期的作品，但并没有让人觉得写作手法稚嫩，现在读来也能拥有很不错的阅读体验。

小说很多描写非常口语化，剧情层层递进深入，主角从一开始的小白、菜鸟，一步步修炼提升到最高等级，一步步揭开仙帝的阴谋。这是一部爽文，爽文的设定符合大众的阅读倾向，也是网络文学产生以来最被大众所选择的类型。网络作品满足了受众在网络文学中寻找自我的目标，其读者群体大多数是以快感阅读为目的。

这部小说的设定在体现东方特色的同时也融入了西方文化。在文中的世界设定中，与仙界一同存在的是西方天使界，天使界中的人物形象是多翼天使的设定，在其他细微之处也能看见两种文化的融合，比如"冥界之主"的又一称呼是"暗黑之神"，而这个称呼常常出现在西方文化中。修仙类型看似无厘头，实际上与我们的历史文化、现实社会有密切联系。这一类型的网络小说作品有很多固定的设定，比如仙界、炼丹、阵法、五行、神兽……这些深受传统历史文化的影响。

在网络小说的世界里，每一位主人公都会为友情奋不顾身，为爱情牺牲自我，遇到困难永远不会失败，总能将敌人击败。这些，正是我们在现实生活中不一定能做到的事情。这也是大众沉迷网络小说的原因，因为在小说中，我们可以实现所有我们想要做的事情。

作为作家早期的作品，该作也有一些不足之处，例如人物形象的塑造过于简单统一，人物之间的感情线比较混乱等。（李金婷）

2.《武炼巅峰》

故事梗概：

主人公杨开是宗门扫地的杂役弟子，而杂役弟子在宗门的地位是最低的，全宗门只有十位。由于弟子每个月都要向其他弟子挑战一次，主人公杨开经常被打得遍体鳞伤。某次进山采药时，他捡到了一块黑色的石头，但这块石头很柔软，所以他拿它当枕头用。

又是一月一次的弟子挑战大会，主人公依旧被直接揍得遍体鳞伤，夏师姐记录了这一切。杨开不知道失败多少次了，带着遍体鳞伤的身体回到了自己的茅屋，什么疗伤药都没有，只能靠自己硬扛。在运功疗完伤之后躺在床上，他枕着的黑石头发出了奇特的光芒，梦中他梦见了傲骨金身。通过一系列的努力，最终傲骨金身承认了他的毅力，在中和了二股精神之后，他从废物变成了天才。他的黑石枕头变成了一本黑书，悬浮在他的神识空间里，由此他获得了一系列的修炼方法。这使得他的修炼速度要比常人更快,然后主角开始了他的逆天之路。众人开始真正审视这个杂役弟子。但是偌大的宗门里终究少不了纨绔子弟,苏木便是其中之一。在宗门之间的冲突中,杨开挺身而出挡下了所有的危险,于是他赢得了宗门弟子的尊重。杨开开始遍地寻求修炼资源,用异于常人的努力以一种惊天的速度持续地突破着,在修炼生活中快意恩仇。由于宗门修炼资源不够,杨开选择外出历练,这段时间他到了海外,遇上了一个赶马的车队,其间车队内部发生矛盾,其中一些成员叛变了主家,杨开力挽狂澜救下了主人一家,将其送到了亲属住宅,机缘巧合下发现车队主人母女三人被送到了云霞宗,在危险的地方做着采集药材的工作。就在杨开同意帮其报仇之后,主家自尽身亡。杨开机缘巧合下进入了一个山洞,之后又通过药王谷、幽冥山等历练,成长得越来越强大。

就在杨开准备返回凌霄阁的时候,天上盘旋着一只金羽鹰,是最显赫的杨家的代表神兽,原来主人公并不是毫无背景的穷苦少年,而是杨家的公子,而这只鹰带来了杨家夺嫡之战开始的信号。夺嫡之战中主人公杨开从毫末之中成长,并最终成为夺嫡之战的热门。由于杨开对朋友真情实意,行事作风快意恩仇,形成了他独特的个人魅力,他最终取得了夺嫡之战的胜利。后续章节便是千篇一律的主角穿越到其他世界,历练、成长,再到其他世界的循环。

作品评论:

这部小说有很多令人惊叹的地方。例如对主人公杨开的塑造,从杂役到天才的觉醒之路并不平坦,主人公奋发向上的品质无疑会吸引很多读者,而主人公的一些处事方法,例如滴水之恩当涌泉相报的性格,同样也符合当下人们的主流价值观,给人的阅读体验就像是在见证一位贫苦少年的成功之路。

《武炼巅峰》特别擅长挖坑,莫默在书中为我们挖了一个一个坑,随着地图的转换,我们能够看到布局场面的宏大。小说情节的设定合理,节奏感十足,在畅快淋漓的打斗之中,杨开偶尔扮猪吃老虎也会给你一种莫名的爽感。这一路上,一步步地升级,随着地图的切换,无论是剧情的衔接,还是画面的转换,都十分合理。你能够看到一个默默无名的小子,一步步地崛起。每一个地图之中,都有着不同的故事,遇见不同的人,主角光环下的无字小黑书、七彩温神莲、傲骨金身、小玄界……福缘满天下。

《武炼巅峰》打斗画面清晰,境界划分一目了然,很容易让读者抓住故事的主线,行文流畅,内容不拖沓,男主的修炼之路一步一个脚印,给人一种朴实感。大部分读者对《武炼巅峰》持肯定和赞赏的态度,但也有些读者因作者给主人公杨开过于强大的主角光环而产生不满。小说虽然有所创新,但后期空间的跳跃又如同其他小说一样千篇一律,让人难以接受,读起来索然无味。

《武炼巅峰》中作者根据自己的理解融入了很多中国传统道家、佛家的精义,有关于修炼的描写,我们可以把它看作一个灵魂的救赎和人格自我提升的过程,是对人性的整合。虽然小说引用了佛道修炼的一些理念,但是小说将主人公作为一个人来描写,展现了人本身的善良与丑恶。

这部小说引起的思考是,《武炼巅峰》——巅峰,究竟在哪儿?杨开,一个沉稳的修炼者,从开始在星界凌霄宗当一名默默无闻的扫地工,再到成为一方势力的首领,我们看着他一步一步修炼上来,看他白手起家成为霸主。故事的剧情仿佛看不到尽头,每一章都平铺直叙,没有什么较大的波澜起伏,像迈着坚定的步伐一步一步地向着山的巅峰处攀爬。

后来杨开成为虚空大帝,星界最强者,接着是通往乾坤之外,重新白手起家打拼天下。这些历程看起来都很艰辛,充满着凶险,但是总是少了些味道。很多时候杨开都是靠着机缘、靠着底牌死里逃生,就显得很单薄,缺少运用智慧来打败敌人的情节会显得比较无趣。

现在的剧情已经被莫默写得像刷副本了,在某一方天地修炼到顶,然后再飞升、再修炼,如此往复循环,让人看不到尽头,只要作者乐意,《武炼巅峰》就看不到巅峰,这些并不是我们想看到的。(陶中豪)

3.《唐门高手在异世》

故事梗概:

故事的主人公唐风原本是现代唐门门派的精英弟子,因为救人被撞,一直躺在床上,这件事让整个唐门的高层都嗟叹不已。正当唐风心灰意冷时,他被一道闪电击中。在得到阴间使者传授的无常诀后,唐风来到了一个完全不了解的异世界。唐风穿越后便来到一个全是女子的门派——天秀宗,而穿越后宿主的名字也叫唐风,可这个"唐风"是一个身世神秘、身为男子却十分女性化的人。原主不受天秀宗人的待见,以至于一到天秀宗便险些被一位女弟子杀害。而这次事件之后,唐风便开始打破众人对他以往的成见,开始了他的频频"打脸"的修行之路。

唐风一来到这里就撞上了针对自己的刺杀,由此揭露出柳家要毒害他的阴谋,并顺藤摸瓜找上了要杀害他的真凶——巨剑门。唐风在调查真相时,无意撞见背叛师门的叶沉秋与追杀他的白小懒。唐风出手相助白小懒,由此与白小懒相识,并让白小懒暂住天秀宗内,两人日日相处。为了破除三大家族势力,唐风与白小懒大闹赌庄,并认识了秦四娘、汤非笑等人。唐风修炼升级,揭开柳家的秘密,同时也揭开了自己的身世之谜。唐风由姑姑养大,却不知道谁是父母。

　　柳家的事结束后巨剑门又找上门来。然而祸不单行,因为秦四娘、天秀宗众多女弟子又引来了叶沉秋。唐风众人设计斩杀叶沉秋。叶沉秋死后,白小懒提出要离开。萌萌中毒,唐风伸出援手解救,获得两位新帮手——汤、秦两大帮手加入唐风阵营。唐风父母的身份也浮出水面。巨剑门偷袭,第一次大战来临,唐风巧设妙计,煽风点火,一计又一计,大战巧妙化解,唐风实力提升。

　　大战结束,白小懒必须离开天秀宗,返回白帝城。此时唐风与白小懒早已暗生情愫,奈何二人年龄、实力、地位相差颇多,暂时无法在一起。唐风抚琴高歌,立下誓言,有朝一日定会与白小懒再会。白小懒离开后,唐风收拾苏家,收回一品轩,收服于忠,建立靖安城势力网络。唐风在一个村落中救助了诗诗,诗诗也芳心暗许。后来,唐风收复灵兽小天,与灵怯颜结识。唐风无意间闯入兽墓,却因祸得福,关在兽墓修炼,克服心魔,化险为夷,提升等级淬炼肉身。从兽墓回归后,唐风斩杀欺压天秀宗的各宗主。唐风收服灵兽,神秘男子出现,为唐风父亲的出现埋下伏笔。在保证天秀宗的安全后,唐风意识到了提升实力的重要性,于是受汤非笑和断七尺的建议走出靖安城,来到盐城,接触非常规罡心之人。盐城乃杀手之地,与天秀宗截然不同。在盐城内,唐风帮助何香凝见到各种高手。唐风来到乌龙堡,凝练药材,因为一些巧合误会与妃小雅结识,最终妃小雅与唐风之间产生了感情。

　　伴随着或让人悲伤、或让人兴奋的一个又一个故事的展开,新地图不断开启,唐风始终勤于修炼,奇遇不断。由最初的炼罡期到最后的灵阶期,由最初孤身一人来到异世到最后收获友情、爱情、亲情,由实力脆弱到最后战胜强敌。最后,为了保护心爱之人与必须要守护之物,唐风与灵兽、爱人、家人并肩作战,战胜强大的敌人,创造了属于自己的门派,成为顶峰人物。

　　作品评论:

　　《唐门高手在异世》是在起点连载的一部男主穿越到异世的架空玄幻小说。此类小说我也看过一些,以往只是当作消遣,并没有认真研究过。若是以研究、欣赏的态度去看,其实还是有不少问题。虽然是最强调娱乐性的网络爽文,但是一部1200多章的连载小说,获得了许多读者的青睐,真的会只是一些评论中的"无脑书"吗?如果不是,又有哪些特别之处,哪些吸引人的地方? 一部1200多章的小说,要想做到有条不紊、令读者信服,其人物刻画、场景描写、故事发展甚至世界观的搭建是怎样展开的呢?这样一部娱乐至上的网络小说有什么价值呢?

　　小说的开头是常见的网络小说元素,甚至可以说是形成了模型。遭遇意外,穿越异世,穿越到异世的主人公大多身怀绝技却穿越到"废柴"身上,通过各种奇遇来改变当下糟糕的状况来达到"爽"的效果。这部小说的男主唐风也是这类人物模型中的一个,但是富有特色的一个。唐风的性格具有多面性:他时而狠辣,杀掉上千人却面不改色,时而善良,即使是一头小小的灵兽也不愿滥杀;他时而小气,敌人仅仅是算计他姑姑,他便不顾一切,单枪匹马闯入敌营,拯救姑姑,痛击敌人,时而大气,对被人利用、表面心狠却内心软弱的诗诗姑娘不计前嫌,慷慨相助。看似复杂、两面化的性格,其实可以概括为"敢爱敢恨",这部小说之所以成为"爽文",最基础的就是因为男主的这种性格。快意恩仇,对伤害自己或者亲人朋友的人,不论付出多大代价,终会报仇;而对于帮助过自己的人,从不吝啬,鼎力相助。这样的性格是男主经历了多少危险都未曾改变的,可以说,整部小说都在通过不同的事件突出强调男主的这一性格。小说中的其他人物性格也很鲜明,个个让人印象深刻,有外冷内热的白小懒,有火暴霸道的秦四娘,有好色但正直的隔空手,有傲娇可爱的妃小雅,有温柔内敛的莫流苏……人物的刻画手段,与通俗小说相差无几,只不过在语言、细节、心理、神态方面更加直白。

小说中故事的展开一般都是一波三折,有的是大起大落、不断出现高潮的情节和一个能带给绝大多数读者快感的情节设定。情节变化迅速,是大部分网络小说共同的特点。不言而喻,这样也恰好可以带给大众快感,比如你每月领三千元的死工资受老板的气,而网络小说中主人公和你一样也是一个很平凡的小人物,可主人公却会遇到各种奇遇。就如你突然暴富了,而那个老板还想给你气受时,你可以潇洒地把老板骂上两句,然后说拜拜。这刚好可以满足大部分人的心理。这当然只是打一个比方,网络小说比这复杂多了。这虽然很残酷,却是事实。因为它是网络小说,它要是不休闲、不娱乐,读起来比文言文还生涩,理解起来比教科书还复杂,那么谁还看网络小说?

有一些阅读时候没注意到的小细节,比如说醉春楼花魁诗诗,阅读时本以为这个事件已经结束,却没想到诗诗会成为天兵精魂寄主之一,男主夫人之一。这是一条暗线,其实回头再看,也有不少提示。这样的设置会给读者有一种"意料之外,情理之中"的感觉。

写作一部架空小说,就要创建一个新的世界体系,读完后,发现这样的体系并不是作者凭空想象的,也是有传承的关系。有的来自中国传统文化,比如男主在与朋友谈心时候提到的佛家、道家的观点,有的来自其他武侠小说,比如暗器、用毒、阵法、炼丹以及一些传统的练武观念等等。

在阅读中我也看到一些不足或者说我个人不喜欢的地方。其中最大的问题就是小说的虎头蛇尾,结局收尾十分仓促。比如战斗场景的描写,不知是不是前面描写战斗场景太过用力,小说越到后面的章节,对战斗的描写就越粗糙。很多地方我本以为会是一场"恶战",可是作者却用三言两语盖过，有些莫名其妙。再比如接连发生的小故事中的链接逻辑，大反派看上去都有些"无脑"，不论死伤多少人，总是轻视唐风，给他可乘之机，然后很快结束了唐风与反派的战斗，实在是有些仓促。其次就是作品中最初唐风对白小懒的深情，并且因为白小懒拒绝别人，可是到后来却发展成后宫流的小说，这不符合我个人的情感期待。但是既然网络小说是为了愉悦读者，那么可能喜欢这样故事设定的读者也不在少数。

　　作为一部以娱乐为主的网络小说，这部小说确实达到了愉悦读者这个要求。男主总是敢爱敢恨，并且能力卓越，谁又不想成为这样一个实力强劲而且运气很棒的人呢？可是，在我个人看来，这样的小说也仅仅停留在"爽文"的层面，如果不仔细推敲，仅做娱乐消遣，那么它的故事逻辑、世界体系的建立在网文中也是很优秀的。但是我总觉得这类小说同质化太过严重，不知道未来是否能出现创新，我们拭目以待。（李嘉欣）

秦　舞

【作家档案】

秦舞，女，原名吴芳芳，安徽省作家协会会员，安徽省网络作家协会理事，起点中文网签约作家，云起书院长约作家，作品类型多为现代言情。代表作有《名门第一暖婚》《豪门第一婚宠》等。

在秦舞的个人主页，我们可以看到其签名为："豪门甜蜜腻宠暖文，让你有全城热恋的心动，马上恋爱的冲动！"作者用作品践行着这一宣言，其作品中温馨甜腻的爱情故事，为众多女性读者在繁重的现实之外构筑了一个美好的可能。

【主要作品创作年表】

《豪门第一婚宠》，起点中文网，云起书院，2014

《世界第一情深》，起点中文网，云起书院，2015

《名门第一暖婚》，起点中文网，云起书院，2016

《你的眼神比光暖》，云起书院，2017

《顾少，你命中缺我！》，起点中文网，云起书院，2019

《今天大佬也为我神魂颠倒》，起点中文网，云起书院，2020

【作品评价】

1.《豪门第一婚宠》

故事梗概：

因为一次"处心积虑"的意外，顾南溪第一次见到了陆寅初。南溪的表姐以自己突发状况无法去相亲，而相亲对象以电话又打不通为由，让南溪前往相亲地点向对方解释，由此南溪第一次见到了传闻中的陆寅初。彼时顾南溪是一名即将毕业的中文系大四学生，兼职网络写手，而男主陆寅初则是H市最大的公司king公司的总裁,三十二岁,比顾南溪整整大了十岁,事业有成,能力卓越,容貌堪称人间绝色。看似生活在两条平行线的两个人,第一次有了正面的交集。

此事已过,本以为二人再不会有交集的南溪却发现自己似乎不可避免地跟陆寅初有了更多交集。这件事后不久,南溪的舅舅梁友泉背着表姐妹二人卖了家里的书画门店,南溪为了拿回店面,和陆寅初有了再一次交集。就此,南溪坎坷的身世也逐渐被揭露,她的父母在她十六岁那年失踪,孤苦无依的她从香港来到H市投奔自己的舅舅和姥姥,也因此与表姐梁俏俏感情甚笃,如同亲姐妹。

在此之后,梁俏俏在瑞士酒驾撞了人,私下和解需要很多钱,为了帮助表姐,求助无门的南溪只好去找陆寅初。作为答谢的条件,陆寅初要求南溪与自己签订合同,做自己为期一年的假女友,以应付家人。同时,陆寅初还会帮助南溪寻找父母。没有更好选择的南溪答应了陆寅初的条件,二人的情感纠葛也正式开始。

而与此同时,南溪事实上还有一个正在美国留学的男朋友李渭欢。多年之前,当南溪父母失踪,她孤苦无助之时,李渭欢如同一个救赎者出现,带南溪回到H市,找到了亲人。此后,二人顺其自然地成为恋人。在陆寅初未出现之时,二人已经恋爱六年之久。作为富家子弟的李渭欢与南溪的爱情遭到了其家人的强烈反对,但李渭欢始终痴情不改。

合约期间的南溪被陆寅初以自己女朋友的身份带回了家并受到了陆家人的欢迎与喜爱,也因为合约,二人有了更多的接触。南溪生病了,陆寅初给她安排医院,安排最好的医生并悉心照顾,南溪的心似乎也有些动摇。原本在外国留学的李渭欢先是为好友庆生回国与南溪见面,后又许诺为了南溪他情愿与母亲决裂。陷入极度爱恋的李渭欢在一个不太恰当的时机向南溪求婚,南溪拒绝了。

在三人煎熬的爱情纠葛中,南溪更是惊异地发现了陆寅初与李渭欢竟是叔侄关系的事实,这一事实让她陷入了更深的煎熬。而随着二人身份的揭开,一场多年前的事也逐渐明晰。南溪终于发现李渭欢与自己的爱情原来是一场精心的设计,陆寅初才是最早喜欢自己的人,并寻找等待自己长达八年之久。八年前,陆寅初因为家人和生意上的事情,经历了人生中最为黑暗的一段时光,离开H市到香港调养,恰好遇见了在他住所附近住的顾南溪。彼时的顾南溪才十四岁,她的单纯、美丽、善良深深地打动了陆寅初,是照亮并温暖陆寅初黑暗时光的阳光。陆寅初用DV记录下美好的南溪,却被李渭欢偶然看到。被南溪深深吸引的李渭欢在南溪父母失踪之后刻意接近南溪,此后两人才成为恋人。

在此之外,李渭欢的幼稚与狂热也终于让南溪认识到两人的不合适。认清真相和自己心意的南溪和陆寅初正式领证结婚,开始了齁甜的婚后生活,只不过碍于陆寅初的身份并未公开,也未举行婚礼。二人为彼此备注昵称,为了吃药、生男生女这样的小事反复讨论,陆寅初给了南溪最深的宠爱。可是,在这场爱情中,还是有兵荒马乱,彼此间的自卑、害怕、彷徨。围绕着陆寅初的绯闻与纠缠者都让南溪感到疲惫,但幸运的是陆寅初始终专一如初。

故事的最后,陆寅初在南溪生日那天全网告白南溪,在此之后二人举行了轰动全城的盛大婚礼,李渭欢告别离开。南溪终于看到了八年前的DV,陆寅初看了南溪的心情博客,对彼此的感情有了更深的了解,二人一起走向幸福的婚姻殿堂。在众人的努力下,南溪的父母也成功被找到并有了很好的结果。到此,一切终于尘埃落定。

作品评论:

《豪门第一婚宠》是网络作家秦舞最早发表的一部现代言情小说作品,主要讲述了顾南溪、李渭欢以及陆寅初三人之间的爱情纠葛。故事基调以甜宠为主,其情节则是霸道总裁与灰姑娘的典型爱情模式。

作为网络文学的一个重要类型,网络言情小说是一个以女性作者和女性读者为主的小说类型。它是传统通俗小说的一种延伸,以爱情描写为主,或甜腻,或虐心,其实都是满足女性读者对爱情的种种幻想,可以说它是一种织梦的文学。《豪门第一婚宠》延续着网络言情小说一贯的特性,为女性读者勾勒了重重美好的爱情白日梦。进入具体文本,我们可以发现作家秦舞在其作品中为读者织了三层梦,每一层都是广大女性读者在现实生活中渴望而不可得的幻想,也因此让读者深陷其中。

其一,灰姑娘的叙事模式。这是言情小说中经久不衰的主题,也是广大女性读者一直所幻想的梦。平凡而单纯的女孩子一朝遇见了英俊多金的王子,他对她一见钟情并且痴心不改,二人顺利结合,长久幸福地生活在一起。这是无数女性读者所希望的能够在自己身上发生的故事。小说中的女主顾南溪是H大学即将毕业的中文系大学生,二十二岁,品学兼优,在学习之余兼职网络写手赚取生活费。她的父母在她十六岁那年失踪,孤苦无依的她从香港来到H市投奔自己的舅舅和姥姥。而男主陆寅初则是H市最大的公司king的总裁,三十二岁,比顾南溪整整大了十岁,事业有成,能力卓越,相貌堪称人间绝色。按理说这两个人怎么也不可能在一起,但作者偏偏让陆寅初爱上了顾南溪,并且爱得一往情深。除此之外,女主顾南溪和男二李渭欢的爱情故事同样是灰姑娘与王子的模式。李渭欢为富家子弟,也是男主陆寅初的侄子,家世优越,相貌英俊。他在南溪彷徨无助之际出现,并与她在一起长达六年,同样痴情专一。李渭欢和顾南溪同样是不太可能会有交集的人,二者的相恋充满了梦幻色彩。李渭欢和陆寅初是出现在顾南溪不同生命阶段的两个王子,同样英俊、痴情多金、爱她并拯救她,这无疑极大地满足了女性读者的爱情幻想。

  其二,豪门甜宠的相处模式。这在文中表现为陆寅初对顾南溪的无限宠溺与包容,以及二人顺利的结合之路。小说中虽然有部分较为虐心的情节,但男女主确定彼此心意以后的结合之路着实顺畅。小说中陆寅初多年不谈恋爱不结婚的事情让家里人很是着急,再加上他在家中属于当家做主的地位,所以没有人干涉他对另一半的选择。顾南溪与他的结合在一般的世俗眼光之下无疑会面临诸多阻碍,但在小说中二人基本没有受到外界干扰,陆寅初的家人对顾南溪的到来表示欢迎甚至感激。陆寅初的妹妹、母亲和爷爷都对顾南溪表示满意,并且百般照顾。没有婆媳矛盾,没有家庭纠纷,这种暖心甜腻的爱情以及温馨的家庭氛围是广大女性在现实中渴望而难以得到的,也是作者给读者织的第二层梦。

  其三,金手指的设定。金手指是网络小说中丰富故事情节的重要元素,是现实生活中发生概率很小的事件,为读者创造了一个不同于现实的理想的世界。在网络言情小说中,正是因为金手指的存在,无数看似不可能的故事得以发生、发展,爱情的乌托邦得以构建。而在这个作品中,最为明显的金手指有三个。第一个金手指是顾南溪与陆寅初特殊的相遇方式。八年前,陆寅初因为家人和生意上的事情,经历了人生中最为黑暗的一段时光,离开 H 市到香港调养,恰好遇见了在他住所附近住的顾南溪。彼时的顾南溪才十四岁,她的单纯、美丽、善良深深地打动了陆寅初,是照亮并温暖陆寅初黑暗世界的阳光,也是爱情发生的开始。因为有了这一事件的加持,顾南溪才成为陆寅初心中不可替代的特殊存在。或者换一种说法,如果当时闯入陆寅初眼中的是另外一个温暖纯净的女孩子,她同样能成为陆寅初心中特殊的存在。而第二个金手指则是南溪的父母于六年前被债主追债失踪,南溪成为孤儿。因为这个事情,李渭欢成功地以救赎者的身份出现在南溪面前,然后与之相恋。之后顾南溪被李渭欢带到陆寅初所在的城市投奔亲人,而陆寅初当初也是借由帮南溪寻找父母消息的诱惑让南溪答应和自己当合约情侣的。这是推动故事情节发生的重要事件,如果没有这一事件,这三个人之间恐怕很难有交集。第三个金手指则是顾南溪本身的条件。顾南溪有着出众的外貌、恬静的气质以及书香世家的出身,这一切无疑是二人顺利走到一起的重要因素。书中不止一次提到顾、陆虽然气质和年龄有差,但走在一起的画面意外地和谐。顾南溪的祖父是颇有成就的书法家,顾南溪也写得一手好字,而陆寅初的祖父则因为知道了南溪的家世之后对南溪更加喜欢,这些是二人顺利结合,顾南溪得到陆家人认同的重要因素。不管是哪一点,放在普通人身上都是概率极小的事情,而当所有的事情都集中在主角身上的时候,灰姑娘的故事似乎也不是不可能发生,这是作者为读者织的第三层梦。

而在美梦的掩映之下,我们更应该注意到梦境之后的现实隐喻。正因为其不可能性,反而凸显出更深一层的真实。

其一,作为通俗小说延续的网络言情小说,它面对的是大众群体,其所反映的也是大众的心理。而女性向的网络言情小说由女性作家和女性读者共同推向繁荣,在其爱情乌托邦建构的背后,则是真实的通俗女性意识的传达,折射着广大女性的真实婚恋观。网络言情小说的作者多为女性,读者也多为女性,这也就导致作家在对异性的塑造上往往从自身性别角度出发,去塑造一个符合期待的、完美的另一半的形象。小说中梦幻而完满的爱情与婚姻折射的是读者和作者现实中的婚恋期待,只不过言说者变成了小说里的女性。小说中的女性掌握了话语权,由此代替并帮助现实中的众多女性表达内心的真实情感。可以说网络言情小说是当代女性婚恋观的大众言说,也是女性在两性关系中对自我定位的勇敢探索。

小说中李渭欢和陆寅初出现在顾南溪生命的不同阶段,其实也是广大女性在不同时间段择偶观念的投射。李渭欢是校园时期青涩的为爱情不顾一切的初恋,陆寅初是成熟稳重能够在生活和事业上给南溪以指导和帮助的人。在小说中顾南溪说自己希望找到一个可以引导自己、包容自己的另一半,而她也确实选择了更为成熟的陆寅初。这事实上是作者借主人公之手来表达自己或者部分读者的婚恋观而已。但小说中所传达的实际上是一种女弱男强,男性占主导地位的婚恋观念,双方之间的巨大差异使得男性在爱情与婚姻中占有事实上的优势,女性是一种依赖者的姿态,这与我们当下所倡导的女性独立自主未免相悖。

其二,与传统的文学不同,网络文学是一种面向读者和市场且商业气息浓厚的文学。它借助于新兴技术确立兴起并发展壮大,是一种靠近读者的大众文化。当下随着文化产业链的成熟完善,网络文学的商业效益也得到了很大程度的发挥。虽说网络世界的匿名性、虚拟性使得网络文学写作更加自由,但这种自由也并非毫无限制。很多作品诞生于作者、读者和编辑的合力下,而并非作者个人意识的表达,市场的要求和读者的互动都会影响作者的创作。不过就作家本身而言,其受限制程度并不完全相同,而且作家在故事书写之外还需要有价值道德观念传达的自觉。一方面,业余作家和以写文谋生的职业写手写作的目的不尽相同,所受商业环境影响程度自然也不同,即作家面临着书写自我和迎合读者的选择问题。与业余作家相比,以写文谋生的作者更需要读者和点击率,也因此更加不自由,而选择迎合读者往往容易产生类型化、套路化的写作。另一方面,虽说网络写作是一种匿名的、自由的写作,并且很多作品也只是为了给读者以消遣娱乐,并非要表达深刻的主题,但面对着广大的受众群体,作品价值道德观的输出也就显得至关重要。就这部作品而言,在故事的开端,顾南溪在有男朋友的情况下与陆寅初签订合约情侣合同,陆寅初明知道顾南溪的身份还去追求她,女主在两个男主之间摇摆不定的剧情其实是会让读者觉得价值道德观念受到了冲击。所以作者在后面会逐渐写到男二才是插足的人,以及男二给不了女主幸福,这就使得男女主在一起显得合情合理,符合世俗的道德观念,而这些内容事实上更多需要的是作者本身的自觉。

总而言之,作为典型的现代都市豪门总裁甜宠文,《豪门第一婚宠》在某种程度上是女性幻想与欲望的文字表达。浪漫的情节、不切实际的幻想以及极强的代入感无疑吸引了众多女性读者。自20世纪90年代以来,网络文学已走过了二十余年的发展历程。随着读者群体以及写作者的逐渐增长,网络小说分类也逐渐细化,并且有针对性。网络小说天然的商业属性使得跟风写作不可避免,不但是言情小说,事实上每一个分类都可能面临着类型化的困境。在这种情况下,如何做到有效吸引扩大读者群体,同时保证作品的原创性与文学性,或者说如何让作品成为"经典",具有持久的生命力,是创作者所需要切实考虑的问题。(惠金莉)

2.《名门第一暖婚》

故事梗概:

在医院遇到常墨琛之前,单身二十二年的许念怎么也不会想到,自己会和一个比自己大十岁,而且从未有过交集的男人光速结婚,更何况三十二岁的常墨琛是F市最负盛名的钻石级王老五。他是投资公司ZX集团首席总裁,曾经陆军部队最年轻的上将,是F市军商两界的传奇人物,F市所有女人心中的一个梦,容貌超群,手段果断。

而这么一个人,却瞒着所有人与一个比自己小十岁,还未毕业的英语系的大四学生悄悄领了结婚证。对于这场婚姻,许念只当是还了常墨琛的一个人情,并未多问,也并未多想。一方面,他救起了在路边昏倒的许念的母亲并将其送到医院,垫付了医药费,还安置了病房;另一方面,许念也觉得自己实在没什么值得常墨琛惦念的地方。而对于这场婚姻,常墨琛给许念的解释是他想要安稳了,而许念刚好出现,是缘分在作祟。

但令许念没想到的是,这位和自己光速结婚的丈夫在领证第二天便消失无影,完全没了联系。许念再一次见到常墨琛是在三个月以后,却是因为自己的妹妹许安闯了祸,她不得已找常墨琛帮忙,自此以后二人才算是正式逐渐有交集,并逐渐在婚后相处中爱上对方。常墨琛带着许念见自己的家人,带她回自己的别墅,毕业后的许念则以实习生还有总裁夫人双重身份在

ZX 公司工作。生活在一个屋檐下的两人感情逐渐升温，而许念也在看似平静的生活中发现表面之下的暗涛汹涌。许念不仅要提防着心机深重的常墨琛的前女友秦悦，更是陷入一场危险的复仇行动之中。一次偶然的机会，许念在常墨琛书中的照片里看到了徐子牧，而当徐子牧回到 F 市之后，许念的生活也逐渐出现危机，一场多年以前的爱恨纠纷浮出水面。七年前，常墨琛和徐子牧是部队里的好兄弟，徐子牧的弟弟徐子夜在一场行动中死去，而行动的指挥官正是常墨琛。悲痛至深的徐子牧把徐子夜之死归咎于常墨琛，离开部队的徐子牧加入了黑帮，并决心找常墨琛复仇。回到 F 市的徐子牧打破了二人的生活。由于常墨琛妻子的身份，许念被徐子牧看成是能够威胁常墨琛的重要人物。为了保护许念，常墨琛不得不与徐子牧斗智斗勇，制造自己不喜欢许念的假象。而在这样危险的状况中，许念怀孕了，出于对二人感情的不确定，许念并未向常墨琛说明。常墨琛通过徐子牧知道了许念怀孕的事情，却被迫签下离婚协议，承诺在许念生下孩子后与之离婚，并向徐子牧承诺寻找徐子夜死亡的真相。被复仇心冲破头脑的徐子牧不断地在二人之间制造矛盾与事故，但二人的感情在与徐子牧的斗争中反而更加默契，二人心意相通，共同对付徐子牧。

随着复仇情节的推进，另一个黑帮人物韩坤也出现在众人眼前，并牵扯出更多的与徐子夜相关的阴暗真相。与此同时，许念与常墨琛的情感纠纷也逐渐明晰。事实上，常墨琛与许念领证时并不是二人第一次见面，六岁时尚为幼童的许念，十几岁时在公交站台晕倒却被常墨琛所救的许念，以及二十二岁在医院朝常墨琛奔去的许念，二人的缘分纠缠在很早之前就已开始。

重重迷雾在警方、徐子牧所在的黑帮以及韩坤所在的黑帮三派势力的斗争中逐渐解开，而在三帮势力的最终对决中，许念被韩坤设计绑走差点丧命。徐子夜的死亡真相被揭开，徐子牧作为警方安排到黑帮的卧底身份也暴露在众人眼前。从死亡线被拉回的许念神经受到了刺激，变得不认识所有人，所幸在常墨琛的悉心照料下逐渐恢复神志。

故事的最后，恢复神志的许念因意外早产，生下了儿子常念之。不久以后，二人在亲友的见证下举行了盛大的婚礼，故事有了最完满的结局。

作品评论：

《名门第一暖婚》是作家秦舞在 2016 年发表的一部现代豪门总裁甜宠文，主要讲述了女主许念和男主常墨琛先婚后爱，冲破阻碍最终幸福生活的爱情故事。如果说要我用一句话来概括这部小说，我会说这是一部不那么像玛丽苏的玛丽苏小说。它有着玛丽苏小说惯用的因子，却也在人物与情节之上有着更深的现实观照；有着网络言情小说一贯的娱乐作用，但也可以一窥更深的欲望与人性。

源于西方的玛丽苏概念在网络言情小说中得到了发扬光大，单纯女主与恶毒女配的标配，完美而专一的大男主，总是能够引起读者的无限遐想。而不管是人物还是情节，这部作品的设定都是典型的玛丽苏类型。

女主许念，一位二十二岁大四即将毕业的单纯女大学生，一个没落企业家后人，一个与母亲、妹妹相依为命的落魄千金。男主常墨琛，一位各方面都堪称完美的豪门总裁，有着近乎传奇的人生经历："16岁当兵，23岁军拜上将，27岁退役，而后接手家族企业军转商，用六年时间，将ZX集团从F市一个中型企业发展成现在首屈一指的大集团……"撇开常墨琛传奇人生放在现实社会可能性为多少不谈，二人在年龄、阅历、家世等方面实在是有着云泥之别，唯一相当的恐怕是二人的外貌，毕竟二人都是相当惊艳的人物，而外貌因素在豪门婚姻中是起不了决定作用的。因为几场几乎没有事实交集的偶遇，二人进入了婚姻，这在现实社会中几乎是概率为零的事件。诸多现实的因素被刻意忽略，而被阐释为缘分所致，"情不知所起，一往而深"，玛丽苏的设定使得作品娱乐性居上，这也是网络写作中无可避免的事情。

受众定位于女性读者的霸道总裁甜宠文总能撩起无数女性潜伏心底的幻想，并吸引着无数读者前仆后继。与之相对的是另一种虐恋情深豪门小说。其常见设定多为主角两人虽然深爱着对方，却总是受到各种小人或不可预测因素而产生诸多误会，或者是无法互通心意。不管是甜腻互宠还是虐恋情深，玛丽苏因子似乎都不可避免，而其本质都是为了迎合读者，触发读者爽点，进而激发其进一步的阅读欲望。

在完整的商业模式下，读者是顾客，也是上帝。读者群定位于女性的网络言情文总是从女性视角出发，以文字的方式写出女性心底隐秘的欲望与幻想。而当作者同为女性时，故事中则会同时映照着写作者与读者的双重诉求。对于这一点，秦舞在小说写作过程中对其读者其实已经有过解释。在某章结尾的题外话中，秦舞说："我写的所有书的女主，都多少会带着我自己的影子，但最像我本人性格的，大概就是许念。这个性格可能不能让所有读者都喜欢，毕竟我本人不是个完美的人，但是我觉得，这个世界上最完美的莫过于，你遇到了一个可以包容你所有不完美的，真心爱你的人，你在他眼里是完美的，就够了！"甜腻的豪门婚恋给无数普通女性带来一个圆灰姑娘幻想之梦的机会，而虐恋情节的设定更容易让人产生代入感，随着主角的命运而产生情绪波动，产生不看到结局不死心的冲动。有很多女孩期望遇到一个满眼是自己的白马王子，也有很多女孩渴望一场刻骨铭心、轰轰烈烈的恋爱，不同的诉求推动两种不同类型的作品同样繁茂生长。作为女性，自然更明白女性心理，这应该也是言情小说中女性作家居多的重要原因。当然，我们界定甜宠文与虐文的标准也并非完全对立，甜宠文中也会有误会与矛盾、仇恨与纠葛、死亡与复仇，而虐文中也会有甜蜜的细节和完满的结局，并非所谓的为虐而虐，刻意制造危机与冲突。

豪门总裁对平凡女孩没由来的心动与偏爱，是玛丽苏文的魅力，也是玛丽苏文的遗憾。相较于作家的前一部作品《豪门第一婚宠》，这部作品的虐心部分更多，主配角的爱恨纠葛更为复杂，篇幅也更长，也因此带来更多思考与感动，使其在一定程度上弥补了过度玛丽苏而带来的缺憾。

在霸道总裁文的框架之下，《名门第一暖婚》有意无意地呈现出更深一层的现实思考，比如女主并非完全的傻白甜人设，比如许念与常墨琛的爱情面临着相当大的风险与波动，并非臆想中的完美。在男女主角和经典的恶毒女配角（常墨琛的前女友秦悦）三人的爱恨纠缠之外，更多配角的爱情故事以及复仇历程同样让人唏嘘。

不同于印象中的傻白甜女主，许念有着自己的爱情观与人生观，她有着斗争的勇气和智谋，也不甘蜷缩于常墨琛的保护羽翼之下，希望与爱人共同面对风浪。在文中，被复仇心驱使的徐子牧威胁常墨琛签下待孩子一出生就跟许念离婚的协议，并利用录音使二人产生更大的矛盾。不完全了解真相且受到刺激的许念情绪爆发，对常墨琛发出了自己的呐喊，她说："是，你对我好，我也从未否认过你对我的好，但是我不能因为你对我的那点好就蒙蔽了眼睛以为自己是真的很幸福。我是你的妻子，你的爱人，不是你养的宠物，我是个活生生的人，我有爱恨的，我也会痛的……"尽管二人有着巨大的现实差距，但许念在婚姻和爱情中从来都不是卑微妥协的，她有着自己的骄傲与坚守。即使处于弱小的一方，她也不愿意完全做一个依附于常墨琛的菟丝子。她渴望平等与尊重，并且也在用自己的力量保护着自己的爱人。为了保护常墨琛，许念曾选择独自应付徐子牧，她也曾为了减少他的担心隐瞒自己遭遇危险的事情。

不管怎么说，许念是不同于印象中的甜宠文里不谙世事的傻白甜女主的。停留在固有印象中的傻白甜女主往往过于单纯，甚至显得有些傻气，但偏偏吸引了多金、帅气又痴情的男主，他为她挥金如土，视她为自己的生命。婚后的两人没有任何矛盾，他对她无条件地宠溺与专一。即便是在勾勒白日梦，但过于美好甜腻只会让人觉得虚无缥缈。况且随着社会发展和女性独立意识的提高，这种设定的反感度会大于吸引力也未可知。正像前文引用秦舞的话所说，女性渴望遇到的是一个可以包容自己缺点的人，这并不代表女性希望遇到一个毫无理由对自己好，无限纵容自己接近盲目的人。

而之所以说它是一部不太同于印象中玛丽苏作品的小说，还有一部分原因则在于故事并没有完全着眼于男女主角的爱情婚恋。在主线之外，配角的爱恨情仇同样热烈精彩。多年前徐子牧与常墨琛兄弟决裂,徐子夜死亡真相的探寻,柳长亭与秦欢生死相隔的爱情,乃至后来出现的反派人物韩坤与韩昭还有红姐等人的情感以及帮派纠纷,都同样引人入胜,并不输于主线。作为潜伏黑帮的卧底,面对着铲除黑恶的职业使命和那群曾与自己一起出生入死的黑帮兄弟,徐子牧内心的煎熬与痛苦实际更深,他决定违规带着红姐逃走的行为令人唏嘘。事实上,徐子牧一直也不能算是一个完全意义上的反派,复仇的冲动与军人的本能一直在他内心交织。他对常墨琛的恨意与报复纵然可恶,却并不是无法理解。身为兄长的他,却喜欢上了弟弟的女朋友,道德与情感的矛盾亦让他痛苦不已。他有自己想守护的人,他的报复也并非滥杀无辜,种种矛盾、纠葛缠绕在一人身上,也让这个角色显得格外有魅力。所幸在故事结尾,大家都有了美好的结局,这是作者的温柔,也是最符合读者期待的选择。

  作为一种商业化气息浓厚的文学,网络文学有自己的特性。当某个类型的作品爆红时,出于点击率和吸引读者的需要,就会有大批量的相似作品跟风产生,出现许多情节、类型雷同的作品。网络言情小说出现已久,也已经发展壮大到了空前繁荣的地步,但与之相随的是类型化、套路化写作的泛滥,这种相似作品的大量出现无疑会有增加读者审美疲劳的风险,从而出现反面效果。

  当然,基于完全不同的生长环境以及受众,我们不能完全按照传统文学的经典评判标准来评价网络小说作品。这里所说的经典更多的是指网络小说作品如何在保证足够的读者吸引力的同时,还保持着相当的文学素质,即坚守创作者创作的本真和初心。

  网络言情小说着重于缠绵悱恻的爱情故事叙述,也就决定了网络言情小说的娱乐性多于现实性。在这种情况下,网络言情小说的经典化也不像现实题材的作品那样追求鸿篇巨制的规模以及史诗般的品质。一部经典的具有持久生命力的网络言情小说当然要立足于真实,这种真实与现实社会有关,但更多呈现为小说内部逻辑的真实。每一部小说都是一个独立的世界,自成一体。作家在尽力还原这么一个真实的世界时候,要有丰富的细节填充,立体、有个性的人物以及相对真实的背景构建。

  以《名门第一暖婚》为代表的网络都市言情小说,其背景设定即为现代都市,这也要求写作者在叙述时还要进一步遵循现实生活逻辑。玛丽苏的设定固然增强阅读的愉悦感,但过于脱离实际则会使读者无法代入,从而出现反效果。与历史架空以及玄幻想象等类型的言情小说相比,网络都市言情小说在某种程度上要面临着读者更为严格的要求,它会被要求在更多细节与事件上符合逻辑。在符合逻辑的同时也要兼顾故事的娱乐性与吸引力,不忘坚守写作者的本真,传达正向的情感与价值观念,是网络言情小说具有持久生命力的重要因素。

我们也可以惊喜地看到，即便是豪门甜宠的霸道总裁小说，里面也可以有复仇与死亡，女主角也不一定是清一色的傻白甜，而是有着独立的担当与思想。如何充分利用玛丽苏框架，在框架之内融入新活力，展现更多的人性和现实，而不是一味模仿沿袭，或许是现代言情小说拥有更加持久的生命力的考虑方案之一。（陶春悦）

3.《你的眼神比光暖》

故事梗概：

《你的眼神比光暖》讲述了女主时暖和商界传奇宋衍生经历误解和困难，最后事业、爱情双丰收的故事。时暖被继姐设计陷害，被未婚夫宋以川的二叔宋衍生所救，而时暖误以为和宋衍生发生了关系。这时时暖未婚夫因身体病弱去世，时暖被继母、继姐陷害卷入撞人逃逸案，时暖接近崩溃，宋衍生替时暖解释，并向时暖家人及宋以川的姐姐宋青梅告知自己与时暖发生关系的事实。时暖十分愧疚，却不得不依附于宋衍生的帮助。宋衍生以帮助时暖寻找她在国外的小姨和外婆，查明她母亲的死因，并帮助她夺回公司为由，让时暖答应和自己隐婚。宋衍生一直喜欢守护着时暖却不敢告诉她，同时他要找到堂弟害他父亲成为植物人并设计车祸杀害他的证据。结婚后的时暖搬进宋衍生五年前建造的婚房宋公馆，意外地发现里面种满了自己喜欢的栀子花。听闻宋公馆是宋衍生为自己喜欢的人建造，所以时暖以为宋衍生把自己当作那个人的替身。婚后的宋衍生对时暖极尽温柔呵护，时暖也慢慢动心，可是因为误会自己是替身，所以时暖不敢表露自己的真实感情。在二人隐婚期间，时暖的初恋男友沈醉回国并希望和时暖复合，宋衍生害怕时暖还喜欢沈醉。而与此同时，对宋衍生有着异样感情的宋青梅趁机作梗让沈醉以为宋衍生和时暖是情人关系，并且时暖还喜欢他。沈醉作为明星在网络上曝光了初恋时暖，却被网友扒出时暖与宋以川订婚。此事引得宋衍生母亲不满，想要拆散时暖和宋衍生，就连宋公馆的管家也一心拆散他们。之前时暖以为是宋以川救了遭遇车祸的自己，所以与之订婚，却发现这一切都是宋青梅怂恿宋以川冒充的。时暖和宋衍生感情逐渐升温，之后时暖也进入时氏准备夺回家产。宋衍生和时暖隐婚的事实被揭开，但宋青梅仍不放弃，与此同时，另外两个爱慕宋衍生的女人楚静云和纪香菱也一直挑拨离间。在搜集证据的过程中，时暖发现自己爱上了宋衍生，同时时暖也知道了自己才是宋衍生一直喜欢的人。不甘心的宋青梅、楚静云和纪香菱三个人设计沈醉和时暖，并趁机发布沈醉与一女子的床照，让大家以为时暖出轨。宋衍生也以为时暖选择了沈醉，他生气时暖明知有诈还要去见沈醉，二人产生间隙。这时宋衍生的母亲也被爱慕她的钟晋南绑架，被救回后陷入昏迷。伤心的时暖努力寻找证明自己清白的证据,但宋衍生并不接受,并向时暖提出离婚诉讼。时暖觉得心灰意冷,便在外祖父的好友黄爷爷家读书。在一番调查之后,沈醉发现当晚与自己发生关系的是一直喜欢自己的时暖继姐时娇娇,而非时暖,便开发布会证明时暖的清白。在此时宋衍生找够了证据将堂弟送入监狱,而宋衍生的父亲也从植物人状态清醒。以为自己已经和宋衍生离婚的时暖准备出国读书,却被宋衍生拦下。宋衍生的母亲也醒来,并向时暖道歉。揭开误会的两人重归于好,陷害时暖的楚静云和纪香菱被宋衍生送出国。在这之后,宋衍生陪同时暖一起出国学习,并找到了时暖的小姨和外婆。在国外读书期间时暖怀孕,回国后接管了由宋氏改组的 SLN 公司并发展 AI 医疗。公司稳步发展,时暖也在不久之后生下了一个女儿。故事的最后,宋衍生向时暖补了一个求婚,二人一同度过漫漫余生。

作品评论:

《你的眼神比光暖》是秦舞在潇湘书院上连载的一部现代言情小说,是先婚后爱的类型。作为女频小说,作品主要是写男女主之间的感情发展。开篇是一个很惯用的套路,女主被下药,男主英雄救美,女主母亲出身豪门,父亲借助母亲发家却出轨,然后小三逼死原配成功上位,而女主就是有了后妈就有了后爹的小可怜,在家受冷落,还要防备继母、继姐的陷害,内心敏感,对感情不自信。男主也是"美强惨"剧本,幼时父亲被害成了植物人,自己也被迫害,母亲不得不去求助一直对自己有窥觑之心的人保全自己,然后男主出国发展事业,华丽回国成为商界传奇,但男主一直不敢向女主表白心意,还一次次看女主和其他人在一起。男女主都是敏感脆弱的人,在感情上女主坚强、倔强,男主小心翼翼,导致两人之间不断有误会产生,也为其他配角破坏男女主感情提供了条件。

这部小说的定位是一部甜宠文,男主对女主一直都是深情不渝、默默守护,但这不是单纯的甜宠。一开始设定女主是男主侄子的未婚妻,两人身份上就有阻碍,而在女主以为和男主发生关系的第二天,女主的未婚夫就病逝了,女主心存愧疚,同时女主被继母、继姐陷害入狱只能求助于男主,并想着借助男主找到母亲死因,夺回公司后就自杀,所以开篇的基调是有些压抑的。结婚后男主以为女主心里有别人,女主也认为自己是男主心上人的替身,两人在感情中都极度不自信,导致一个又一个误会产生,我在读小说时感觉前半部分读得很心累,所有人说话都说一半留一半,引人误会,有了误会也不解释。男主想拉近和女主的关系,身边的人却一个个想要拆散他们,女主也时刻提醒自己是替身,克制自己的感情,男主不肯说出自己一直喜欢女主,想要报完仇,没有仇怨地向女主告白,感觉有些为了误会而误会,特别是后面喜欢男主的三个女配利用男主母亲设计女主和初恋,明明女主发现红酒被开封过,初恋都表示质疑想换一瓶红酒,而吃过亏对开过封的红酒敏感的女主居然率先喝了并劝初恋喝,感觉不合逻辑。事发后男主将女主保护在家中,女主得知事情后居然不管不顾,第一时间跑去初恋家,这真是让人无法理解。而一直包容、爱护女主的男主居然不听女主解释,直接甩出离婚协议,这里是一个高潮,也是一个虐点,但这里的虐让我觉得是为了虐而虐。

男女主的人设也有点出入,在得知女主要出国时,男主居然没有第一时间去拦下女主,这也和爱女主入骨的人设不符。在女主已在离婚协议上签过字的情况下,男主找女主复合竟一句解释的话都不说,导致女主一直以为两人已经离婚了,这样的安排也很不合常理。而且男主对一而再再而三伤害女主、破坏两人感情的女配也基本没有惩罚,宋青梅还掌握时暖,掌管公司的10%股份,女主赚的钱还要分给她,另外两个犯的错都可以进监狱,但男主居然只是把她们送出国,没有任何惩罚,这与我之前看到的霸总小说不太一样,这个霸总太温柔,和前面作者设定的无情狠戾男主人设不符。

这篇小说的感情线都偏虐,除了男女主之外,男主好友K、R和秘书姚子望之前的误会,屈玉琢、屈玉州和蒋梓妍之间的三角恋,顾铮和叶明媚之间的相恋,女主室友的感情之路,都是虐恋情深的类型。整部小说没有一个完美无缺的感情,让读者看起来心情会有些压抑。

但总体来说这部小说文笔优美,情节跌宕起伏,从开篇就设置了悬念,吸引读者探索真相,有甜有虐,结构丰满不单一,内容丰富,男女主之间感情发展循序渐进,每个人的性格都很分明,是一部吸引人的作品。(张梦琪)

沐衣衣

【作家档案】

沐衣衣,女,又名旖旎萌妃,安徽淮南人,红袖添香 A 级签约作家,云起书院签约作家。著有小说《婚不由己》《我的如意狼君》《和我结婚我超甜》《隐婚娇妻:老公,心尖宠》等。曾获红袖添香首届华语言情大赛季度冠军,2011 年获红袖添香"出版订阅双强奖",2013 年获红袖添香"年度出版图书奖",《前妻离婚无效》获 2015 年华语言情小说大赛季军并最佳手机小说奖。

【主要作品创作年表】

《重生劫:倾城丑妃》,红袖添香,2011

《前妻,跟我回家》,红袖添香,2012

《婚不由己》,光明日报出版社,2012

《婚不由己 2》,光明日报出版社,2012

《婚不由己 3》,三秦出版社,2012

《我的如意狼君》,湖南人民出版社,2012

《我的如意狼君 2》,《微言情》杂志,2013

《豪门强宠》,重庆出版社,2013

《前妻离婚无效》,红袖添香,2014

《绯闻前夫,请悔婚》,红袖添香,2015

《总裁,别捣乱》,红袖添香,2015

《奉旨成婚:第一皇后》,红袖添香,2015

《和我结婚我超甜》,红袖添香,云起书院,2018

《隐婚娇妻:老公,心尖宠》,落尘文学,2018

《少奶奶渣的明明白白》,红袖添香,云起书院,2020

《不好意思我老公也是重生的》,红袖添香,2020

《被迫跟顶流恋爱后我爆红了》,红袖添香,QQ阅读,2020

《闪婚后,老公每天宠上天》,红袖添香,QQ阅读,2021

【作品评价】

1.《隐婚娇妻:老公,心尖宠》

故事梗概:

顶级特工叶宁在执行任务时掉下悬崖,醒来时发现自己重生到了叶家二小姐叶宁身上。身为顶级特工的叶宁,能力很强,参加过选秀节目后,在自身的实力加持和慕夜黎的帮助下,越来越火。虽然其间遭到一些人的嫉妒算计,但她凭自己的聪明才智一一化解,也收获了与林家大小姐的友谊。

慕夜黎原本十分厌恶原来的叶家二小姐叶宁,但是在日常生活的相处中喜欢上了特工叶宁。因为一开始不太会表达自己的情感,再加上叶宁同父异母的妹妹叶紫的捣乱,慕夜黎和叶宁之间常常产生误会。在与叶宁的相处中,慕夜黎的家人、朋友和下属也逐渐对叶宁改观并接受叶宁。叶宁一直误会慕夜黎喜欢叶紫,但也渐渐在慕夜黎对自己的帮助和偏爱中对慕夜黎心生好感。叶紫也在娱乐圈,在工作中处处针对抹黑叶宁,但最终都被叶宁的实力打脸。慕夜黎确认了自己喜欢叶宁的心意后,便远离叶紫,对叶宁越来越好,于是慕夜黎与叶宁的感情进一步升温,却招来了爱慕着慕夜黎的叶紫的嫉妒。叶紫陷害叶宁不成,反而暴露了自己丑恶的嘴脸,从此被慕夜黎厌恶。慕夜黎在日常生活中时不时对叶宁表白,但因为叶宁受过情伤且没有十分确定自己对慕夜黎的心意,并没有回应慕夜黎的表白。后来慕夜黎和叶宁又一起经历了许多事情,出生入死,叶宁终于确定了自己对慕夜黎的爱。

但是在一次任务中,叶宁不幸被炸弹炸死,叶宁的师父重新给叶宁做了一个身体,但叶宁的模样已经完全变了。一个跟叶宁长得一模一样的女人顶替了叶宁,慕夜黎很快就认出了真正的叶宁。林羽莹和她哥哥林斯倾(不是亲哥哥)经历重重磨难,最终也走到了一起,但生活大不如前。叶宁为了帮助林羽莹,和林斯倾一起合作开公司。慕夜黎在家人的建议下,准备和叶宁举办婚礼。司文屿与叶宁的前经纪人何雅惠也有情人终成眷属。叶宁在婚礼前接了个任务,找到了有特殊血液的司雯。随后,叶宁被查出有孕,经历一系列的波折,叶宁产子。生过孩子后,叶宁依旧是麻烦不断,她和伙伴们阻止了一些坏事的发生,救了一些人。在这些事中,叶宁和慕夜黎一起经历了生死考验,事情解决后,两个人终于过上了平静美满的生活。

作品评论：

《隐婚娇妻：老公，心尖宠》——从这部小说的名字我们就可以看出它属于典型的女频言情小说。

总的来说，前半部分我看得很认真，感觉这是部男强女强的爽文，但不是"无脑"玛丽苏。男女主的感情线发展较慢，女主事业心还是比较强的，全书有相当一部分文字描述女主在娱乐圈的打拼。情节设置也大致合情合理，但过长的篇幅和相似的情节设定可能会让读者感到身心略疲。后半部分我没有像前面一样特别认真地读下去，但也有所收获。带着研究的目的比带着娱乐消遣的目的读这类小说，我收获到了以前没有感知到的东西。作者沐衣衣能写出如此长篇大作，是很令人钦佩的！

这部小说可以算是超长篇小说了，虽然有2000多章，但并不令人感到无趣。我在看小说的时候，看到先前有读者几乎每天都在评论区催作者更新，由此可见，这部小说十分有魅力。首先得益于它的情节过渡自然、衔接得当，围绕男女主的感情发展，新奇有趣的故事一个个展开，强烈地刺激着读者的阅读欲望。这部小说主要标签是豪门言情文，为了自然而然地完成男主和女主从相杀到相爱的转化过程，作者也加入了高大上的娱乐圈、特工、科研、克隆、商业、帮派斗争等元素。标签元素虽多，但并不显得杂糅，作者凭借自己强大的构思和写作功底，让这些元素为自己所用，从而赋予了小说较强的可读性和吸引力。

最让我惊奇的还是这部小说对感情线的描写居然能做到如此细腻，男主一开始被逼与叶宁结婚，二人没有相处过，内心不喜可以理解。但叶宁魂穿叶宁后，发生的改变让男主好奇，于是男主开始对女主投入更多的关注。正是在这一点一滴的观察和相处中，他察觉自己爱上了叶宁，不，应该说是爱上了叶宁身体里特工叶宁的灵魂。也是这一处铺垫，为日后男主认出容貌彻底改变的叶宁做了合理巧妙的解释，因为男主自始至终爱的都是叶宁，而不是叶宁。男主和女主都是十分理智的人，作者并没有把他们的爱直白地展现在文字里给读者看，而是把两人之间一点点加深的爱放在了故事里，让读者自己去发掘，自己去感受，这很好地加深了读者阅读时的体验感和参与感，让人欲罢不能。

小说中人物形象的描写也非常立体丰满。对男女主和重要角色的描写不用多说，我们可以以小见大。例如对叶宁亲生母亲的描写，虽然叶宁的母亲出场次数不多，但我想读者应该对她有印象。她会因为女儿受委屈立即开骂，会怕女儿被打让女儿别管她，会怕女儿怪她而愧疚难过，在为女儿讨公道时丝毫不懦弱，进入富丽堂皇的房子时会手足无措。寥寥几笔，我们便可以通过叶宁母亲的一言一行看出她是一位很爱自己孩子的典型乡村妇女。霸道高傲的慕夜黎、美丽帅气的叶宁、反差萌的铁骑军、呆萌可爱的林羽莹、隐忍聪明的林斯倾、恶毒善妒的叶紫等，每一个人物都有自己的特征。我觉得，他们既活在小说中，也活在读者心中。

我觉得作者在写作时运用的灵活多样的文学手法很值得借鉴。第一，巧妙自然的心理描写。书中有许多心理描写，人物的内心语言丰富，内心语言与实际话语的对比，使人物产生了一种反差萌，让人忍俊不禁。第二，出神入化的外貌描写。作者总是在一些小细节中强化读者对女主倾国倾城的美貌的认识，潜移默化之中丰富了读者对女主的想象。第三，恰到好处的故事设计。整个小说靠一个个小故事串联起来，每一个成功的小故事造就了成功的小说作品。第四，高超的情景设置。八卦场景时描写路人甲的一言一语，充分体现了一些人趋利附势的姿态，使读者犹如身临其境。第五，衔接自然的情节安排。小说的情节高潮不断，百转千回、曲折多姿。

这部小说的不足之处是：首先，女主光环太严重，容易产生审美疲劳。就我个人来看，女主从头到尾都有各色各样的人来找麻烦，但毫无疑问，这些麻烦会被拥有"主角光环"的女主轻松化解。作者在文中为女主设定的麻烦非常多，给人一种为了女主有机会炫技而专门设定的感觉，虽然这种设置是爽文必备，但要把握好一个度，不能过分脱离现实。如果没有把握好度，可能会被读者认为有凑字数之嫌，这样一来，读者会渐渐失去阅读兴趣。

其次，套路化略明显。故事基本框架和基本设定有些流于大众化，缺少新意。如何在追随主流的同时远离套路化，保持自己的特色，这是作者需要思考的。

再次，情节安排虽然合情合理，但如果是为了凑字数而安排情节，便会让读者感到情节拖沓、虎头蛇尾，为了误会而误会，这是不可取的。比如男主在喜欢上女主后，女主仍然误会男主喜欢 X，并对男主表达了这样的意思，男主却不对女主表明他不喜欢 X，同时也不表明自己喜欢女主。男女主因此产生了许多误会，误会又引发了许多争吵。但在男主对女主再三表白并表现出十分厌恶 X 后，女主在很长一段时间内还坚持认为男主喜欢 X。个人认为，从男主女主整体的设定来看，这种情节有些多余，似乎是在故意拖慢进度，频繁地设置这种情节，也会让人物设定有崩坏的风险。

最后，作品主题内涵略肤浅。作者在文中极力描写了男主多么有钱有势，女主的容貌多么倾国倾城，也许这种设定在这种豪门言情爽文中已经约定俗成。在现实社会的大背景下，作者在为男女主设定了完美外在的同时，也想在一个个情节的展开中为男女主塑造出完美的内在，比如三观正。但是不管是外在还是内在，好似都是为了谈情说爱服务，优秀的三观没有爱情来得重要。

现实生活中不追星却喜欢看娱乐圈文的人不在少数。现在的许多作者，主要关注谈恋爱，少有对演戏、歌手的唱歌心理和作曲者的创作历程的描写。在这一点上,《隐婚娇妻:老公,心尖宠》做得就很好,作者沐衣衣对娱乐圈和感情戏的描写融合得近乎完美。(肖婉婷)

2.《和我结婚我超甜》

故事梗概:

《和我结婚我超甜》主要写了男主角顾临寒和女主角于汐二人从打打闹闹的各自拥有理想目标的青梅竹马,到酒后乱性,意外怀孕的吵吵闹闹,再到态度转变,约定结婚的小小甜蜜,到最后的家庭圆满,彼此情深意厚的情感故事。小说中,由于女主的妈妈和奶奶婆媳矛盾较大,而女主小时候由奶奶照看,所以妈妈不肯与女主亲近。这种情况到女主妹妹出生后更加严重,女主妈妈和爸爸无条件偏向女主妹妹于洺。因女主十六岁时和左经纶感情暧昧,但女主妹妹勾搭左经纶,女主妈妈就撺掇女主爸爸将女主打发出国,以成全女主妹妹的爱情。

四年后,女主因事归国,故事也就从此开始了。在一次宴会上女主醉酒后与男主发生关系,并意外怀孕。虽然女主与男主青梅竹马,且有共同的朋友圈,但他俩向来处不来。何况女主曾喜欢左经纶,男主也未曾放下许可(已与男主堂哥成为男女朋友),于是女主对孩子的去留犹豫不决。女主妈妈为了巩固女主妹妹与左氏的联姻,逼迫女主与林氏长子(四十岁)相亲。女主出走,男主将女主接回顾家,就近照顾。在相处过程中,男主渐渐了解到更多女主悲惨的童年以及家庭遭遇,对女主渐生怜惜之心,暗中帮助女主解决生活中的麻烦。在顾家生活期间,顾家人对女主态度和缓亲切,尤其是男主妈妈,对女主十分热情,男女主之间的感情日渐升温,于是二人决定领证结婚。此时女主父母对男方狮子大开口,女主对父母更加感到寒心,也更加感念男主及男主家人对她的关心、爱护,对与男主的婚姻也更有归属感。男主遇见左经纶,心生醋意,后为女主与他人起争执,对女主的占有欲、保护欲日渐强盛,面对女主不时的自卑也及时安抚,时刻照顾女主孕期阴晴不定的情绪。

二人经历一系列波折后,女主下定决心正视自己对男主的感情。在男主对女主多年如一日的爱护、关怀下,两人分别认清了对左经纶、许可并不是真正的爱情,他们的爱情中只有彼此。在男主及男主家人的温暖下,女主克服了原生家庭阴影带来的对感情难以信任的问题,在婚后的相处中与男主的感情渐渐升温,十分甜蜜。在女主自己的努力和男主的保驾护航下,女主的事业也红红火火地发展着。男主的事业虽有波折,但也在男主的掌控之中。两人就像童话故事中的王子和公主一样过上了幸福甜蜜的日子。当然,还有他们的女儿红包也生活在一个甜蜜有爱的家庭中,这里有爱她的爸爸、妈妈、爷爷、奶奶,她健康、幸福、无忧无虑地长大,并且找到了与自己共度一生的人。

作品评论：

这部小说的名称点出了作品的两个重要标签——先婚后爱和甜宠，这两种属性深受网民喜爱，在忙碌的学习生活中，谁又不想看点轻松"无脑"的小甜文呢？

首先，这部小说中集结了不少网络文学流行要素：霸道总裁、先婚后爱、青梅竹马、欢喜冤家和甜宠。文中男主十分强横，顾家是京城豪门之首，而男主顾临寒则是顾家的家主，掌握绝对的权势与财富。这一点满足了不少追文女孩的少女心，试问：天底下哪个女孩能够拒绝有权有势又独独对你温柔宠溺的白马王子呢？文中男女主可以称得上青梅竹马，虽然两人从小到大都是吵吵闹闹不得安宁的状态，但这更体现了二人对彼此的特别。作者有过描述，只要两人面对面，场面总免不了热闹。青梅竹马的情分和只对彼此展现的另一面，这又何尝不是另一个层面的情有独钟、天作之合？

其次，先婚后爱的桥段风靡，种种原因造成两人在没有爱情的基础上先领证结婚，在这期间两人同处一个屋檐下，朝夕相处，在锅碗瓢盆酱醋茶的宁静与祥和中日久生情，对彼此的感情丝丝缕缕汇聚成河，在岁月中流淌。这种平平淡淡却浓厚隽永的情感总是十分动人的。两个相对陌生的人在相处中的思想碰撞、观念的交汇融合也是很有吸引力的。这部作品中，男女主两人从原先的见面就炸窝到后来的温情脉脉，也是在日常相处中逐渐磨合、历练出来的。经历了磨炼的感情总是更让人难以忘怀，平淡的溪流可以穿越高山、平原，最终汇入海洋。而激情澎湃的瀑布很可能只能囿于一个深潭，成为一潭死水。

再次，甜宠这个属性就更不用说了，甜宠剧《我只喜欢你》《暗恋·橘生淮南》《致我们暖暖的小时光》《蜜汁炖鱿鱼》《我不能恋爱的女朋友》《世界欠我一个初恋》等都取得了不错的收视率，尤其是《蜜汁炖鱿鱼》改编的网剧《亲爱的，热爱的》吸引了无数不同年龄段的观众。我还记得我看见我弟坐在电视前追《亲爱的，热爱的》时不可思议的心情，原先在我看来甜宠偶像剧大都是女生们的最爱。那时我也真正认识到了它播出的成功。就像吃糖可以让人开心一样，看甜宠类作品也成为不少人释放压力、舒缓心情的选择。这部作品中男主对女主的宠溺、关心、爱护也让读者的心像在蜜里泡着一样轻松、愉悦。

何况，感情的治愈功能在这部作品中也得到了体现，这就是治愈系作品了。女主在原生家庭中长期遭遇父母的偏心、冷暴力等行为的伤害，这在一定程度上对女主的感情观产生了影响。于是在与男主的相处中她无法立刻全身心地投入，甚至各种不放心。即使在已经奉子成婚后仍不敢正视自己对男主的动心以及情感渐深。在男主多年如一日的宠溺、宽宥下，女主才渐渐被治愈,敢于直面自己的感情,最终与男主心心相通。这种在身处黑暗中看见一束光的感动与欣喜往往能够形成触动灵魂的记忆,让人久久不能忘怀。

最后,女主独树一帜的性格也让人记忆深刻,可以想象,在那样的家庭环境中成长起来的女主会长成一副小辣椒的模样。可是没想到女主还十分无赖,并且很会撒娇。文中男主对女主的耍无赖无能为力的样子也不时引起读者的会心一笑。

当然,这部作品也有着一些小瑕疵,作者对男女主情感变化的一些重要转折点的描写不是那么自然。(孙欢欢)

3.《前妻离婚无效》

故事梗概:

故事开头便是林氏集团首席继承人林絮与翰林集团三小姐徐自知的世纪婚宴,可这婚宴上只有徐自知一人挺着六个月的大肚子走过红毯,无数人的嘲笑和谩骂随之而来,徐自知泰然处之,对所有人淡然微笑。转身,却只能一个人在属于他们的婚房中舔舐伤口。外界传言徐自知心肠歹毒,表里不一,专门从背后捅人刀子。为了从闺密阮素晴手中夺走她爱的男人,她不惜设下圈套,破坏别人婚姻,还以子相挟,终于成为林絮的妻子,却注定被自己的丈夫嫌弃一辈子。男主林絮的初恋情人阮素晴是徐自知的好闺密,当时林絮认为他被绑架时是阮素晴救了他,两人便顺理成章地在一起了。没想到,在一场聚会中,林絮与徐自知阴差阳错地发生关系,徐自知怀孕了。林絮为了让她打掉孩子,一直追到了她家里,闹了个天翻地覆,让她父亲颜面尽失。她父亲原本就重男轻女,对徐自知没有什么好感,那次之后,徐家三小姐名存实亡。两人被迫结婚,阮素晴也出国了。三年后,徐自知成为林氏集团的公关部总监,变成了一个彻底的女强人,并想要放弃和林絮的婚姻。她的身边也出现了很多优质男性,比如影帝韩誉城、林絮的哥哥林栋。在女儿小葡萄的助攻下,林絮重新了解了徐自知,一家三口和谐相处。但这时阮素晴从国外回来,徐自知觉得没必要在这两人之间游走,主动提出离婚,而林絮却不同意。阮素晴妒忌徐自知,便联合林栋一起,制造绑架徐自知的事件,关键时刻,林絮赶来营救了徐自知,也弄清楚了当年自己被绑架的真相,原来是徐自知救了他。林絮更是情根深种,可是徐自知之前被伤得很深,没有做好再次爱上林絮的准备,林絮只能竭尽全力追求徐自知。经过各种啼笑皆非又感人肺腑的事件,徐自知和林絮两人重新相爱,并且又生了一对双胞胎,一家人幸福地生活在了一起。

作品评论：

这部网络小说从各个方面来说不能称得上一部好作品。

第一，错误太多，无论是从人物设定、情节、各种细节而言，可以吐槽的地方太多了。从人物设定来说，徐自知到底是女强人还是居家的贤妻，文章中有太多冲突的地方，包括作品一开始提到徐自知是徐家三小姐，到后来变成徐家大小姐了。从男主看，男主应该是对女二号阮素晴是真爱，那为什么会和徐自知发生关系？文章明确说道："他们并不是因为醉酒，也不是因为强迫，就好像她说过的，那是两相情愿的一次。"男主爱上女主显得太突兀，三年之后忽然就嫉妒女主身边的男人，忽然就开始关心女主，也让我很难理解。文章有许多常识性的错误，可能因为作者离豪门生活太遥远，会让我产生一种"他又在瞎编"的感觉，这也是我看许多小说都会感觉到的。

第二，故事过于简单以及"无脑"，充斥大量对任务情节没有帮助的文字。这也是网络文学的通病，我看过很多类似的小说，它们最大的特点不是在故事内容，而是在故事化、套路化和快餐化。这部小说也是如此，是经不起仔细推敲的，甚至我在三天之内看完后还是可以感觉到小说的单薄以及无聊。这部小说前几章还是有具体情节描述的，但是到中后部，文章渐渐趋于平淡和无聊，充斥着男女主无聊的对话、无聊的互动。至于我为什么说无聊，是因为相同的文字叙述太多了，第一次看到可能会觉得还好，但人会审美疲劳，我是强忍着读完的。

整体阅读体验不是很好，但是有正面意义的是读这个小说是不需要花费过多心力去思考的，这可能也是受欢迎的因素之一。网文也是当今时代娱乐消遣的一种手段，和"抖音""微博"差不多，这些可以获得短时间的快乐。

作者旖旎萌妃的作品有《绯闻前夫，请悔婚》《总裁，别捣乱》《前夫高攀不起》《前妻，跟我回家》《十年相思尽》《隔云勿相望》《重生劫：倾城丑妃》《奉旨成婚：第一王妃》《奉旨成婚：第一皇后》《魅帝》等，我粗略地了解了一下现代言情的部分小说，与《前妻离婚无效》小说情节以及人物设定大同小异，都是前期虐女主，后期男主追回妻子，并开始写恋爱的细节。从作品的故事框架来说，旖旎萌妃的每部作品都很相似。（张亚萍）

后　记

2017年，我调入安徽大学任教，因各种机缘，开始与安徽网络作家有一些接触，遂萌生做一本书对安徽网络作家做一个整体梳理，算是一个拓荒的工作。毕竟这个工作迟早是要做的。一方面是因为网络文学的影响力日盛，安徽网络作家整体上确实成绩卓著；另一方面是其他省份如湖南、四川、浙江等地已有专门的地域网络文学研究著作问世。2019年安徽大学网络文学研究中心成立，我是发起人并忝为中心主任，对安徽网络文学进行整体研究，这个工作我责无旁贷。

我研究网络文学已有二十年，在大学里教书，给学生开设网络文学研究课程，做网络文学研究课题，这是我的日常工作。为了集中心力出成果，这两件事于我变成一件事。面对网络文学巨量的作品和众多的作家，借助群体的力量做一些基础性的工作确实很有优势，于是，这些年，通过开设网络文学研究课程，我一直带着学生阅读网络小说，带学生一起访谈网络作家，组织相关的学术活动，与学生们一起写理论评论文章。

我的学生多是95后、00后，他们生在网络时代，是从小读网络小说长大的，他们是网络文学"土著居民"。我欣喜地看到他们对网络文学的感知、理解与我有很多不同，在很多方面甚至是我所不及的，他们对网络文学所表现出的才情也鞭策了我，激励我要不断更新自己，保持阅读、思考、写作状态，才能跟上时代步伐，才能与学生们对话。对我而言，这是一个教学相长的过程，这些年我能在网络文学研究上取得一点成绩，要感谢同学们与我一路同行，共同成长进步。

这本《安徽网络作家档案》是我为安徽大学学生开设《网络文学研究与实践》课程的成果，是我和同学们一起完成的。根据我的安排，同学们认真阅读了相关作家的作品，尽全力收集了相关资料，完成了课程作业，经过我的批阅，与同学们多次讨论，作业反复修改，最后我对书稿进行了修改、整合。主要章节分工是：

江南：张宇、赵心慧、余慧婷、陈楠欣、王周诚智、张泽雨、刘兵

后 记

六六：陶春悦、彭伟、鲍嘉琪

青子：盛洁、杭紫璇、刘娜

囧囧有妖：王硕、张静、李金婷

徐公子胜治：戎星宇、王硕、张秀英、李文迪

断刃天涯：杨必芽、张静

宅猪：孙情情、李文迪、刘兵、陶中豪

鹅是老五：王婉桦、刘晓珮、孙情情

老鹰吃小鸡：郝伟明

夜北：王春晓、鲍嘉琪、李嘉欣

童童：吴长青、胡瑞

争斤论两花花帽：杭紫璇、惠金莉

伯乐：盛洁、李光建

钱琨：肖婉婷、戎星宇、彭伟、熊子豪、操礼和

步千帆：王宇轩、江惠萍、徐琪

周林：张如义、田雪寒、熊子豪

秦明：王斯群、张宇

九滴水：张泽雨、徐琪、顾梦男

乌小白：王斯群、王春晓、刘娜

沙漠：胡瑞、顾梦男、方瑞渝

猪宝宝萌萌哒：刘晓珮、陈玉叶

桂媛：李光建、陈楠欣、田雪寒

莫默：李金婷、陶中豪、李嘉欣

秦舞：惠金莉、陶春悦、张梦琪

沐衣衣：肖婉婷、孙欢欢、张亚萍

吴长青是2019级博士生，操礼和是2019级硕士生，其余为安徽大学文学院2018级本科生。现在，这些学生都已经毕业了，这本书的出版也算是对过去一段岁月的纪念。感谢安徽网络作家青子热情地为我介绍安徽网络文学的成绩，拉我入群，为我提供了安徽主要网络作家的名单和联系方式，感谢博士生吴长青为本书提供的策划方案，感谢博士生许潇菲为本书修改、校对付出的辛劳。这本书所做的还是一些基础的资料整理和印象式阅读

评论工作，期待能为更深入的理论研究，以及安徽网络文学史的写作打下基础。

　　限于能力，书中不当之处，还请读者朋友批评指正。

周志雄
2023 年 12 月于合肥